J.B. METZLER

Kontemporär
Schriftenreihe zur deutschsprachigen Gegenwartsliteratur

Herausgegeben von
Christian Klein und Matías Martínez

Wissenschaftlicher Beirat:

Moritz Baßler (Münster)
Wolfgang Emmerich (Bremen)
Sven Hanuschek (München)
Josef Haslinger (Leipzig)
Klaus Kastberger (Graz)
Susanne Komfort-Hein (Frankfurt)
Paul Michael Lützeler (St. Louis/USA)
Gesa Schneider (Zürich)
Eckhard Schumacher (Greifswald)
Hubert Winkels (Köln)

Band 1

In *Kontemporär* erscheinen Monographien und Sammelbände zu Autoren und Themen, die seit den 1990er Jahren die deutschsprachige Gegenwartsliteratur prägen. Die Bände nutzen die Möglichkeiten einer Literaturwissenschaft, die kontemporär zu ihrem Gegenstand ist. Sie stellen zentrale Debatten ins Zentrum oder widmen sich einzelnen Autorinnen und Autoren aller Gattungen, führen in das Gesamtwerk ein, berücksichtigen aber auch die jeweilige Werkpolitik innerhalb des literarischen Feldes und die Rezeption.

Christian Klein (Hg.)

Marcel Beyer

Perspektiven auf Autor und Werk

J. B. Metzler Verlag

Gedruckt mit freundlicher Unterstützung der *Freunde und Alumni der Bergischen Universität e. V.*

Der Herausgeber
Dr. Christian Klein ist Akademischer Rat auf Zeit und Privatdozent für Neuere deutsche Literaturgeschichte und Allgemeine Literaturwissenschaft an der Bergischen Universität Wuppertal

Bibliografische Information der Deutschen Nationalbibliothek
Die Deutsche Nationalbibliothek verzeichnet diese Publikation in der Deutschen Nationalbibliografie; detaillierte bibliografische Daten sind im Internet über http://dnb.d-nb.de abrufbar.

ISBN 978-3-476-04580-5
ISBN 978-3-476-04581-2 (eBook)

J. B. Metzler ist ein Imprint der eingetragenen Gesellschaft Springer-Verlag GmbH, DE und ist Teil von Springer Nature
www.metzlerverlag.de
info@metzlerverlag.de

Einbandgestaltung: Finken & Bumiller, Stuttgart (Foto: Jürgen Bauer)
Satz: Dörlemann Satz, Lemförde

J. B. Metzler, Stuttgart
© Springer-Verlag GmbH Deutschland, ein Teil von Springer Nature, 2018

Inhalt

Vorwort

Marcel Beyer gehört zu den besonders produktiven und vielseitigen deutschsprachigen Autoren der Gegenwart. Neben den vier Romanen *Menschenfleisch* (1991), *Flughunde* (1995), *Spione* (2000) und *Kaltenburg* (2008) hat er die drei Gedichtbände *Falsches Futter* (1997), *Erdkunde* (2002) und *Graphit* (2014) sowie die drei Essaybände *Nonfiction* (2003), *Putins Briefkasten* (2012) und *Das blindgeweinte Jahrhundert* (2017) vorgelegt. Eine ganze Reihe weiterer Buchveröffentlichungen (die der Bibliographie am Ende dieses Bandes zu entnehmen sind) sowie zahlreiche Zeitungs- und Zeitschriftenbeiträge, Reden und Libretti ließen sich außerdem nennen. Beyer hat sich längst als zentrale Figur im deutschen Literaturbetrieb etabliert, seine Publikationen stehen bei Kritik und Publikum gleichermaßen hoch im Kurs. Darauf, dass Beyer zu den wichtigsten deutschen Gegenwartsautoren zählt, verweist nicht zuletzt die Vielzahl der Preise, mit denen sein Werk gattungsübergreifend in den letzten Jahren ausgezeichnet wurde. So erhielt er etwa den Uwe-Johnson-Preis (1997), den Heinrich-Böll-Preis (2001), den Friedrich-Hölderlin-Preis (2003), den Joseph-Breitbach-Preis (2008), den Kleist-Preis (2014), den Bremer Literaturpreis (2015), den Düsseldorfer Literaturpreis (2016) und den Georg-Büchner-Preis (2016).

Was Beyers Werk so erfolgreich macht, dürfte in einem Zusammenspiel inhaltlicher und formaler Aspekte begründet liegen, denn ein ambitioniertes ästhetisches Programm trifft hier auf Welthaltigkeit. Beyers Texte sind gleichermaßen sensible und komplexe Sprachkunstwerke, die oft im Rekurs auf historische Ereignisse und die Probleme ihrer Vergegenwärtigung soziale und ethische Herausforderungen der Gegenwart akzentuieren und dabei die schwierigen Grenzen zwischen Fiktionen und Fakten ebenso wie Fragen nach Authentizität und Selbstreflexivität in den Blick nehmen. Damit steht Beyers Schreiben am Schnittpunkt verschiedener virulenter Debatten, zu denen etwa die Auseinandersetzungen mit den Möglichkeiten und Grenzen von Sprache und Literatur sowie mit dem Status von Realem und Imaginärem zählen. Besondere Aufmerksamkeit kommt in Beyers Werk darüber hinaus bestimmten Diskursen zu, in denen Fragen von Historizität, Medialität oder (Natur-)Wissenschaft verhandelt werden. All diese Facetten des Beyer'schen Werks werden in den Beiträgen dieses Bandes diskutiert.

Angesichts der Bedeutung von Marcel Beyer für die deutschsprachige Gegenwartsliteratur verwundert es nicht, dass sein Schaffen inzwischen einen festen Platz auch in der literaturwissenschaftlichen Forschung hat.[1] Dabei konzentrierte sich die Aufmerksamkeit zunächst deutlich auf die Prosa (und hier besonders auf den

---

[1] Für einen Überblick zu den literaturwissenschaftlichen und -kritischen Beiträgen, die zu Beyers Texten erschienen sind, sei hier kursorisch auf die laufend aktualisierten bibliographischen Angaben in der Online-Version des *KLG* verwiesen: Michael Braun: »Mar-

Roman *Flughunde*),[2] seit einiger Zeit wird verstärkt auch das lyrische Œuvre in den Blick genommen.[3] Beyers Essays, die formal und thematisch eng verwoben sind mit den Romanen und der Lyrik, oder seine Libretti wurden bislang aber allenfalls am Rande diskutiert.

Verallgemeinernd lässt sich daher festhalten, dass ein systematischer Zugriff bisher ausblieb, der sowohl einzelne Werke als auch die zentralen Stoffe und die formale Dimension des Beyer'schen Werks insgesamt berücksichtigt.[4] Der vorliegende Band möchte einen ersten Versuch in diese Richtung unternehmen und dabei jene Texte, die schon verschiedentlich diskutiert wurden, aus neuem Blickwinkel betrachten, jene Bereiche des Werkes, die bisher wenig Aufmerksamkeit fanden, erstmals kartographieren und verschiedene Themen und Verfahren, die zentral für Beyers Schaffen sind, einem einzelwerkübergreifenden Ansatz folgend fokussieren.

Der Band ist folgendermaßen aufgebaut: Er wird eröffnet durch einen bisher unveröffentlichten Text Marcel Beyers, der Einblicke in zentrale Produktions- und Reflexionszusammenhänge seines Schaffens erlaubt. Im Anschluss nehmen zwei Beiträge Beyers Position im literarischen Feld von unterschiedlichen Seiten in den Blick: im Rahmen seiner poetologischen Selbstverortung einerseits und in Auseinandersetzung mit der Rezeption seiner Texte seitens der Literaturkritik andererseits. Auf diese Weise wird nicht nur erkennbar, welches Selbstverständnis und Arbeitsethos Beyer als Autor pflegt, sondern auch, in welchen Traditionslinien seine Texte gelesen werden. In den folgenden vier Beiträgen zur Lyrik stehen gleichermaßen frühe wie späte Gedichte Beyers im Zentrum, was Einblicke in die Entwicklung des Lyrikers Beyer eröffnet, und es werden literarische (Wahl-)Verwandtschaften aufgezeigt. Zudem wird Marcel Beyer als Rezitator vorgestellt und die Erweiterung des gedruckten lyrischen Textes zu einem paratextuelle Elemente einbeziehenden Sprechkunstwerk untersucht. Im anschließenden Abschnitt des Bandes ist jedem Roman Beyers mindestens ein Aufsatz gewidmet, wobei die einzelnen Werkanalysen zugleich thematische Verzweigungen und die werkspezifischen Erzählverfahren erschließen. Dabei werden zentrale Themen und Diskurse (Sinneswahrnehmung, Vergangenheit, Wissenschaft) sowie Strukturprinzipien (Montage, Stimmenkomposition, Verwischung der Grenze von Fakten und Fiktionen, Medienkonvergenz/-transfer) diskutiert, sodass die Beiträge in der Summe einen Überblick über die zentralen inhaltlichen

---

cel Beyer«. In: *Kritisches Lexikon zur deutschsprachigen Gegenwartsliteratur*: http://www.munzinger.de/document/16000000045 [letzter Zugriff: 22.2.2018].

2   So widmen sich die zwei Monographien, die bislang zum Werk Marcel Beyers erschienen sind, den Romanen und eine davon ausschließlich dem Roman *Flughunde*; vgl.: Eleni Georgopoulou: *Abwesende Anwesenheit. Erinnerung und Medialität in Marcel Beyers Romantrilogie »Flughunde«, »Spione« und »Kaltenburg«*. Würzburg 2012; Philipp Alexander Ostrowicz: *Die Poetik des Möglichen. Das Verhältnis von ›historischer Realität‹ und ›literarischer Wirklichkeit‹ in Marcel Beyers Roman »Flughunde«*. Stuttgart 2005.

3   Davon zeugt etwa das von Christof Hamann herausgegebene Doppelheft der Zeitschrift *Text + Kritik* zu Marcel Beyer (München 2018).

4   Zwar geht der Sammelband *Auskünfte von und über Marcel Beyer* (hg. von Marc-Boris Rode, 2. erw. Aufl. Bamberg 2003) in diese Richtung, er ist aber nicht systematisch angelegt, sondern ergänzt literarische Texte Beyers durch Aufsätze zu einzelnen seiner Werke.

und formalen Aspekte der Beyer'schen Prosa liefern. Darauf folgen zwei Beiträge, die sich mit bislang eher vernachlässigten Textgruppen von Beyers Werk befassen. So analysiert ein Aufsatz das essayistische Werk, ein weiterer untersucht die Libretti, die Marcel Beyer für verschiedene Opernkompositionen verfasst hat. Abgerundet wird der Band durch ein Interview mit Beyer, in dem er nicht nur Auskunft über sein Selbstverständnis und sein Arbeiten als Autor gibt, sondern sich auch zu besonders wichtigen Denk- und Diskussionszusammenhängen positioniert. Hier werden die verschiedenen Perspektiven, die in den einzelnen Beiträgen des Bandes zuvor eröffnet wurden, noch einmal gebündelt und zusammengeführt.

In der Gesamtheit erlaubt es diese Konzeption, Beyer als reflektierten Sprachkünstler zu diskutieren, die seinen Werken zugrundeliegenden Verfahren herauszuarbeiten, wichtige Motive, Stoffe und Sujets vorzustellen sowie sein Handeln als literarischer Akteur und die Reaktionen darauf zu kontextualisieren. Der Band präsentiert mithin vielfältige Perspektiven auf Autor und Werk, die in eine übergreifende Struktur eingebettet sind. Er ist damit gleichermaßen als Einführung in das Werk Marcel Beyers wie als Lektüre für die vertiefende Auseinandersetzung mit einzelnen Texten Beyers oder spezifischen Themen und literarischen Verfahren geeignet, die für Beyers Schaffen eine besondere Rolle spielen.

*

Die vorliegende Publikation geht auf die erste wissenschaftliche Tagung zum Werk Marcel Beyers zurück (*Durch Worte in die Zeit verzweigt – Perspektiven auf den Schriftsteller Marcel Beyer*), die im Herbst 2015 in Wuppertal stattfand und von der Fritz Thyssen Stiftung finanziert wurde. Bei der redaktionellen Vereinheitlichung der Beiträge leisteten Meike Dreiner und ganz besonders Hauke van der Pütten wesentliche Unterstützung. Oliver Schütze kam auf die schöne Idee, mit dem Band eine neue Reihe des Verlags J. B. Metzler zu begründen, und war wie stets in allen Fragen ein gleichermaßen freundlicher wie kompetenter Gesprächspartner. Bei der Einrichtung des Bandes behielt Sabine Matthes aufmerksam und zuverlässig den Überblick. Allen Genannten gilt mein sehr herzlicher Dank!

Wuppertal, im Februar 2018
Christian Klein

Schreiben im Traum

Marcel Beyer

I

Die Schneemonate Januar und Februar bringen andere Träume vom Schreiben hervor als der Sommer oder der Herbst. Im Herbst träume ich von einer Begegnung mit Ronald Reagan. Er hat ein Buch veröffentlicht, in dem seine Kindheitsgeschichten gesammelt sind, jene Geschichten, die das Kind Ronald Reagan schrieb, und nicht etwa Kindheitserinnerungen des US-Präsidenten oder Nacherzählungen von Geschichten für Kinder, sondern buchstäblich die Manuskripte eines Kindes, das später Filmschauspieler, dann Gouverneur von Kalifornien und noch später Präsident der Vereinigten Staaten werden sollte. Der sieben- oder acht- oder zehnjährige Ronald Reagan verspürte das Bedürfnis, inneren Welten schreibend nachzugehen und zugleich ein ganz reales Buch zu imaginieren – mich erstaunt dies im Traum so sehr, wie es mich im Wachzustand erstaunen würde. Ein wenig schüchtern überreicht mir der ehemalige Präsident, der alte Mann, sein Buch, einen nicht sonderlich schönen, broschierten Band mit einem verunglückten bunten Umschlag: weiße Schrift auf einem blauen, rötlichen und gelben Durcheinander ineinandergleitender Flecken und Felder, wie ich es aus Großbuchhandlungen in Sankt Petersburg und Nowosibirsk kenne, und ich merke, wie es mir um Ronald Reagan, wie es mir um das Buch selbst leidtut angesichts seiner lieblosen Gestaltung. Die Nachlässigkeit des Äußeren bildet einen scharfen Kontrast zur inneren Konzentration und dem Konturenreichtum des Werkes, soviel weiß ich, noch ohne darin geblättert zu haben. Kindliche Phantasie ist immer plastisch – auch wenn sie von einem *flat character* stammt.

Ich bin gespannt, ich möchte sofort zu lesen beginnen, was sich dieses Kind aus Tampico in Illinois kurz nach dem Ende des Ersten Weltkriegs ausgedacht haben mag, da es sich mit einem Stift und einem leeren Schulheft in einen stillen Winkel des elterlichen Hauses zurückzog, und ich bin nur um so gespannter auf seine Geschichten, als mich das zaghafte Lächeln dieses – in der Tagwelt längst verstorbenen – Autors anrührt. Die Situation geht mir auch darum zu Herzen, weil der reale Ronald Reagan, soweit bekannt ist, in seinem Leben nicht eben häufig ein Buch in der Hand gehalten hat. Er lächelt, als wüsste er noch im Traum, dass ihm in Wirklichkeit alles fehlte, was ein Mensch zum Schreiben braucht: ein starkes Innenleben, den Wunsch, Zeit ohne Gesellschaft zu verbringen, die Ausdauer, sich in erfundenen Welten zu bewegen, die man selbst geschaffen hat, ohne jedoch ihr Herr zu sein, und am Ende ganz einfach die Fähigkeit, nicht in maßlose Langeweile zu verfallen, wenn sich auf dem Papier Zeile für Zeile nichts weiter als unendliche einfarbige Muster von Linien, Strichen und Punkten entfalten.

Ich träume von einem kleinen weißen Hund mit spitzer Schnauze, der seine Doktorarbeit geschrieben hat, kein staunenswertes Ereignis mehr dank einer neuen Technik, die es auch Tieren erlaubt, ihre Gedanken festzuhalten, in Schrift zu übertragen. Ich wundere mich nur, weil dieser Hund, obwohl er offenbar in der Lage ist, sich über einen längeren Zeitraum hinweg auf eine stille, nicht eben bewegungsintensive Arbeit zu konzentrieren und sich dem Erkenntnisgewinn zu verschreiben, rein affektgesteuert reagiert, als ich ihm ein Stofftier vor die Nase halte. Er bellt den Hasen oder Bären an wie jede dahergelaufene Töle. Als hätte er von Reflexion und Selbstdistanzierung, wie sie mit dem Schreiben einhergehen, in seinem Leben noch nie gehört. Der promovierte Hund, müsste ich mir an dieser Stelle eingestehen, kann, anders als ein Mensch, sowohl ganz das eine wie ganz das andere sein: jemand, der sich zur Welt in ein Verhältnis setzt, indem er schreibt, und ein Wesen, das völlig im Ausdruck von Gefühlsregungen aufgeht.

Ich träume, in Großbuchstaben, einen Romantitel: »KALTENBURG«. Ich träume, die wirklichen Personen hinter meinen Figuren kommen, lange nachdem ich die Figuren mit dem Buch in eine Welt jenseits des Schreibens entlassen habe, zu Besuch. Der Hausverwalter klingelt an der Wohnungstür und bringt Heinz Sielmann mit, der als Knut Sieverding in meinem Roman seiner eigenen imaginären Wege gegangen ist. In einer Phantasiewohnung sitzen wir am Tisch und hören uns Sielmanns großartige Anekdoten aus seinem Leben als Tierfilmer an – von denen ich, natürlich, nach dem Aufwachen keine einzige mehr in Erinnerung haben werde. Was bleibt, ist die Art und Weise, wie er, dem ich nie begegnet bin, erzählt: mit trockenem Humor und feinem Sinn für dramatische Wendungen im Nebensächlichen. Wie unser Hausverwalter auf die Idee gekommen ist, Heinz Sielmann zu uns zu führen, frage ich mich nicht.

Im Sommer träume ich von einem Blatt Papier, auf dem in Friederike Mayröckers Handschrift geschrieben steht: »Ich sah die Myrte«, oder: »Ich habe die Myrrhe gelesen«, und es wird mir nicht gelingen, diesen Satz, der mich aus dem Traum in die Sphäre des Bewusstseins trägt, Wort für Wort zu notieren, wie er mir im Traum vor Augen stand. Ich sehe ein, ich kann ihn deshalb nicht in der Welt des Wachseins festhalten, weil bereits im Traum lediglich der starke Eindruck einer konkreten Form, nicht jedoch die konkrete Form selbst präsent war, so wenig wie im Fall einer anderen Formulierung, mit der ich in einer anderen Nacht den Fortgang eines Gedichts revidiere und in wieder einer anderen Nacht die Eröffnungssätze zu einem Text über den Paradiesvogel weiterführe.

Einmal korrigiere ich nachts mit großer Aufmerksamkeit Wortwiederholungen in einem tags entstehenden Vortrag, bis mir auf einer zweiten Traumebene klar wird, dass diese zwischen Kopf und Traumbildschirm vorgenommenen Korrekturen am folgenden Morgen kaum mehr in der Datei auf meinem Rechner vorhanden sein werden, weil ich im Schlaf nichts abspeichern kann, bevor ich aus dem einen Traumgeschehen unvermittelt in ein anderes gleite – und lasse mich beruhigt in den folgenden Traum treiben.

Einmal klappt jemand den Deckel meines Laptops zu, während meine Finger noch auf der Tastatur liegen. Eine Abschiedsszene.

Einmal rette ich eine Überschrift aus dem Traum in den Vormittag: »Die Unfähigkeit zu erfinden.« Das heißt, ich versuche vergeblich, sie in meinen Arbeitsnotizen zu finden, da ich überzeugt bin, ich hätte am Vortag notiert, was erst in der Nacht geschrieben worden ist.

Einmal sagt jemand den empörenden Satz: »Der Dolmetscher gehört zu keiner Gemeinschaft.« Ich will heftig widersprechen, der Dolmetscher gehöre nicht nur

zu einer, er gehöre sogar mindestens zu zwei Gemeinschaften, nämlich: Sprach-
gemeinschaften, doch in diesem Traum – ein Schultraum, selbstverständlich –
erhalte ich kein Rederecht. Einmal empört mich das Verhalten eines Mitarbeiters
der Staatssicherheit dermaßen, dass ich ihn als »Zecke am Körper des Sozialismus«
beschimpfe.

Im Werk von Claude Simon suche ich tagelang nach seiner so plastischen Schilderung der Bahnhofshallen in Nowosibirsk. Alles an dieser Beschreibung hat, wie
die realen Räumlichkeiten mit ihren von der gewölbten Decke herabhängenden Lüs-
tern und den in alle Richtungen ausladenden Palmen, einen weiten Hallraum, und
noch die von Simon in den Blick genommenen schematischen Darstellungen des
russischen Eisenbahnnetzes über den Fahrkartenschaltern wirken dreidimensional.
Mir ist die Passage auch darum in Erinnerung geblieben, weil Simons Erzähler ein
wenig gereizt anmerkt, die Hauptuhr in der Schalterhalle zeige eine falsche Zeit an,
oder wenigstens eine Zeit, die mit derjenigen auf seiner Armbanduhr nicht überein-
stimme, und er fragt sich, ob hier der aus dem Ausland stammende Reisende mit
Hilfe eines vermeintlichen Zeitzonensprungs verwirrt werden soll. Fast glaubt man
beim Lesen, der große Zeitdehner und Zeitstaucher Claude Simon fühle sich von der
Sowjetunion um einige Stunden seiner eigenen Lebenszeit betrogen. Er gibt sich als
angewidertes Subjekt zu erkennen – ein äußerst seltener Moment im Gesamtwerk
von Simon.

Anscheinend hat ihm, anders als mir, in Nowosibirsk niemand erklärt, dass im
russischen Eisenbahnbetrieb auch in Sibirien, wie auf der gesamten Strecke in
Richtung Osten, Moskauer Zeit gilt: eine vom Tag- und Nachtzyklus abgekoppelte,
gesetzte, fiktionale Zeit wie im Roman. Nachdem ich in *Georgica*, in *Die Akazie*, in
Jardin des Plantes und weiteren Büchern von Claude Simon nach dieser Passage gesucht, nachdem ich auch *Die Einladung* und *Der blinde Orion* noch einmal gelesen
habe, gebe ich auf. Ich finde die große Bahnhofsuhr in der Schalterhalle nicht. Möglich, ich habe die falsche Zeit von Nowosibirsk in einen falschen Raum gesetzt, aus
einem eigenen Traum in einen fremden Text.

Ein Traum, von dem ich nicht weiß, auf welche Weise er mit dem Schreiben zu-
sammenhängt: Mitten in der Nacht, gegen vier Uhr, tritt ohne anzuklopfen ein älterer Herr in mein Hotelzimmer und fordert mich auf, das Bett zu verlassen. Er müsse
jetzt das Zimmer herrichten. In diesem unwirschen uniformierten Mann erkenne
ich, obwohl es stockdunkel ist, den schweizerischen Schlagersänger Vico Torriani.
Beim Frühstück frage ich mich, ob die Vorgänge der Nacht eher etwas Amüsantes
oder nicht doch etwas Beängstigendes haben: Der 1998 während des Mittagsschlafs
verstorbene Vico Torriani arbeitet bald zwanzig Jahre nach seinem Tod als Zim-
mermädchen in Bielefeld. Es nieselt. Ich kenne kein einziges Lied von ihm.

In den Schneemonaten aber ist das Traumschreiben auf eine andere, kompaktere
Weise präsent. Es geht mit der Stille des Jahresanfangs einher und mit der weißen
Welt dort draußen, in die man morgens beim Aufstehen schaut: leere Seiten, lee-
rer Raum. Auch die feinsten bei Nacht gezogenen Spuren können darin erkennbar
bleiben.

Im Januar und Februar zeigt sich das Schreiben im Traum darum nahezu so
verwickelt, wie es tatsächlich abläuft. Alle Momente, die über das Jahr hinweg im
Traumgeschehen isoliert erscheinen, finden hier zusammen: der Schwebezustand

zwischen Halbschlaf und Traumbewusstsein. Der diffus bleibende Text in der konkreten Schreibbewegung, der leere Schreibgestus bei überdeutlicher Wahrnehmung der Materialität des Geschriebenen. Der ebenso opake wie unmittelbar einleuchtende Halbsatz und das Gefühl für jene Gesamtatmosphäre, in die jeder Text eintaucht, indem er sie hervorbringt. Die Euphorie des Anfangens wie die Euphorie des Weiterschreibens und der abrupte Abbruch. Die Frage, was mit dem bei Nacht Geschriebenen geschehen wird, wenn der nächste Tag beginnt und ich die Welt des Traums hinter mir lassen werde.

So träume ich, ich schriebe einen Text über das Schreiben.

II

Der Schneefall muss gegen sechs Uhr am Abend eingesetzt haben, kurz nachdem ich in den Hof geschaut hatte, in dem »alles aussah wie am Morgen«. Es schneit weiter in den Abend hinein, mal sehr kleine Flocken, nicht mehr als das Laternenlicht reflektierende Punkte in der Luft, dann größere Flocken, gleichmäßig und fast wie in einem sogleich anhaltenden Bild, einem aus der Bewegung ins Standbild übergehenden Film, nur dass sie, nehme ich sie in den Blick, natürlich doch fallen, also aus dem Bildrahmen, aus dem Gesichtsfeld verschwinden, wenn ich ihnen nicht folge. Der erste echte Schneewinterabend, da der Schnee auf eine bereits liegende, wenn auch sehr dünne Schneedecke fällt.

Früh gleite ich in dieser Nacht in den Schlaf. Und schreibe. Ich sehe die vor meinen Augen entstehende Seite. Ich sehe sie nicht vertikal ausgerichtet wie am Rechnerbildschirm, sehe sie auch nicht in der Horizontalen wie ein auf dem Tisch liegendes Blatt Papier, sondern leicht schräg in den Raum geneigt, so wie man ein aufgeschlagenes Buch hält, ohne dabei die eigenen Hände wahrzunehmen. In einem Raum allerdings, der dem Papier Halt bietet, schwebend, liegend, kompakt, stabil, während die Seite mit einem Stift oder über die Tastatur bearbeitet wird. Eine Lektüre- und Schreibsituation in einem, den festen Grund bilden die nachfolgenden, noch unbekannten Seiten. Ich sehe einen ersten Absatz entstehen – das heißt: Ich verfolge, wie die Sätze geschrieben werden, ich denke sie, ich formuliere sie, zugleich aber stellen sie bereits eine optische Wirklichkeit auf dem Schreibgrund dar.

Der Text beginnt, im Ton ein wenig auftrumpfend, als wollte ich ein Manifest verlesen, oder als befände ich mich, von einem unsichtbaren Publikum zur Selbstauskunft aufgefordert, in der Defensive, mit der Formulierung: »Wenn ich, über das Schreiben sprechend, stets auf dem Material beharre«, oder: »Wenn ich vom Schreiben sprechen will, muss ich von Materialien sprechen, genauer: von den Materialien des Schreibens«. Im weiteren Verlauf grenze ich zunächst mein ›Schreibmaterial‹, also die mich zum Schreiben anregenden Texte anderer Autoren, zu denen das über den gesamten Schreibprozess hinweg angesammelte, den Schreibprozess anfeuernde Recherchematerial gehört, gegen die ›Materialität‹ der Sprache ab – nichts weiter als eine Übung in Wort- und Begriffszauber, der das ›Schreiben über‹ in das ›Schreiben mit‹ verwandelt. Denn nichts verursacht mir beim Schreiben wie beim Lesen größere Übelkeit als jene unsagbar fade, unter Schriftstellern berüchtigte ›Sprache, die nicht hinschaut‹.

Ich lege dar, wie eine Romanszene nicht zwangsläufig aus einer ›Übersetzung‹ nicht-sprachlich verfasster ›Welt‹ in ›Sprache‹ hervorgeht, sondern sich ebenso gut an Sprache selbst entzünden kann, auf die ich außerhalb meines allein von mir bewohnten Schreibraums stoße. Die Materialität des Materials rückt in den Blick – ein bestimmter Schreibgestus vielleicht, eine mit ihrer Zeit und ihrem Gebrauchsumfeld aufgeladene Formulierung, ein Wort, das in einem fest umrissenen Rahmen völlig frei ist von semantischem Flimmern, sich aber wie von allein mit Geheimnis auflädt, sobald es in einen anderen sprachlichen Zusammenhang gerät – hier kommen zum Beispiel Geologie, Botanik, Zoologie ins Spiel, als vom Menschen zwar benannte, nicht aber hervorgebrachte und geprägte Welten. Möglich, nur eine Kombination beider Wahrnehmungs- und Vorgehensweisen kann für mich überhaupt schreibwirksam werden, weil sowohl ›Welt‹ als auch ›Sprache‹ dynamische Gebilde sind, also unabschließbare Prozesse, die nur gelegentlich, etwa im Wörterbuch, in der Verkleidung eines ›festen Dings‹ auftreten. In der ›Wirklichkeit‹ durchdringen Sprache und Welt einander permanent. Einmal entdecke ich auf einer Überlandfahrt irgendwo zwischen Görlitz und Bautzen ein Wort, das ich bis dahin allein aus dem Comic *Maus* von Art Spiegelman gekannt habe: »Mauschwitz«, in schwarzer Schrift auf gelbem Grund, der Wegweiser zu einem Weiler und – dieselbe Materialität, doch gänzlich verschiedenes Material – ein Inbegriff des 20. Jahrhunderts, dem Art Spiegelman lediglich ein ›M‹ hat voranstellen müssen, um in die Sphäre der Literatur eintauchen zu können. Wohin aber würde man gelangen, wenn man in der ostsächsischen Provinz einem Wegweiser in Richtung Mauschwitz folgen wollte? Kotzen die Menschen dort Geschichte aus?

Kurzum: Was einmal Sprache ist, wird immer Sprache bleiben. – Womit mein geträumter Text die zunächst voneinander abgegrenzten Sphären ›Material‹ und ›Materialität‹, dann ›Welt‹ und ›Sprache‹ mit Hilfe eines durchsichtigen Zaubertricks wieder zusammenführt.

Träumend ziehe ich aus diesen Überlegungen eine mich befriedigende Erkenntnis: Die Sprache ist zugleich das Material und das Werkzeug, mit dessen Hilfe dieses Material untersucht wird. Dass ich nun wirklich nicht der Erste bin, dem die Doppelnatur der Sprache aufgeht, stört mich im Traum nicht. Die Befriedigung liegt dann auch eher darin, für mich einen schlüssigen Weg gefunden zu haben, um mir das plakative Innerlichkeits- und Ausdrucksgerede vom Leib zu halten, von dem, so die Befürchtung des Träumenden, jene Leser geradezu besessen sind, auf die Literatur im konkreten Sinne – im Unterschied zu aufgeschriebenen Lebensgeschichten auf der einen oder fiktionalen Fernsehfilmen auf der anderen Seite – keinen besonderen Reiz ausübt. Menschen also, die auf sprachliches Geschehen herzlich gleichgültig reagieren, solange ein Text nur »gut geschrieben« ist und der Autor »etwas zu sagen« hat.

So unterscheide ich am Ende in meinem Traumtext – ohne mir des Widerspruchs zu den vorherigen Überlegungen bewusst zu sein – zwei grundlegend verschiedene Auffassungen vom Schreiben: Die einen Autoren betrachten Sprache als Werkzeug, das sie ›gebrauchen‹, die anderen als Material, das sie ›untersuchen‹.

Während ich im Traum nach wie vor die erste Seite des Texts vor Augen, also noch nicht weitergeblättert und -geschrieben habe, weiß ich bereits, diese Abfolge von Sätzen wird leichthin und jedem Leser einleuchtend in eine Formulierung münden, mit der nicht nur ein Schluss gesetzt, mit der auch ein Weg ins Offene, in eine Welt jenseits des Texts angedeutet wird. Sie lautet: »Es ist spät – es ist einMAL – es ist.«

An dieser Stelle nun bietet das Geschriebene tatsächlich einen gewissen Widerstand: Ich überfliege den gesamten Text, ich lese den Schluss noch einmal – und bin nicht mehr im Traum verfangen. Ich sage mir: »Ich werde ja sehen, ob ich diese Wortfolge morgen früh vergessen habe«, und dann: »Nein, natürlich nicht – denn wenn ich keine Erinnerung mehr an den Schreibtraum habe, weiß ich auch nicht, dass ich etwas vergessen habe.«

Ich hole mich selbst aus der Traumsphäre, schalte das Licht an, notiere auf einem Zettel: »Es ist spät – es ist einMAL – es ist.« Indem ich träumend, etwas anderes weiterschreibend, wieder einschlafe, denke ich: »So werde ich morgen zumindest wissen, ob ich den Weg zu dieser seltsamen Wortfolge vergessen habe.«

Als ich am nächsten Vormittag schreibend Aufschluss über das nächtliche Geschehen zu gewinnen versuche, schneit es immer noch, sehr fein, bei schwachem Tageslicht. Weil aber alle Oberflächen dort draußen aus sich selbst heraus zu leuchten scheinen, drückt das Halbdunkel weder auf die Welt noch auf die Stimmung.

Während ich notiere, begreife ich, im Wachzustand sehe ich entstehende Sätze und Absätze nie in Form einer klar umrissenen, nach und nach mit Schrift bedeckten Seite, ich richte den Blick, bildlich gesprochen, im Schreibprozess stets auf die nachfolgenden, noch nicht geschriebenen Zeilen, auf den freien Raum. Schreiben heißt, dem zu Schreibenden entgegenfiebern. Weiterschreiben und Wiederlesen schließen einander aus. Im Traum jedoch können Fieber und Fieber einander bedingen, können das Fortschreiben und die Revision des Geschriebenen ein und dieselbe Bewegung sein.

Noch immer glaube ich, ich hätte den geträumten Text seinerzeit im Wachzustand durchaus ein zweites Mal schreiben können. Was mich davon abhielt, war die Aussicht, in maßlose Langeweile zu verfallen, da ich einen Text nicht geschrieben, sondern lediglich aufgeschrieben hätte, weil ich den Verlauf des Schreibprozesses aus meinem eigenen Traum bereits kenne. Der Reiz des Schreibens – wie des Träumens – aber liegt darin, sich auf einen Prozess mit offenem Ausgang einzulassen, und sollte er sich auch zu einem Alptraum entwickeln.

»Warum schreibst du?«

»Weil ich gerne schreibe«, antwortet das geträumte Kind namens Ronald Reagan in Tampico, Illinois, ohne den Blick zu heben, während es sich am hinteren Ende der Veranda mit einem Stift in der Hand über ein Schulheft mit verheißungsvoll vielen leeren Seiten beugt und irgendwo in der Ferne ein kleiner weißer Hund mit spitzer Schnauze bellt. Jede andere Antwort hätte mich misstrauisch gemacht.

Poetik und Rezeption

»Warum Veronica Ferres durch meine Texte geistert.« Anmerkungen zur Poetik Marcel Beyers

Christian Klein

> Mag sein, die Wörter halten Wache.
> *Marcel Beyer: »Nachbarn« (1998)*

Positionierungen

Marcel Beyer zählt zu den renommiertesten deutschsprachigen Gegenwartsautoren. Schon vor der Verleihung des Büchner-Preises 2016 vielfach für seine literarische Arbeit ausgezeichnet, ist er seit inzwischen über 25 Jahren im deutschen Literaturbetrieb präsent. Fast genauso lange gibt er Auskunft über seine Arbeit und sein Verständnis von Literatur. Am Ende seines Debütromans *Das Menschenfleisch* (1991) führt Beyer die zahlreichen literarischen, musikalischen, filmischen und theoretischen Quellen auf, die der Text zitiert und verarbeitet. Dieser Anhang liest sich wie ein *Who's who* der Postmoderne und liefert mit der Charakterisierung vom »parasitären Schreiben« auch gleich ein Schlagwort für das dem Roman zugrunde liegende Strukturverfahren.[1] Nur ein Jahr nach Veröffentlichung seines ersten Romans präsentiert Beyer im Rahmen einer Collage aus Zitaten zentraler Texte der literarischen und theoretischen Post-/Moderne eine Art schriftstellerisches Programm.[2] Literarische Produktivität und deren theoretische Reflexion erscheinen bei Beyer also von Beginn an als zwei Seiten einer Medaille. Schon früh wird zugleich erkennbar, dass Beyer etwas praktiziert, das er 2014 in Bezug auf Bob Dylan ein »Zusammenwirken von individueller und kollektiver Stimme, die gegenseitige Durchdringung von Eigen- und Fremdmaterial« genannt hat.[3] Dieses Verwobensein ist konstitutiv für Beyers Schreiben und soll in diesem Beitrag näher konturiert werden, wobei es auf der Hand liegt, dass nicht nur Texte Beyers in den Blick rücken, die dezidiert als poetologische Selbstauskünfte konzipiert sind, sondern eben auch solche, in denen er sich mit »Fremdmaterial«, mit Texten anderer Autoren, auseinandersetzt, seine Lektüreeindrücke verarbeitet und in diesem Zuge das eigene Arbeiten reflektiert.

Der Tatsache, dass Beyer in Siegen Literaturwissenschaften studiert hat, kommt in diesem Zusammenhang wohl eine doppelte Bedeutung zu: Zum einen situiert sie den Autor in einem spezifischen diskursiven Kontext, ist Beyer doch im Rahmen seines Studiums Ende der 1980er bis Anfang der 1990er Jahre in Kontakt mit bestimmten Autoren und Theorien gekommen, die für seine Texte (mehr oder weniger

---

1   Marcel Beyer: *Das Menschenfleisch.* Frankfurt/M. 1997, 159–162.
2   Marcel Beyer: »Wissenswertes o.ä.« In: Literatur-Archiv der Stadtbücherei Köln (Hg.): *Autorinnen und Autoren in Köln. Vorgestellt in Text und Bild.* Köln 1992, 164–167.
3   Marcel Beyer: »Der Dichter und sein Schatten«. In: Ders.: *Sie nannten es Sprache.* Berlin 2016, 107–131, hier: 128.

intentional) eine besondere Rolle spielen, worauf er nebenbei in einem Interview über seine Arbeit zu sprechen kommt:

> Jacques Derrida, Friedrich Kittler, Aleida und Jan Assmann habe ich während meines Studiums erlebt. Ihre Arbeiten stellten uns Werkzeuge bereit, ich habe diese damals gänzlich neuen Ansätze geatmet, wie meine Mitstudierenden auch. Insofern spielt dies alles in das eigene Schreiben hinein.[4]

Auch mit den Autoren des *Nouveau Roman* und des Poststrukturalismus beschäftigt er sich nach eigener Aussage während seines Studiums intensiv,[5] und mit einer Magisterarbeit über Friederike Mayröcker, eine seiner ganz zentralen Bezugsgrößen, schließt Beyer 1992 sein Studium ab. Zum anderen legitimiert das Wissen um Beyers Studium die Annahme, dass der kritische und reflexive Zugriff auf das eigene Schreiben im Falle Beyers erkenntnisfördernd ist, denn die theoretisch fundierte Auseinandersetzung mit literarischen Texten hat er immerhin gelernt. Auch deshalb schien es naheliegend, Beyer immer wieder selbst um weitergehende Auskünfte zu bitten, ihn aufzufordern, im Rahmen von Vorträgen und Vorlesungen Standort und Schaffensprozess näher zu bestimmen und zu erläutern.

Wohl nur wenige andere deutschsprachige Gegenwartsautoren haben in jüngerer Zeit so viele Poetikdozenturen bekleidet wie Beyer, der in Bamberg (2000), Paderborn (2002/03), Kiel (2008), Wiesbaden (2009/10), Zürich (2009), New York (2011), Mainz (2011), Wien (2002, 2013), Göttingen (2014), Köln (2015) und Frankfurt (2016) Vorträge über seine Arbeit hielt sowie in Gesprächen Rede und Antwort stand. Versteht man aus kultursoziologischer Perspektive Poetikdozenturen zunächst als »Medien der Aufmerksamkeitserzeugung« im literarischen Feld, dann profitieren sowohl die Autoren als auch die Universitäten von der inzwischen beachtlichen Zahl der Poetikvorlesungen und -dozenturen:

> Mit der Berufung auf eine angesehene, obendrein noch [...] mediale Aufmerksamkeit gewährende Poetikdozentur erhöht sich das symbolische Kapital des/der Eingeladenen, während umgekehrt die einladende Institution vom Ruf des beziehungsweise der Eingeladenen profitiert.[6]

Verbunden damit ist die Möglichkeit einer doppelten Akzentuierung: Die einladende Institution kann ihr Profil schärfen, indem sie sich im Diskurs über Gegenwartsliteratur als Ort der Vermittlung und des Austausches etabliert, für den Autor bieten sich im Rahmen der Vorträge und Gespräche vielfältige Möglichkeiten

---

4   »Marcel Beyer im Gespräch mit der Comiczeichnerin Ulli Lust. Roman in Sprechblasen«. In: Torsten Hahn und Christof Hamann: *Marcel Beyer*. Köln 2016, 49–81, hier: 53.
5   »Biographisches Gespräch mit Marcel Beyer«. In: Hugo Dittberner (Hg.): *Mit der Zeit erzählen? fragt er. Marcel Beyer, Heiner Egge, Gundi Feyrer, Yoko Tawada. Das zweite Buch.* Göttingen 1994, 179–185.
6   Norbert Otto Eke: »›Reden‹ über Dichtung. Poetik-Vorlesungen und Poetik-Dozenturen im literarischen Feld«. In: *Text+Kritik*. Sonderband 10: *Poetiken der Gegenwartsliteratur*. Hg. v. Nadine J. Schmidt und Kalina Kupczynska. München 2016, 18–29, hier: 21 und 24.

zur Inszenierung und Präsentation einer spezifischen Autorpersönlichkeit. Wenig verwunderlich ist dabei, dass das im Rahmen von Poetikdozenturen erwartete wie gezeichnete (Selbst-)Bild meist dem des *poeta doctus* entspricht, des gelehrten Dichters, der klug und selbstreflexiv dem Zuhörer erhellende Einblicke in das eigene Arbeiten gewährt.[7] Dieser Erwartungshaltung entspricht der studierte Literaturwissenschaftler Beyer und er bedient sie auch im Rahmen seiner poetologischen Vorträge und Vorlesungen, mit denen er nach eigener Auskunft einen durchaus hohen Anspruch verfolgt, will er doch den Zuhörenden nicht einfach vom Katheder herab Beobachtungen und Erkenntnisse zum eigenen Werk, zu Literatur und Leben vorsetzen, sondern sie an deren Entstehung teilhaben lassen:

> Die Welt des Diskursiven (Universität etc.) lädt mich ein – und bietet mir eine schöne Möglichkeit, vor Zuhörern darüber nachzudenken, wie Denk- und Erkenntnisprozesse jenseits des Diskursiven ablaufen und gefaßt werden können. Wann immer ich – bei der Arbeit an einem Essay, an einem Vortrag – versuche, ein Argument zu entwickeln, wird meine Stimmung von Satz zu Satz düsterer. Nachdem die Stimmung über den Argumentierungsversuchen düster genug geworden ist, steht eine reine Lustentscheidung: ›Jetzt habe ich hier angefangen, etwas zu erklären – aber worüber würde ich denn wirklich gerne schreiben?‹ Hier kommen dann eine Gästewohnung in Tallin oder mein VW Jetta mit der gelockerten Handbremse ins Spiel. Und über die gelockerte Handbremse des VW bin ich schon mitten im Poetologischen angekommen, weil ich mich an eine Bemerkung von Reinhard Priessnitz erinnere über eine Literatur, in der ›die sprache wie ein vw durch die gegend tuckert‹ (oder so ähnlich). Mich interessieren ja morphologische Ähnlichkeiten, und diese Ähnlichkeiten widersetzen sich geradezu der Absicht, als bloße Beispiele in einen argumentativen Zusammenhang einzugehen. Auch erfahre ich immer wieder, dass die harte Fügung zweier Bilder oder Beobachtungen eine weit größere Wucht entwickeln kann als deren diskursive Verbindung (›und‹, ›weil‹, ›darum‹). Ich sage etwas zur Gegenwart, ich sage etwas zum Menschen, aber dies findet eben nicht in Form einer Verlautbarung statt, sondern als das, was es ist, und als das, was ich mache: Literatur.[8]

Die Formulierung von der »Lustentscheidung« führt zu einem zentralen Aspekt von Beyers Selbstentwürfen als Schriftsteller im Kontext seiner poetologischen Texte. Denn so bereitwillig er über seine literarische und intellektuelle Sozialisation Auskunft gibt, Autoren und Theoretiker benennt, die ihn und sein Schreiben beeinflusst haben, so deutlich macht er auch, dass Kreativität für ihn mehr ist, als die Ernte von Lesefrüchten. Wenn sich die »reine Lustentscheidung« als Ausgangspunkt der literarischen Produktivität dem reflektierenden Zugriff letztlich verweigert, so ist es konsequent, wenn Beyer in einer Poetikvorlesung im Jahr 2002 die »Schreibarbeit« als eine Art Selbstermächtigungsprozess der Worte schildert, der »sich zum Teil [...] meiner Kontrolle entzieht, entziehen muß, als ginge da die Sprache ihre eigenen

---

7   Vgl. etwa Gundela Hachmann: »Poeta doctus docens. Poetikvorlesungen als Inszenierung von Bildung«. In: Sabine Kyora (Hg.): *Subjektform Autor. Autorschaftsinszenierungen als Praktiken der Subjektivierung*. Bielefeld 2014, 137–156.
8   Marcel Beyer in einer Email an den Verf. vom 17.8.2017.

Wege, als gäbe es Gesetze, die ich nicht durchschauen kann«.[9] Auch in den Frankfurter Poetikvorlesungen aus dem Jahr 2016 profiliert Beyer Unberechenbarkeit und Unbändigkeit als zentrale Aspekte des kreativen Schreibprozesses:

> Ein Schriftsteller, der die eigene Arbeit nicht als Bürotätigkeit in der Fiktionsverwaltung betrachtet, wird den Ausdruck ›Schreibfuror‹ wörtlich zu verstehen wissen. Während ich den einen Tag mit der Sprache hadere, ihr gegenüber fremdele, als hätten wir nie vorher miteinander zu tun gehabt, lasse ich mich den nächsten Tag vom Schreibrausch davontragen [...]. Was mir genau beim Schreiben widerfährt, wie die Arbeit vonstatten geht [...], wüßte ich nicht zu sagen.[10]

Gegen das negative Bild eines beamtigen Autors, der einem geregelten und planmäßigen Schreiballtag nachgeht, wird hier ein postmodernes Autorkonzept in Anschlag gebracht, demzufolge der Autor die durch ihn hindurchfließenden Zeichenströme aufzeichnet. Hier steht Beyer in der Tradition von Kristevas Idee vom Autor als Projektionsraum im intertextuellen Spiel oder Barthes' Konzept vom »Schreiber«, der Sprachmaterial strukturiert.[11] Diese Autorvorstellung unterstreicht Beyer, wenn er festhält, dass der Schriftsteller im Schreibfuror »sich schreibend von der Welt durchleuchten läßt. Man ist zugleich dort draußen, außer sich, und in sich selbst versunken. Man spricht auf etwas an.«[12] Im Dunkeln bleibt, was das genau ist, worauf der Schriftsteller anspricht, klar aber wird, dass sich die spezifische Empfänglichkeit, die als Voraussetzung für jenes Angesprochen-Werden gedacht werden muss, der Erklärung entzieht.

In seinen Poetikvorlesungen und poetologischen Texten lädt Beyer in seine Werkstatt ein, rückt er sein Handwerkszeug und seine Technik in den Blick, erläutert er seine Haltung und zeigt Korrespondenzen auf. Zu den Autoren, die Beyer immer wieder als einflussreich oder vorbildhaft für seine Arbeit herausstreicht, zählen insbesondere: Roland Barthes, Jean Baudrillard, Jürgen Becker, Paul Celan, Jacques Derrida, Marguerite Duras, William Faulkner, Michel Foucault, Gustave Flaubert, Ernst Jandl, James Joyce, Friedrich Kittler, Thomas Kling, Alexander Kluge, Jacques Lacan, Michel Leiris, Claude Lévi-Strauss, Jean-François Lyotard, Friederike Mayröcker, Robert Musil, Oskar Pastior, Georges Perec, Francis Ponge, Ezra Pound, Marcel Proust, Alain Robbe-Grillet, Stendhal und Claude Simon. Doch im Zuge der Auskunftsfreudigkeit, die Beyers Status als *poeta doctus* untermauert, werden gleichzeitig Fragen aufgeworfen, die sich einer Antwort entziehen (müssen). Auf diese Weise befriedigen die poetologischen Selbstaussagen einerseits die Wissbegierde des akademisch geschulten und literarisch interessierten Publikums, evozieren aber andererseits den Wunsch nach vertiefender Erläuterung im nächsten Vortrag.

---

9   Marcel Beyer: »Der blaue Volkswagen«. In: Ders.: *Nonfiction*. Köln 2003, 150–175, hier: 161.

10   Marcel Beyer: »Tavor«. In: Ders.: *Das blindgeweinte Jahrhundert*. Berlin 2017, 109–154, hier: 117–118.

11   Vgl. Julia Kristeva: »Der geschlossene Text«. In: Peter V. Zima (Hg.): *Textsemiotik als Literaturkritik*. Frankfurt/M. 1977, 194–229 sowie Roland Barthes: »Der Tod des Autors«. In: Ders.: *Das Rauschen der Sprache*. Frankfurt/M. 2005, 57–63, hier: 60.

12   Beyer: »Tavor« (wie Anm. 10), 119.

Die Autorinnen und Autoren, denen Beyer eine besondere Bedeutung für seine Arbeit zuweist, bilden den literarischen und intellektuellen Rahmen, in dem er seine Texte verortet wissen will. So ermöglicht es ein Blick auf Beyers Lektüreliste, das theoretische und literarische Beziehungsgeflecht zu rekonstruieren, in das er sein Werk eingebunden sehen möchte. Vor diesem Hintergrund kann es reizvoll sein, sich einzelner Autoren oder Diskurse anzunehmen und im Detail zu untersuchen, welchen Einfluss gerade sie auf Beyers Schreiben (gehabt) haben.[13] Eine ›implizite Poetik‹ ließe sich freilich auch in enger Auseinandersetzung mit Beyers Romanen und Gedichten herausarbeiten, wird in ihnen doch das literarisch realisiert, was in den selbstreflexiven Texten als poetologisches Programm formuliert wird, wovon nicht zuletzt die Beiträge in diesem Band Zeugnis ablegen. Zwar wird im Folgenden immer wieder die Rede davon sein, welche literarischen und theoretischen Korrespondenzen, welche intertextuellen Bezüge zu anderen Autoren sich erkennen lassen, aber im Zentrum stehen jene Texte, in denen der Autor Marcel Beyer selbst das eigene Schreiben verhandelt. Angesichts des Umstands, dass aus dem letzten Vierteljahrhundert selbstreflexive Texte Beyers im Umfang von vielen hundert Seiten vorliegen, wird es hier vor allem darum gehen, Kongruenzen innerhalb dieses Korpus aufzuzeigen und einige jener Aspekte herauszuarbeiten, die sich wie rote Fäden durch Beyers poetologische Texte ziehen. Denn auch wenn es Beyer in seinen programmatischen Überlegungen nicht darum geht, das eigene Schreiben in einem systematischen Sinne zu diskutieren, so lassen sich in der Zusammenschau verschiedene Grundparameter seines poetologischen Konzepts erkennen, die sich in der Summe durchaus zu ›einer‹ Poetik verdichten. So konzentrieren sich die folgenden Ausführungen insbesondere auf Fragen des epistemischen Feldes (die uns mit dem Konzept des Zwischenraums konfrontieren), der Textstrategien (zentral ist hier das Prinzip der Überlagerung), der Arbeitsweise (die man schlagwortartig als ›forschendes Schreiben‹ charakterisieren kann) sowie der Haltung des Autors. Mein Ansatz dabei ist es, Beyer immer wieder selbst zu Wort kommen zu lassen, denn auch wenn in letzter Zeit seine poetologischen Ausführungen zunehmend regelmäßig als eigenständige Publikationen erschienen sind, so wurden seine früheren Überlegungen doch sehr verstreut publiziert. Erst im Zuge einer kritischen Zusammenschau können aber Fragen nach Kontinuitäten und Veränderungen in Beyers poetologischem Konzept beantwortet werden.

Zwischenräume

In den poetologischen Texten ist die Autorfigur Marcel Beyer häufig auf Reisen: So thematisiert eine zentrale Episode seiner Wiener Poetikvorlesung eine Reise nach Nanjing, in der Göttinger Poetikvorlesung ist eine Flugreise nach Saarbrücken entscheidend und im Kölner Poetikvortrag spielt ein Zwischenstopp auf dem Magde-

---

13   So widmet sich Oliver Ruf jüngst der Bedeutung der Medientheorie und insb. Kittlers für Beyers Schreiben: Oliver Ruf: »Medientheorie-Poetik. Marcel Beyer hört populäre Musik mit Friedrich A. Kittler«. In: *Text+Kritik*. Sonderband 10: *Poetiken der Gegenwartsliteratur*. Hg. v. Nadine J. Schmidt und Kalina Kupczynska. München 2016, 140–153.

burger Bahnhof eine wichtige Rolle. Denn mit der Bewegung von einem Ort zum anderen wird der Raum dazwischen – im wahrsten Sinne des Wortes – erfahren. Der Zwischenraum ist eine Ermöglichungszone, ein Bereich des Übergangs und des Ausprobierens, in dem Annäherungen und Begegnungen gestiftet werden. Verschiedentlich wurden bereits Versuche unternommen, Schreiben an sich als Bewegung im Zwischenraum zu deuten.[14] Auch Beyer verweist auf die konstitutive Bedeutung von Zwischenräumen, die den Schreibfluss als Bewegung maßgeblich bestimmen.[15] Schreiben wird bei Beyer als eine Praxis konturiert, die dem Zwischenraum – jenseits seiner Bedeutung als Strukturelement der Schrift – in verschiedener Hinsicht verbunden ist: Der Zwischenraum ist Beyers Standort, von dem aus er schreibend in jene Zwischenräume vordringen will, denen sein Erkenntnisinteresse gilt. Damit wird ein für grundlegende Intertextualitäts- und Intermedialitätsdebatten zentraler Theoriezusammenhang aufgerufen, in dem die Arbeiten Alexander Kluges – für Beyer eine »Jahrhundertfigur«[16] – eine entscheidende Rolle spielen.[17] Indem der Zwischenraum gleichzeitig Ort der Erkenntnisproduktion durch Austausch und In-Beziehung-Setzen von bisher Unverbundenem ist, kann Beyers Schreiben als Facette einer »Epistemologie des Zwischenraums« verstanden werden.[18]

Wie zentral das Konzept des Zwischenraums für Beyers Arbeit ist, zeigt sich etwa am Beginn seiner Wiener Poetikvorlesungen, wenn er ankündigt: »Ins Offene sollen auch meine beiden Vorträge reichen, oder: in Zwischenräume. In den Zwischenraum etwa zwischen den nachprüfbaren Fakten und den Fantasien, die häufig genug von nachprüfbaren Fakten ausgelöst werden.«[19] Beyer verspricht zwar:

> Ich habe nicht vor, Prominentenkritik zu betreiben, ich werde keine Charakterstudien anfertigen, Psychogramme zeichnen, auch nicht mit erzieherischem Eifer auf jene Zwischenräume zeigen, in denen sich die Vermengung von Realitätssinn und Fiktionsverlangen abzuzeichnen scheint.[20]

Trotzdem wartet in jenem Zwischenraum »zwischen den nachprüfbaren Fakten und den Fantasien« Veronica Ferres auf den Zuhörer/Leser. Auch wenn Beyer in seinen Göttinger Poetikvorlesungen vorgibt, »keine plausible Antwort [...] auf die Frage [zu haben], warum Veronica Ferres seit zwei oder drei Jahren durch meine Texte geistert, wann immer ich dazu ansetze, über das Schreiben nachzudenken«, so hat er doch eine begründete Vermutung:

14   Uwe Wirth: »Zwischenräumliche Bewegungspraktiken«. In: Ders. (Hg.): *Bewegen im Zwischenraum*. Berlin 2012, 7–34, hier: 19–30.
15   Beyer: »Tavor« (wie Anm. 10), 152.
16   Marcel Beyer in einer Email an den Verf. vom 30.10.2015.
17   Vgl. Andreas Sombroek: *Eine Poetik des Dazwischen: Zur Intermedialität und Intertextualität bei Alexander Kluge*. Bielefeld 2005, 23–80.
18   Vgl. Bernhard Dotzler und Henning Schmidgen: »Einleitung. Zu einer Epistemologie der Zwischenräume«. In: Dies. (Hg.): *Parasiten und Sirenen. Zwischenräume als Orte der materiellen Wissensproduktion*. Bielefeld 2008, 7–18.
19   Marcel Beyer: »Bildpolitik«. In: *Wespennest. Zeitschrift für brauchbare Texte und Bilder*. Nr. 165 (2013), 90–99, hier: 92.
20   Ebd.

Vielleicht reizt mich an ihrer Rolle – ihrer Rolle im gesellschaftlichen Leben wie ihren
Rollen in den unzähligen Fernsehspielfilmen, in denen sie die Hauptfigur spielt –, ein
schwer zu beschreibendes Moment der gegenseitigen Durchdringung von Wirklichkeit
und Fiktion [...]. Veronica Ferres schleicht sich, samt ihrer zahllosen Fernsehrollen, in
meine poetologischen Überlegungen [...].[21]

Wenn den versierten Medientheoretiker Beyer an der Medienfigur Veronica Ferres
das Ineinander von Wirklichkeit und Fiktion fasziniert, verweist er implizit auf Jean
Baudrillards Überlegungen zur »Agonie des Realen«. Denen zufolge lebten wir in
einem »Zeitalter der Simulation«, in dem die Präsenz der Medien ein solches Ausmaß angenommen habe, dass Wirklichkeit und ihre mediale Vermittlung ineinander übergingen. Die Trennung zwischen Imaginärem und Realem sei aufgehoben,
denn im Rahmen der Simulation würden die Zeichen nicht mehr referentiell und
repräsentativ auf Vorhandenes verweisen, sondern schüfen als Simulakren eine eigene Art von Wirklichkeit – sie seien Abbilder ohne Vorbilder.[22] Dass Beyer, der
in seinen Texten häufig Medienphänomene und Fragen der Medialität diskutiert,
dabei gleichzeitig immer das Bedingungsverhältnis beider und so auch unser Konzept von Realität problematisiert, liegt im Anschluss an Baudrillard in der Natur der
Sache.

Das Ausloten jenes Raums zwischen Wirklichkeit und Fiktion kann unschwer als
eines der Hauptthemen in Beyers Schreiben ausgemacht werden. Entsprechend
heißt es etwa schon in *Flughunde* im Nachgang zum ›eigentlichen‹ Erzähltext: »Obwohl einige Charaktere im vorliegenden Text Namen realer Personen tragen, sind
sie doch, wie die anderen Figuren, Erfindungen des Autors.«[23] In diesem Oszillieren
zwischen (tatsächlicher oder vermeintlicher) historischer Referentialisierbarkeit
und literarischer Fiktion entfalten Beyers Texte häufig ihre Wirkung. Sie montieren
ein dichtes Netz von Realien, ohne aber deshalb historiographisch sein zu wollen, sie
konfrontieren die Leser mit den eigenen Vorurteilen und Wahrnehmungsgewohn-
heiten, um so letztlich auch zu problematisieren, wie Geschichte ›gemacht‹ wird und
sich unsere Vorstellung davon konstituiert, welchen Status Erinnerungen haben und
woraus sich das, was wir als Wirklichkeit betrachten, speist.[24]
    »Tatsachenhungrig gehe ich«, so Beyer 18 Jahre nach der Veröffentlichung von
Flughunde, »mit fiktionalen Welten um. Fiktionssüchtig schweife ich durch eine
Welt jenseits der Fiktion. [...] Schreibend erkunde ich den Weg zum Schreiben. [...]
[I]mmer wieder [stößt man] unvermutet auf genuin ästhetische, auf genuin künstlerische, auf genuin literarische Momente [...] in der Wirklichkeit.«[25] Es ist eben
nicht nur das Bild *vergangener* ›Realitäten‹, das, so Beyer, von Fiktionen durchsetzt
ist, sondern auch unsere *aktuellen* Wahrnehmungen von Wirklichkeit und unsere

---

21   Marcel Beyer: *XX. Lichtenberg-Poetikvorlesungen*. Göttingen 2015, 18 (im Folgenden als
      »XX« direkt im Haupttext nachgewiesen).
22   Vgl. Jean Baudrillard: *Agonie des Realen*. Berlin 1978, 9.
23   Marcel Beyer: *Flughunde. Text und Kommentar*. Hg. v. Christian Klein. Berlin 2012, 264.
24   Vgl. hierzu: Christian Klein: »Nachwort«. In: Beyer: *Flughunde* (wie Anm. 23), 300–337.
25   Beyer: »Bildpolitik« (wie Anm. 19), 92.

Vorstellungen von der Zukunft sind es.[26] Wie in einer Kreisbewegung scheinen sich Phantasie und Wirklichkeit in Beyers Perspektive permanent gegenseitig zu beeinflussen[27] – eine Beobachtung, die er schon früher im Zusammenhang mit der Arbeit an seinen Romanen *Flughunde* und *Spione* formuliert hat, denn sowohl individuelle als auch kollektive Erinnerungen an vermeintlich reale Begebenheiten erschienen ihm da als »fragile[s] Gewirk [...], das sich aus den historischen Daten und der unmerklich mit Erfindung angereicherten Erinnerung zusammensetzt«.[28] Immer wieder thematisiert Beyer entsprechend in seinen literarischen Werken die (Re-)Konstruktion und (Un-)Zuverlässigkeit von Erinnerungen.

Damit nähern wir uns der Frage, welche Textstrategien und Methoden sich aus Beyers poetologischen Texten ableiten lassen. Wenn oben die Rede davon war, dass im Zwischenraum ungewohnte Begegnungen möglich und dadurch neue Perspektiven eröffnet werden, dann wurde unter der Hand schon auf ein zentrales Strukturprinzip von Beyers Texten rekurriert: die Überlagerung. Je nach dem, wie hart die Konfrontation der sich überlagernden Bilder und Motive ausfällt, kann die Reaktion beim Leser von Überraschung und Irritation bis zu Verunsicherung reichen.

Überlagerungen

2012 blickt Beyer auf einer Tagung in Köln zwanzig Jahre zurück: »Im Herbst 1992, als ich Claude Simon zum zweiten oder dritten Mal, und damit für immer, für mich entdeckte, verbrachte ich ein halbes Jahr in Berlin [...]«. In dieser Zeit verwandelte sich Simon für Beyer

> von einer anregenden, tatsächlich lehrreichen, Lektüre in ein Werkzeug der schreibenden Weltwahrnehmung. [...] Ich spazierte zwischen den Zeitschichten [am Potsdamer Platz] umher und begriff [Simon] immer deutlicher als Werkzeug, mit dessen Hilfe ich begann, noch einmal begann, »eine Anzahl bestimmter überkommener Konventionen zurückzuweisen und in dieser scheinbaren ›Destruktion‹ (der Moral, der Vernunft, des Themas, der ›erzählten Geschichte‹) nach einer neuen Ordnung, einer anderen Harmonie, einer anderen Logik zu suchen« [...].[29]

Beyer parallelisiert seine schriftstellerische Tätigkeit hier mit der eines Archäologen, der durch die Zeitschichten wandelt und dabei – im Sinne von Foucaults Wissensarchäologie – diskursive Formationen freilegt.[30] Was zunächst als Erkenntnisprozess

---

26   Entsprechend formuliert Beyer in seinem Essay »Die Waffen von morgen«: »Geschichte ist, wie das Erinnern, immer auch in der Zukunft angesiedelt. Die Bilder werden sich an dich erinnern.« In: Ders.: *Das blindgeweinte Jahrhundert*. Berlin 2017, 13–51, hier: 51.

27   Beyer: »Bildpolitik« (wie Anm. 19), 92.

28   Marcel Beyer: »Jenseits der alten Photoalben«. In: Ders.: *Nonfiction*. Köln 2003, 49–56, hier: 54.

29   Marcel Beyer: »Blatt, Baracke, Borke, Bordell. Claude Simon in Mühlberg an der Elbe«. In: *Sinn und Form*, 66. Jg. (2014), Heft 1, 91–100, hier: 93–95.

30   Michel Foucault: *Die Archäologie des Wissens*. Frankfurt/M. 1990.

beschrieben wird, hat Konsequenzen für das poetische Programm, denn »Schreiben heißt auch«, so Beyer weiter, »sich der *Überlagerung* von Bildern nicht zu widersetzen, selbst wenn sie aus unterschiedlichen Erfahrungszusammenhängen, verschiedenen Zeitschichten oder spezifischen medialen Sphären stammen«.[31] Poesie wäre keine Poesie, so Beyer, »wenn unter unserem aufmerksamem und geduldigem Blick die oberste Schicht nach einer Weile nicht noch eine weitere durchschimmern ließe«.[32]

Der so arbeitende Schriftsteller lässt also verschiedene Schichten oder Sphären sich überlagern, setzt sie zueinander in Beziehung und lässt sie miteinander interagieren – und wie bei Mehrfachbelichtungen ergibt sich daraus zusätzlich zu den einzelnen aufeinander belichteten Fotos auch ein Drittes.[33] Die Überlagerung von Wirklichkeit und Imagination, auf die Beyer abhebt, führt in jenen ›Zwischenraum‹, in dem man als Leser letztlich nachhaltig dazu aufgefordert wird, »das Wunder unserer Lesekompetenz, das Wunder unserer Imaginationskompetenz sowie unsere Fähigkeit, Sphären der Imagination zu differenzieren«, in Anschlag zu bringen.[34]

Beyer betont allgemein die Bedeutung der Überlagerung von Sprach- und Erfahrungswelten, von historischen Schichten für die Literatur und deren Rückbindung an ›die‹ Welt: »Dichtung, die diesen Namen verdient, bringt Welten zusammen, und Dichtung, die diesen Namen verdient, weist uns immer auch verborgene Pfade über das einzelne Gedicht hinaus – in die Welt.«[35] Da diese Welten in der Literatur durch Sprache zusammengebracht werden, ist es in Beyers Sicht absolut plausibel, dass viele Dichter (er nennt Pastior, Jandl, Mayröcker, Celan) in ihren Gedichten so offen für Fremdsprachen sind, womit er ein anderes literarisches Verfahren zur Herstellung von Überlagerungen benennt.[36] Und einen weiteren kleinen konkreten Hinweis darauf, wie diese Überlagerungen technisch gestiftet werden können, bringt Beyer am Rande eines Vortrags, wenn er auf die Bedeutung von Namen für seine Arbeit zu sprechen kommt:

> Namen in Gedichten ziehen mich an. […] Und ich meine nicht ausschließlich Personennamen. Tiernamen, Pflanzen-, Blumennamen, Orts- und Flurnamen, Namen aus der Mineralogie: Ein Name in einem Gedicht strahlt eine Kraft aus, markiert einen merkwürdigen Punkt im Gedicht, selbst wenn ich ihn mitunter auf Anhieb gar nicht als solchen erkenne. […] Ein Name führt mich zu einem anderen Namen, ein offensichtlicher Name zu einem verborgenen, ein Name führt mich zu einem anderen Gedicht, in dem ich wieder neue Namen entdecke. […] Namen entdecken mir Verbindungen, auch geheime, ein

31   Beyer: »Blatt, Baracke, Borke, Bordell« (wie Anm. 29), 99 (Hervorh. C. K.).
32   Marcel Beyer: »So much to do still, all of it praise«. In: Ders.: *Sie nannten es Sprache*. Berlin 2016, 132–146, hier: 145.
33   Marcel Beyer: »Wirkliches erzählen«. In: *Wespennest. Zeitschrift für brauchbare Texte und Bilder*. Nr. 166 (2014), 92–103, hier: 93 (Hervorh. C. K.).
34   Ebd.
35   Beyer: »So much to do still, all of it praise« (wie Anm. 32), 134.
36   Marcel Beyer: »Oskar Pastior: Angst macht genau«. In: Ders.: *Sie nannten es Sprache*. Berlin 2016, 76–93, hier: 81.

Name kann einen anderen *überlagern*, begleiten [...]. Namen bringen andere Sprachen ins Gedicht, sind Punkte, an denen die Sprache wechseln kann.[37]

Bisweilen genüge das Aufscheinen eines Namens, so konkretisiert er an anderer Stelle, um verschiedene Bereiche miteinander zu verknüpfen.[38] Der Name markiert eine Möglichkeit, Bilder und Motive, Schichten und Sphären einerseits zusammenzubringen und andererseits zu wechseln. Überlagerungen erscheinen hier als Möglichkeiten, neue Zusammenhänge zu entdecken und verschiedene Sphären miteinander zu kombinieren.

Diesem Verständnis folgend ist es konsequent, dass die Funktion der Sprache als Transportmittel für spezifische Themen in den Hintergrund rückt – ein Primat des Inhalts weist Beyer zurück.[39] »Wer als Schreibender sein Arbeitsmaterial ernst nimmt, wird die Sprache nicht wie ein Werkzeug benutzen können, um bestimmte Ziele zu erreichen.«[40] Der Titel des Aufsatzes, in dem diese Beobachtung formuliert wird, lautet *Man verzweifelt an der Form, nicht am Stoff* und ist programmatisch zu verstehen, denn der Stoff, so Beyer an anderer Stelle »entsteht beim Arbeiten, entsteht in der Arbeit«.[41] Demgegenüber wird die Funktion der Sprache bei der Produktion von Welt(en) akzentuiert. In diesem Kontext ist es auch zu verstehen, wenn Beyer in den Göttinger Vorlesungen auf die von Claude Simon »ins Zentrum gerückte Befreiung der Beschreibung von ihrer Funktion als bloßem Dekor, bloßer Zutat, mit deren Hilfe die Romanverwicklungen ausgemalt werden« (XX 25), eingeht: »Denn die Beschreibung verfügt über einen Eigenwert, eine Eigenmacht, die im Verlauf des Schreibens, Beschreibens eine Eigendynamik entwickelt« (ebd.). Wo sich die Sphären und Schichten ständig überlagern, kann es eben gar nicht sein, dass Schreiben einfach Wiedergabe des vermeintlich Vorfindbaren ist, und in diesem Sinne ist auch *Be*schreiben realitätsstiftend. »Schreiben: Für mich kein Abbildungsversuch, sondern ein bildgebendes Verfahren«,[42] betont Beyer in einem Selbstporträt und reformuliert damit sprachphilosophische Einsichten, die spätestens seit Nietzsche Verbreitung gefunden haben. Gleichzeitig verweist er hier auf die grundlegende Bedeutung der Wechselbeziehung zwischen den Künsten für seine Arbeit, reize es ihn doch besonders »in einem Text ein Gefüge von Bildern und Motiven zu entdecken, ihn als Struktur von Übergängen, Lichtwechseln, Tönen und Tönungen aufzufassen«.[43]

Für Beyer wird durch die besondere Art der eigenen Spracharbeit, jene Poetik der Überlagerung, in deren Zuge neue Zusammenhänge gestiftet werden, das wech-

37 Marcel Beyer: »Aurora«. In: Ders.: *Sie nannten es Sprache*. Berlin 2016, 149–165, hier: 149–150 (Hervorh. C. K.).

38 Marcel Beyer: »Recherche und ›Recherche‹«. In: *Sichtungen. Archiv, Bibliothek, Literaturwissenschaft*. Jg. 10/11 (2007/08), 363–371, hier: 367.

39 Vgl. Beyer: »Der blaue Volkswagen« (wie Anm. 9), 152–154.

40 Marcel Beyer: »Man verzweifelt an der Form, nicht am Stoff«. In: Ders.: *Nonfiction*. Köln 2003, 271–281, hier: 279.

41 Beyer: »Der blaue Volkswagen« (wie Anm. 9), 153.

42 Marcel Beyer: »Selbstporträt (anlässlich der Vorstellung als neues Mitglied der Akademie der Künste Berlin am 6.11.2006)« [unveröffentlichtes Manuskript].

43 Ebd.

selseitige Bedingungsverhältnis von Sprache und Welt erfahrbar. So geht es ihm weniger um die Schaffung besonders origineller fiktiver Welten als vielmehr darum, einen neuen Blick auf bisher Vertrautes zu ermöglichen: das Bekannte »aufgrund der Sprache, der Darstellungsweise als etwas Unbekanntes, Neues« wahrzunehmen.[44] Es geht ihm eben nicht darum zu versuchen, die Welt sprachlich möglichst detailgenau abzubilden, um den Leser in der Sicherheit des Vertrauten zu wiegen, sondern um Erkenntnis, und er habe beobachtet, so Beyer, »wie wenig nah Erkennen und Wiedererkennen verwandt sind: Zum Wiedererkennen mögen ein gutes Auge und eine gute Abbildung völlig ausreichen, Erkennen dagegen kommt ohne das geistige Auge nicht aus«[45]. Erkenntnis benötigt also jenen Zwischenraum, in den der literarische Text zu führen in der Lage ist, damit sie sich entfalten kann. Damit ist letztlich auch die Absage an jene Art von Wohlfühl-Literatur verbunden, die dem Leser vor allem das gute Gefühl des Aufgehobenseins vermitteln möchte. Beyer will seine Leser vielmehr verunsichern und ins Stolpern bringen. Entsprechend zentral ist für Beyers Selbstverständnis der »berühmte Stolperaugenblick« aus der *Recherche*, in dem sich Prousts Erzähler aufgrund eines schlecht verlegten Pflastersteins vertritt und, ausgelöst durch die Irritation, in einem Sekundenbruchteil Erinnerung, Gegenwart und Zukunft, Realität und Imagination verschwimmen.[46]

Forschendes Schreiben

Wenn oben in einem Zitat Beyers von der Mineralogie die Rede war, dann wurde damit ein Diskurs aufgerufen, der für Beyers Schreiben seit jeher eine große Rolle spielt: die Wissenschaft. Es korrespondiert mit dem Bild des *poeta doctus*, dass sich Beyer scheinbar mühelos zwischen den Feldern der Wissenschaft und der Literatur bewegt, wovon nicht zuletzt die Tatsache Zeugnis ablegt, dass er 2008 als ›Writer in Residence‹ mehrere Monate am Berliner Max-Planck-Institut für Wissenschaftsgeschichte gewirkt hat. Beyer setzt sich dezidiert von etablierten Autorschaftskonzepten ab, ohne sich deshalb ganz auf die Seite der Wissenschaftler zu stellen, wenn er in einem Interview sagt:

> Wenn Romanautoren gefragt werden, ›Warum machen Sie das?‹ oder ›Was reizt Sie daran?‹, heißt es oft: ›Ich will einfach eine gute Geschichte gut erzählen.‹ Das ist nicht mein Impuls, sondern ich versuche etwas herauszufinden. Und das Schöne ist, als Schriftsteller kann ich forschen ohne Zielvorgabe, was ja ein Wissenschaftler immer weniger kann.[47]

---

44   Marcel Beyer: »Wasserstandsbericht«. In: Ders.: *Nonfiction*. Köln 2003, 11–46, hier: 24.

45   Marcel Beyer: »Im schwarzen Licht«. In: Ders.: *Das blindgeweinte Jahrhundert*. Berlin 2017, 255–269, hier: 264.

46   Vgl. Marcel Beyer: »Der Tag von Raron«. In: Ders.: *Das blindgeweinte Jahrhundert*. Berlin 2017, 53–88, hier: 70 sowie Beyer: »Bildpolitik« (wie Anm. 19), 92–94.

47   »Marcel Beyer im Gespräch. Mich fasziniert das Weltwissen der Zoologen«. In: *Frankfurter Allgemeine Zeitung*, 15.5.2008.

Der Austausch etwa mit Zoologen oder Wissenschaftshistorikern ist dabei konstitutives Element seiner Selbstverortung:

> In diesem Zusammenhang betreibe ich seit einigen Jahren gewissermaßen poetologische Arbeit am Fremdobjekt: Im Austausch mit Zoologen ebenso wie mit Wissenschaftshistorikern, oder genauer: Forschungsforschern, deren Horizont nicht von der eigenen Disziplin gezogen wird, sondern die darüber hinaus auch Schriftsteller, oder Orchideenkundler, oder Molekularbiologen sind.[48]

Mit diesem ›forschenden‹ Ansatz ist die Frage nach der Organisation der Arbeitsweise, des eigenen Arbeitsprozesses aufs Engste verbunden, denn die Bedeutung von Recherchen für die Arbeit spielt eine große Rolle in Beyers selbstreflexiven Texten. Er unterstreicht allerdings, dass für ihn Schreiben und Recherche zwei Facetten des kreativen Prozesses sind, die parallel und nicht nacheinander ablaufen. Das Konzept einer dem Schreibprozess vorgeschalteten und davon abgetrennten Recherche sei ihm völlig fremd:

> wohl auch, weil es schließlich – unausgesprochen – von der Vorstellung ausgeht, man wüßte vor Recherche- und Schreibbeginn, welchen Verlauf die Arbeit nehmen, welcher Text entstehen wird. Die Schritte wären also: Ich denke mir erstens einen Text aus, der zweitens mit Faktenmaterial unterfüttert werden muß, um drittens möglichst fehlerfrei niedergeschrieben werden zu können. Langweiliger könnte ich mir die Arbeit als Schriftsteller nicht vorstellen.[49]

Dem setzt Beyer »das Ineinandergreifen zweier Suchbewegungen« entgegen, indem er hier die Suchbewegung beim Schreiben mit der Suchbewegung bei der Materialbeschaffung und -sichtung parallelisiert. Mitunter springe der Funke vom einen Bereich in den anderen über, »ohne daß ich sagen könnte, ob sich nun das Schreiben aus der Recherche oder umgekehrt die Recherche aus dem Schreiben ergibt«.[50]

> Daten kann ich suchen. Auf Material muß ich stoßen. Recherche setzt dort ein, wo Schulbuchvorstellungen vom ›phantasievollen‹ Abschildern ›historischer Tatsachen‹, von der ›möglichst naturgetreuen Wiedergabe‹ gegenstandslos werden. Wo die Grenzen verwischen. Wo ich in eine Materie hineingetrieben werde, weit über das von mir anvisierte Ziel hinaus. Wo sich Reibung bemerkbar macht, wo etwas implodiert, oder wo sich mit einem Mal unvermutete Querverbindungen auftun. [...] [H]ier wird das Stöbern und Wühlen und Abirren zu einer Bewegung, die Motive, Verknüpfungen, ja, Handlungsstränge generieren kann. [...] Jeder Fund ist strenggenommen ein Zufallsfund.[51]

So bedingen sich Schreiben und Recherche gegenseitig, wobei sich die Rechercheergebnisse ihrerseits selbst zu neuen Zusammenhängen organisieren können, wie

---

48   Beyer: »Selbstporträt« (wie Anm. 42).
49   Beyer: »Recherche und ›Recherche‹« (wie Anm. 38), 363.
50   Ebd., 364.
51   Ebd., 363–364.

er ausführt, wenn er »das geheime Gären der Materialien während der Arbeit« erwähnt, als fänden »in den mehr oder weniger zufällig angehäuften Papierstapeln von selbst« »mit der Zeit Materialien ohne mein bewußt strukturierendes Eingreifen zueinander, so daß ich nur irgendwann eine Abfolge von Blättern [...] herauslösen, ausbreiten, betrachten muß, um die mittlerweile entstandenen Verbindungen zu erkennen«.[52] Auch hier erscheint der Schriftsteller wie ein Archäologe, der sich durch unterschiedliche Materialschichten arbeitet und die durch Überlagerungen entstandenen, bisher unbekannten Beziehungen freilegt. Bemerkenswert ist einmal mehr, dass Beyer Einblicke in seine Arbeitsweise gewährt, indem er die Bedeutung der Recherche für sein Schreiben betont, das entscheidende Element (das Zusammenfinden der Materialien) aber als dem rational planbaren Zugriff entzogen sieht – das (Sprach-)Material organisiere sich (ganz im Sinne von Roland Barthes) vielmehr selbst.

Ungeachtet von Beyers (oben ausgeführter) Einschätzung, dass ›ernstzunehmende‹ Autoren Sprache nicht dazu nutzen (können), um bestimmte Zwecke zu erreichen, hat Literatur für ihn doch eine ganz spezifische Funktion, die auf etwas zielt, das außerhalb ihrer selbst liegt. Ein selbstgenügsames Literaturverständnis im Sinne des *L'art pour l'art* scheint für ihn ebensowenig in Frage zu kommen, wie Literatur für ihn nicht als eine Art Selbsterfahrungsraum missbraucht werden sollte:

> Das Bedürfnis, mich ›auszudrücken‹, gar noch ›kreativ‹, ist mir weitgehend fremd – nicht aber das Bedürfnis, herauszufinden, welche Erkenntnisse sich im Schreiben, und nur im Schreiben, gewinnen lassen. Das heißt, die Erkenntnis selbst besteht vor allem darin, daß es kein Ende der Erkenntnis gibt, daß Wahrnehmen und Denken wie das Erinnern unabschließbare Prozesse sind [...].[53]

Literatur wird hier verstanden als Medium und Gegenstand von Erkenntnis: »Dichtung ist Untersuchungsprozeß und Austragungsort dieser Untersuchung zugleich.«[54] Die Arbeit des Schriftstellers wird als Expedition in den offenen Raum beschrieben – schreibend wird ein Weg abgeschritten, der erst im Zuge des Schreibens entsteht. Wenn Beyer im Hinblick auf Claude Simon formuliert, dass die Sprache bei diesem der Pilot sei und der Schriftsteller der protokollierende Passagier, dann beschreibt diese Formulierung auch Beyers Selbstverständnis.[55] Dieser Zugang zum Schreiben führt zu einer Literatur, die zwar durch Materialfunde, durch durchscheinende Verbindungen, auch durch Empfindungen des Autors – »der Körper schreibt mit, wer wollte das bezweifeln«[56] – geprägt ist, die sich aber eben gerade nicht in irgendeiner

---

52   Marcel Beyer: »Nach dem Aufwischen«. In: *Micro. Magazin Studierender der Bauhaus Universität Weimar*, 27/3: Bildet Redaktionen! (August 2010), 35–36.

53   Beyer: »Selbstporträt« (wie Anm. 42).

54   Beyer: »Oskar Pastior: Angst macht genau« (wie Anm. 36), 86.

55   Vgl. Marcel Beyer: »Schreiben«. In: *Fabrik – Venedig, Biennale 2015, deutscher Pavillon. Jasmina Metwaly/Philip Rizk, Olaf Nicolai, Hito Steyerl, Tobias Zielony. Katalog*. Hg. v. Florian Ebner. Köln 2015, 125–133, hier: 132.

56   Marcel Beyer: »Elke Erb: Aber *habe* wohl nicht geweint«. In: Ders.: *Sie nannten es Sprache*. Berlin 2016, 94–105, hier: 105.

Art von Irrationalität oder ›Gefühligkeit‹ genügt. Die seiner Meinung nach eher aufdringliche als relevante Frage nach der emotionalen Beziehung des Schriftstellers zu seinen Figuren nutzt Beyer dazu, sich gegen jene Kollegen und Kritiker zu positionieren, die in der Antwort auf diese Frage eine Art Schlüssel für das Verständnis des schriftstellerischen Schaffensprozesses zu finden meinen (XX, 55).[57] Für Beyer stellt »Bewußtsein« als Bestandteil des Schreibens gerade keinen Makel dar.[58] Er plädiert für ein Verhältnis des Dichters zu seinen Figuren und damit für eine Haltung der Literatur gegenüber, das er im Bild vom Durchixen fasst:

> [I]mmer wieder mit dem Zeigefinger auf die eine Taste hämmernd, um den geschriebenen Text zum Verschwinden zu bringen, womit, wie sich von selbst versteht, nicht einfach ein für allemal Worte gelöscht, sondern zugleich ihr Geheimnischarakter offenbart und, daraus resultierend, der Entzifferungseifer des Lesers geweckt wurde: Das Durchgestrichene als das zu Entdeckende, eine Haltung der Welt gegenüber, eine Neugier, ein Antrieb beim Schreiben, der mir weitaus vertrauter ist als die Forderung, man müsse als Autor seine Figuren lieben [...]. (XX, 55 f.)

Literatur und Welt erscheinen als Palimpsest – eine Vorstellung, die mit der oben beschriebenen Aufgabe des Schriftstellers als Archäologen korrespondiert. Die Beschäftigung mit jenen von anderen Zeichen überlagerten Zeichen wird hier einmal mehr als Ausdruck einer Lebenseinstellung, als Prinzip einer Weltwahrnehmung und als literarisches Programm verstanden. Daraus leiten sich spezifische Anforderungen an den Leser, aber auch Möglichkeiten und Aufgaben der Literatur ab.

»Nie wieder Reines« – Mehrstimmigkeit und Mehrdeutigkeit

Auch das kennt man als Effekt von doppelt belichteten Fotos: Überlagerungen stiften Unschärfen und eröffnen einen Raum für Mehrdeutigkeit, weshalb sie mitunter Irritationen auslösen. So kommt es Beyer angesichts seiner Materialstapel in den Sinn,

> in den Stapelanordnungen und meinem Umgang mit ihnen ein Abbild der Vorstellung zu sehen, die ich von meinen Texten habe: Arbeit in der Fläche ebenso wie Arbeit im Raum (der Stapel Papier: nichts weiter als die Verwandlung von Zwei- in Dreidimensionalität), Tableau ebenso wie Abfolge (der Text wird ausgebreitet, indem er fortgeschrieben und -gelesen wird), eine eigene Welt sowohl offener wie verborgener Bezüge.[59]

Eine solche ›Poetik der Überlagerung‹, die gleichermaßen Ausdruck einer bestimmten Einsicht wie Programm ist, schreibt Texten eine Qualität zu, die dezidiert ver-

---

57   Ungeachtet dessen betont er, dass er zu allen seinen Figuren eine »unheimliche Zuneigung entwickele«, wenn er sich länger mit ihnen beschäftige, »wenn ich mit ihren Augen sehe, als seien nicht sie die Marionetten, sondern als führten sie mich an Fäden durch die Welt«. Beyer: »Die Waffen von morgen« (wie Anm. 26), 49.
58   Vgl. ebd.
59   Beyer: »Nach dem Aufwischen« (wie Anm. 52), 36.

bunden wird mit einer weiteren spezifischen Funktion, denn in der Mehrstimmig-keit sieht Beyer »das einzige wirksame Gegengift gegen den ganzen monolithischen, den fanatischen, den faschistischen und chauvinistischen Schwachsinn in der Poesie und dem Reden darüber«.[60] Die Abwehr eines monolithischen Textverständnis und die Einforderung von Dialogizität (Interferenz von Stimmen) als literarischer Qua-lität korrespondiert mit Überlegungen der Literaturtheoretiker Michail Bachtin und Julia Kristeva, deren Gedanken zur Verantwortung der Kunst in der Gesellschaft sich mit den Fluchtpunkten von Beyers Argumentation treffen.[61]

Mehrstimmig werden Texte durch Überlagerungen, und da Literatur – erst recht das Gedicht – für Beyer prinzipiell offen für jede Lebenswirklichkeit ist und keine Prädestinationen kennt, sollen diese Freiräume genutzt werden: »Mehrstimmigkeit: Material aus allen Richtungen, ohne Rücksicht auf die jeweilige Provenienz.«[62]

> Gedichte können alles aufsaugen, können sich jegliches Sprachphänomen zu eigen ma-chen. Das zeichnet sie aus. [...] Warum auch sollten ausgerechnet Gedichte ein Reservat der Weltferne, der Weltfremdheit, der Weltabwehr bilden? Wenn nicht die gesamte Welt – was im einzelnen sollte denn Platz im Gedicht finden? Rosen? Goethe? Urlaubs-stimmung?[63]

Solche weltabgewandten Gedichte können in Beyers Perspektive nur eines sein: »eine ziemlich fade Angelegenheit: Unterkomplexität als Waffe gegen eine als über-komplex empfundene Welt, sonst nichts.«[64] Deshalb dürfe es gerade nicht die Auf-gabe des Autors sein, den Facettenreichtum der Welt in den eigenen Texten aufs gefällige Maß herunterzubrechen – und es könne erst recht nicht darum gehen, eli-täres Bücherwissen und Bildungsgut abzufragen. Entsprechend verbreitet sind die Bezugnahmen auf Phänomene der Populärkultur in Beyers Texten.

1999 erklärt Beyer in einem Aufsatz in Auseinandersetzung mit Michel Leiris' *Was sprechen heißt*, warum er das lange geplante Gedicht *Spucke* nie abgeschlossen hat, und streicht dabei heraus, was ein Gedicht ausmachen müsse, ja, was letztlich Li-teratur leisten solle: »Ich wollte beim Schreiben offenbar etwas von einem Geheimnis aufdecken, wohingegen ein Gedicht doch ein Geheimnis zur Sprache bringt, ein Geheimnis zeigt. Nicht verrätselt, aber vielleicht rätselhaft. Ohne jede Geheimnis-krämerei, aber geheimnisvoll.«[65] Eben in diesem Sinne soll Literatur mehrstimmig sein: offen für verschiedene Deutungs- und Anschlussmöglichkeiten. »Der Dich-ter«, so Beyers Selbstverständnis, »tritt weder als Erzieher noch als Verkünder in

60   Beyer: »Der Dichter und sein Schatten« (wie Anm. 3), 113.
61   Vgl. Michail M. Bachtin: *Die Ästhetik des Wortes*. Hg. und mit einem Vorwort von Rainer Grübel. Frankfurt/M. 1979 sowie Julia Kristeva: »Bachtin, das Wort, der Dialog und der Roman«. In: Jens Ihwe (Hg.): *Literaturwissenschaft und Linguistik. Ergebnisse und Perspek-tiven. Bd. 3: Zur linguistischen Basis der Literaturwissenschaft II*. Frankfurt/M., 345–375.
62   Beyer: »Der Dichter und sein Schatten« (wie Anm. 3), 113.
63   Marcel Beyer: »Die Sprache, die Fremde«. In: Torsten Hahn und Christof Hamann: *Marcel Beyer*. Köln 2016, 13–47, hier: 32.
64   Beyer: »Die Sprache, die Fremde« (wie Anm. 63), 46.
65   Marcel Beyer: »Spucke«. In: Ders.: *Nonfiction*. Köln 2003, 74–87, hier: 87.

Erscheinung – er sieht seine Gedichte grundsätzlich in einem Dialog befindlich: mit Traditionslinien, mit anderen Gedichten, mit Lesern und Hörern.«[66] Entsprechend müsse sich der Leser aber auf diesen Dialog einlassen und akzeptieren, dass er ggf. mit dem eigenen Unverständnis konfrontiert werde, dass er einzelne Linien nicht gleich erkenne, dass sich nicht alle Bilder und Beobachtungen auf Anhieb erschlössen. Der Leser müsse umzugehen lernen »mit der unendlich weit in die Vergangenheit zurückverfolgbaren Spur der ›modernen Lyrik‹, über die zu klagen Leser nicht müde werden, sie verweigere sich dem Zugang [...] [und] entzieht sich der – wie auch immer zu definierenden – Allgemeinverständlichkeit«.[67]

Hier wird das literarische Programm als Haltung der Welt gegenüber erkennbar, denn auch in der modernen Welt ist nicht alles gleich auf den ersten Blick verständlich, sie konfrontiert den einzelnen mit seinem Unwissen und Unverständnis, sie muss entziffert werden – eben wie ein Palimpsest. Konsequent ist es vor diesem Hintergrund, wenn Beyer folgert: »Vielleicht mangelt es demjenigen, der sich beklagt, Gedichte seien unzugänglich, seien eine in sich geschlossene Welt, am Ende nicht lediglich am Gespür für Gedichte, sondern an Gespür für die Welt.«[68] Die Auseinandersetzung mit Literatur wird hier zur Praxis der Weltaneignung und des Weltverstehens. Wenn Wirklichkeit und Imagination (wie oben ausgeführt) miteinander verwoben sind und erkennbar wird, dass Wirklichkeit ästhetisch (mit-)konstituiert ist, dann avancieren der Umgang mit Literatur, die Einübung ästhetischer Praktiken und Ästhetik selbst »zu einem generellen Verstehensmedium für Wirklichkeit«.[69] Roland Barthes' Idee von der »Unmöglichkeit außerhalb des unendlichen Textes zu leben« zeigt die Traditionslinie dieser Denkfigur.[70]

Beyers Beschreibung einer Gruppe von mehrsprachigen Vortragsbesuchern als einer »Gesellschaft von Übersetzern, von Menschen, die sich von unüberbrückbar erscheinenden Widersprüchen, Grenzen, von Unvereinbarkeiten herausgefordert sehen, anstatt dem Impuls zu folgen, sie wegzubrüllen« (XX, 58), verbindet ein Leserideal mit einer politischen Botschaft. *Ex negativo* ausbuchstabiert wird diese Verbindung in Beyers Dankrede zum Bremer Literaturpreis, in der er gegen die – oft bildungsbürgerlich aufgeblasenen – patriotischen Abendlandsretter austeilt:

> Wir, die wir Gedichte lesen, [...] empfinden angesichts von *Mehrdeutigkeit* Genuß. Ja, wir lesen – schreiben – sogar Gedichte [...] in denen Formulierungen auftauchen [...] denen wir vorderhand möglicherweise nicht den geringsten Sinn zuweisen können. Doch ließen wir uns von solchen irritierenden Momenten nicht dazu verleiten, unsere Vernunft durch bloßen Affekt zu ersetzen, gar anderen ins Gesicht zu spucken. [...] Verborgener Sinn kennzeichnet ›Lügenwerk‹, ein schwebendes, unaufhebbares ›Vielleicht‹, wie es Gedichten eigen ist, kann in ihrer Welt auf nichts weiter als auf Doppelzüngigkeit hinweisen [...]. Nulltoleranz gegenüber der keinen erkennbaren Zweck ver-

66   Marcel Beyer: »Thomas Kling: Haltung«. In: Ders.: *Nonfiction*. Köln 2003, 227–240, hier: 239.
67   Beyer: »Die Sprache, die Fremde« (wie Anm. 63), 18.
68   Ebd., 47.
69   Wolfgang Welsch: *Ästhetisches Denken*. Stuttgart 1993, 7.
70   Roland Barthes: *Die Lust am Text*. Frankfurt/M. 1973.

folgenden Sprachbewegung, samt dem mit äußerster Aggressivität verteidigten Recht auf Einfalt [...].[71]

Weil sich ›Wirklichkeit‹ und ›Fiktion‹ überlagern, müsse der Literat sprachlich Verantwortung übernehmen und ggf. auch Stellung beziehen – ein Gedanke, den Beyer auch in seinen Überlegungen zu den für ihn so zentralen Gedanken von Leiris' Text diskutiert.[72] In Beyers Verständnis leitet sich aus dem ernsten Umgang des Schriftstellers mit seinem Arbeitsmaterial eine Haltung der Welt gegenüber ab: »Wenn Sprache das ist, was den Menschen ausmacht, dann bedeutet Respekt vor der Sprache, vor ihren Möglichkeiten, Veränderungen, scheinbaren Umwegen, doch zuallererst einmal Respekt vor dem Menschen.«[73]

Als Mittel gegen eine Vernebelung der Sinne stehe dem Schriftsteller die Literatur zur Verfügung. Allerdings wohl weniger im Rahmen einer Therapie nach Ausbruch (denn ist der vernebelte Zustand schon eingetreten, wird die Einnahme des Mittels wohl abgelehnt), sondern vielmehr im Sinne einer vorbeugenden Maßnahme. Angesichts eines Gedichts des NS-Dichters Josef Weinheber stellt Beyer die Frage, wie es einem Menschen gelinge, »sich selbst zu impfen gegen ›O wie raunt, lebt, atmet in deinem Laut‹. Es kann sich wohl nur um einen langwierigen, vermutlich auch enervierenden Prozeß handeln. Der Körper muß Antikörper bilden.«[74] Und er folgert: »Ein langwieriger Prozeß der Selbst-Impfung, mit Hilfe von Gedichten.«[75] Hier kommen dann die Aufgabe des Autors und der Literatur mit der Herausforderung des Lesers zur Deckung. Vor dem Hintergrund literarischer Traditionen, die Funktion der Literatur und die Bedeutung der Überlagerung fest im Blick, fordert Beyer: »Nie wieder Sauberes, bitte, nie wieder Reines.«[76]

*

Marcel Beyers Poetik liegt, so ließe sich resümieren, ein Verständnis von Literatur als Kommunikations- und Verstehensangebot zugrunde. Das epistemische Feld, auf dem er sich bewegt und auf das er den Leser führen möchte, ist der Zwischenraum. Beyer positioniert sich zwischen den Konzepten des *poeta doctus* und des poststrukturalistischen ›Schreibers‹, seine Literatur entsteht als Wechselspiel von Planbarkeit und Zufall im Zuge einer Arbeitsweise, die als ›forschendes Schreiben‹ bezeichnet werden kann. Als eine zentrale Strategie in Beyers Texten konnte die ›Überlagerung‹ ausgemacht werden, mit deren Hilfe er u. a. den Zwischenraum zwischen Wirklichkeit und Imagination auszuschreiten beabsichtigt. Diese Poetik der Überlagerung realisiert sich in den Texten als Mehrstimmigkeit und Unschärfe, die beim Leser verschiedene Effekte und Reaktionen zeitigen kann. Die Offenheit der Texte soll

71   Marcel Beyer: »Inferno. Dankrede zur Verleihung des Bremer Literaturpreises 2015«. In: *Frankfurter Allgemeine Zeitung*, 3.2.2015 (Hervorh. C. K.).
72   Vgl. Beyer: »Spucke« (wie Anm. 65).
73   Beyer: »Man verzweifelt an der Form, nicht am Stoff« (wie Anm. 40), 279.
74   Beyer: »Oskar Pastior: Angst macht genau« (wie Anm. 36), 80.
75   Ebd., 93.
76   Ebd., 81.

irritieren, verunsichern, die Leser ›aus dem Tritt‹ bringen. Beyers Verständnis von Literatur als einer Art rhizomatischem Bezüge- und Verweisgeflecht (im Sinne von Deleuze/Guattari[77]), die Idee einer dialogischen Literatur (Bachtin), die mehr- statt eindimensionale Verstehensangebote unterbreitet (Kristeva), ist letztlich untrennbar verbunden mit einer dezidiert politischen Haltung des Schriftstellers:

> Aufrecht und deutlich etwas zu Gehör bringen, nicht überlaut, doch fest, also einem Ideal vom Menschen entsprechend: Nur dann nenne ich es Literatur. Es geht hier nicht um eine Verweigerungsgeste, es geht nicht um das Auftrumpfen, ich will es noch einmal betonen, es geht um das Ausloten von Möglichkeiten, die abseits der Normen liegen.[78]

Die Traditionslinie, in der Beyers Texte stehen, reicht damit über die postmodernen Strömungen in Literatur und Theorie aus der zweiten Hälfte des 20. Jahrhunderts zurück bis zu den Avantgardebewegungen zu dessen Beginn (Bezugsgrößen wie Bachtin oder Kristeva deuten das schon an). Von den oben herausgearbeiteten roten Fäden erweisen sich u. a. als eng mit der Avantgarde-Programmatik verwoben: die Bedeutung der Form, die implizite Kritik am Literaturbetrieb (an Schriftstellerkollegen und Kritikern), das Interesse an den Wechselbeziehungen zwischen den Künsten, das Streben nach der Überwindung der Trennung von Kunst- und Alltagssprache oder der Bezug zwischen Kunst (ästhetischer Erfahrung) und Lebenspraxis.[79] Literatur ist in dieser Perspektive Teil eines andauernden Emanzipationsdiskurses – sie schreibt sich ihm ein und schreibt ihn fort.

Beyers Überlegungen zum eigenen Schaffen wirken in der Rückschau über die Jahre hinweg sehr konsistent: Schon früh entwickelt er Grundpositionen, die er im Laufe der Zeit zwar erweitert, ausarbeitet und akzentuiert – grundlegende Revisionen oder gar Brüche sind aber nicht auszumachen. Die andauernde Virulenz der hier herausgearbeiteten Parameter der Poetik Marcel Beyers belegt sein in diesem Band abgedruckter Originalbeitrag über *Schreiben im Traum*. Festzuhalten bleibt ferner, dass Beyer in seinen selbstreflexiven Texten letztlich eine gattungsübergreifende Poetik profiliert. Ungeachtet der Tatsache, dass einzelne Beobachtungen im Rekurs auf Lyrik oder Erzählprosa formuliert werden, kann man in der Zusammenschau schnell erkennen, dass die jeweiligen Aussagen, Schlussfolgerungen oder Standpunkte Beyers Verständnis von Literatur im Allgemeinen adressieren. Auch wenn Beyers poetologische Reflexionen stets im Sinne von Inszenierungen und Selbstentwürfen zu verstehen sind, so sollte doch deutlich geworden sein, dass sich aus ihrer Analyse gleichermaßen Erhellendes im Hinblick auf sein Verständnis von Literatur wie auch das Verständnis seiner Texte beitragen lässt.

---

77   Gilles Deleuze und Félix Guattari: *Rhizom*. Berlin 1977.
78   Beyer: »Der blaue Volkswagen« (wie Anm. 9), 157.
79   Vgl. Peter Bürger: *Theorie der Avantgarde*. Göttingen 2017, 23–48.

»An den Rändern des Narrativen findet der Krieg statt.« Marcel Beyer im Spiegel der Literaturkritik

Christoph Jürgensen

Vorspiel auf dem Theater

In Marcel Beyers Göttinger Poetikvorlesung, gehalten im November 2014, nimmt die Auseinandersetzung mit der Literaturkritik eine prominente Stellung ein. Genauer: Diese Stellung besetzt, gleichermaßen konkret wie symbolisch, die »nicht nur bekannteste, sondern darüber hinaus auch beliebteste deutsche Literaturkritikerin«.[1] Mit ihrem »Lebensgefährten« (XX, 25 u. ö.) sitzt sie am 8. September 2014 im selben Flugzeug von Dresden nach Frankfurt am Main wie Beyer, direkt in der Reihe vor ihm, und bei der Landung wird dieser Lebensgefährte im Gepäckfach wühlen und dabei Beyers »Tasche mit einem Buch« durch eine »ungeschickte[...] Bewegung« (XX, 34) auf den Boden werfen. Diese an sich undramatische und vor allem unabsichtliche Bewegung weckt Beyers Beziehungssinn und ruft die Erinnerung an eine ähnliche Geste der Literaturkritikerin auf, einer absichtlichen allerdings, die sie einige Monate zuvor in der Fernsehsendung *Literaturclub* effektvoll eingesetzt hatte. Diskutiert wurden dort Heideggers *Schwarze Hefte 1939–1941*, und Elke Heidenreich – um sie handelt es sich bei der Literaturkritikerin nämlich leicht erkennbar, auch wenn ihr Name an keiner Stelle genannt wird – Heidenreich also knallte diese ›Hefte‹ mit entschiedener Geste auf das Tischchen vor ihr, als der Moderator Stefan Zweifel sie darauf hinwies, dass ein von ihr zitierter antisemitischer Satz Heideggers sich überhaupt nicht im Buch fände, »in den Raum in die Ohren des Zuschauers, Zuhörers rufend, brüllend, schreiend: ›Doch. Doch. Doch. Doch.‹« (XX, 35)

Wer das Nein-Doch-Spiel, vom Einwurf des Moderators provoziert und in der herrischen Geste des Buch-auf-den-Tisch-werfens kulminierend, noch nicht gesehen hat, sollte es sich bei Youtube unbedingt ansehen.[2] Bei Beyer findet es sich sowohl in wörtlicher Transkription als auch in fiktionalisierter Variation, am Ende etwa dergestalt, dass das ›Doch‹ Heidenreichs mit der Szene aus *Alice im Wunderland* überblendet wird, in der die Königin »*putterot vor Zorn*« fordert: »*Kopf ab mit ihr! Ab sag ich* –« (XX, 72; kursiv im Original) Feinsinnig ironisiert ist damit eine Literaturkritikerin, die »störrisch und herrisch [ist] und der gesamten restlichen Welt den Mund« (XX, 36) verbieten will, und mit Heidenreich als Stellvertreterin zugleich eine Form der Literaturkritik, die auf Macht, Eindeutigkeit und einen planen Realismus abzielt, der »zu Herzen geht« (XX, 33), und alles ablehnt, was textuell ambivalent schillert und so Distanz zur Welt herstellt – ja offenkundig ist

---

1   Marcel Beyer: *XX. Lichtenberg-Poetikvorlesungen*. Göttingen 2015, 32 (im Folgenden als »XX« direkt im Haupttext nachgewiesen).

2   Zu finden unter: https://www.youtube.com/watch?v=BcoSALMw7KE [letzter Zugriff: 27.9.2017].

es ihr nicht einmal wichtig, auf den Wortlaut zu achten, als wäre das bei Literatur
ein nachrangiges Phänomen. Und gleichsam maliziös lächelnd bzw. durch den Ton
unverkennbar urteilend berichtet Beyer von den Folgen dieses Streits, vor allem für
den Moderator, der kurz nach der Sendung abgesetzt wurde,

> während die Redaktion verkündete, sie, die Literaturkritikerin, die es als Beleidigung
> empfunden hatte, sich auf ein grob falsches, den vermeintlichen Autor verleumdendes
> Zitat hinweisen lassen zu müssen, auch in Zukunft die Gelegenheit haben werde, vor
> den Kameras des Schweizer Fernsehens Zitate zu erfinden, ihren Jähzorn zu zelebrieren
> und Bücher auf Glastischchen zu klatschen [...]. (XX, 61)[3]

Mit dieser nachträglichen Einmischung reiht sich Beyer in die lange Reihe derjenigen Autoren ein, die das heikle Verhältnis zwischen Schriftstellern und Kritikern zu
polemischen Äußerungen herausgefordert hat. Aber er reiht sich nicht einfach ein,
sondern unternimmt dies auf eine Weise, die mir bezeichnend für sein Verhältnis
zur Literaturkritik und, andersherum, für das Verhältnis der Literaturkritik zu ihm
bzw. seinem Werk zu sein scheint – und darüber hinaus tut er dies freilich in für
seine Poetik charakteristischer Weise, aber dieser Poetik widmen sich andere Aufsätze des vorliegenden Bandes. Beyer fordert nicht grob wie Goethe angesichts einer
negativen Rezension seines *Götz von Berlichingen*, »Schlagt ihn tot, den Hund! Es
ist ein Rezensent«[4], oder bringt Heidenreich im fiktionalen Spiel kurzerhand symbolisch um, wie es vor einigen Jahren aufmerksamkeitsträchtig in Martin Walsers
Tod eines Kritikers und Bodo Kirchhoffs *Schundroman* dem notorischen Feindbild
Reich-Ranicki widerfuhr.[5] Walser und Kirchhoff setzten dabei übrigens literarisch
um, was Rolf Dieter Brinkmann ihm schon Anfang der 1970er Jahre auf offener
Bühne erbost ›angedroht‹ hatte: »Wenn dieses Buch ein Maschinengewehr wäre,
dann würde ich Sie jetzt niederschießen.«[6] Statt also in solcher Weise Wörter, um

---

3   Die Intendanz des Schweizer Fernsehens behauptet übrigens, dass die Absetzung von Ste-
     fan Zweifel und die hier in Rede stehende Sendung in keinem kausalen Zusammenhang
     stünden. Siehe hierzu wie zu dem öffentlich ausgetragenen Nachspiel Jürg Altwegg: »Das
     Heidegger-Zitat der Elke Heidenreich«. In: *Frankfurter Allgemeine Zeitung*, 31.5.2014.
4   Johann Wolfgang Goethe: *Rezensent*. In: Johann Wolfgang Goethe: *Sämtliche Werke, Briefe,
     Tagebücher und Gespräche*. Hg. v. Karl Eibl. Bd. 2. Frankfurt/M. 1987, 373. Typisch für das
     Verhältnis von Autoren und Kritikern ist übrigens, dass der hier schimpfende Goethe ja
     selbst rezensierte und eine fast ebenso häufig zitierte Anleitung zur Verfassung ›produc-
     tiver Kritik‹ geliefert hat: »Was hat sich der Autor vorgesetzt? Ist dieser Vorsatz vernünftig
     und verständig? Und in wie fern ist es gelungen, ihn auszuführen? Werden diese Fragen
     einsichtig und liebevoll beantwortet, so helfen wir dem Verfasser nach«. Johann Wolfgang
     Goethe: »Graf Carmagnola noch einmal«. In: *Goethes Werke*. Weimarer Ausgabe I 41/1.
     Weimar 1902, 340–349, hier: 345–346.
5   Bei Walser stellt sich der Mord schließlich als selbstinszenierte Täuschung heraus (Martin
     Walser: *Tod eines Kritikers*. Frankfurt/M. 2002), bei Kirchhoff hingegen wird der namen-
     los bleibende, aber leicht erkennbare Kritiker buchstäblich durch einen gezielten Stoß ins
     Gesicht getötet, während er an einem Kiosk gerade eitel in sein eigenes Konterfei in einer
     Zeitung versunken ist (Bodo Kirchhoff: *Schundroman*. Frankfurt/M. 2002, 34).
6   Zit. nach Wolfgang Rüger: »Direkt aus der Mitte von Nirgendwo. Bruchstücke zu Leben
     und Werk von Rolf Dieter Brinkmann«. In: Gunter Geduldig/Marco Sagurna (Hg.): *too
     much. Das lange Leben des Rolf Dieter Brinkmann*. Aachen 1994, 67–86, hier: 72.

Sartre ins Buchstäbliche zu wenden, als geladene Pistolen zu verwenden, bindet Beyer die Kritikerin in eine vielschichtig assoziierende, intertextuell hoch aufgeladene Reflexion über das Verhältnis von Fakten und Fiktion ein, über den Abstand des Autor-Ichs zur Welt, *in der* und *über die* er schreibt, und nutzt sie letztlich ›nur‹ als Spielfigur für diese poetologischen Reflexionen. Und durchaus relevant ist in diesem Zusammenhang auch, dass er nicht auf Kritik an seinem eigenen Werk reagiert, sondern vielmehr als distanzierter Beobachter eines Streitfalls figuriert.

Zu einer polemischen Reaktion auf Invektiven gegen eines seiner Werke im Besonderen oder sein Schreibprogramm im Allgemeinen hätte Beyer allerdings auch kaum einen Grund gehabt. Denn die Literaturkritik reagierte im Wesentlichen vom Debüt *Das Menschenfleisch* bis zu *Graphit* wohlwollend bis enthusiastisch, und zwar gleichermaßen auf seine Erzähltexte wie die Essay-Sammlungen und Gedichte. So konnte das *Informationsblatt des sächsischen Literaturrates* schon 2001 bündig und zufrieden resümieren: »Die Stationen seines schriftstellerischen Werdegangs durchlief er ohne Widerstände und ist heute ein etablierter Autor im Literaturbetrieb.«[7] Entsprechend zieren oder verunstalten keine Skandale Beyers Werk, es wurde weder zum Anlass oder Objekt heftiger Kontroversen noch im Zuge der turnusmäßig aufflammenden Literaturdebatten instrumentalisiert, und ließe sich der Rezeptionsverlauf wie ein Börsenkurs notieren, so würden sicher leichte Schwankungen nach oben oder unten sichtbar, aber keine gravierenden Ausschläge. Ist der Fall ›Beyer und die Literaturkritik‹ also wenig spannungsvoll und meine Ausführungen können nach einigen allgemeinen und nichtssagenden Bemerkungen gleich schon wieder enden? Das Gegenteil scheint mir eher zuzutreffen: Der ›Fall Beyer‹, so hoffe ich zeigen zu können, bietet ein ertragreiches Explorationsfeld für die Frage nach der Konstruktion von Werkerzählungen und die Modellierung von Autorbildern durch die Literaturkritik, und damit verbunden verrät er viel über die Kontur der gegenwärtigen Literaturkritik, über im literaturkritischen Diskurs kursierende Literaturbegriffe, Hochwertphänomene und naturgemäß über ihr Selbstverständnis; inwieweit dieser Diskurs über sich selbst hinaus auch aussagekräftig für das poetische Programm Beyers ist, das in ihm zur Rede steht, kann und soll dann aus dem Zusammen- oder Widerspiel mit den werkbezogenen Beiträgen dieses Bandes erhellen.

Anders gesagt: Es ist mir im Folgenden nicht darum zu tun, die Literaturkritik aus Sicht der Literaturwissenschaft zu kritisieren, d. h. nicht darum, ihre Urteile zu validieren, indem sie am literarischen Werk abgeglichen werden. Vielmehr soll eine Rekonstruktion der dominanten nichtauktorialen Werkerzählung unternommen werden, die sich im Verlauf der Rezeptionsgeschichte herausgebildet bzw. durchgesetzt hat. Und rekonstruieren möchte ich diese Erzählung, um eine weitere Fehlanzeige zu nennen, nicht mit Blick auf sämtliche Formen der Literaturkritik, namentlich nicht auf eine Form der Laienkritik, wie sie sich etwa auf amazon findet. Sie ist durchaus interpretationsbedürftig und auch wirkungsvoll, doch bildet sie gewissermaßen einen eigenen Teildiskurs innerhalb des literaturkritischen Gesamtdiskurses heraus, mit eigenen Regeln, Kriterien und Teilnehmern und verdiente daher einen eigenen Aufsatz. Konzentrieren werde ich mich, nun positiv formuliert, folglich aus darstel-

---

7   Jaroslaw Piwowarki: »Porträt: ›Mich interessiert, wie der Mensch den Boden trägt.‹ Marcel Beyer«. In: *Angezettelt. Informationsblatt des sächs. Literaturrates e.V.* 2–3 (2001).

lungs- wie forschungspragmatischen Gründen auf die professionelle Literaturkritik im (mehr oder minder) gehobenen Feuilleton. Thesenhaft zugespitzt gehe ich dabei von zweierlei aus: und zwar erstens davon, dass der ›Fall Beyer‹ exemplarisch den Stand in der Verhandlungssache anschaulich macht, welches Mischungsverhältnis von einerseits avantgardistischen und andererseits ›realistischen‹ Anteilen von einem bestimmen Kritikertypus als rezensionswürdig und den Lesern empfehlenswert evaluiert wird – oder um den Kampfplatz mit einer Formulierung aus *Menschenfleisch* zu benennen: »An den Rändern des Narrativen findet der Krieg statt.«[8] Und zweitens gehe ich davon aus, dass entlang dieser Leitdifferenz eine über den Einzelfall hinaus geradezu topische Autor-Erzählung entsteht, die sich in drei Phasen gliedern lässt.

Etablierungsphase

Die erste Phase, die sich als Etablierungsphase bezeichnen lässt, reicht von Beyers Debüt mit *Menschenfleisch* über den Erfolgsroman *Flughunde* bis zu seinem zweiten Debüt, als Lyriker mit *Falsches Futter*; werkchronologisch müsste man freilich den Gedichtband *Walkmännin* als Erstling nennen, bei Patio im Jahr 1990 erschienen, die Kritik allerdings übersieht diesen Band weitgehend und zählt ihn daher sozusagen nicht mit.

Den ersten Abschnitt dieser Phasen bilden *Menschenfleisch* und *Flughunde*, indem sie die traditionsreiche Figur von ›Versprechen und Einlösung‹ bilden – sie gehören gemäß dem Kritiker-Klischee zusammen, dass man erst ab dem zweiten Buch zum Autor im vollgültigen Sinn wird. Entsprechend wird *Menschenfleisch* zwar als Debüt besprochen und gewürdigt,[9] aber in stark prospektiver Hinsicht, und vor allem von der *Flughunde*-Rezeption aus erhellt sich dann, warum der Band kein noch stärkeres Echo gefunden hat. Eine Generalbrechung mit dem Roman *ohne* Blick in die Zukunft unternimmt Michael Braun in der *Zeit*. Seine Besprechung ist für meinen Zusammenhang deshalb interessant, weil sie erstens in typischer Weise ein nicht welthaltiges oder psychologisch stimmiges Erzählen inkriminiert – und weil Braun später zum Beyer-Apologeten werden sollte, dazu weiter unten mehr. Die Rezension von *Das Menschenfleisch* lässt von der späteren Lust am Beyer'schen Text allerdings noch nichts erkennen, im Gegenteil:

> Überwältigt von der eigenen Belesenheit, fasziniert von den dunklen raunenden Sätzen seiner philosophischen Gewährsleute, kommt Beyer kaum dazu, seinen eigenen Text zu entwickeln, geschweige denn eine Geschichte zu erzählen. Statt dessen beharrt Beyer unglücklicherweise auf einer romanhaften Bebilderung der Thesen, die er den Schriften Lacans und Barthes entnommen hat: [...] Mit der empirischen Welt kommt sein Erzähler kaum in Berührung; sie ist ihm gänzlich verstellt durch ein verwirrendes System aus

---

8   Marcel Beyer: *Das Menschenfleisch*. Frankfurt/M. 1991, 104 (im Folgenden als »Mfl« direkt im Haupttext nachgewiesen).

9   Ein Überblick über die Rezeption von *Das Menschenfleisch* findet sich bei Katharina Picandet: *Zitatromane der Gegenwart: Georg Schmid »Roman trouvé« – Marcel Beyer »Das Menschenfleisch« – Thomas Meinecke »Hellblau«*. Frankfurt/M. 2011, 116–120.

sprachlichen Zeichen, die von überallher auf ihn eindringen und ihn massiv bedrohen. [...] Wie heißt es doch bei Roland Barthes: »Der Text, den ihr schreibt, muß mir beweisen, daß er mich begehrt Dieser Beweis wird in Marcel Beyers Roman wortreich angekündigt, leider aber nicht durchgeführt.[10]

Andere Kritiker bemerkten die (ja auch kaum zu überlesenden) Bezüge zum Poststrukturalismus auch, bewerteten die Literarisierung der Theorie aber im Wesentlichen gegenläufig zu Braun. Um nur zwei dieser Kritikerstimmen zu lauschen: Michael Bauer feiert in der *Neuen Zürcher Zeitung* ein »grandioses Erstlingswerk«, das um die »Sinnlichkeit der Sprache und [die] Formulierbarkeit sinnlicher Erfahrungen« kreise und dabei weit über die »martialische Postmoderne« hinausgehe, die von der Kritik (sprich: seinen Kollegen, von denen er sich distinktionsstrategisch absetzt) geschätzt werde. Diese Überbietung gelinge, zitiert Bauer eine poetologische Formel des Textes, in Form des »parasitären Schreibens« (Mfl, 159), mittels derer dieser »gedankenschwere Roman einer neuen Generation von Schriftstellern« Ahnen wie Beckett und Schwitters aktualisiere. Höher kann in das Register der literarhistorischen Nobilitierungen bzw. Genealogisierungen kaum gegriffen werden. Einwenden ließe sich angesichts dieses überzeugenden Wurfs lediglich, dass »manches synthetisch bleibt, literarischer Reissbrettentwurf eines belesenen jungen Mannes«. Aber eines sei sicher: »Wir werden noch von Marcel Beyer hören.«[11] Nicht verwundern kann von hier aus, dass Friedhelm Rathjen in der *Süddeutschen Zeitung* einen ähnlich klingenden Lobgesang anstimmt: Rathjen, profiliert als Kenner bzw. Übersetzer der Literarischen Moderne und Arno Schmidt-Afficionado, freut sich darüber, ein »erstaunliches Buch« besprechen zu dürfen, und übernimmt daher gerne und engagiert eine didaktisch-vermittelnde Rolle,[12] indem er ausführlich den Zitatismus des Romans bzw. dessen Codierungsverfahren erläutert. Im Zuge der Codierung durch Fremdtexte vollziehe sich, erfährt der *SZ*-Leser von Rathjen, das »Ringen um eine eigene, private Sprache, bei dem die inkorporierten Zitate naturgemäß umgewertet

---

10   Michael Braun: »Textkörperkontakte. Marcel Beyers strapaziöses Romandebüt ›Das Menschenfleisch‹«. In: *Die Zeit*, 22.3.1991. Auf diese und ähnliche Urteile hat Beyer zumindest einmal genervt reagiert: »Anscheinend eine chronische Krankheit von Rezensenten: das haben ja alles schon die Dadaisten gemacht, ist längst veraltet. Aber kein Schwein hat die Dadaisten je gelesen, geschweige denn zu ihrer Zeit rezensiert und als etwas Neues begrüßt. Die klassische Moderne sieht man nach wie vor als 20 Jahre der Geistesgestörten, und jetzt machen wir Postmoderne und schreiben den neuen Fontane«. Marcel Beyer: »Das Eingemachte – Smalltalk 91. Thomas Kling und Marcel Beyer talken über MUSIK«. In: *Konzepte. Magazin für eine junge Literatur*. Heft 10 (1991), 52–61, hier: 60.
11   Michael Bauer: »Sprechakte – Liebesakte. ›Das Menschenfleisch‹ von Marcel Beyer«. In: *Neue Zürcher Zeitung*, 2.7.1991.
12   Zu den zentralen Funktionen der Literaturkritik im Spannungsfeld zwischen Information bzw. Orientierung, Selektion und Didaktik (von Lesern und Autoren) siehe Thomas Anz: »Theorien und Analysen zur Literaturkritik und zur Wertung«. In: Ders./Rainer Baasner (Hg.): *Literaturkritik. Geschichte – Theorie – Praxis*. München 2004, 194–219, hier: 195 – die didaktisch-vermittelnde Funktion ziele darauf, dem Publikum Wissen und Fähigkeiten zu vermitteln, »die zur Lektüre solcher literarischen Texte notwendig sind, die, oft auch aufgrund ihres innovativen Abstands zu eingespielten Leseerwartungen, Verständnisschwierigkeiten bereiten«.

werden« – und zwar umgewertet durch eine genau durchkalkulierte Konstruktion, die sich selbst sprachliche Gespreiztheiten einzuverleiben wisse. »Der Debütant Beyer, Jahrgang 1965«, blickt Rathjen in die Zukunft, »gibt eines der größten Versprechen der Gegenwartsliteratur ab«.[13] Enthusiastisches Lob von beiden also, bei Bauer leicht verschnitten mit einigen Monita, durch die der Kritiker eine didaktisch-sanktionierende Funktion ausübt,[14] aber insgesamt ein Minderheiten-Programm, klar erkennbar angesiedelt am Avantgarde-Pol. Und Leser, die ›Welthaltigkeit‹ noch immer für das zentrale Qualitätsmerkmal von Romanen halten, werden beide Besprechungen wohl eher als Warnungen denn als Empfehlungen für sich verstanden haben – zu schweigen von Heidenreich, für die wohl mehr von Gefühl und weniger von Kalkül die Rede hätte sein müssen.

Flughunde löst das Versprechen dieses Werkauftakts dann vollgültig ein, wenn man der Literaturkritik glaubt, und zwar insofern, als es den avantgardistischen, sprachreflexiven und theoretischen Zug des Debüts einbinde in ein welthaltigeres, psychologisch glaubwürdigeres, sprich: stärker realistisches Erzählprogramm – in diesem Urteil sind sich ausnahmsweise die Rezensenten der *Neuen Zürcher Zeitung* und der *Zeit* mit denjenigen des *Spiegel* und sogar des *Focus* einig. Um nur zwei Kritiker beispielhaft für diese Einschätzung anzuführen: So hebt die Rezension von Hubert Winkels in der *Zeit* zwar durchaus nachdrücklich auf den theoretischen Unterbau von *Flughunde* ab, indem sie Friedrich Kittlers Untersuchungen über *Grammophon Film Typewriter* als medientheoretische wie -geschichtliche Basiserzählung identifiziert, in deren Spuren sich Beyers Roman bewege. Doch werde Beyer dabei nicht zum »literarischen Zauberlehrling des philosophierenden Technik-Gurus«. Denn anders als in dem »noch unter spürbare[m] Theorie- und Avantgardedruck« erfolgten Debütroman *Menschenfleisch*, blickt Winkels auf die Geburt des Autors aus dem Geist des Poststrukturalismus zurück, habe sich Beyer hier darauf besonnen, »daß es Geschichten von Menschen sind, die einen Roman ausmachen«. In denjenigen Passagen etwa, die das Leben von Hitler und seiner Entourage im Bunker unter der Reichskanzlei aufzeichnen, könne man Beyer »von einer anderen Seite kennenlernen: Genau und intensiv schildert er das Leben unter der Erde, Geräusche, Licht, Versorgungssituation, meist knapp skizziert oder an Details erhellt«. Anders als in *Menschenfleisch* diene die Theorie folglich dazu, sich der Wirklichkeit zuzuwenden, nicht sich durch radikalen Zitatismus und den Verzicht auf Figuren-Psychologie von ihr zu distanzieren – und mehr noch, durch die Perspektive der Kinder erzeuge der »zunächst spröde wirkende Roman« dann sogar Empathie und Spannung.[15]

Dass der Theorie sozusagen Leben eingehaucht werden müsse, wenn gute Literatur entstehen solle, und das Primat von (Lebens)wirklichkeit und authentischer Erfahrung sich auch hundert Jahre nach Beginn der literarischen Moderne als äußerst

13   Friedhelm Rathjen: »Körpersprache, Sprachkörper. Marcel Beyers Erstlingsroman ›Das Menschenfleisch‹«. In: *Süddeutsche Zeitung*, 21.3.1991.
14   Anz zufolge weise die Literaturkritik mit der Aktualisierung der »didaktisch-sanktionierenden Funktion für Literaturproduzenten (Autoren, Verlage)« auf »qualitative Schwächen oder Stärken der publizierten Literatur hin, um damit die Qualität zukünftiger Buchproduktion zu verbessern«. Anz: »Literaturkritik und Wertung« (wie Anm. 12), 195.
15   Hubert Winkels: »Der Mann ohne Stimme. ›Flughunde‹ – Marcel Beyers Traum von einer menschenleeren Medientechnologie«. In: *Die Zeit*, 7.4.1995.

überlebensfähig erweist, artikuliert sich noch klarer vernehmlich bei Andrea Köhler, die ihre Besprechung des Romans in der *NZZ* von einem Generalbashing der jüngeren, theorieaffinen Autoren ausgehen lässt:

> Die jungen Autoren, heißt es, hätten nichts mehr zu sagen – kein Stoff, keine Erfahrung, keine Sekunde der wahren Empfindung. Sie klauen und klittern, sie imitieren – im besten Fall auf der theoretischen Höhe des Zeitgeists wie Thomas Hettche und Rainald Goetz, im schlechteren als Imitatoren uralter ›Melodien‹ und verschlafene Brüder des historisierenden Kunstgewerbes wie Helmut Krausser und Robert Schneider – gelehrige Kinder der Postmoderne, die sich in der Geschichte bedienen, weil ihre eigene nicht einmal mehr Histörchen hergibt.[16]

In dieser Weise ›geschichtslos‹ sei auch *Menschenfleisch* gewesen, schlägt Köhler die Brücke zu ihrem ›Objekt‹, insofern der Roman eine Eifersuchtsgeschichte »poststrukturalistisch durchbuchstabiert« habe, anstatt auf eigenes Erleben oder überhaupt die wirklich wahre Wirklichkeit zurückzugreifen. In *Flughunde* habe Beyer nun »gewissermassen den goldenen Mittelweg gewählt«, indem er die Theorie für die Geschichte funktionalisiere. Alles in allem mache Beyer nämlich das, »was alle gute Literatur tut: er macht Fiktion plausibel – so könnte es gewesen sein«.[17] So viel Theorie bzw. Avantgarde darf mithin gerade sein, wenn ein Roman, mit Bourdieu gesprochen, einhelliges Kritikerlob einstreichen und den Pol der eingeschränkten Produktion[18] zumindest ein Stück verlassen will in Richtung auf unmittelbaren Publikumserfolg.

Mit *Flughunde* war Beyer endgültig im literarischen Feld etabliert, hatte er eine deutlich erkennbare Position bezogen, von der er seither gewissermaßen agiert – oder von der Instanz Literaturkritik aus argumentiert: Er hatte eine Position zugesprochen bekommen, auf der er seither verortet und von der aus er gemessen wird. Die Etablierungsphase endet, wie angedeutet, aber nicht mit *Flughunde*, sondern mit dem Lyrikband *Falsches Futter*, quasi Beyers zweitem Debüt. Sicher, die Resonanz auf diesen Band resultiert zum Teil aus der zuvor erworbenen Geltung im Feld und viele Besprechungen nehmen naturgemäß Bezug auf *Flughunde*. Aber die Auseinandersetzung über Lyrik bildet ein mehr oder minder eigengesetzliches Diskursuniversum, das mit dem Prosauniversum nur gelegentlich in Berührung kommt. Jörg Drews beispielsweise, der Bielefelder Doyen der Arno Schmidt-Forschung und engagierte Kämpfer für eine randständige experimentelle Literatur (genannt sei hier nur Paul Wühr) situiert Beyer in der Nachbarschaft von Thomas Kling und Durs Grünbein – das eine von heute aus nachvollziehbarer als das andere – und widmet sich von dieser Situierung aus umfangreichen Formreflexionen, über die

---

16   Andrea Köhler: »Im Kehlkopf der Macht – Marcel Beyers Roman ›Flughunde‹«. In: *Neue Zürcher Zeitung*, 13.7.1995.
17   Ebd.
18   Zu den zwei ökonomischen Logiken, die im literarischen Feld koexistieren, und zwar eine anti-ökonomische Logik der ›reinen‹ Literatur am einen Pol und eine ökonomische Logik am anderen Pol des Feldes, vgl. Pierre Bourdieu: *Die Regeln der Kunst. Genese und Struktur des literarischen Feldes* [frz. 1992]. Frankfurt/M. 2001, 228–234.

Klangqualitäten von Beyers Ton und die Frage, wie durchgebildet sein Vers ist. Erstaunlich »konsistent, gleichmäßig durchgebildet und unabgelenkt« sei er, erläutert Drews, als Folge von »Beyers Umgang mit der von innen kommenden Festigkeit des Verses«, und er vermeide dabei sowohl ein »die lyrische Anstrengung eigentlich scheuendes Parlando« als auch »ein Revival konventioneller Verse«, indem er »vergleichsweise regelmäßige Zeilenlängen [...] gegen eine Syntax arbeiten läßt, welche den Zusammenfall von Satzenden und Zeilenenden vermeidet«.[19] Eine vergleichbar starke Aktualisierung der didaktisch-vermittelnden Funktion von Literaturkritik würde in einer Besprechung von Prosa überraschen, hier erscheint sie ›natürlich‹. Und *Flughunde* wird lediglich beiherspielend erwähnt, für die Einordnung des Gedichtbands, markiert der Gestus, spielt der Erfolgsroman keine Rolle. Ähnlich geht Ernst Osterkamp für die *FAZ* vor, indem er den Akzent seiner Besprechung auf die sprachreflexive Dimension des Bandes legt und die Komplexität und Rätselhaftigkeit der Gedichte in *Falsches Futter* betont – euphorisch lobend, wohlgemerkt, keineswegs mit einem Gestus der Abwehr gegen die Lesezumutung. Im lyrischen Diskurs ist eine ästhetisch anspruchsvolle Hermetik, die sich vordergründiger Mimetik verweigert, offenkundig weiterhin ein Hochwertphänomen:

> Er [Beyer] schenkt dabei seinen Lesern nichts, markiert keines der Zitate, gibt keine Quellen preis und nennt allein den Vornamen der zitierten historischen Gestalten. Dies läßt seine Gedichte zunächst rätselhaft spröde und schwer zugänglich erscheinen. Es geht Beyer aber nicht um Personen, sondern um Bewußtseinsformen, deren Medium die Sprache ist.

Und nur graduell stärker als Drews bindet Osterkamp in das Fazit seiner Rezension einen Hinweis auf *Flughunde* ein: Zähle Beyer seit diesem Roman zu den »wichtigsten jüngeren deutschen Erzählern«, so habe er »nun einen beeindruckenden lyrischen Debütband vorgelegt. Es ist ein oft schwieriges, oft aber auch überraschend leicht zugängliches Buch von großem Ernst, mit dem Marcel Beyer auch als Lyriker seine Könnerschaft unter Beweis stellt«.[20]

Konsolidierungsphase

Mit dem eminenten Erfolg von *Flughunde* bei professioneller Kritik und laienhaften Lesern gleichermaßen war Beyer als Autor im literarischen Feld etabliert, mit einem ›Programm‹, das offenkundig ein avanciertes ästhetisches Verfahren mit Leserfreundlichkeit verbindet – und entsprechend konsekrationswürdig ist, wie die Vielzahl von Literaturpreisen dokumentiert, die Beyer nun regelmäßig verliehen bekommt. Gewissermaßen hat er sich in der ersten Phase also vom Rand des literarischen Feldes, d. h. von einer häretischen Außenseiterposition in dessen Mitte bewegt,

---

19   Jörg Drews: »Aschefeld und Projektil. Marcel Beyers erster Gedichtband: ein Ereignis«. In: *Süddeutsche Zeitung*, 19./20.4.1997.
20   Ernst Osterkamp: »Schneemanöver. Marcel Beyers Debüt als Lyriker«. In: *Frankfurter Allgemeine Zeitung*, 4.10.1997.

und besetzte dort nun eine gut sichtbare Stellung im literarischen Diskurs. Aber Positionen müssen freilich immer wieder behauptet bzw. visibilisiert werden, das literarische Feld vergisst schnell. Diese zweite Phase seiner (bisherigen) Laufbahn, die mit der Veröffentlichung von *Kaltenburg* ihr Ende findet, steht daher rückblickend im Zeichen der Konsolidisierung – und die Kritik trug zu dieser Konsolidisierung bei, indem sie die Topoi und Kampflinien der ersten Besprechungen tradierte. Zwei ›Spielregeln‹ bestimmen diese Phase, ja fast könnte man von literaturbetrieblichen Naturgesetzen sprechen: zum einen die Regel, dass mit seiner Etablierung der Autor selbst zunehmend stärker als Bezugsgröße der Besprechungen fungiert und demgemäß das einzelne Werk immer weniger als singuläres, für sich stehendes ›Ereignis‹ gewürdigt wird, und zweitens diejenige, dass die Dialektik der Distinktion fast unvermeidbar zuschlägt. Genauer gesagt: Auf Affirmation folgt naturgemäß Negation. So wurden Beyers Werke in dieser Phase zwar weiter in allen namhaften Zeitungen von namhaften Kritiken vorgestellt, mit den gängigen Topoi und den mittlerweile bekannten Argumenten. In *Erdkunde* etwa entdeckt Dorothea von Törne für *Die Welt* ein »Arrangement von Sprachfetzen, Gesten und Dingen«, die ein Muster entstehen lassen, in dem die »Zusammenhänge zwischen den Zeiten erkennbar« werden.[21] Die *FAZ* erblickt ebendort ein doppelt codiertes Sprachgelände, auf dem sich »geschichtliche Bewegung und Stillstand der Dinge, Erzählung und Meditation« die Waage halten. Rätselhaft seien einige Anspielungen und Kombinationen, die (wir erinnern uns an Rathjens *Menschenfleisch*-Charakterisierung) die Grenze zur »bloßen Privatsprache« überschritten, und gewiss, es gebe »Passagen von so forcierter Dunkelheit, daß auch neugierige Leser faulen Zauber argwöhnen und die Lektüre vorzeitig abbrechen werden«. Wer aber weiterlese, könne »erleben, wie sich disparate Bilder und Erinnerungen nach musikalischen Mustern zusammenfügen, wie Motive einander antworten, wie sich aus der Fülle der Beziehungen eine rätselhafte Schönheit ergibt«. Und alles in allem hielten die Beyer'schen Verse die »Balance zwischen Prägnanz und Geheimnis«.[22]

Spione hingegen evozierte als ›Nachfolger‹ des Erfolgsromans *Flughunde* einige polemische Gegenstimmen zum allgemeinen Lobgesang.[23] Um beide ›Lager‹ zu Wort kommen zu lassen: Eberhard Falcke konstatierte im Deutschlandfunk, dass Beyer in *Spione* »seinem brillanten Verfahren treu geblieben« sei, »dem ausgewählten Stoff durch eine hochspezialisierte Perspektive einen ungeahnten Dreh zu geben« und er habe dergestalt »wieder ein überraschendes, literarisch hochinteressantes Ergebnis

---

21   Dorothea von Törne: »Und überall ist Osten. Es sind die billigen Dinge der Zivilisation, die im Gegenlicht trügerisch glänzen«. In: *Die Welt*, 11.5.2002.

22   Heinrich Detering: »Wo Fragen sich in Staub auflösen«. In: *Frankfurter Allgemeine Zeitung*, 19.3.2002.

23   Zumindest am Rande vermerkt sei, dass Beyer sich mit *Spione* gewissermaßen qua Verlagswechsel wieder in Richtung auf den Avantgarde-Pol bewegte, genauer: Durch den zwischenzeitlichen Wechsel von Suhrkamp zu DuMont, womit Beyer (wie zuvor schon Thomas Kling) seinem Lektor Christian Döring folgte. Inwieweit dieser Verlagswechsel die Rezeption beeinflusste, muss Spekulation bleiben, hier muss der grundsätzliche Hinweis genügen, dass die Einbettung in ein Verlagsprogramm und die damit verbundene Übertragung von symbolischem Kapital sicher einen Einfluss auf die Literaturkritik hat, so schwer er sich auch im Einzelnen präzise belegen lässt.

hervorgebracht«. Denn es könne sich zwar für Momente der Eindruck aufdrängen, summiert Falcke unter offenkundigem Rekurs auf die Leitdifferenz von abstrakter Theorie vs. anschaulichem Erzählen, Beyer wolle mit »seinen so konsequent aufs Visuelle ausgerichteten Leitmotiven der Medientheorie ein erzählerisches Lehrstück liefern. Doch nie werde dabei »das erzählerische Gewebe dünn oder fadenscheinig, so daß eine allzu theoretisch abgezirkelte Blaupause darunter sichtbar würde«.[24] Unter genau umgekehrtem Vorzeichen lesen dagegen Martin Luedke in der *Zeit* und Tilman Krause in der *Welt*: Statt sich mit einer einfachen Familiengeschichte oder einem historischen Roman zu begnügen, mäkelt Luedke, habe Beyer alles riskieren wollen und ein diegetisches Universum geschaffen, das den Unterschied zwischen ›Illusion‹ und ›Wirklichkeit‹ noch radikaler als der radikale Konstruktivismus einebne – und dabei bleibe notwendig die Geschichte auf der Strecke, Beyer überdehne »den Raum seiner Erfindungen«.[25] Und Krause assistiert sozusagen mit den Vorwürfen, dass die Lebensumstände der Figuren nicht anschaulich würden und Beyer überhaupt »letztlich kein Interesse«[26] an ihnen habe. Aber mehr noch: Luedke wie Krause monieren nicht einfach die fehlende Balance von Theorie und Geschichte oder Konstruktion und Anschaulichkeit, um den Autor sozusagen didaktisch-sanktionierend auf qualitative Schwächen hinzuweisen mit dem Ziel, die Qualität künftiger Bücher zu verbessern, sondern gebärden sich vielmehr überschießend agonal. Luedke rekonstruiert *Spione* nämlich zum Auftakt seiner Rezension als »moderne Langfassung« von Rumpelstilzchen und lässt diese Rekonstruktion in das performativ selbstwidersprüchliche Zwischenfazit münden: »Aber, bitte, es ist keine Häme angebracht. Marcel Beyer zählt nicht nur zu den talentiertesten der jüngeren deutschen Schriftsteller, er hat auch etwas vorzuweisen« – und zwar natürlich *Flughunde*, dessen Erfolg dem Autor wohl etwas »den Blick verstellt habe«.[27] Und als hätten sie sich abgesprochen, fragt Krause eingangs rhetorisch, wer sich an Enid Blyton erinnere, und klassifiziert *Spione* als den Band mit dem Titel »Fünf Freunde und die verschwundene Großmutter« den die englische Autorin »unverzeihlicherweise«[28] zu verfassen versäumt habe.

Klassikerphase

Wenn man so will, war mit der Kritik an *Spione* das notwendige negative Durchgangsstadium auf dem Weg zum ›Klassiker‹ durchschritten. Beyers Klassikerphase hebt, wie gesagt, mit *Kaltenburg* an, und sie hat kürzlich mit *Graphit* einen weiteren Höhepunkt erklommen – aber da Prognostik aus guten Gründen nicht zu

---

24   Eberhard Falcke: »Spione«: http://www.deutschlandfunk.de/spione.700.de.html?dram:arti cle_id=79902 [letzter Zugriff: 27.9.2017].

25   Martin Luedke: »Mutmaßungen über die Oma aus dem Geist des radikalen Konstruktivismus«. In: *Die Zeit*, 14.9.2000.

26   Tilman Krause: »Vier Freunde und die verschwundene Großmutter. Nach ›Flughunde‹ setzt Beyer ›Spione‹ auf die Nazi-Zeit an – ohne den geringsten Erkenntnisgewinn«. In: *Die Welt*, 26.8.2000.

27   Luedke: »Mutmaßungen über die Oma« (wie Anm. 25).

28   Krause: »Vier Freunde und die verschwundene Großmutter« (wie Anm. 26).

den Aufgaben der Literaturwissenschaft gehört, wird sich erst später sagen lassen, ob die Werkerzählung damit sozusagen den Scheitelpunkt einer nach unten geöffneten Ellipse erreicht oder sich in der Folge kontinuierlich auf diesem Hochplateau angesiedelt hat. *Ex post* konstatieren lässt sich in jedem Fall, dass *Kaltenburg* nicht nur als konsequente Fortschreibung des Beyer'schen Erzählprogramms, sondern stärker noch als Überbietung von *Flughunde* interpretiert wurde. Jens Bisky urteilt beispielsweise in der *SZ*, dass es Beyer mit diesem Roman »um Längen besser als in dem Erfolgsbuch ›Flughunde‹« gelänge, »Spannung zu erzeugen«.[29] Und Hubert Spiegel preist den Autor noch grundsätzlicher dafür, seinen »vielgerühmten Roman ›Flughunde‹« sogar übertroffen zu haben.[30] Überboten wird *Flughunde* aus Sicht der Rezensenten, in konsequenter Fortschreibung der Werkerzählung und gut strukturalistisch auf einige Oppositionspaare gebracht, durch das geradezu vorbildlich austarierte Verhältnis von Geschichte und Erfindung, von Konstruktion und Lebendigkeit sowie Vielschichtigkeit statt Vereinfachung. Erhard Schütz etwa stellt *Kaltenburg* in einer Doppelrezension mit Jonathan Littells kontrovers diskutiertem Roman *Die Wohlgesinnten* vor, der als »Antidot« zu Beyers aufgebaut wird. Während die Geschichtsdarstellung wie -reflexion in seiner »grellen Mixtur aus Beobachtungkälte und deliranter Brünstigkeit« geradezu aufdringlich geraten sei, überzeuge Beyer durch »skrupulöse Vermitteltheit und tastende Reflexion« – und mehr noch, während der Motor von Littels Poetik marktstrategisches »Kalkül« sei, bestimme Beyers Gegenstück eine geschichtssensible und verantwortungsvolle »Durchdachtheit«. Diese ›Durchdachtheit‹, versichert Schütz in offensiver Entkräftung möglicher Einwände, führe aber nicht zu einer Art Lehrbuch in Romanform. Vielmehr gingen die Erkenntnisse namentlich der Gedächtnisforschung, deren gesamtes Repertoire in *Kaltenburg* »vorfindbar« sei, »fugenlos« in die Konstruktion ein, »›organisch‹, hätte man früher gesagt. [...] Wie überhaupt, was der Roman an Wissensbeständen benutzt und aktualisiert, ihm nicht als Bordüren und Schleifen appliziert, sondern konstruktiv eingesenkt ist«.[31] Vergleichbar attestiert Bisky eine so »überlegt[e] und haltbar[e]«[32] Konstruktion, wie sich »kaum eine andere in der jüngeren deutschen Literatur« finden lasse, und Hubert Spiegel überbietet seine Kollegen noch mit der Proklamation von *Kaltenburgs* bzw. Beyers Singularität: »Wie Marcel Beyer die verborgene Poesie der Fachsprache in der eigenen Prosa zum Klingen bringt, ist einzigartig«. Mehr noch, Fragen nach der historischen Referentialität müssten grundsätzlich schweigen angesichts der »poetischen Realität dieses beeindruckenden Romans«.[33] Spiegels Haltung ist dabei insofern typisch, als die Verortung von Beyers Position innerhalb der Gegenwartsliteratur nur noch gelegentlich unternommen

---

29   Jens Bisky: »Es scheuen die Dohlen den Rauch, sie kennen die Angst. Marcel Beyer erzählt in ›Kaltenburg‹ vom Leben eines deutschen Wissenschaftlers zwischen Posen, Dresden und Wien«. In: *Süddeutsche Zeitung*, 11.3.2008.

30   Hubert Spiegel: »Die Nacht, in der es tote Krähen regnete. Urformen der Angst: Marcel Beyers ›Kaltenburg‹ bündelt das zwanzigste Jahrhundert in einem Dresdner Forscherleben«. In: *Frankfurter Allgemeine Zeitung*, 12.3.2008.

31   Erhard Schütz: »Pimp my nazi. Jonathan Littells ›Die Wohlgesinnten‹ und Marcel Beyers ›Kaltenburg‹ – zwei Geschichtsromane im Vergleich«. In: *Der Freitag*, 7.3.2008.

32   Bisky: »Es scheuen die Dohlen« (wie Anm. 29).

33   Spiegel: »Die Nacht, in der es tote Krähen regnete« (wie Anm. 30).

wird, stärker wird er, wie es sich für eine Klassikerphase gehört, nun ins Verhältnis gesetzt zu den Klassikern der Moderne. So wird seine Geschichtsauffassung in der Nachfolge Walter Benjamins interpretiert, da Beyer wie Benjamin »in der Geschichte ein schlummerndes und auf Erlösung harrendes Potential [erblicke], als dessen Adressaten sich die Gegenwart begreifen sollte«. Zudem wird immer wieder das Angebot des Romans angenommen, zum Verständnis seines Erinnerungskonzepts auf Proust und speziell die *mémoire involontaire* zu verweisen, und für Bisky ist *Kaltenburg* gar insgesamt »ein Wissenschaftlerroman, so wie ›Doktor Faustus‹ ein Musikerroman«. Der Hinweis auf Thomas Mann könne zwar »jeden Autor erschlagen«[34], weiß Bisky, er vergleicht aber dennoch beide Romane – und Beyer wird dabei keineswegs erschlagen, will sagen: Sein Roman hält den Vergleich aus. ›Meisterhaft‹, läuft es entsprechend wie ein *basso continuo* durch die Rezensionen. Und darauf, die didaktisch-sanktionierende Funktion für Literaturproduzenten zu erfüllen, kommt mittlerweile kein Rezensent mehr, was sollte man ›Meistern‹ auch beibringen.

Die literaturkritische Rezeption von *Graphit* schließt,[35] wie schon angedeutet, unmittelbar hier an, allgemein in der Tonhöhe des Lobs wie speziell in den aufgerufenen Referenzen und dem Blick auf das Verhältnis von Abstraktion und Konkretheit. Michael Braun beispielsweise mischt sich ein Vierteljahrhundert, nachdem er *Das Menschenfleisch* ein vernichtendes Zeugnis ausgestellt hatte, wieder in den literaturkritischen Diskurs über Beyers Werk ein, dieses Mal allerdings, ohne auch nur marginale Monita anzuführen: »Meisterhaft« inszenieren die sechs Teile von *Graphit* »die Entstehung von Poesie als ›schrift die durch einen schneesturm watet‹«, wie Braun das poetologische Zentrum des Bandes mit ›seinem‹ Autor poetisch ausformuliert – eines Bandes, der Sprach- mit Gegenwartsreflexionen verbinde, kongeniale Trakl-Überschreibungen mit aktuellen Hinweisen auf Osama Bin Laden. Folgerichtig ist, dass *Graphit* im Fazit zum ›Klassiker der Gegenwart‹ ausgerufen wird, wenn es so etwas denn geben kann: »Wer nach Grundbüchern für eine zeitgenössische Dichtung der Gegenwart sucht, muss bei diesem Band beginnen.«[36] Nicht weniger euphorisch ist Helmut Böttiger in der *SZ* angesichts einer Gedichtsammlung, in der »natürlich« Popkultur und »die tradierten Formen des hohen, literarischen Sprechens keine Gegensätze mehr [sind]. Aber das vermeintlich Niedrigere wird in diesen Gedichten in ungeahnte Höhen gehoben«. So setze Beyer zum einen sein Bemühen darum fort, »verborgene Verbindungen in der Geschichte« aufzuspüren, zum anderen und vor allem covere er aber gleichsam die Ahnen der

---

34   Bisky: »Es scheuen die Dohlen« (wie Anm. 29).
35   Zwischen *Kaltenburg* und *Graphit* einfügen ließe sich *Putins Briefkasten* (2012). Ich überspringe diese Erzählsammlung, da sie im Wesentlichen strukturanalog zu diesen beiden Werken rezensiert wurde. Beispielhaft sei hier nur auf die Besprechung von Georg M. Oswald verwiesen, der den ›Recherchen‹ bescheinigt, sich auf bzw. in den Spuren weltliterarischer Autoren wie Flaubert, Proust, Roussel oder Sebald zu bewegen und dabei das angemessene Niveau zu erreichen: »Zweifellos eine der feineren literarischen Vergnügungen, die sich derzeit anbieten«. Georg M. Oswald: »Das wilde Gefährt«. In: *Frankfurter Allgemeine Sonntagszeitung*, 11.3.2012.
36   Michael Braun: »Schrift und Sturm. Auf der Suche nach der Sinnlichkeit der Wörter: Marcel Beyers Gedichtband ›Graphit‹«. In: *Der Tagesspiegel*, 19.10.2014.

literarischen Moderne bzw. ›übersetze‹ sie in zeitgemäße Versionen. Neben dem Bezugspunkt Benn seien es Trakl, Pound und Robert Musil, die hier »gecovert und
mit einem völlig anderen Arrangement zeitgenössisch werden. [...] Wahrlich, eine
Zungensensation«.[37] Der Präsenz-Emphatiker Hans-Ulrich Gumbrecht schließlich
verzichtet auf einzeln ausgewiesene literarhistorische Referenzialisierungen und
behandelt Beyers Lyrik stattdessen allgemein als einzig angemessene Form, in der
Lyrik sich heute auf die Welt beziehen könne. Prinzipiell sei Lyrik »heute nicht mehr
die Gattung«, setzt Gumbrecht ein,

> in deren Tiefe wir nach einem von den Wörtern verschlüsselten Sinn suchen und nach
> einer entscheidenden Auslegung unserer Existenz. Wir lesen Gedichte kaum mehr als
> Metapher der Wirklichkeit oder als Orientierung für unser Leben. Eher hoffen wir, in ih-
> nen der Konkretheit einer Welt neu zu begegnen, die uns ferngerückt ist – und zerfallen
> in eine überwältigende Vielfalt der Möglichkeiten.[38]

Und genau diese Konkretheit, wechselt Gumbrecht vom Allgemeinen zum Besonderen, zeichne Beyers Gedichte aus: »Der Lyrik [...] von Marcel Beyer gelingt es in der
Mitte seines Lebens und in der Reife seines literarischen Werks immer wieder, eine
solche Sprache zu finden«.

Ein kurzer Schluss zur unabgeschlossenen Rezeptionsgeschichte

Ein kurzer Schluss nur zur langen und unabgeschlossenen Geschichte der literaturkritischen Rezeption von Beyers Werken: Der Plot, den ich versuchsweise skizziert
habe, ist notwendig nach hinten offen, ihm fehlen sicher einige Wendungen und,
wenn man das so nennen darf, die Pointe. Und die weitere Entwicklung dieser Erzählung wird freilich auf dasjenige zurückstrahlen, was bisher passiert ist. Aber
immerhin scheint mir auch zum jetzigen Zeitpunkt schon eine aussagekräftige Geschichte darüber vorzuliegen, welche Stellung einer avantgardistischen Literatur
im Feld der Gegenwartsliteratur zugesprochen wird, bzw. genauer, wo zwischen
den absoluten Polen ›Autonomie‹ und ›Heteronomie‹ avantgardistische Schreib-
programme angesiedelt sein müssen, um für die Literaturkritik würdig zu sein, aus
der unüberschaubaren Zahl von Neuerscheinungen überhaupt herausgegriffen und
dann auch noch gelobt zu werden. Eine strukturanaloge Geschichte ließe sich, um
nur zwei weitere Namen zu nennen, etwa auch über Thomas Hettche oder Ulrich
Peltzer erzählen. Beide erfuhren nach kritisch begleiteten Anfängen im Zeichen des
Avantgardismus (mit Romanen wie *Ludwig muss sterben* oder *Nox* der eine und

---

37 Helmut Böttiger: »Don Cosmic stirbt zuletzt. ›Gebt Rillen, Höllenyards, gebt uns den
    Groove‹: In seinem neuen Gedichtband ›Graphit‹ fährt Marcel Beyer mit der Kölner
    U-Bahn über Dresden nach Jamaika – und Gottfried Benn fährt mit«. In: *Süddeutsche
    Zeitung*, 30.10.2014.
38 Hans-Ulrich Gumbrecht: »Knackelverse und Knochenlicht. Vom Indikativ der Geschichte:
    Marcel Beyers Gedichte führen zurück in die Tiefen der Erinnerung und steigern die Welt
    zur Konkretheit«. In: *Frankfurter Allgemeine Zeitung*, 4.10.2014.

Stefan Martinez oder *Alle oder keiner* der andere) die breite Zustimmung erst mit der Einbindung moderner Erzähltechniken in stärker realistische gehaltene Fabeln (mit *Woraus wir gemacht sind* und *Die Pfaueninsel* der eine und *Teil der Lösung* oder *Das bessere Leben* der andere). Im aus ihrer Sicht gelungenen Fall präsentiert die Literaturkritik mit Beyer, Hettche oder Peltzer folglich so etwas wie ›würdige Popularität‹, um eine Formulierung von Gert Scobel zu borgen, die auf den Deutschen Buchpreis bzw. das mit diesem Preis prämierte Buch gemünzt war[39] – und zumindest *Flughunde* wäre sicher ein geeigneter Kandidat für diesen Preis gewesen, wenn es ihn 1995 schon gegeben hätte; *Kaltenburg* schaffte es 2008 immerhin auf die Longlist.

Aber in den angeführten Rezensionen spiegelt sich naturgemäß ja nicht nur Beyers Werks, sondern gewissermaßen spiegelt sich in ihnen auch die Literaturkritik selbst, genauer: ein dominanter Typus im literaturkritischen Diskurs. Charakterisieren lässt sich dieser Typus im Rekurs auf eine diskursinterne Debatte, die sich 2006 an der Veröffentlichung von Volker Weidermanns flott hingeworfener Literaturgeschichte *Lichtjahre. Eine kurze Geschichte der deutschen Literatur von 1945 bis heute* entzündete;[40] Beyer taucht in ihr übrigens als »einer der skrupulösesten, sprachaufmerksamsten, genauesten deutschen Autoren«[41] auf, dessen Werk darum kreise, wie die Auseinandersetzung mit politischen Fragen sich mit ästhetischen Positionen verbinden ließe. Im Zuge dieser Debatte also unterschied Hubert Winkels zwischen ›Emphatikern‹ und ›Gnostikern‹:

> Die Emphatiker des Literaturbetriebs, die Leidenschaftssimulanten und Lebensbeschwörer ertragen es nicht länger, dass immer noch einige darauf bestehen dass Literatur zuallererst das sprachliche Kunstwerk meint, ein klug gedachtes, bewusst gemachtes, ein formal hoch organisiertes Gebilde, dessen Wirkung, und sei sie rauschhaft, von sprachökonomischen und dramaturgischen Prinzipien abhängt. Und dass sich der Lustgewinn in spätmodern abgeklärten Zeiten der Erkenntnis dieser Prinzipien verdankt. [...] Gnostiker sind die, denen ohne Begreifen dessen, was sie ergreift, auch keine Lust kommt; die sich sorgen, falschen Selbstbildern, kollektiven Stimmungen, Moden und Ideologien aufzusitzen.[42]

Winkels plädiert dabei weder für die eine noch für die andere Seite, sondern vielmehr in einer dialektischen Bewegung für eine Vermittlung oder Synthese zwischen ihnen. Und genau eine solche Vermittlungsleistung scheinen mir die Kritiker Marcel Beyers zu erbringen, indem sie sich einerseits nicht (wie die Emphatiker) durch die

---

39   Diese Formel findet der Moderator Scobel auf der Preisverleihung im Jahr 2008 für ein aus Sicht der Buchpreis-Jury ausbalanciertes Verhältnis von ästhetischem Anspruch und Breitenwirksamkeit. Zit. nach einer unveröffentlichten Aufzeichnung der gesamten Preisverleihung aus dem Archiv des Deutschen Buchpreises.

40   Siehe hierzu die Rekonstruktion der Debatte bei Stefan Neuhaus: »Von Emphatikern, Gnostikern, Zombies und Rettern: Zur aktuellen Situation der Literaturkritik in den Printmedien«. https://www.uibk.ac.at/literaturkritik/neuhaus.pdf [letzter Zugriff: 27.9.2017].

41   Volker Weidermann: *Lichtjahre. Eine kurze Geschichte der deutschen Literatur von 1945 bis heute*. Köln 2006, 258.

42   Hubert Winkels: »Emphatiker und Gnostiker. Über eine Spaltung im deutschen Literaturbetrieb – und wozu sie gut ist«. In: *Die Zeit*, 30.3.2006.

»dynamisierte Warenwelt« vereinnahmen lassen, und indem sie sich andererseits nicht (wie die Gnostiker) im »durchlöcherten Verhau«[43] eines elitären Kunstverständnisses wegducken.[44] Und noch einmal zurückgespiegelt: Geht man nun mit Bourdieu davon aus, dass es eine »strukturelle und funktionelle Homologie zwischen dem Raum der Autoren und dem Raum der Konsumenten (sowie Kritiker)« gibt,[45] so müsste Beyer ein literarischer Vermittler zwischen Emphase und Gnosis sein. Die Validierung dieser Vermutung liegt aber jenseits der selbstgesteckten Grenzen meines Beitrags – vertrauensvoll sei sie daher an die anderen Beiträge dieses Bandes delegiert.

---

43 Ebd.
44 Diese Position der Beyer-Kritiker (um sie für den Moment aufgrund des gemeinsamen Interesses als Gruppe zu verstehen) mag übrigens damit zusammenhängen, dass sie sich mehrheitlich nicht aus freiberuflichen Rezensenten zusammensetzt, sondern vornehmlich aus nur nebenbei als Literaturkritikern tätigen Hochschullehrern, die sich den literaturbetrieblichen Positionierungen leichter entziehen können. Für diesen Hinweis danke ich Frieder von Ammon.
45 Bourdieu: *Die Regeln der Kunst* (wie Anm. 18), 262.

Lyrik

CAN U EAR ME? Ein Seitenblick auf Marcel Beyers frühe Lyrik und poetische Ohrenkunde

Michael Braun

Am Anfang dieser Poesie war das Kratzen, das Scratchen, Mixen und Überlagern von Tonspuren. »CAN U EAR ME?«, fragt bereits Marcel Beyers frühes Gedicht »A Step Into The Batcave«[1] und markiert schon in seinem Motto, zwei Gedicht-zeilen von T. S. Eliot, die Leidenschaft des Dichters Beyer für das Hören, das Akustische, die »Ohrenkunde«[2]. »Hark! now, I hear them: / scratch scratch scratch …«: Alte Kulturtechniken, inkarniert im Zitat des Dichterpriesters Eliot, der seinerseits »Ariels Song« aus Shakespeares *The Tempest* zitiert, treffen auf neue Kulturtech-niken – das Scratchen, die rhythmische Bearbeitung der Schallplatten am Turntable. »CAN U EAR ME?« Das ist die akustische Urszene der Dichtkunst Marcel Beyers. Das primäre Sinnesorgan des Dichters ist das Ohr.

»Die Macht des Klangs war immer stärker als die Macht des Sinns.«[3] Diesen Satz des Schriftstellers Joseph Conrad hat Beyer für sein eigenes Schreiben adoptiert. Was er an Zitaten, Fügungen, Sentenzen in seine Gedichte integriert, verdankt sich oft den Suggestionen und Reizwirkungen von Klängen, Tönen, Sounds. Es sind die Klänge von Tonträgern wie von Sprachspeichern, Klänge aus Popmusik und Poesie. Melodien und Klänge des Reggae-Poeten Linton Kwesi Johnson, Klänge von Don Cosmic, dem unglücklichen Posaunisten aus Jamaika, Klänge aus deutschen Schla-gerkellern, Klänge der Beach Boys und einer Lambadamaschine, aber auch Klänge aus Dialekten, Sprachbildern, fremdartigen Wörtern und Wortkombinationen.

Bereits in seinen frühen Gedichten, den damals in DIN-A5-Format geklam-merten Blättern der Bände *Kleine Zahnpasta* (1989) und *Walkmännin* (1991), sind musikalische Szenen die akustischen Quellpunkte seiner Poesie. Nicht nur in seiner Hommage an den Batman-Kult und das Kölner Lokal »Batcave«, die er mit dem erwähnten Eliot-Zitat eröffnet hat, sondern auch in weiteren zentralen Gedichten aus den »rasch copyzierten Angelegenheiten« (PB 111) dieser frühen Jahre ist diese akustische Passion als Ursprungsimpuls der Poesie nachweisbar. Akustische Reize aller Art sind der Ausgangspunkt für eine Erkundung der Gegenwart, wobei die Vorliebe für die sinnliche Momentaufnahme bald abgelöst wird von einem dezidiert zeithistorischen Interesse. In *Graphit* konzentriert sich Beyer dann auf die Materia-lität von Gegenständen, Stoffen und Substanzen, um die in ihnen abgelagerte Ge-

---

1   In: Marcel Beyer: *Kleine Zahnpasta*. Paris 1989. Zitiert nach einer Druckvorlage im Besitz des Autors.

2   Vgl. zu diesem Begriff das Beyer-Gedicht »Im Hotel Orient«: »Ich bin nur Augen-/Ohren-kunde« im Band *Falsches Futter* (Frankfurt/M. 1997, 24).

3   Marcel Beyer: *Putins Briefkasten*. Berlin 2012, 123–124 (im Folgenden als »PB« direkt im Haupttext nachgewiesen).

schichte freizulegen. »Ich muß hinunter in die Dialekte / steigen«[4] – diese Verse sind so etwas wie ein poetischer Imperativ. Der Protagonist in Beyers Gedichten steigt hinunter in die Dialekte, ein Spracharchäologe, der fremde Wörter, Begriffe und Namen abtastet, die dann mit ihren Klangwerten und ihren Morphologien zum Resonanzraum seines Schreibens werden.

Im Langgedicht »Sanskrit« (Gph 126–135) werden die Eigenheiten von Beyers Poesie in besonderer Weise sichtbar. Hier wird Karl May, das Sprachengenie aus dem sächsischen Radebeul, zum poetischen Stellvertreter des Dichters. Das Gedicht, das anlässlich einer in Dresden aufgeführten Karl May-Oper entstand, führt alle Leidenschaften des Lyrikers Beyer zusammen – seine Sprachbesessenheit, seine Erkundung des menschlichen Artikulationsapparats und schließlich seine Fähigkeit, die Position des lyrischen Ichs auf viele Stimmen zu verteilen. Hier formuliert der lyrische Protagonist ein Selbstporträt, das sich wie ein poetisches Credo des Dichters Marcel Beyer liest: »Ich / bin ein Mann, der sich in / alle Zeit verzweigt, ein Mann / der tief in Schützengräben / blickt und nichts vergessen kann« (Gph 128).

Der »Mann, der sich in alle Zeit verzweigt« und »tief in Schützengräben blickt«: Das ist die Position des Dichters auch im Gedicht »Verklirrter Herbst«, ein Meisterstück der historischen Anverwandlung und Überschreibung eines kanonisierten Textes. In diesem 1994 erstmals veröffentlichten Gedicht,[5] das dann später in seinen Gedichtband *Falsches Futter* aufgenommen wurde, erweist sich Beyer als gewiefter Medientechniker. Er verknüpft ein O-Ton-Protokoll mit der Kontrafaktur eines Georg Trakl-Gedichts[6] und der lakonischen Mitschrift eines Funkverkehrs unter Kriegsbedingungen. Die vierhebigen Jamben Trakls werden zerlegt, fragmentiert und in eine elliptisch gefügte Textur integriert. Was bei Trakl in »Ruh und Schweigen untergeht«, das bringt Beyer in einen Unruhezustand, der dem existenziellen Ausnahmezustand der lyrischen Protagonisten entspricht.

GEORG TRAKL

Verklärter Herbst

Gewaltig endet so das Jahr
Mit goldnem Wein und Frucht der Gärten.
Rund schweigen Wälder wunderbar
Und sind des Einsamen Gefährten.

Da sagt der Landmann: Es ist gut.
Ihr Abendglocken lang und leise

---

4   Marcel Beyer: *Graphit. Gedichte*. Berlin 2014, 99 (im Folgenden als »Gph« direkt im Haupttext nachgewiesen).
5   In: Urs Engeler (Hg.): *Zwischen den Zeilen. Zeitschrift für Gedichte und ihre Poetik* 4 (1994), 85.
6   Georg Trakl: »Verklärter Herbst«. In: Ders.: *Das dichterische Werk*. Hg. v. Walther Killy/ Hans Szklenar. Salzburg ⁵1987, 21.

Gebt noch zum Ende frohen Mut.
Ein Vogelzug grüßt auf der Reise.

Es ist der Liebe milde Zeit.
Im Kahn den blauen Fluß hinunter
Wie schön sich Bild an Bildchen reiht –
Das geht in Ruh und Schweigen unter.

MARCEL BEYER

Verklirrter Herbst

Der Funker: »Ver-.« Gewaltig endet so der Tag.
»Aufklären.« Sie hängen in den Leitungsmasten.
»Bild an Bildchen. Melden.« Die Drähte brummen
sonderbar. »Hier Herbst.« Hier Einbruch. »Hier
Verklirrtes.« Die Toten, statisch aufgeladen.

Der Funker: »Melden.« Da sagt der Landser: Es
ist gut. »48 Stunden in diesem Loch.« Beinfreiheit,
Blickangst. Und jemand flüstert: Sie sind heiser?
»Falls wir jemals wieder raus.« Das Bahnsteigklima
bringt mich um. »Noch.« Die Viehwaggons
auf Nebengleisen. Wurstflecken.

Der Funker: »Aber selbstverständlich, du willst es
eiskalt, Junge?« Ein Zug fährt an, den er besteigt.
»Da wird dein Hals aber kaputt sein, morgen früh.«
Scheitel, gebürstet. Nah dem Verteiler, sieht er,
sprühen Funken. »Junge, du willst es eiskalt?« Ganz
spezielle Rasuren. Scharmützel. »Leich an Leiche
reiht sich.« Ausrasiert. »Flackern.« »Hinterköpfe.«[7]

Eine auratische Naturszene bei Trakl wird von Beyer transformiert in ein Protokoll eines mörderischen Geschehens. Der Verschmelzungswunsch des lyrischen Subjekts mit der Natur, der die erste Strophe von »Verklärter Herbst« dominiert, wird konterkariert durch das Inventarisieren knapper Nachrichten und Beobachtungen.

Als Leser werden wir zunächst eingeflochten in ein undurchdringliches Nachrichtennetz, in ein Organigramm von rätselhaften Daten, Befehlen und Dialogen. Da ist kein intaktes lyrisches Ich mehr da, das uns aus unserer Verwirrung erlöst. Wo Trakl mit wohlgesetzten Reimen und leuchtenden Farben eine »goldne« Herbstlandschaft malt, da konfrontiert uns Beyer mit einer akustischen Landschaft aus

---

7 Marcel Beyer: »Verklirrter Herbst«. In: Ders.: *Falsches Futter. Gedichte.* Frankfurt/M. 1997, 27.

bedrohlichen Geräuschen und Stimmen. Trakls »Landmann« mutiert bei Beyer zum »Landser«, dessen Lageberichte von der Front auf die alltägliche Realität des massenhaften Tötens und der universellen Brutalisierung verweisen. Als Trakl 1913 seinen »Verklärten Herbst« schrieb, war noch nicht absehbar, dass er alsbald selbst mit der »schwarzen Verwesung« der Kriegsmaschinerie konfrontiert werden würde. In »Grodek« dann, seinem erschütterndsten Gedicht, sind die Hoffnungszeichen der Natur verschwunden und werden durch Bilder des Verfalls ersetzt.

Marcel Beyer hat mit »Verklirrter Herbst« ein Gedicht geschrieben, das von der Unmöglichkeit weiß, sich emphatisch in die kollektiven Leiderfahrungen von Kriegsteilnehmern hineinzuversetzen. Der Autor prahlt nicht mit geborgtem Leid, sondern sammelt aus der objektiven Distanz des Protokollanten die Stimmen, Daten und Befehle, die im Äther umherschwirren. Eine Technik knappsten Konstatierens, die die Praxis des Völkermords thematisiert, ohne ihn direkt zu benennen (»Vieh-waggons auf Nebengleisen«). Das Gedicht ist kein Ort mehr, an dem sich idyllisch »Bild an Bildchen« reiht – wie noch bei Trakl –, sondern an dem disparate Zeichen des Todes aufeinanderprallen, ohne dass eine beruhigende Weltdeutung möglich wäre. Es geht um die Vergewisserung von Anwesenheit, um Kommunikation über technische Medien, im »Verklirrten Herbst« (»Der Funker: ›Melden‹«) ebenso wie im frühen Gedicht über das »Batcave«-Lokal (»CAN U EAR ME?«). Der »Verklirrte Herbst« setzt Bilder des Soldatenalltags und des anonymen Todes frei, die sich in keine traditionelle Gedichtform mehr fügen lassen. Im Eingangsvers führt Beyer eine vorsätzliche Kollision von fragmentierter und metrisch geordneter Rede herbei: »Der Funker: ›Ver-‹. Gewaltig endet so der Tag«. Der Bruch zwischen »verklärtem« und »verklirrtem« Herbst findet mitten im Gedicht statt, als rhythmisches Break. Tobias Lehmkuhl hat in einer Deutung des Beyer-Gedichts auf das Moment des »Klirrfaktors« hingewiesen:

> Das Maß für die nichtlinearen Verzerrungen, die ein Übertragungsgerät bei sinusför-miger Eingangsspannung verursacht, nennt man in der Fachsprache ›Klirrfaktor‹. Die minimale Verzerrung des Titels (lediglich zwei Phoneme haben sich geändert) kündigt gleichzeitig die vollständige Verzerrung des Ausgangstextes an.[8]

Akustisch »verklirrt«, von Disharmonie und schriller Dissonanz zersetzt, ist so nicht nur die Trakl'sche Herbst-Atmosphäre, in Scherben zersprungen ist auch das Ord-nungsgefüge des Gedichts. Der Austausch von codierten Nachrichten über Funk, die Konfrontation mit den technischen Apparaturen, die dazwischengeschobenen Bilder von Toten und Todesfahrten – all das wird in kleinen Cut-Ups so lapidar montiert und organisiert, um dem Leser unaufhörlich kleine Schocks zu versetzen. Vielleicht sind solche von poetischer Ohrenkunde getragenen Exerzitien einer »Li-teratur der Zersplitterung« (Friederike Mayröcker) die einzig legitime lyrische Ver-fahrensweise, mit der man sich als poetischer Nachgeborener dem Terror des per-manenten Kriegszustands noch nähern kann.

8   Tobias Lehmkuhl: »Marcel Beyers Trakl-Übersetzung«. In: *neue deutsche literatur* 554 (2004); vgl. auch: Michael Braun: »Herbst des Todes«. In: Ders./Michael Buselmeier (Hg.): *Der gelbe Akrobat. 100 deutsche Gedichte.* Leipzig 2009, 128–130.

»Muskatplüts Hofton ist hier unbekannt.«
Marcel Beyer, das Mittelalter und die Germanistik

Frieder von Ammon

für Friedrich Vollhardt

Marcel Beyer ist ein Autor, der der Literaturwissenschaft nahesteht. Sein Werk war von Anfang an stark geprägt von den Diskursen und Praktiken dieser Disziplin. Seiner eigenen Auskunft nach hat er zum Beispiel im Rahmen einer Lehrveranstaltung des Romanisten Hans Ulrich Gumbrecht an der Universität Siegen (wo Beyer von 1987 bis 1991 Allgemeine Literaturwissenschaft, Germanistik und Anglistik studierte) Jean-François Lyotards *Widerstreit* gelesen – womit das »Nachdenken [begann], das dann zu *Flughunde* führen sollte«.[1] Bedenkt man außerdem Beyers großes, nicht nur in diesem Roman erkennbar werdendes Interesse an Fragen der Materialität – noch der Titel seines jüngsten Gedichtbandes *Graphit* verweist darauf –, ist es naheliegend, zu vermuten, dass ihn auf ähnliche Weise auch die Tagung *Materialität der Kommunikation* angeregt hat, die unter der Leitung von Gumbrecht und dem Siegener Anglisten Karl Ludwig Pfeiffer (dessen studentische Hilfskraft Beyer zeitweilig war) 1987 in Dubrovnik stattgefunden hat.[2] Viele weitere derartige Berührungspunkte zwischen Beyers Werk und der Literaturtheorie der 1980er und 1990er Jahre ließen sich anführen.[3]

Aber nicht nur die Diskurse, sondern eben auch die Praktiken der Literaturwissenschaft haben sein Werk geprägt. Dies kann man beispielsweise daran erkennen, dass Beyer sich schon mehrfach (und jedes Mal sehr professionell) als Editor betätigt hat; zunächst gab er, gemeinsam mit dem Siegener Germanisten Karl Riha – auch bei ihm war er als studentische Hilfskraft beschäftigt gewesen –, die Reihe *Vergessene Autoren der Moderne* heraus, in der etwa Texte des Expressionisten Rudolf Blümner erschienen;[4] später folgten dann unter anderem (bei Suhrkamp) Ausgaben

---

1   So der Autor in einer Email an den Herausgeber dieses Bandes vom 10.8.2016.
2   Vgl. den aus dieser Tagung hervorgegangenen Sammelband: Hans Ulrich Gumbrecht/Karl Ludwig Pfeiffer (Hg.): *Materialität der Kommunikation*. Frankfurt/M. 1988.
3   Vgl. dazu u. a. Achim Geisenhanslüke: »Parasitäres Schreiben. Literatur, Pop und Kritik bei Marcel Beyer«. In: Thomas Wegmann/Norbert Christian Wolf (Hg.): ›*High*‹ *und* ›*Low*‹. *Zur Interferenz von Hoch- und Populärkultur in der Gegenwartsliteratur*. Berlin u. a. 2012, 83–95 und Sven Hanuschek: »›Jeder Zeuge ist ein falscher Zeuge‹. Fiktion und Illusion in Marcel Beyers Roman *Flughunde*«. In: Marijan Bobinac/Wolfgang Düsing/Dietmar Goltschnigg (Hg.): *Tendenzen im Geschichtsdrama und Geschichtsroman des 20. Jahrhunderts*. Zagreb 2004, 387–397.
4   Rudolf Blümner: *Ango laïna und andere Texte*. Hg. v. Karl Riha und Marcel Beyer. München 1993.

der Prosa und Gedichte Friederike Mayröckers[5] sowie (bei DuMont) der Gedichte Thomas Klings.[6]

Nicht zuletzt ist Beyers Nähe zur Literaturwissenschaft und insbesondere zur Germanistik aber auch an einigen seiner eigenen Texte ablesbar, in denen er sich ganz offenkundig mit genuin germanistischen Gegenständen beschäftigt: So hat er unlängst etwa in einem Kurzessay auf ein so gut wie unbekanntes Gedicht Heinrich Hoffmann von Fallerslebens hingewiesen, das insofern sehr interessant ist, als es – so Beyer – »auf den Gebrauch des Standarddeutschen so weit wie möglich verzichtet« und stattdessen nicht weniger als »[v]ierzig Rotwelschausdrücke« enthält.[7] Dass sich aber ein Gegenwartsautor überhaupt für eine solche »Fingerübung«[8] eines Dichter-Germanisten des 19. Jahrhunderts interessiert, der – unter anderem aus sprachwissenschaftlichen Gründen – in der Gaunersprache gedichtet hat, das ist durchaus bemerkenswert.

Und auch in Beyers Lyrik kann man entsprechende Texte entdecken. Wer zum Beispiel seinen bereits erwähnten Gedichtband *Graphit*[9] aus dem Jahr 2014 aufschlägt, der wird dort auf ein Gedicht stoßen – »Deine Silbe Grimm« lautet sein vielsagender Titel –, das dem *Deutschen Wörterbuch* und damit einer der großen Kollektivleistungen der Germanistik gewidmet ist. Beyer bekennt hier programmatisch, ein emphatischer Benutzer des ›Grimm‹ zu sein, und lässt am Ende des Gedichts auch noch die beiden Begründer dieses Wörterbuches auftreten:

Sind die zwei alten (die beiden
tätowierten, niemals
verstummenden, nichts außer
Sprache einatmenden und, ja,

die langhaarigen, die schweren)
Knastbrüder, die dich nun
seit Jahrzehnten vor Morgengrauen
in die Zange nehmen. (Gph 115)

Die Brüder Grimm als ›schwere Jungs‹ – es dürfte das erste Mal in der Geschichte der deutschen Literatur sein, dass die beiden Gründerväter der Germanistik auf diese Weise porträtiert worden sind.

---

5   Friederike Mayröcker: *Gesammelte Prosa*. Hg. v. Klaus Reichert in Zusammenarbeit mit Marcel Beyer und Klaus Kastberger. 5 Bde. Frankfurt/M. 2001 und Friederike Mayröcker: *Gesammelte Gedichte. 1939–2003*. Hg. v. Marcel Beyer. Frankfurt/M. 2004.
6   Thomas Kling: *Gesammelte Gedichte. 1981–2005*. Hg. v. Marcel Beyer und Christian Döring. Köln 2006. Zu dieser Edition vgl. die Rezension des Verfassers in: *Arbitrium* 1 (2007), 117–120.
7   Marcel Beyer: »Kommentar«. In: *Lyrik-Taschenkalender 2016*. Hg. v. Michael Braun. Heidelberg 2015, 158–159.
8   Ebd.
9   Marcel Beyer: *Graphit. Gedichte*. Berlin 2014 (im Folgenden als »Gph« direkt im Haupttext nachgewiesen).

Des Weiteren stößt man in *Graphit* auf ein längeres Gedicht, das aus Beyers bisher wohl intensivstem und produktivstem Ausflug auf germanistisches Terrain hervorgegangen ist und das insofern Anlass bietet, dem Konnex von Beyers Werk und der Germanistik einmal im Zusammenhang nachzugehen.

Das Gedicht trägt den so prägnanten wie witzigen Titel »Das Rheinland stirbt zuletzt«; worauf er sich bezieht, bleibt zunächst unklar. Schon auf den ersten Blick fällt aber auf, dass das so betitelte Gedicht in mancher Hinsicht aus dem Rahmen fällt. Dies gilt etwa im Hinblick auf seine Form, die sich in ihrer stellenweise geradezu klassizistisch anmutenden Regelmäßigkeit von Beyers früherer Lyrik wie auch von der Gegenwartslyrik im Allgemeinen deutlich abhebt: Das Gedicht ist in acht Abschnitte eingeteilt, die wiederum in jeweils fünf vierzeilige Strophen unterteilt sind. Insgesamt besteht »Das Rheinland stirbt zuletzt« somit aus 160 Versen; das entspricht, nebenbei bemerkt, exakt dem Umfang von Hölderlins »Brod und Wein« (was dem eminenten Kenner der deutschen Lyrikgeschichte und Hölderlin-Preisträger des Jahres 2003 Marcel Beyer kaum entgangen sein dürfte).

Ungewöhnlich, wenn auch in ganz anderer Hinsicht, ist aber auch der Beginn:

[...] nördlich der Alpen.
Da gibt der Boden nach.
Ohne Geländekarte
muß ich ins fremde Land?

Ach, bitte, Jungfrau, reiche
mir dabei deine Hand. (Gph 18)

Bereits die Tatsache, dass dieser Text aus dem Jahr 2014 mit einer Anrufung beginnt, entspricht nicht den Konventionen der Gegenwartslyrik. Zudem ist es keine Muse, die hier angerufen wird, sondern – wie sich bald zeigen wird – die Jungfrau Maria. Dies aber ist überaus ungewöhnlich, denn die Tradition der Marienlyrik schien doch spätestens mit Konrad Weiss an ihr Ende gelangt zu sein.[10] Wie ein Zitat muss einem diese *invocatio Mariae* also vorkommen – ohne dass man allerdings wüsste, was hier zitiert wird –, und auch in formaler Hinsicht wirken die stark assonierenden und partiell ja sogar gereimten dreihebigen Zeilen zitathaft. In jedem Fall klingt dieser Beginn – abgesehen von dem Wort »Geländekarte« – nicht wie Lyrik aus dem frühen 21. Jahrhundert; eher stellt sich der Eindruck einer seltsamen Zeitlosigkeit ein.

Dieser Eindruck verstärkt sich noch, wenn im weiteren Verlauf des Gedichts dann von einem »Schachzabelbuch« (Gph 22) die Rede ist, an anderer Stelle von »Inkunabeln« (Gph 24) und an wieder anderer Stelle vom *Dialekt voralpiner Lieder*

---

10 Dazu s. *Deutsche Mariendichtung aus neun Jahrhunderten.* Hg. und erläutert von Eberhard Haufe. Frankfurt/M. 1989. Das instruktive Nachwort des Herausgebers (»Zur Geschichte der deutschen Mariendichtung«) ist auch nachzulesen in: Eberhard Haufe: *Schriften zur deutschen Literatur.* Hg. v. Heinz Härtl und Gerhard R. Kaiser unter Mitwirkung von Ursula Härtl. Göttingen 2011, 11–31.

(Gph 23, Hervorh. im Orig.), wenn Beyer also germanistisches Fachvokabular verwendet. Bemerkenswert ist außerdem der folgende Passus:

> Der Einband Holzdeckel in
> Schafleder, mehrfach
> beschädigt, Messingschließen
> noch bemerkbar, im
>
> Vorderdeckel Pergamentblatt
> mit lateinischem Text,
> größter Teil weggerissen,
> auf der ersten Seite vielfach
>
> durchlöchert, sonst sauber und
> gut erhalten. Rotschnitt.
> Mundart vorwiegend ripuarisch.
> Sehr schöne, zierliche Schrift. (Gph 20)

Eine Handschriftenbeschreibung in Versen also – das dürfte ebenso einzigartig sein in der Geschichte der deutschen Lyrik wie das oben zitierte Vers-Porträt der Brüder Grimm als Knastbrüder.

Beyers Gedicht ist somit voller Verweise auf die Literatur des Mittelalters, und es wurden noch längst nicht alle derartigen Stellen aufgezählt. Es scheint demnach nicht übertrieben, »Das Rheinland stirbt zuletzt« als ein Gedicht zu bezeichnen, in dem Beyers Nähe zur Germanistik exemplarisch zum Ausdruck kommt, beschäftigt es sich doch mit Gegenständen, die normalerweise eher von Vertretern dieses Faches behandelt werden als von Gegenwartslyrikern.

Um die Verweise auf das Mittelalter richtig einordnen zu können, muss man zunächst aber auf die Bezüge des Gedichts zur Gegenwart eingehen. In seinem Zentrum steht nämlich ein im Wortsinn einschneidendes Ereignis der jüngeren Vergangenheit: der Einsturz des Historischen Archivs der Stadt Köln, der sich am 3.3.2009 um genau 13:58 Uhr ereignet hat und bei dem zwei Menschen starben sowie kostbare Archivalien aus einem Zeitraum von mehr als einem Jahrtausend auf einen Schlag entweder stark beschädigt oder völlig vernichtet wurden, indem sie in ein gewaltiges Loch stürzten, das sich im Zusammenhang mit Arbeiten an einem nahe gelegenen U-Bahn-Schacht urplötzlich unter dem Archiv geöffnet hatte. Wie lange es allein dauern wird, bis die Reste aller dabei nicht gänzlich zerstörten Archivalien, die damals unter größtem Zeitdruck geborgen werden mussten, geordnet sein werden, ist zum gegenwärtigen Zeitpunkt noch unabsehbar; das Archiv selbst spricht von »[m]indestens 6000 bis 6500 Personenjahre[n]«, die dafür erforderlich sein werden.[11] Aber auch jetzt ist schon klar, dass die Verluste hoch sind.

---

11   Vgl. hierzu die Angaben auf der Website der Stadt Köln: http://www.stadt-koeln.de/leben-in-koeln/kultur/historisches-archiv/der-wiederaufbau-der-bestaende [letzter Zugriff: 28.9. 2017].

In Beyers Gedicht geht es also um eine Gedächtnis-Katastrophe epochalen Ausmaßes. Allerdings konnte man als Zeitzeuge den Eindruck gewinnen, dass das ganze Ausmaß dieser Katastrophe der Öffentlichkeit – außer vielleicht in Köln – zu keinem Zeitpunkt bewusst geworden ist. Welchen Verlust es wirklich bedeutet, dass damals ein bedeutender Teil der schriftlichen Überlieferung nicht nur der Stadt Köln in der Tiefe verschwunden ist, das können nur historisch denkende Zeitgenossen ermessen.

Dass Beyer zu ihnen gehört, verdeutlicht er in seinem Gedicht, in dem er sich dem Ereignis gleichsam aus nächster Nähe nähert. In der Gegenwart des Gedichts ist der Einsturz erst vor kurzem geschehen, das Sprecher-Ich ist vor Ort, an der Einsturzstelle, und beobachtet genau, wie es dort aussieht und was dort vor sich geht:

> Himmel, hier sieht es aus.
> Blick aufs felsgraue,
> abschüssige Schuttfeld, die
> tristen, die tief-, die todgrau
>
> lackierten Blechwände der
> zerlegten, zerdrückten
> Aktenschränke Einschlüsse
> im Stein, im Untergrund
>
> eine künstliche Grotte, eine
> Kaverne, vollgestopft
> mit verkanteten Schachteln
> in sauberen Reihen [...]. (Gph 19)

Genauestens beobachtet das Sprecher-Ich auch die Aktivitäten der Bergungskräfte:

> Vom Trümmerkogel seilt
> die Bergrettung, seilen
> Rotkreuzhelfer sich
> vorsichtig, vorsichtig ab.
> [...]
> Sie halten Wolfsschachteln
> bereit. Mit Pappkartons
> vom Kölner Schredderkönig
> gehen sie ins Archiv. (Gph 18 u. 20)

Bei den Bergungsarbeiten kommen auch Lawinenhunde zum Einsatz:

> Einer der beiden Huskies
> nimmt Witterung auf,
> steigt in die Halde, dort
> zwischen Stahlbeton und

Ofenrohr und Mörtelstaub
und Inkunabeln: sein
Arbeitsfeld. [...] (Gph 24)

Schließlich wird auch die mediale Berichterstattung über das Ereignis in den Blick
genommen:

Nachts ist kein Fernsehen
da. Kein RTL [...]
kein ntv schwenkt über den
kostbaren, den unrettbar
verlorenen, den ganzen
Dreck, und kein Express (Gph 25, Hervorh. im Orig.)

Im Hinblick auf die Dokumentation des Ereignisses offenbaren sich Fernsehen und
Presse also nicht nur als »mundfaul«, sondern auch als – wie Beyer mit Hilfe eines
suggestiven Neologismus formuliert – »[b]ildfaul« (Gph 25); der Wert der Nachricht vom Einsturz des Archivs und vor allem der anschließenden Bergungsarbeiten
ist im Kontext der Massenmedien einfach nicht groß genug, als dass man sich die
Mühe gemacht hätte, auch nachts von der Einsturzstelle zu berichten. Und auch eine
weitere Dokumentations-Instanz erweist sich als unzuverlässig:

[...] Nachts ist da nur
der Feuerwehrphotograph,
und der packt grad,

wie zufällig, als gebe es
nichts mehr zu tun,
zu sehen, festzuhalten,
seine Kamera weg. (Gph 25)

Spätestens an dieser Stelle gerät somit auch das Verhältnis von Medien und Gedächtnis in den Fokus: Hier ist Beyer, der Autor von *Flughunde* und *Spione*, in seinem
Element, und es ist auch klar, dass er im Medium Gedicht all das leisten möchte, was
die anderen Gedächtnismedien versäumt haben. Deren ›Mund-‹ und ›Bildfaulheit‹
setzt er programmatisch sein Gedicht entgegen, das – wie nicht zuletzt dieser Begriff
selbst zeigt, der ja, wie gesagt, ein Neologismus ist – offensichtlich alles andere als
»mund-« und »bildfaul« ist. Unter anderem wird das Gedicht hier also als Gedächt-
nismedium eingesetzt, um das Versagen der anderen Medien zu kompensieren.

Demnach hat man es bei diesem Gedicht also mit Geschichtslyrik zu tun und
damit einem Genre, dem die Germanistik im Gegensatz zu historischem Drama
und historischem Roman erst seit kurzem größere Beachtung schenkt.[12] Bei Beyers

---

12 Vgl. *Geschichtslyrik. Ein Kompendium.* Hg. v. Heinrich Detering und Peer Trilcke unter
    Mitarbeit von Hinrich Ahrend, Alena Diedrich und Christoph Jürgensen. 2 Bde. Göttingen
    2013.

Gedicht handelt es sich um eine Ausprägung dieses Genres, die in der Forschung als ›dokumentierende‹ Geschichtslyrik oder auch als ›Zeitgeschichtslyrik‹ bezeichnet wird.[13] Gemeint ist damit, dass ein Ereignis der Gegenwart durch seine Behandlung im Gedicht zu einem historischen Ereignis gemacht wird, zum Beispiel eben dadurch, dass das Ereignis im Gedicht dokumentiert wird. Zugleich gehört Beyers Gedicht, insofern als es über Geschichte und Geschichtlichkeit reflektiert, aber auch der ›reflektierenden‹ oder ›metahistorischen‹ Ausprägung von Geschichtslyrik an;[14] beide Ebenen sind hier untrennbar miteinander verbunden.

Aber was ist nun mit all den Verweisen auf die Literatur des Mittelalters? Es hebt Beyers Gedicht von dem Gros der Geschichtslyrik ab, dass es in ihm nicht nur um das als historisch erkannte Ereignis selbst und seine Dokumentation bzw. Nicht-Dokumentation durch verschiedene Gedächtnismedien geht. Zugleich leistet Beyer in und mit seinem Gedicht nämlich – und damit wird die dokumentierende und reflektierende auch zu einer, wie man vielleicht sagen könnte, ›archäologischen‹ Geschichtslyrik – selbst Bergungsarbeit, eine Bergungsarbeit der besonderen Art allerdings. Wie die von ihm beobachteten Rettungskräfte, aber auf einem anderen, und zwar imaginär-metaphorischen Weg ist auch Beyer hinab in das Loch gestiegen, in das die schriftliche Überlieferung der Jahrhunderte gestürzt ist. Diese Abstiegsbewegung wird im Gedicht deutlich markiert: »Hinunter gehts« (Gph 21), so lautet die entscheidende Stelle, die vordergründig auf die Bergungsarbeiten der Rettungskräfte bezogen werden kann, aber zweifellos eine zweite Bedeutungsebene hat. Sicherlich erinnert diese Formel auch nicht zufällig an diejenige, mit der Thomas Mann am Ende des *Höllenfahrt*-Vorspiels den Erzähler seines Joseph-Romans in den »Brunnen der Vergangenheit« hinabsteigen lässt: »Hinab denn«, so heißt es hier.[15] Anders als Mann ist Beyer jedoch ›nur‹ in das Spätmittelalter hinabgestiegen, genauer: in das 15. Jahrhundert. Denn bei seiner Bergungsarbeit ist er auf die Spur einer Handschrift gestoßen, die im Jahr 1434 von dem Kaplan der Zisterzienserabtei Himmerod Hermann Ludesdorf wohl im Auftrag der Grafen von Manderscheid geschrieben und die seit dem 19. Jahrhundert im Kölner Stadtarchiv aufbewahrt worden war – bis sie am 3.3.2009 dann zusammen mit den anderen Archivalien in die Tiefe rauschte und dabei wohl endgültig zerstört wurde. Die Handschrift versammelt bzw. versammelte 93 Lieder des spätmittelalterlichen Sangspruchdichters Muskatblut und geht wahrscheinlich auf eine von diesem Dichter selbst angelegte Sammlung zurück, die allerdings verloren ist.[16] In das Stadtarchiv gelangt war die Handschrift nach dem Tod des Kölner Politikers und Germanisten Eberhard von Groote, der sie erworben und im

13   Dazu vgl. Peer Trilcke: »Geschichtslyrik. Reflexionsgeschichte – Begriffsbestimmungen – Bauformen«. In: *Geschichtslyrik* (wie Anm. 12). Bd. 1, 13–56, hier: 43–45.
14   Vgl. Trilcke: »Geschichtslyrik« (wie Anm. 13), 49–51.
15   Thomas Mann: *Joseph und seine Brüder*. Frankfurt/M. 1964, 40.
16   Zu Muskatblut und der Kölner Handschrift vgl. Eva Kiepe-Willms: [Art.] »Muskatblut«. In: *Die deutsche Literatur des Mittelalters. Verfasserlexikon*. Begründet von Wolfgang Stammler fortgeführt von Karl Langosch. Hg. v. Kurt Ruh, Gundolf Keil, Werner Schröder u. a. Bd. 6. Berlin u. a. ²1987, 816–821 und Elisabeth Wunderle: [Art.] »Muskatblut«. In: *Killy Literaturlexikon. Autoren und Werke des deutschsprachigen Kulturraumes*. Hg. v. Wilhelm Kühlmann, Achim Aurnhammer, Jürgen Egyptien u. a. Bd. 8. Berlin u. a. ²2010, 467–468. Jüngere Forschungsliteratur zu Muskatblut liegt kaum vor, eine Ausnahme ist Karina Kel-

Jahr 1852 ihre bisher einzige Edition vorgelegt hatte,[17] eine Edition, die philologisch leider vielfach mit Mängeln behaftet ist. Albert Leitzmann schrieb 1920, sie mache »keinen durchaus erfreulichen eindruck, wenn man die wunderlichen verirrungen bedenkt, die dem herausgeber zu einer zeit passiert sind, wo die altdeutsche philologie doch nicht mehr in den ersten kinderschuhen steckte«.[18] Glücklicherweise gibt es aber auch eine Faksimile-Ausgabe der Handschrift aus dem Jahr 1987, so dass man sich auch nach der Kölner Gedächtnis-Katastrophe noch zumindest ein gewisses Bild von ihr machen kann;[19] doch es ist ein unscharfes Bild.

In Grootes Edition hat Beyer sich nun offenbar festgelesen, und nicht nur das, er hat auch Passagen aus einem der Lieder Muskatbluts frei übersetzt und diese Übersetzungen in sein Gedicht hineinmontiert. Durch dieses Montageverfahren ist ein hybrider, palimpsestartiger Text entstanden, in dem zwei Textschichten, die eine aus dem 15. und die andere aus dem 21. Jahrhundert, gleichsam überblendet werden. Dies soll zuerst am Beispiel der Marienanrufung am Anfang des Gedichts demonstriert werden, die hier der Übersichtlichkeit wegen noch einmal zitiert sei:

Ohne Geländekarte
muß ich ins fremde Land?

Ach bitte, Jungfrau, reiche
mir dabei deine Hand. (Gph 18)

Diese Verse aber sind – und damit erklärt sich auch ihr uneigentlich-zitathafter Charakter –eine Übersetzung aus Muskatbluts Lied Nr. 18, einem Marienlied in dem (von Muskatblut stammenden) Hofton, wo es heißt:

Sol ich faren in fremde lant?
die weg sin mir vnkunde,
darvmb bût junffrau mir dinhant [...].[20]

Wie in einem Palimpsest wird unter der Oberfläche des Beyer'schen Textes also in der Tat eine Textschicht erkennbar, die nicht weniger als 600 Jahre älter ist. Dabei entsteht auch eine Überblendung der Sprecherfiguren: Das Sprecher-Ich von Muskatbluts Lied ist hier auch das Sprecher-Ich von Beyers Gedicht, und umgekehrt. Da keine Anführungszeichen oder ähnliche Markierungen verwendet werden, werden die beiden Instanzen an dieser Stelle sogar ununterscheidbar.

lermann: »ach Musgatpluot / wie seer hastu gelogen! Lügendichtung als Zeitkritik«. In: *Mitteilungen des Deutschen Germanistenverbandes* 3 (2005), 334–346.

17   *Lieder Muskatblut's.* Hg. v. Eberhard von Groote. Köln 1852.

18   Albert Leitzmann: »Bemerkungen zu den spätmhd. Lyrikern«. In: *Beiträge zur Geschichte der deutschen Sprache und Literatur* 44 (1920), 301–311, hier: 301.

19   *Muskatblut. Abbildungen zur Überlieferung: Die Kölner Handschrift und Melodie-Überlieferung.* Hg. v. Eva Kiepe-Wilms. Melodie-Teil bearbeitet von Horst Brunner. Göppingen 1987.

20   *Lieder Muskatblut's* (wie Anm. 17), 53.

Der Beginn aber ist nicht die einzige Stelle, an der Beyer so verfährt. Als nächstes sei eine andere Passage aus demselben Lied Muskatbluts zitiert, in der, im Rahmen einer Altersklage, in eindringlichen Metaphern vom Tod die Rede ist:

> er ist mir na geslichen,
> Der mich kann machen bla,
> geluck hat mich bedrogen.
> myn heubt daz ist mir worden gra,
> myn ruck hat sich gebogen,
> myn wengelin smal sint worden fal,
> ich schiruel uff der erden,
> myn augen sint mir worden rot. nu clage ich got
> daz ich nye hange dienet schon
> Maria der vil werden.[21]

Bei Beyer wird daraus:

> Er ist mir auf den Fersen,
> *de aale Drießhannes,*
> ich weiß es ja, schon lang,
> der wird mich eines Tages
>
> einfärben, und zwar: blau.
> Das Glück hat mich
> Verlassen, *min Kopp –*
> mein Kopf ist vollends
>
> grau, ich lauf mit Buckel
> rum, mit eingefallnen
> Backen, fahl, ich schleich
> nur mehr Parterre,
>
> mit roten Augen sowieso.
> Jetzt jammere ich. Hätt
> ich mich doch der guten
> Jungfrau früher anvertraut. (Gph 21, Hervorh. im Orig.)

Auch wenn Beyer hier Formulierungen im rheinischen Dialekt eingefügt hat, ergibt sich wieder ein ähnlicher Effekt: Bei der Überblendung der Textschichten werden die Sprecherfiguren ununterscheidbar, Muskatblut und Marcel Beyer sprechen gewissermaßen mit einer Stimme. Die Pointe dabei ist, dass die Altersklage Muskatbluts im Kontext des Gedichts über den Einsturz des Kölner Stadtarchivs eine ganz neue Bedeutungsdimension erhält: Hier geht es nun nicht mehr um den bevorstehenden

---

21   Ebd.

Tod des Sprecher-Ichs, sondern um den gewissermaßen materiellen Tod, den das Werk Muskatbluts sterben wird beziehungsweise den es bereits gestorben ist, als die es überliefernde Handschrift in der Tiefe verschwand.

Zuletzt sei zitiert, wie Beyer seine intertextuellen Bezugnahmen auf Muskatblut, die für den nicht-germanistischen Leser ansonsten ja nicht nachvollziehbar wären, markiert. Zuerst fällt der Name des Sangspruchdichters mit Bezug auf den von ihm in Lied 18 und auch sonst am häufigsten verwendeten Ton im sechsten Abschnitt des Gedichts: »*Muskatplüts / Hofton* ist hier unbekannt [...]« (Gph 23). Dürfte dieser Verweis trotz der typographischen Hervorhebung für die meisten Leser noch kryptisch geblieben sein und den Befund der Unbekanntheit von Muskatbluts beliebtestem Ton damit indirekt bestätigt haben, wird Beyer im nächsten Abschnitt expliziter, und zwar mittels einer weiteren Übersetzung aus demselben Lied Muskatbluts. Hier heißt es zu Beginn der fünften Strophe: »Ich hab erwelt vmb krankes gelt / gedient lange mit mymesange [...]«.[22] Beyer macht daraus: »Ich hab der Welt / lang aufgetischt, Gedicht // um Gedicht für schlappen / Lohn«. Und er fügt hinzu: »Und der dies / schrieb heißt Muskatplüt« (Gph 24). Bei der Nennung des Autornamens am Lied-Ende handelt es sich um eine Besonderheit Muskatbluts, der jedes seiner Lieder auf diese Weise gleichsam signiert hat. So auch dieses: »an vnserment / hab vns in hůt, daz Muscatplůt / werde nymmermer uerwiset!«[23] Dass Beyer dieses Verfahren in seinem Gedicht aber imitiert, ist bemerkenswert, denn er integriert damit ja eine fremde Autorsignatur in seinen eigenen Text. Auf diese Weise ist dessen hybride Autorschaft klar markiert – und Muskatblut ist geborgen.

Inwiefern kann hier aber in der Tat von einer Bergung die Rede sein? Insofern, als das Verschwinden der Muskatblut-Handschrift im Kölner Untergrund ja der Anlass für Beyer war, sich – vermittelt durch Grootes Edition – mit der Handschrift zu beschäftigen und sie zum wichtigsten intertextuellen Bezugspunkt seines Gedichts zu machen. Genau in dem geschichtlichen Augenblick also, in dem die materielle Grundlage von Muskatbluts Werk zerstört worden war, wurde es in dem Gedicht eines erfolgreichen späteren Lyrikers zitiert und damit in gewisser Hinsicht der Zerstörung wieder entzogen. Denn natürlich wurde die Aufmerksamkeit der Leserschaft Beyers so auf Muskatblut und sein Werk gelenkt, was vor allem deshalb signifikant ist, weil dieser Dichter außerhalb der Germanistik bis dahin vollkommen unbekannt war. In keiner der gängigen, für ein breiteres Publikum konzipierten Anthologien deutscher Lyrik der letzten Jahre sind Texte von ihm zu finden,[24] und auch Burghart Wachinger hat ihn nicht in seine Sammlung *Deutsche Lyrik des Spätmittelalters* aufgenommen.[25] Zugespitzt formuliert: Bis zu diesem Zeitpunkt konnten nur Germanisten Muskatblut kennen.

---

22 Ebd., 54.
23 Ebd.
24 Vgl. etwa *Reclams großes Buch der deutschen Gedichte. Vom Mittelalter bis ins 21. Jahrhundert*. Ausgewählt und hg. v. Heinrich Detering. Stuttgart 2007 und *Der Neue Conrady. Das große deutsche Gedichtbuch. Von den Anfängen bis zur Gegenwart*. Neu hg. und aktualisiert von Karl Otto Conrady. Düsseldorf u. a. 2000.
25 *Deutsche Lyrik des Spätmittelalters*. Hg. v. Burghart Wachinger. Frankfurt/M. 2006.

Durch die Bergungsarbeit Marcel Beyers, also eines der – zumal seitdem er im Jahr 2016 den Büchner-Preis erhalten hat – bekanntesten deutschen Schriftsteller der Gegenwart, dürfte sich das jetzt aber verändert haben. Und dies nicht zuletzt deshalb, weil Beyer es nicht bei dem einen Gedicht über Muskatblut belassen, sondern er ein Jahr später, am 9.12.2015 im Rahmen der Veranstaltungs- und Publikationsreihe *Zwiesprachen* im Münchner Lyrik Kabinett unter dem Titel *Muskatblut, Muskatblüt* auch noch einen öffentlichen Vortrag gehalten hat, in dem er seinen »lange[n], verworrene[n] Weg zu« diesem »Dichter mit dem sonderbaren Namen« nachzeichnet.[26] Laut Beyer begann dieser Weg in dem Moment, als er im Autoradio die Nachricht vom Einsturz des Kölner Stadtarchivs hörte, wurde wenige Tage später bei seinen Recherchen an der Einsturzstelle fortgesetzt und führte dann schließlich zur Entstehung des Gedichts im Frühjahr 2014; er endete – so kann man ergänzen –, als zwei Jahre später die Druckfassung des Vortrags erschien.

Beyers Münchner Muskatblut-Vortrag ist aber weit mehr als nur ein Bericht über die Entstehungsgeschichte von »Das Rheinland stirbt zuletzt«. Vielmehr handelt es sich dabei um einen eigenständigen Text, der auch unabhängig von dem Gedicht gelesen werden kann, einen Text außerdem, in dem die Nähe Beyers zur Germanistik noch einmal deutlich erkennbar wird, deutlicher und pointierter sogar als bisher.

In dem Vortrag rekonstruiert Beyer unter anderem nämlich auch die (neuere) Geschichte der Muskatblut-Handschrift, und dies mit einiger Präzision; in einem Literaturverzeichnis am Ende der Druckfassung des Vortrags weist er sogar die von ihm dafür konsultierte umfangreiche Primär- und Sekundärliteratur nach.[27] Schon hier zeigt sich, dass Beyer im Zuge seiner Beschäftigung mit Muskatblut einen gewissermaßen germanistischen Ehrgeiz entwickelt hat; eine derartige Recherche und vor allem den Nachweis der verwendeten Literatur hätte man von einem Schriftsteller ja nicht unbedingt erwartet. Doch damit nicht genug: Beyer geht so weit, im Verlauf des Vortrags stellenweise selbst die Rolle eines Germanisten zu übernehmen. Wie das?

Laut seiner Darstellung ist der entscheidende Moment in der neueren Geschichte dieser Handschrift vor ihrer Zerstörung im Jahr 2009 der, in dem sie im frühen 19. Jahrhundert »ans Tageslicht gelangt«, denn es ist der »historische[] Augenblick«, »da die Literaturgeschichtsschreibung der deutschsprachigen Literatur einsetzt, da die entstehende Nationalphilologie ihr Suchverhalten austariert, ihre Kriterien entwirft, ihr Textkorpus umreißt«.[28] Die Geschichte der Muskatblut-Handschrift ist also eng mit der Entstehung der Germanistik verknüpft. Und – wie Beyer im Folgenden ausführt – es war »nicht irgendwer«, dem die Handschrift am 16.5.1814 im Nachlass des Straßburger Gelehrten Jeremias Jacob Oberlin in die Hände fiel, sondern Jacob Grimm selbst, der in dem »Band Meisterlieder von Muscatplut« allerdings keinen »bedeutenden Werth« erkannte. Beyer kommentiert dies ausführlich:

---

26   Marcel Beyer: *Muskatblut, Muskatblüt. Mit Erstübersetzungen von Tristan Marquardt.* Heidelberg 2016, 6.
27   Ebd., 32.
28   Ebd., 8.

> Jacob Grimm, der unentwegt von Bibliothek zu Bibliothek reist, Sammler um Sammler
> aufsucht, verschollen geglaubte Werke aufspürt, Manuskripte begutachtet, wie ein Be-
> sessener liest, der exzerpiert, ja, ganze Handschriften abschreibt, als sei er selbst ein
> mittelalterlicher Kopist, läßt sich von solchem Gesang nicht betören.[29]

An dieser Stelle zeigt sich der erwähnte germanistische Ehrgeiz Beyers in voller
Deutlichkeit: Denn er hatte sich im Jahr 2014 – also exakt 200 Jahre nach Jacob
Grimm – die Muskatblut-Handschrift (wenn auch auf einem Umweg) ja erneut und
nunmehr mit anderen Kriterien vorgenommen und war dabei zu einem durchaus
anderen Ergebnis gelangt als sein Vorgänger; ansonsten hätte er ihr kaum ein ganzes
Gedicht gewidmet. Das aber heißt doch nichts anderes, als dass der Schriftsteller
Marcel Beyer in »Das Rheinland stirbt zuletzt« eine Fehleinschätzung Jacob Grimms
korrigiert und sich damit in eine direkte Konkurrenz zu einem der Gründerväter
der Germanistik begeben hat. Dieses Konkurrenzverhältnis wurde spätestens dann
erkennbar, als Beyer es in seinem Münchner Vortrag explizit machte. Geradezu unübersehbar wurde es aber, als Beyer an einer anderen Stelle des Vortrags einen von
ihm bei Muskatblut aufgespürten Beleg für das Wort ›Himmelszelt‹ präsentierte –
einen Beleg, den das *Deutsche Wörterbuch* nicht kennt:

> [...] alles deutet darauf hin, daß Grimm auch in späteren Jahren die Liederhandschrift nie
> näher in Augenschein genommen hat – wodurch ihm, wie auch seinen Nachfolgern, der
> Erstbeleg des Wortes ›Himmelszelt‹ entgeht, und zwar in Muskatbluts Lied Nummer 89:
>
> Ich ging spacieren uber felt
> reyssen unter hemelszelt,
>
> – davon weiß das *Deutsche Wörterbuch* der Brüder Grimm, das Muskatblut rund acht-
> zigmal heranzieht, nichts: soviel kann ich als Laie hier berichten.[30]

Auch wenn Beyer sich in aller Bescheidenheit als »Laie« bezeichnet, sollte man
dennoch den aemulativen Gestus nicht übersehen, mit dem er hier nicht nur die
philologische Nachlässigkeit Jacob Grimms, sondern im Grunde ja der gesamten
Germanistik nachweist und gleichzeitig das nachholt, was diese versäumt hat. An
dieser Stelle hat Beyer vollends die Rolle eines Germanisten übernommen, und zwar
eines Germanisten, der – so suggeriert er es zumindest seinen Lesern – sein Handwerk besser versteht als die professionellen Vertreter des Faches: der Schriftsteller
als besserer Philologe.

Dazu passt auch, dass Beyer der Druckfassung des Vortrags außerdem noch
einen Anhang mit einigen Liedern Muskatbluts beigegeben hat, denen Übersetzungen ins Neuhochdeutsche an die Seite gestellt sind, wobei es sich bemerkenswerterweise ausnahmslos um Erstübersetzungen handelt.[31] Auch damit hat Beyer

---

29   Ebd., 10.
30   Ebd.
31   Ebd., 23–31. Die einzigen anderen Übersetzungen dreier Muskatblut-Texte ins Neuhoch-
        deutsche finden sich in: *Gedichte 1300–1500. Nach Handschriften und Frühdrucken in zeit-*

also eine Arbeit geleistet, die normalerweise von der Germanistik übernommen wird. Allerdings stammen die Übersetzungen nicht von ihm selbst, sondern von dem jungen Lyriker Tristan Marquardt, der – unter seinem bürgerlichen Namen Alexander Rudolph – als wissenschaftlicher Mitarbeiter der Germanistin Beate Kellner am Institut für Deutsche Philologie in München beschäftigt ist. Als es um die Übersetzung der mittelhochdeutschen Texte ins Neuhochdeutsche ging, hat Beyer sich demnach also doch Hilfe bei der Germanistik geholt; obwohl er ja ein erfahrener Übersetzer ist, wollte er sich auf diesem Gebiet offenbar nicht mit den Fachvertretern messen.

Den Höhepunkt des Vortrags bilden aber nicht diese, wie man vielleicht sagen könnte, philologisierenden Abschnitte, sondern eine genuin literarische Passage, in der Beyer, nunmehr wieder ganz in der Rolle des Schriftstellers, in einer emphatischen, hymnisch tingierten Prosa Muskatblut inmitten der Trümmer von Köln imaginiert. Der spätmittelalterliche Sangspruchdichter, von dem kein reales Bild überliefert ist, wird dem Leser dabei im Moment seines ja von Beyer selbst bewirkten Auferstehens aus Vergessenheit und Zerstörung in beeindruckender Plastizität vor Augen geführt:

> So sehe ich ihn, den über keinen soliden, belastbaren Namen verfügenden Muskatblut, in falscher Mundart überliefert, verderbt und fehlgelesen, fehlkopiert und fehlediert und wieder fehlgelesen, mit staubigem, strähnigem Haar und staubigem Gesicht, sehe ihn mit grauen, von schmierigem Zementstaub überzogenen Wangen und ziegelrot bemehlter Stirn und, ja, mit grauen, fahlen Augen gebückt unter Trümmerteilen hervorkriechen, sehe ihn, Muskatblüt, in einer sich hoch auftürmenden Ruinenlandschaft stehen, in keiner imaginierten, keiner ausgemalten, keinen romantischen Topos ins Bild setzenden, keiner lieblichen, wohlig an die Vergänglichkeit gemahnenden Ruinenwelt aus Stahlbetonträgern, geborstenem tschechischen Granit, gebrannten Vollziegelbrocken, Kalkmörtelplacken, aufgeplatzten Büromöbelpolstern, verbeulten Archivschränken, zerdrückten Tischrechnern, Neonleuchten, Lesegeräten, Aktendeckeln und Papier, Papier, Papier.[32]

Muskatblut, erstanden aus den Ruinen des Stadtarchivs und zugleich aus dem Orkus der Literaturgeschichte – damit hat Beyer sein Ziel erreicht: Seine Bergungsarbeit ist abgeschlossen.

Und somit ergibt sich die paradoxe Pointe, dass Muskatblut in dem historischen Moment, in dem es für die Beschäftigung mit ihm keine materielle Grundlage mehr gibt, wahrscheinlich bekannter ist als jemals zuvor. Ein Beleg dafür ist die Tatsache, dass in dem *FAZ*-Artikel, in dem über die Vergabe des Büchner-Preises an Beyer berichtet wurde, auch der Name Muskatblut fällt.[33] Sicherlich war es das erste Mal, dass

---

licher Folge. Hg. v. Eva Wilms und Hansjürgen Kniepe. München 1972, 206–213, 213–215 und 219–222.

32   Beyer: *Muskatblut* (wie Anm. 26), 21.

33   Andreas Platthaus: »Proteischer Poet. Marcel Beyer erhält den Büchnerpreis«. In: *Frankfurter Allgemeine Zeitung*, 29.6.2016, 9.

es dieser Autor in das Feuilleton geschafft hat. Was im Jahr 2009 in Köln gegolten hatte, gilt dank Marcel Beyer inzwischen also nicht mehr: Muskatbluts Hofton ist hier jetzt durchaus bekannt.

*

Nachsatz: Nach der Fertigstellung dieses Beitrags erschienen Marcel Beyers Übersetzungen zweier Lieder Muskatbluts. Sie finden sich in der von Tristan Marquardt und Jan Wagner herausgegebenen zweisprachigen Anthologie *Unmögliche Liebe. Die Kunst des Minnesangs in neuen Übertragungen* (München 2017, 245–249). Muskatblut lässt Beyer also nicht los.

Wespenstiche und Bienenbilder. Zum Rhythmus des modernen Gedichts bei Francis Ponge, Thomas Kling und Marcel Beyer

Achim Geisenhanslüke

Wespenstiche

»Hyménoptère au vol félin, souple«[1] [Hymoneptera in katzenhaftem Flug, geschmeidig (A. G.)], so beginnt Francis Ponge sein langes Prosagedicht »La guêpe« aus dem Band *La rage de l'expression*, geschrieben zwischen 1939 und 1943. Mit dem Begriff der Hymoneptera greift er auf die klassische biologische Ordnung der Insekten zurück, bei denen die Hautflügler neben Käfern, Schmetterlingen und Zweiflüglern eine der vier großen Ordnungen bilden. Der Fachbegriff Hymoneptera, der auf Linné zurückgeht, dient ihm jedoch keinesfalls zu einer klassifikatorischen Darstellung der Wespe etwa im Unterschied zu den benachbarten Arten der Bienen oder Hornissen. Was Ponge interessiert, ist vielmehr das metaphorische Potential, das es ihm erlaubt, die typischen Merkmale der Wespe mit denen des Dichters in Verbindung zu bringen.

> Elle semble vivre dans un état de crise continue qui la rend dangereuse. Une sorte de frénésie ou de la forcènerie – qui la rend aussi brillante, bourdonnante, musicale qu'une corde fort tendue, fort vibrante et dès lors brûlante ou piquante, ce qui rend son contact dangereux.[2]
> [Sie scheint in einem fortgesetzten Zustand der Krise zu leben, der sie gefährlich macht. Eine Art Raserei oder Wahnsinn – die sie auch genial, summend, musikalisch wie eine stark gespannte Saite macht, stark vibrierend und daher brennend oder stechend, was den Kontakt zu ihr gefährlich macht. (A. G.)]

Die permanente Krise und Gefährlichkeit, die sich in ihrem Flug abzuzeichnen scheint, die »frénésie« und »forcènerie«, die die Wespe in eine Nähe zum dichterischen Enthusiasmus stellen, und schließlich die ihr eigene Musikalität stellen eine Analogie zwischen der Wespe und dem Dichter dar, die sich im Moment des Stiches vollendet: »Et si ça touche, ça pique.«[3] [Und wenn es berührt, dann sticht es. (A. G.)] Das *toucher*, die schon in der antiken Rhetorik begründete Form des *movere*, des Berührens, das die Dichtung auszeichnet, zeigt sich bei der Wespe in der Form des Stiches als eines körperlichen Kontakts der schmerzhaften Unmittelbarkeit. Dichtung kann und soll berühren, treffen, stechen. Am Ende seines Textes macht Ponge klar, dass das, was ihm in seinen scheinbar ungeordnet hingeworfenen

---

1   Francis Ponge: *La rage de l'expression*. Paris 1976, 15.
2   Ebd.
3   Ebd., 17.

Aufzeichnungen von der Kritik vorgeworfen werden könnte, »l'allure *saccadée* de ses notes, leur présentation *désordonnée*, en *zigzags*«[4] [die abgehackte Bewegung ihrer Aufzeichnungen, ihre unordentliche Präsentation, im Zickzack (A. G.)], dem unruhigen Flug der Wespe entspricht, dem er die Bewegungen des eigenen Textes angeglichen hat. Sein Gedicht will Ponge wie einen Wespenflug verstanden haben, unruhig, unberechenbar, jederzeit mit der Gefahr des Stiches verbunden. In »La guèpe« errichtet Ponge eine Analogie zwischen dem Dichter und der Wespe, die in ihrer metaphorischen Ausformung nicht nur bis zu Vergils berühmter Darstellung der Genese der den Wespen nahestehenden Bienen im vierten Buch der *Georgica* zurückgehen kann, sondern die auch im 20. Jahrhundert Schule gemacht hat.

Ponge ist nicht der Einzige geblieben, der sich im Medium des Gedichts mit den Wespen auseinandergesetzt hat. In seinem Gedichtband *Life and Art* hat Michael Hamburger das Wespennest als »Meisterwerk / Aus dem gewöhnlichsten Material«[5] dargestellt, als ein Kunstwerk, das im Fall der Wespe aus Holzstaub, im Fall des Dichters aus Sprache besteht. Die Übertragung der skulpturalen oder architektonischen Kunst der Wespe auf die Spracharbeit des Dichters dient Hamburger in ähnlicher Weise wie Ponge zu einer poetologischen Selbstreflexion, die am Ende in der Frage mündet, ob er das Kunstwerk der Wespen vor dem Fenster beseitigen soll oder nicht, ohne dass diese eine eindeutige Beantwortung finden würde. An ihre Stelle tritt eine eigentümliche Verhältnisbestimmung von Religion, Biologie und Kunst, die offen lässt, was mit dem Wespennest geschieht: »Mit Lob- und Segensgesang widersetzt aus Assisi / Eine einsame Stimme sich dem Befund und den Thesen, / Die mit der Fracht der Beagle auf uns gekommen sind.«[6] Die Stimme aus Assisi scheint über den Kampf ums Überleben die Oberhand zu behalten, den Wespen auch im Lebensraum des Menschen zumindest die Möglichkeit des Überlebens gesichert zu werden. Die Dichtung findet damit einen anderen, ihnen freundlicheren Zugang zu den Wespen, als es die Naturwissenschaften vermögen.

Ein Freund der Wespen war auch Thomas Kling. Geradezu legendär ist nicht nur der schwarz-gelb gestreifte Pulli, der Kling schon auf Bildern früher Lesungen zeigt und ihn selbst in eine Wespe zu verwandeln scheint. Die Wespe gilt ihm auch in seinen poetischen Texten geradezu als Emblem der eigenen Dichtung, als das Banner, das er vor sich herträgt und nach außen zeigt. Noch in den Gedichten der 1990er Jahre hält Kling an der emblematischen Figur der Wespe fest:

ihr hinterleib in ständiger bewegung, und in bewegung ihre fühler mit
dem schwarzen haar, die sie mit schwarzen füßen ständig wieder putzen
muß, wobei der schwarze kopf, ihr dunkles wespenhaupt, gesenkt muß

werden. mit fühlern und mit schwarzen zangen versucht die wespe im
oktober das schwarze zifferblatt zu knacken; mit gutgeputzten fühlern
gutgeputzen zangen will sie die zeit, die hinter panzerglas an meinem

---

4   Ebd.
5   Michael Hamburger: *Unterhaltung mit der Muse des Alters. Gedichte.* Hg. v. Richard Dove. München u. a. 2004, 41.
6   Ebd., 42.

handgelenk, einfangen, die wespe achtet nicht des worts, den träger von
der armbanduhr, den träger schauerts, von frösteln, kaltem herbst spürbare spur.[7]

Wie Francis Ponge, so hält auch Thomas Kling zunächst die stets bedrohliche Bewegung der Wespe fest, ihre beständige Unruhe, die sich umstandslos auf den Dichter
zu übertragen scheint, der von kalten Schauern durchrieselt wird, als sich die Wespe
an seiner Armbanduhr zu schaffen macht. Den Angriff der Wespe auf das Zifferblatt
seiner Uhr begreift Kling zugleich als einen Angriff auf die Zeit, der selbst eingebettet ist in die Jahreszeit des Herbstes, die das Gedicht melancholisch aufruft. Klings
»oktoberwespe«, die »die uhr zu knacken sucht«[8], steht so für die Unmöglichkeit
ein, die Zeit aufzuhalten, wie für die Fähigkeit der Dichtung, Zeit zu kondensieren,
zu einem Moment der Intensität – ganz wie ein Stich – zu versammeln. Mit dieser
Auffassung von Dichtung als sprachlicher Speicher von Zeit und Geschichte – »Gedicht ist Gedächtniskunst«[9], heißt es schon kurz und bündig in *Itinerar* – hat Kling
einen kaum zu überschätzenden Einfluss auf die Dichtung der Gegenwart ausgeübt,
insbesondere auch auf den von ihm bereits früh protegierten Marcel Beyer.

Wespenmund

Dass Thomas Kling und Marcel Beyer sich nahestanden, als Freunde wie als Dichter, ist kein Geheimnis. Sie haben sich wechselseitig Hommagen erwiesen, in ihren
Werken immer wieder aufeinander Bezug genommen, bis der Dialog durch den Tod
Klings 2004 jäh unterbrochen wurde. So beginnt auch der Gedichtband *Graphit* mit
einem Porträt Thomas Klings als »Schneimeister«[10], der mit lässiger Hand vorführt,
»wie man in / Neuss am Rhein / Maschinenschnee zu / Schneekunst macht« (Gph
8). Die Gedichte »Timide, Timide« und »Wacholder« hat Beyer im Anhang selbst als
Hommagen an Kling kenntlich gemacht, so dass der gesamte Band nicht nur, aber
eben zu wesentlichen Teilen auch als eine Auseinandersetzung mit dem Erbe Klings
zu verstehen ist. Wenn Marcel Beyer in *Graphit* das Gedicht »Wespe, komm«, als
eine schon durch das Thema der Wespe deutlich erkennbare Hommage an Thomas
Kling aufnimmt, dann kann auch er an die Bestimmung der Dichtung als Wespen-
stich bei Ponge, Kling u. a. anschließen.

WESPE, KOMM

Wespe, komm in meinen Mund,
mach mir Sprache, innen,
und außen mach mir was am

---

7   Thomas Kling: *Fernhandel. Gedichte*. Köln 1999, 26.
8   Ebd.
9   Thomas Kling: *Itinerar*. Frankfurt/M. 1997, 20.
10   Marcel Beyer: *Graphit. Gedichte*. Berlin 2014, 7 (im Folgenden als »Gph« direkt im Haupt-
     text nachgewiesen).

Hals, zeigs dem Gaumen, zeig es

uns. So ging das. So gingen die
achtziger Jahre. Als wir jung
und im Westen waren. Sprache,
mach die Zunge heiß, mach

den ganzen Rachen wund, gib mir
Farbe, kriech da rein. Zeig mir
Wort- und Wespenfleiß, machs
dem Deutsch am Zungengrund,

innen muß die Sprache sein. Immer
auf Nesquik, immer auf Kante.
Das waren die Neunziger. Waren
die Nuller. Jahre. Und: so geht das

auf dem Land. Halt die Außensprache
kalt, innen sei Insektendunst, mach
es mir, mach mich gesund,
Wespe, komm in meinen Mund. (Gph 125)

Thomas Kling, der europäische Wespendichter: Marcel Beyer hat das Gedicht in dem von Thomas Geiger herausgegeben Band *Laute Verse* selbst kommentiert und als Hommage an Kling verstanden haben wissen wollen. Dementsprechend hat schon Tobias Lehmkuhl in einer Rezension in der *Zeit* in dem Gedicht entsprechend »die wohl tiefste Verbeugung vor dem Freund«[11] erkannt, und Lothar Müller spricht in der Laudatio anlässlich der Verleihung des Bremer Literaturpreises an Marcel Beyer von einem »Totengespräch« mit Thomas Kling.[12] Beyer selbst betont in seinen Ausführungen zunächst die Scheu, das emblematische Tier des europäischen Wespendichters Kling im Gedicht einzufangen, die Scheu vor einem Sakrileg, das er zu begehen scheint, wenn er in dessen eigenen Bereich hereingreift: »Die Vorstellung aber, Thomas Klings Leitinsekt anzurufen und die von ihm durchschwirrten Verse vor Publikum zu Gehör zu bringen, ließ mich stocken.«[13] Erst ein zweites Moment konnte diese Scheu überwinden: Als Auftragsarbeit für den Musiker Enno Poppe, eine Textvorlage mit möglichst ein- oder zweisilbigen Wörtern zu erstellen, gewann »Wespe, komm«, bis zu seiner in *Graphit* aufgenommenen Form allmählich Kontur.

Beyer hat sich an die ihm gemachten Vorgaben einer möglichst einfachen Textvorlage gehalten und diese zugleich überschritten. Das Gedicht besteht aus fünf vier-

11   Tobias Lehmkuhl: »Wespe, stachel mich an!« In: *Die Zeit*, 27.11.2014.
12   Lothar Müller: *Über Wortfelder gehen. Laudatio zur Verleihung des Bremer Literaturpreises 2015 an Marcel Beyer*, 2: http://www.rudolf-alexander-schroeder-stiftung.de/wp-content/uploads/2015/09/Laudatio-Beyer.pdf [letzter Zugriff: 12.10.2017].
13   Marcel Beyer: »Zu ›Wespe, komm‹«. In: Thomas Geiger (Hg.): *Laute Verse. Gedichte aus der Gegenwart*. München 2009, 23–24, hier: 23.

zeiligen Strophen, die jeweils durch Enjambements miteinander verbunden sind. Bis auf die letzten beiden Zeilen, die dadurch ein besonders Gewicht bekommen, verzichtet das Gedicht auf Reime. Die liedhafte Einfachheit der Form macht sich auch in der geforderten Ein- oder Zweisilbigkeit der Wörter bemerkbar, die im weiteren Verlauf des Gedichtes aber zunehmend aufgebrochen wird zugunsten von mehrsilbigen Neologismen: die Ausdrücke »Wort- und Wespenfleiß«, »Zungengrund« und »Insektendunst« deuten an, dass die einfachen Silbenbausteine allmählich komplexere Strukturen annehmen, so als würde sich die dichterische Freiheit allmählich aus dem vorgegebenen Korsett schälen und die dichterische Form erst in der Spannung zwischen Vorgabe und Variation zu sich finden.

Schon der Titel des Gedichts deutet darüber hinaus einen imperativischen Gestus an. Das titelgebende »komm« ergänzt der Text um die weiteren Aufforderungen »mach«, »gib«, »zeig«, »halt«. Beyer nimmt damit einen Gestus ein, den er schon in früheren Gedichten durchgespielt hat. Bereits das Gedicht »Bienenwinter« aus dem Band *Erdkunde* beginnt mit der Aufforderung »Geh du zum Bienenwagen«[14], »geh du nach Farben«. (Ek 101) Später heißt es dort: »Stirb mir, Genosse, stirb mir / nicht den Imkertod«. (Ek 104) Mit diesem imperativischen Gestus nimmt das Gedicht zugleich die Tradition der klassischen Moderne auf, wie sie paradigmatisch in Stefan Georges »komm in den totgesagten park« zum Ausdruck gekommen ist. Wie bei George, bei dem das »komm«, »schau«, »nimm«, »erlese«, »küsse«, »flicht« und »verwinde«[15] als Chiffren für die Arbeit des Dichters stehen, so handelt es sich bei Beyers »Wespe, komm« um ein poetologisches Gedicht, um ein Gedicht, das die Frage erörtert und vorführt, wie Gedichte zu verfertigen sind.

Die poetologische Bestimmung des Gedichtes im Zeichen einer Anrufung der Wespe als Inspirationsquelle – »Wespe, komm in meinen Mund« – geht mit einer Selbstreflexion einher, die sich in den Prosasätzen des Gedichtes zugleich als Reflexion der Geschichte zu erkennen gibt. »So ging das. So gingen die / achtziger Jahre. Als wir jung / und im Westen waren«. Die elliptische Form der Sätze deutet einen lakonischen Umgang mit der Zeitgeschichte an, der wiederum an Thomas Kling erinnert. Der Rückgang auf die achtziger Jahre, auf die Zeit vor der Wende im Westen, verbindet autobiographische Momente mit der Chiffre Zeitgeschichte, die von den achtzigern bis zu den nuller Jahren aufgerufen wird: »Das waren die Neunziger. Waren / die Nuller. Jahre«. Was die Zeit der achtziger bis zu den nuller Jahren gekennzeichnet hat, bleibt vordergründig offen. Im Rahmen der poetologischen Bestimmung des Gedichtes als Frage nach der Stimme der Dichtung heute, und das heißt auch nach dem Tod Thomas Klings, lässt sich der Rückblick jedoch zugleich als Rekapitulation jüngst vergangener Dichterstimmen verstehen. Was Beyer in dem Rückblick auf die jüngste Vergangenheit aufruft, ist, wenn man so möchte, ein musikalischer und dichterischer Sound, der Sound der achtziger, der neunziger und der nuller Jahre, der geprägt worden ist von Thomas Kling, von Barbara Köhler

---

14   Marcel Beyer: *Erdkunde. Gedichte.* Köln 2002, 101 (im Folgenden als »Ek« direkt im Haupttext nachgewiesen).
15   Stefan George: *Werke. Ausgabe in zwei Bänden.* Bd. 1. Hg. v. Robert Boehringer. München 2000, 121.

und Ulrike Draesner, von Durs Grünbein, und eben, bei aller Bescheidenheit, von Marcel Beyer selbst.

Das Gedicht gibt sich so in einem doppelten Sinne als Anrufung der Musen zu erkennen: als Anrufung der Wespe, die auf deutlich erotisch konnotierte Weise in die Mundhöhle eindringt und das Sprechen poetisch verändert, und als Anrufung des europäischen Wespendichters Thomas Kling als einer zentralen Inspirationsquelle, der sich das Gedicht noch einmal trauernd vergewissert: Der abschließende Reim »mach mich gesund, / Wespe, komm in meinen Mund«, der durch den Paarreim eine eigentümliche Rundung und Geschlossenheit herstellt, verweist auf einen Heilungsprozess, der eben in der Trauerarbeit des Gedichts selbst besteht, das als Hommage an Thomas Kling diesem verpflichtet bleibt und aus der Erinnerung an ihn heraus eine Form der Dichtung hervorbringt, die zwar von ihm inspiriert ist, sich aber dennoch von ihr unterscheidet.

Bienenbilder

»Er macht gerne mit der Sprache rum.«[16] Das waren Thomas Klings gewohnt unkonventionelle Worte für Marcel Beyers Dichtung. Sie verraten ebenso viel über Beyers wie über Klings eigene Auffassung der Dichtung: mit der Sprache rummachen als Bestimmung einer Dichtung, die ihre Intensität aus einer Bindung an die Sprache gewinnt, die zugleich dazu bereit ist, Regeln und Grenzen – der Syntax, der Orthographie etc. – zu überschreiten. Diese Bestimmung des in gewisser Weise erotischen Verhältnisses des Dichters zur Sprache, das die Dichtung seit der Antike auszeichnet, verbindet Kling in seinem kurzen Text *Das kommende Blau. Über Marcel Beyer* mit dem Thema der Rhythmizität: »der rhythmische Forensiker der Gegenwartsliteratur«[17] sei Marcel Beyer, und allein »die Rhythmizität der Liebenden«[18] sei es, die solche Gedichte wie die von Beyer möglich mache. Thomas Klings Liebeserklärung an Marcel Beyer – wenn Liebe die gemeinsame Bindung an die Sprache heißen darf –, der in »Wespe, komm« die liebende und eben daher auch trauernde Erwiderung folgte, verweist auf ein zentrales Moment der Dichtung, das aus theoretischen Bestimmungen moderner Lyrik allzu oft herausfällt; auf den Zusammenhang von Rhythmus und Poesie. Wer von Rhythmus spricht, der spricht von der Form der Dichtung, aber von einer besonderen Form der Form, von der Form in Bewegung. Das hat bereits Émile Benveniste in seinen wegweisenden Überlegungen zu *La notion de ›rythme‹ dans expression linguistique* herausgearbeitet. Benveniste zufolge bezeichnet der Ausdruck Rhythmus im Unterschied etwa zu dem des von der antiken Philosophie bevorzugten Begriffs des Schemas »la forme improvisée, momentanée, modifiable«[19] [die improvisierte, augenblickliche und veränderbare Form (A. G.)] und zugleich »l'ordre dans le mouvement«[20] [die Ordnung in der

16   Thomas Kling: *Botenstoffe*. Köln 2001, 201.
17   Ebd.
18   Ebd.
19   Emile Benveniste: *Problèmes de linguistique générale I*. Paris 1966, 333.
20   Ebd., 334.

Bewegung (A. G.)], eine geordnete Form der Bewegung also, die sich in der Sprache überhaupt und nicht zuletzt eben in der Dichtung auf besondere Weise zeige. So konnte Henri Meschonnic in seinen Arbeiten zur Poetik den Begriff des Rhythmus, wie ihn Benveniste in die Sprachwissenschaft eingeführt hat, über die Linguistik hinaus auf die moderne Dichtung erweitern. In seiner monumentalen und bis heute über die Grenzen Frankreichs kaum rezipierten Arbeit *Critique du rythme* aus dem Jahr 1982 hat Meschonnic den Rhythmus als Ausgangspunkt einer Poetik zur Geltung gebracht, der es im Unterschied zu strukturalistischen und poststrukturalistischen Modellen um den in der Sprache wirksamen Zusammenhang zwischen Sinn und Subjekt geht:

> Si le sens est une activité du sujet, si le rythme est une organisation du sens dans le discours, le rythme est nécessairement une organisation ou configuration du sujet dans son discours. Une théorie du rythme est donc une théorie du sujet dans le langage. Il ne peut pas y avoir de théorie du rythme sans théorie du sujet, pas de théorie du sujet sans théorie du rythme. Le langage est un élément du sujet, l'élément le plus subjectif, dont le plus subjectif à son tour est le rythme.[21]
> [Wenn die Bedeutung eine Aktivität des Subjekts ist, wenn der Rhythmus ein Aufbau von Bedeutung in der Rede ist, dann ist der Rhythmus notwendigerweise ein Aufbau oder eine Konfiguration des Subjekts in seiner Rede. Eine Theorie des Rhythmus ist also eine Theorie des Subjekts in der Sprache. Es kann keine Theorie des Rhythmus ohne eine Theorie des Subjekts geben, keine Theorie des Subjekts ohne Theorie des Rhythmus. Die Sprache ist ein Element des Subjekts, das subjektivste Element, dessen subjektivstes wiederum der Rhythmus ist. (A. G.)]

Meschonnic begreift den Rhythmus in scharfer Abgrenzung zum linguistischen Begriff des Zeichens im Anschluss an Benveniste als Ausdruck der Subjektivität in der Sprache, diese nicht verstanden als System von Zeichen, sondern als Diskurs im Sinne einer Sprache, die in Bewegung versetzt ist. Benveniste wie Meschonnic zufolge konstituiert sich das Subjekt erst in der Sprache, jedoch nicht in einem lacanianischen Gleiten unter den Signifikanten, sondern in der einfachen Weise des Ich-Sprechens, die nicht nur in der Poesie zur Geltung kommt, sondern in jeder Form der Sprachverwendung. Die Aufgabe einer Theorie des Rhythmus, die Meschonnic von Fragen der Metrik im engeren Sinn getrennt wissen will, besteht dementsprechend darin, die dichterische Form nicht als in sich verfestigte Einheit zu begreifen, sondern als Ausdruck einer in sich geordneten Form der sprachlichen Bewegung, die zugleich das auch für Thomas Kling entscheidende Moment der Stimmlichkeit mit sich führt. Den Rhythmus insbesondere der modernen Dichtung, von Baudelaire, Rimbaud, Mandelstam bis zu Celan, herauszuarbeiten, ist die Aufgabe, der Meschonnic sich gewidmet und die er hinterlassen hat.

Klings Bezeichnung Marcel Beyers als rhythmischer Forensiker der Gegenwartsliteratur trifft mit dem Rhythmus demnach einen Kern dessen Arbeit im Sinne von Meschonnic: die eigentümliche Stimme Marcel Beyers, die sich, weniger schroff,

---

21   Henri Meschonnic: *Critique du rythme. Anthropologie historique du langage.* Lagrasse 1982, 71.

nicht immer auf Kante, durchaus von der Thomas Klings unterscheidet. Was Kling und Beyer verbindet, ist die »Einbeziehung aller Medien«, die Kling schon in *Itinerar* gefordert hat. Bei Beyer macht sich diese Forderung aber anders bemerkbar, in der Einbeziehung populärer Musik etwa, die in *Graphit* in den zahlreichen Anspielungen auf Musiker wie Don Cosmic alias Don Drummond oder Slim Shady alias Eminem deutlich wird oder in Gedichttiteln, die Songs zitieren wie *California Girls*. Beyers Coverversion von Trakl in »An die Vermummten«, die zugleich die frühe Arbeit »Verklirrter Herbst« aus *Falsches Futter* aufnimmt, die musikalische Technik des Samplings, die Johann Rißer an Brinkmann und Kling herausgearbeitet hat, aber auch für Beyer geltend zu machen wäre, sowie die zahlreichen Rückbezüge auf die klassische Moderne, in *Graphit* etwa auf Ezra Pound, Robert Walser, Elias Canetti und Robert Musil, geben Marcel Beyers Gedichten eine eigentümliche Prägung, in der, wie auch in den Romanen, mediale Formen der Gegenwart als Träger der Erinnerungsarbeit fungieren. Und wie bei Kling ist diese Erinnerung meist an bestimmte Orte gebunden, zwischen Neuss und Dresden, Rustschuk und Sankt Petersburg, an Orte, die Geschichte in sich gespeichert haben, die es im Gedicht freizusetzen gilt. Dass Beyer diese archäologische Arbeit an der Sprache weniger forciert vollzieht als Kling, weniger polemisch und weniger aggressiv als dieser, macht den Unterschied zwischen ihnen aus. Wie Kling, so beschwört Beyer zwar die Wespe und in ihr den Dichter Kling als Inspirationsquelle. In seiner eigenen Arbeit beansprucht die Biene jedoch den gleichen Raum wie die Wespe. Schon bei Ponge überlagern sich im Block auf die Ordnung der Hymoneptera Wespen und Bienen: »Qu'est qu'on me dit? Qu'elle laisse son dard dans sa victime et qu'elle en meurt?«[22] [Was sagt man mir? Dass sie ihren Stachel im Opfer zurücklässt und daran stirbt? (A. G.)] Der Unterschied zwischen dem Wehrstachel der Biene, die den ihren zurücklässt, und dem der Wespe, die sticht und ihren Stachel behält, verwischt Ponge in seinem Gedicht. Kling und Beyer sind in ihren Texten dagegen um Präzision bemüht, eine Präzision, die bei Beyer die Biene ebenso sicher erfasst wie die Wespe:

> Geh du zum Bienenwagen,
> tiefer in den Wald, ins
> Unterholz, Honig im Kopf,
> bis du die Kästen leuchten
>
> siehst. Die Honigbiene kennt
> den Menschen nicht,
> rotblind, sie orientiert sich
> nicht an dir, sie kennt
>
> die Birken und Robinien,
> Buchweizenwiesen. Aber
> Du hörst doch, wie sie
> Spricht: geh du nach Farben. (Ek 101)

---

22   Francis Ponge: *La rage de l'expression* (wie Anm. 1), 19.

Der Weg des Dichters, »Honig im Kopf«, führt in den Wald zu den Bienen. Die Aufmerksamkeit gilt den unterschiedlichen Weisen der Wahrnehmung, der Farbblindheit der Wespen und der eigenen Orientierung an der Farbe, um zum gesuchten Ziel zu kommen. Trotz dieser Differenz kommunizieren die Biene und der Dichter: »Du hörst doch, wie sie / Spricht: geh du nach Farben«. Und wie in »Wespe, komm«, so folgt der Dichter der Aufforderung der Biene: »Ich geh nach Farben, geh ein / Stück, das zwanzigste / Jahrhundert: Bienenbilder« (Ek 111). In seiner Sammlung kurzer Erzähltexte *Putins Briefkasten* geht Beyer auf eine unverhoffte Buchentdeckung ein, einen »Glücksgriff«,[23] wie er es nennt, auf Liselotte Getterts *Mein Bienenjahr. Ein Arbeitskalender für den Imker.* Um einen Glücksgriff handelt es sich, weil Beyer Getterts Arbeitskalender als Poetik versteht: »Wir imkern nicht, wir machen keinen Honig, wir sammeln weder Honigtau noch Pollen – und ebendarum lesen wir *Mein Bienenjahr* als konziser kaum vorstellbares Werk, das uns etwas über das Schreiben sagt und zugleich vorführt, wie Schreiben vonstatten gehen kann« (PB 136). Der Schriftsteller geht bei der Imkerin in die Lehre: »Imkern, das weiß ich mittlerweile, ist Schreiben ohne Text« (PB 154). Wespenstiche und Bienenbilder: Beyers dichterische Arbeit folgt, in der Erinnerung an den europäischen Wespendichter Thomas Kling, beiden und gewinnt so den Rhythmus einer eigenen Stimme, von der schon Kling sagte, es sei »die Rhythmizität des Liebenden, der solche Gedichte schreiben kann«.[24]

---

23 Marcel Beyer: *Putins Briefkasten. Acht Recherchen.* Berlin 2012, 135 (im Folgenden als »PB« direkt im Haupttext nachgewiesen).
24 Thomas Kling: *Botenstoffe* (wie Anm. 16), 201.

Marcel Beyer liest. Gedicht und performativer Epitext

Jörg Döring

Gedichtlesungen sind in aller Regel ein »opakes Performanzereignis«.[1] Das gilt auch für die Gedichtlesungen von Marcel Beyer, obwohl er sich sichtlich darum bemüht, ein freundlicher, kein enigmatischer Vorleser zu sein. Die Lyrik ist bei Gedichtlesungen vor allem phonisch repräsentiert, man lauscht dem Autor (seltener: einer anderen Stimme) beim Gedichtvortrag, ohne den Gedichttext dabei mitzulesen. Es gibt sehr wohl Besucherinnen oder Besucher von Gedichtlesungen, die den Lyrikband, aus dem vorgelesen wird, dabeihaben – so wie etwa ein Konzertbesucher gelegentlich die Partitur des vorgetragenen Musikwerkes. Aber meine privatempirisch durchgeführten Erhebungen als regelmäßiger Besucher von Gedichtlesungen haben gezeigt, dass Gedichtlesungsbesucher seltener bis gar nicht während des Vortrags das Gedicht mitlesen, sondern das Buch eher mit sich führen, um darin den Autor im Anschluss signieren zu lassen. Gut sichtbar für andere liegt es dann während der Lesung zugeklappt auf dem Schoß. Auch veranstalterseitig wird kaum von der Möglichkeit Gebrauch gemacht, Gedichte während des Vortrags schriftbildlich zu projizieren, um die Zuhörenden auch zu Mitlesenden zu machen und damit den kognitiven Nachvollzug des Gehörten zu unterstützen. So haben die Zuhörenden einer Gedichtlesung es zumeist mit einer anspruchsvollen Rezeptionskonstellation zu tun: Sie hören ein ihnen häufig vollständig unbekanntes Gedicht exakt einmal – d. h. als unwiederholbares Performanzereignis und ohne die Chance der instantanen Re-Lektüre, wie sie den Erstkontakt Lesender mit schriftbildlich repräsentierter Lyrik nicht selten auszeichnet. Lyrik gilt aufgrund ihrer »Überstrukturiertheit«[2] als die am schwersten verständliche literarische Gattung. Viel weiß man bislang nicht darüber, was beim einmaligen Gedichtvortrag eines unbekannten Textes bei den Zuhörenden wirklich hängen bleibt, welche »sonderbare« Form der »Verständlichkeit«[3] das Performanzereignis entbirgt. Obwohl die praxeologische Lyrikforschung jüngst einen größeren Aufschwung nimmt,[4] hat sie diese Frage noch nicht wirklich mit letzter Konsequenz erforschen wollen. Vielleicht ja auch, weil hier einiges auf

---

1   Rüdiger Zymner: *Lyrik. Umriss und Begriff.* Paderborn 2009, 48.
2   Jürgen Link: »Das lyrische Gedicht als Paradigma des überstrukturierten Textes«. In: Helmut Brackert/Jörn Stückrath (Hg.): *Literaturwissenschaft. Grundkurs.* Reinbek bei Hamburg 1981, 192–219.
3   Anja Utler: »*manchmal sehr mitreißend*«. *Über die poetische Erfahrung gesprochener Gedichte.* Bielefeld 2016, 30–42.
4   Julia Novak: *Live Poetry. An Integrated Approach to Poetry in Performance.* Amsterdam/ New York 2011; Anna Bers/Peer Trilcke (Hg.): *Phänomene des Performativen in der Lyrik. Systematische Entwürfe und historische Fallbeispiele.* Göttingen 2017. Große, leuchtende Ausnahme bislang ist die Arbeit von Anja Utler (wie Anm. 3), die sich tatsächlich für Rezipientenerfahrungen interessiert, dabei aber vor allem den Mehrwert des Performanzereignisses im Anschluss an die (einsame) Lektüre des schriftbildlich repräsentierten Gedichttextes herausarbeitet (das »erst beim Hören richtig«-Verstehen eines zuvor gelesenen Gedichtes).

dem Spiel steht. Es könnte sich als Illusion entpuppen, dass der Vortrag eines unbekannten Gedichtes – zumal der einer *setlist* von vielleicht 20 Gedichten am Stück,
aus denen eine Lyriklesung heute durchschnittlich besteht – doch mehr bei den Zuhörenden hinterlässt als die vage Erinnerung an einige Gedichtüberschriften, Vers-
partikel oder den Eindruck eines *sounds*, einer Stimmung oder affektiven Tönung
ähnlich wie bei der Musikrezeption.

Die vortragenden Autoren und die Veranstalter von Lyriklesungen wissen um
diese Komplikation. Deshalb besteht die Praxisform der Lyriklesung eben in aller
Regel aus mehr als nur dem Vortrag von Gedichten. Sie beinhaltet einführende Worte des Veranstalters, häufig eine Moderation durch eine dritte, vom Veranstalter be-
stellte Person, die ein Autorengespräch vor und nach der Lesung durchführt, manchmal werden auch Publikumsgespräche im Anschluss an die Lesung geführt. Misst
man die zeitlichen Anteile,[5] dann bestehen Lyriklesungen gar nicht überwiegend
aus Lyrikvortrag, denn die diesen Vortrag gleichsam umrahmende Kommunikation
erweist sich als zeitlich meistens umfänglicher als die eigentliche Lesung. Zu dieser
den Gedichtvortrag umrahmenden Kommunikation gehört ganz wesentlich auch
das, was die Autorinnen und Autoren zu ihren Gedichten sagen: vor der Lesung des
ersten Gedichtes, gleichsam als expositorisch-auktoriale Verlautbarung; vor der Lesung eines einzelnen Gedichtes, nach der Lesung eines einzelnen Gedichtes, dann –
nachdem die gesamte *setlist* des Programms vorgetragen wurde – im Gespräch mit
Moderatoren oder Publikum über den Zusammenhang des Gehörten (nicht selten
auch über ganz andere Aspekte des Werks, die allgemeinen Zeitläufte oder über Per-
sönliches). Fragt man nach Motiven, warum Menschen zu Lyriklesungen gehen statt
Lyrik lieber zu lesen (zeitsouverän und mit erwartbar höheren Verstehenschancen),
dann bekommt man im Wesentlichen zwei Antworten: a) das Publikum wünscht die
Gedichte zu hören im Medium der Stimme ihrer Autoren – so als ob der auktoriale
Werkvortrag einen privilegierten Zugang zum Gedicht eröffnete; b) das Publikum
wünscht die Autoren auch als Personen kennenzulernen, die über ihre Gedichte
sprechen und somit einen weiteren privilegierten Zugang zum Gedicht eröffnen,
der die Vorzüge der einsamen Gedichtlektüre ergänzt, aufwiegt oder gleich ganz
substituiert.[6]

Wenn die Lyrikologie zuletzt in gesteigertem Maße Phänomene des Performativen in den Blick nimmt, dann scheint es geboten, die Untersuchung des Performanz-
ereignises Lyriklesung nicht allein auf den Werkvortrag zu beschränken, sondern die
gesamte Sprechszene[7] zu analysieren, aus denen die Praxis der Lyriklesung besteht.

---

5   In der Anforschungsphase eines Forschungsprojektes zur Lyriklesung haben wir Mit-
     schnitte von mittlerweile etwa 30 Lesungen aus den Jahren 2015 und 2017 angefertigt und
     ausgewertet.
6   Unsere Besucherbefragungen – insbesondere bei Lyrikfestivals wie den Frankfurter Lyrik-
     tagen 2017 – haben auch ergeben, dass es BesucherInnen gibt, die nur Autorenlesungen
     besuchen und zuhause gar keine Lyrik lesen.
7   Ein in Analogie zu Rüdiger Campes in der Schreibprozessforschung viel zitiertem Begriff
     der »Schreibszene« gebildeter Begriff. Schreibszene bezeichnet bei Campe zunächst ein
     »nicht-stabiles Ensemble von Sprache, Instrumentalität und Geste«, aus denen jeder ein-
     zelne Schreibakt sich zusammensetze: Semantik, Technologie und die situative Körperlich-
     keit im Akt des Schreibens. Vgl. Rüdiger Campe: »Die Schreibszene. Schreiben«. In: Hans

Davon ist der Werkvortrag stets ein zentraler Teil, aber eben nicht alles. Ein praxeologisches Interesse an dem, was Lyrikerinnen und Lyriker gegenwärtig tun, um als solche literaturbetrieblich erkennbar zu sein (und sich zu reproduzieren), muss auch das von den Autoren im Rahmen von Lesungen öffentlich Gesagte miteinbeziehen, das ihren Werkvortrag umrahmt.[8] Hier – wie schon an anderer Stelle[9] – wollen wir diese auktoriale Rahmungskommunikation mit einem Begriff bezeichnen, der aus der Paratexttheorie Gérard Genettes[10] entlehnt ist: performativer Epitext.

Nur kurz zur Erinnerung an diese bewährte Terminologie, hier bereits veranschaulicht am Werk von Marcel Beyer: Auktorialer Peritext wären die von Marcel Beyer zu seinem Gedichtband *Graphit* gegebenen Quellen- und Entstehungshinweise am Ende des Bandes, z. B.: »*Endreimstimmung*: Zu einer Photographie von Alexander von Reiswitz«.[11] Peritext deshalb, weil materiell mit dem Buchkörper, in welchem das Werk *Graphit* und als Teil dessen das Gedicht »Endreimstimmung« versammelt sind, verbunden, aber typographisch deutlich markiert als nicht dem Werk unmittelbar zugehörig – so wie Vorworte, Nachworte, Widmungen. Auktorialer Epitext hingegen wären die mittlerweile mehreren Poetikvorlesungen, die Marcel Beyer gehalten hat und in denen er sich zu seinem Werk und dessen Entstehung äußert: zunächst mündlich vorgetragen, aber auf der Basis einer schriftlichen Vorlage, dann ausgearbeitet als veröffentlichter Buchtext.[12] Epitext deshalb, weil nicht mit den Buchkörpern, in denen das Werk zirkuliert, materiell verbunden, sondern gleichsam werkextern eine Aussage über das Werk machend (die bei Beyer erkennbar dazu tendiert, ihrerseits Werk sein zu wollen, also nicht auf ihren Status als Epitext reduziert zu werden). Es gibt aber auch den spontan-mündlichen Epitext, bspw. wenn Marcel Beyer während der Buchmesse einer Rundfunkanstalt ein Live-Interview zu einem neu erschienenen Werk gewährt. Zum spontan-mündlichen Epitext gehört auch solcher, der hier als performativer bezeichnet wird: das bei Lesungen vor und nach dem Werkvortrag öffentlich Gesagte, das bei Gedichtlesungen einen

---

Ulrich Gumbrecht/Karl Ludwig Pfeiffer (Hg.): *Paradoxien, Dissonanzen, Zusammenbrüche. Situationen offener Epistemologie.* Frankfurt/M. 1991, 759–772, hier: 760. Erweitert zur »Sprechszene«, scheint Campes Konzept auch geeignet, das »nicht-stabile Ensemble« von Sprache, Instrumentalität des Sprechens auf der Bühne und die Physis des Vortragenden im Rahmen einer Lyriklesung zu beschreiben; vgl. die Begründung dieser Begriffsumbildung erstmals in: Jörg Döring: »Der Schreibtisch im Nachtleben. Bohème um 2000 in ›Tristesse Royale‹«. In: Walburga Hülk/Nicole Pöppel/Georg Stanitzek (Hg.): *Bohème nach 68.* Berlin 2015, 109–142, hier: 119–121.

8   Weder die an Phänomenen des Performativen in der Lyrik interessierte Forschung noch die Autorschaftsinszenierungsforschung hat sich dafür bislang nennenswert interessiert; vgl. Christoph Jürgensen/Gerhard Kaiser (Hg.): *Schriftstellerische Inszenierungspraktiken – Typologie und Geschichte.* Heidelberg 2011; Thorsten Hoffmann/Gerhard Kaiser (Hg.): *Echt inszeniert. Interviews in Literatur und Literaturbetrieb.* Paderborn 2014.

9   Jörg Döring/Johannes Paßmann: »Lyrik auf YouTube. Clemens J. Setz liest ›Die Nordsee‹ (2014)«. In: *Zeitschrift für Germanistik* N. F. XXVII 2 (2017), 329–347, hier: 331–333.

10   Gérard Genette: *Paratexte. Das Buch vom Beiwerk des Buches.* Frankfurt/M. 2001.

11   Marcel Beyer: *Graphit. Gedichte.* Frankfurt/M. 2014, 203 (im Folgenden als »Gph« direkt im Haupttext nachgewiesen).

12   Marcel Beyer: *XX. Lichtenberg-Poetikvorlesungen.* Göttingen 2015; Ders.: *Das blindgeweinte Jahrhundert. Bild und Ton.* Berlin 2017.

Gutteil des Performanzereignisses ausmacht. Der performative Epitext wird mündlich vorgetragen, ob er aber immer nur spontan erfolgt, das wird noch zu sehen sein.

Im Folgenden soll anhand von drei vom Autor selbst im Rahmen von Lesungen vorgetragenen Gedichten aus Beyers Band *Graphit* der Zusammenhang von öffentlichem Gedichtvortrag und performativem Epitext untersucht werden. Die Arbeitshypothese, die es dabei zu untersuchen gilt, lautet vorerst: Der performative Epitext Beyers dient in erster Linie dazu, die Rezeption des Werkvortrags anzuleiten und in mancher Hinsicht zu steuern. Er hat Instruktionscharakter und offeriert den Zuhörenden eine Art Hör-Vorschrift: *Ich als der Autor des sogleich vorzutragenden bzw. des soeben vorgetragenen Gedichts biete Euch an, es auf die folgende Weise zu hören, unter diesem bestimmten Aspekt zu betrachten, vor dem Hintergrund dieses benannten Kontextes zu verstehen.*[13]

Die empirische Tatsache, dass gegenwärtig fast keine Gedichtlesung ohne performativen Epitext auskommt, spricht dafür, dass die Lyrikerinnen und Lyriker in ihrer Praxis als Vortragende die Erfahrung gemacht haben: Erst ein situativ-adäquater performativer Epitext scheint die Zumutung für die Zuhörenden, ein unbekanntes Gedicht nur einmal zu hören, erträglich, mithin den Werkvortrag von Lyrik zuallererst kommensurabel zu machen.[14]

Epitext als hörpädagogische Ermunterung: *Deine Silbe Grimm*

Das erste Analysebeispiel ist dem Mitschnitt einer Lesung entnommen, die am 18.9.2014 im Literarischen Colloquium Berlin stattfand und bei der nicht nur Marcel Beyer aus seinem neuen Gedichtband *Graphit* vorlas, sondern auch Nadja Küchenmeister aus ihrem neuen Band *Unter dem Wachholder* und Jan Wagner aus

---

13   Darin ist er der Funktionsweise des Vorworts im Rahmen des gedruckten Peritextes nicht unähnlich; vgl. Uwe Wirth: »Das Vorwort als performative, paratextuelle und parergonale Rahmung«. In: Jürgen Fohrmann (Hg.): *Rhetorik. Figuration und Performanz*. Stuttgart/ Weimar 2004, 603–628.

14   Bei dieser Art von Forschung ist die Qualität der zu analysierenden Daten mitentscheidend. Wer die Praxis von Gedichtlesung und performativem Epitext im Zusammenhang untersuchen will, ist in erster Linie auf unedierte Mitschnitte von Lesungsveranstaltungen angewiesen. Das trifft auf viele der mittlerweile auf Internetplattformen wie YouTube oder Soundcloud zirkulierten Aufzeichnungen von Lyrik-Performances nicht zu. Nicht selten besteht der editorische Eingriff gerade darin, die performativen Epitexte wegzuschneiden. Für die hier analysierten Mitschnitte von Marcel Beyer-Lesungen aus den Jahren 2014 und 2015 war maßgeblich, dass der interessierende Zusammenhang von Gedichtvortrag und der ihn umgebenden Rahmenkommunikation aufzeichnungsneutral mitprotokolliert ist. Damit diese Datenqualität erzielt werden konnte, waren viele HelferInnen vonnöten. Herzlich möchte ich mich bedanken bei Danai Colla, Sonja Lewandowski, Nora Manz und Kerstin Willburth, die in der Anforschungsphase unseres Projektes viele Aufzeichnungen bei Lyriklesungen vorgenommen haben; bei Julika Tillmanns vom Hessischen Rundfunk, die bei der Beschaffung von Rundfunkmitschnitten viele Türen geöffnet hat; beim Literarischen Colloquium Berlin, das uns Zugang zu ihrem eigenen Mitschnittarchiv gewährt hat; nicht zuletzt bei Marcel Beyer selbst, der diese Forschung aktiv dadurch unterstützt hat, dass er Lesungsveranstalter überzeugte, uns deren Mitschnitte von Marcel Beyer-Lesungen zur Auswertung zur Verfügung zu stellen.

Regentonnenvariationen.[15] Moderiert von der Literaturkritikerin Maike Albath, hatten die drei abwechselnd gelesen und ein poetologisches Gespräch geführt. Unser Ausschnitt, in dem Marcel Beyer die Lesung seines Gedichtes »Deine Silbe Grimm« einleitet und vornimmt, beginnt bei 1 Std. 35 min. nach Veranstaltungsbeginn, die Lesung dauert mithin für eine Lyrikveranstaltung schon außergewöhnlich lange und nähert sich langsam ihrem (wohlverdienten) Ende:[16]

```
{01:35:10} 0001 MB  und noch ein kurzes
{01:35:11} 0002     zum abschluss
{01:35:12} 0003     da werden sie
{01:35:14} 0004     (1.53)
{01:35:15} 0005     ehm
{01:35:16} 0006     (0.86)
{01:35:17} 0007     sehen um welche
{01:35:18} 0008     langhaarigen kerle es da geht
{01:35:20} 0009     (2.75)
{01:35:23} 0010     schlucken
{01:35:23} 0011     °hhh deine silbe grimm
{01:35:26} 0012     (2.3)
{01:35:28} 0013     °h das wörterbuch
{01:35:29} 0014     (1.1)
{01:35:30} 0015     das deinen kopf bestimmt
{01:35:31} 0016     (1.21)
{01:35:33} 0017     dein nachtmahr
{01:35:34} 0018     deine auslegware
{01:35:36} 0020     dein standgericht und deine tischvor-
                    lage
{01:35:38} 0021     (0.96)
{01:35:39} 0022     °hh ein langhaariger schwerer mann samt
                    seinem schatten
{01:35:42} 0023     wie er im dunkeln anlauf nimmt
{01:35:44} 0024     (1.63)
{01:35:46} 0025     das wörterbuch
{01:35:47} 0026     (1.09)
{01:35:48} 0027     dein ohrenschutz
{01:35:49} 0028     °h dein dna test
```

---

15   Nadja Küchenmeister: *Unter dem Wachholder. Gedichte.* Frankfurt/M. 2014; Jan Wagner: *Regentonnenvariationen. Gedichte.* Berlin 2014.

16   Die Transkription des Mitschnitts ist nach dem Minimaltranskriptstandard des Gesprächs-analytischen Transkriptionssystems (GAT 2) zur Verschriftlichung gesprochener Sprache vorgenommen worden; vgl. Margret Selting: »Gesprächsanalytisches Transkriptionssystem 2 (GAT 2)«. In: *Gesprächsforschung. Online-Zeitschrift zur verbalen Interaktion* 10 (2009), 353–402. Das Minimaltranskript gliedert sich in den *time-code,* die fortlaufende Nummer der sogenannten Intonationsphrasen, die Initialen des Sprechers (MB = Marcel Beyer) und die Transkription des Gesprochenen mitsamt der Sprechpausen. Ein herzlicher Dank gilt Katharina Knorr für das Anfertigen der hier analysierten Transkripte.

```
{01:35:51} 0029    °h und dein zeugenprotokoll
{01:35:53} 0030    (1.15)
{01:35:54} 0031    dein schemen
{01:35:55} 0032    (0.96)
{01:35:56} 0033    deine silbe grimm
{01:35:58} 0035    das zeichen auf der wange
{01:35:59} 0036    (1.67)
{01:36:01} 0037    das wörterbuch
{01:36:02} 0038    °h dein kopf
{01:36:03} 0039    (0.38)
{01:36:03} 0040    in dem du gastarbeiter bist
{01:36:04} 0041    (1.7)
{01:36:06} 0042    °h der schmutz unter den nägeln
{01:36:08} 0043    ist dein wörterbuch
{01:36:09} 0044    (1.1)
{01:36:10} 0045    sind die gedehnten lautketten
{01:36:12} 0046    und die gestauchten
{01:36:14} 0047    (0.47)
{01:36:14} 0048    sind knathmann
{01:36:16} 0049    knauch und knauder
{01:36:17} 0050    (1.36)
{01:36:19} 0051    knickwirten auch
{01:36:20} 0052    °hh dass dir der kopf wackelt wie ein
                   has am sattel
{01:36:23} 0053    (1.2)
{01:36:24} 0054    knicklaute sinds
{01:36:25} 0055    (1.22)
{01:36:26} 0056    sind die zwei alten
{01:36:28} 0057    die beiden tätowierten niemals
                   verstummenden
{01:36:31} 0058    nichts außer sprache einatmenden und
{01:36:34} 0059    ja
{01:36:34} 0060    die langhaarigen
{01:36:36} 0061    die schweren
{01:36:37} 0062    (0.51)
{01:36:37} 0063    knastbrüder
{01:36:38} 0064    (0.52)
{01:36:39} 0065    °h die dich nun seit jahrzehnten vor
                   morgengrauen
{01:36:41} 0066    (0.44)
{01:36:42} 0067    in die zange nehmen
{01:36:43} 0068    (1.6)
{01:36:44} 0069    herzlichen dank
```

Zum Vergleich die schriftbildliche Repräsentation des Gedichtes:

DEINE SILBE GRIMM

Das Wörterbuch. Das deinen
Kopf bestimmt. Dein
Nachtmahr, deine Auslegware,
dein Standgericht und deine

Tischvorlage. (Ein langhaariger,
schwerer Mann samt
seinem Schatten, wie er im
Dunkeln Anlauf nimmt.) Das

Wörterbuch. Dein Ohrenschutz,
dein DNA-Test und dein
Zeugenprotokoll. Dein Schemen.
Deine Silbe Grimm.

Das Zeichen auf der Wange.
(Das Wörterbuch. Dein
Kopf, in dem du Gastarbeiter
bist.) Der Schmutz unter

den Nägeln ist dein Wörterbuch.
(Sind die gedehnten Lautketten,
und die gestauchten. Sind
KNATHMANN, KNAUCH

Und KNAUDER.) KNICKWIRTEN
auch, daß *dir der Kopf
wackelt wie ein Has am
Sattel.* Knicklaute sinds.

Sind die zwei alten (die beiden
tätowierten, niemals
verstummenden, nichts außer
Sprache einatmenden und, ja,

die langhaarigen, die schweren)
Knastbrüder, die dich nun
seit Jahrzehnten vor Morgengrauen
in die Zange nehmen. (Gph 114–15)

Obgleich es reizvoll wäre, die Performanz des Beyer'schen Gedichtvortrags in seiner Differenz zu den typographisch repräsentierten Eigenheiten des publizierten Drucktextes zu untersuchen (warum z. B. die Intonationsphrasen des Vorgelesenen nicht mit den Versgrenzen, Strophengrenzen und Enjambements übereinstimmen, und wie der Vortrag die semantische Valenz der Versalien, Kursivierungen oder Klammerausdrücken, die alle den Drucktext auf ihre je spezifische Weise segmentieren, hörbar zu machen versucht oder eben gar nicht...), soll es hier vor allem um die Funktion des performativen Epitextes gehen, mit dem die Gedichtlesung eingeleitet wird. Die Vorrede ist sehr kurz, und sie beginnt mit einer Ermunterung der Zuhörer (und noch ein kurzes/zum abschluss), so wie ein Redner zum Beginn seiner *peroratio* dem Publikum das nahende Ende des Vortrags ankündigt oder ein guter Lehrer die letzten Aufmerksamkeitsreserven seiner SchülerInnen herauskitzelt, indem ein baldiges Stundenende und damit Erlösung vom Pensum in Aussicht gestellt wird. Überdies spricht die lange Sprechpause, die Beyers nächsten Satzbeginn unterbricht (da werden sie/(1.53)/ehm/(0.86)), dafür, dass der Vortragende sich spontan entscheidet, in Anbetracht der fortgeschrittenen Stunde und der drohenden Erschöpfung seines Publikums keine längere Gedichtvorrede mehr zu halten (sehen um welche/langhaarigen Kerle es da geht).

Worin besteht nun die Instruktion, die Beyer den Zuhörenden mit auf den Weg gibt? Der Hinweis auf die langhaarigen erscheint zunächst ja nur rätselhaft, soll sich aber im Verlauf des Gedichtvortrags erkennbar als Wortmaterial entpuppen, das aus dem zu lesenden Text herauspräpariert wurde, um damit eine Rekurrenzstruktur zu erzeugen. Als Vorrede disponiert dieser Hinweis die Zuhörer, auf die Wiederkehr der langhaarigen Kerle im Gedichtvortrag zu achten und beeinflusst die Aufmerksamkeitsspanne: Wann wird das Syntagma des Vortrags aufklären, was mit dem merkwürdigen Hinweis der Vorrede gemeint war? Zugleich offeriert der performative Epitext bereits einen Schlüssel zum Verständnis des mindestens doppeldeutigen Gedichttitels (Deine Silbe Grimm). Textimmanent gelesen bzw. ohne Vorrede gehört, ließe der Wortlaut des Gedichttitels zunächst offen, ob mit Grimm Zorn gemeint ist oder doch ein für die Geschichte der Germanistik bedeutender Familienname. Der sequentielle Verbund von performativem Epitext und Gedichttitel orientiert die Zuhörenden, auch die nach über 90 Minuten Lyrikvortrag tendenziell Erschöpften, eindeutig in Richtung der zweiten Lesart. Mit diesem Schlüssel in der Hand – die langhaarigen Kerle sind die Brüder Grimm, es folgt ein Gedicht, das im weitesten Sinne vom Grimmschen Wörterbuch handeln wird – eröffnet sich ein Konnotationsraum, der es den Zuhörenden gestattet, das zu hörende Sprachmaterial selektiv daraufhin zu befragen, was es mit dem Grimmschen Wörterbuch zu tun haben mag, ohne – und das ist die entscheidende Differenz zur Rezeptionssituation etwa bei Prosalesungen – dem Gedichtvortrag in allen sprachlichen Einzelheiten streng sequentiell folgen zu müssen. Ein einzelner Satz performativer Epitext genügt, um die Zuhörenden ›tolerant‹ zu machen gegenüber einem phonischen Performanzereignis, das ohne diese Höranweisung für manche der erschöpften Zuhörer vielleicht nur mehr als reine, desemantisierte Lautmusik zu rezipieren gewesen wäre. Gerahmt als Gedicht über das Grimmsche Wörterbuch, mag der Zuhörer sich einigermaßen entspannt fragen, was die Metaphern dein standgericht und deine tischvorlage für das lyrische Ich zu bedeuten haben, ohne gleich in Verzweiflung darüber zu verfallen, dass der Gedichtvortrag längst bei dein ohrenschutz dein dna-test angekommen ist. Durch den Hinweis auf die Grimms bleibt er jederzeit –man könnte sagen: gedichtprogramma-

tisch – orientiert. Dafür hat der kurze performative Epitext im Verbund mit dem
Gedichttitel schon gesorgt.

Über welche Register an performativem Epitext der Autor des Weiteren verfügt,
um das Gedicht »Deine Silbe Grimm« einzuleiten, das zeigt die Transkription eines
alternativen Mitschnitts (diesmal abgebrochen an der Stelle, wo der eigentliche Gedichtvortrag beginnt):[17]

```
{29:52}  0001  MB  darauf eh oder dazu eingeladen vom
{29:55}  0002      goethe institut in russland
{29:57}  0003      (0.59)
{29:58}  0004      ehm
{29:58}  0005      (1.56)
{29:60}  0006      °hhh etwas über mein lieblingswort aus dem
{30:03}  0007      (0.7)
{30:04}  0008      ehm wörterbuch der der brüder grimm
{30:06}  0009      (0.38)
{30:07}  0010      zu schreiben
{30:07}  0011      (1.34)
{30:09}  0012      eh hab ich s hab ich sofort zugesagt aber
                   war auch sofort verzweifelt
{30:12}  0013      °hhh denn
{30:14}  0014      ich weiß nicht prominente vielleicht oder
                   menschen die nicht so viel mit sprache zu
                   tun haben die haben ein lieblingswort im
                   im grimmschen wörterbuch aber als schrift-
                   steller
{30:21}  0015      °hh äh
{30:22}  0016      wo man mit diesem
{30:23}  0017      °hh sind das ein meter vierzig oder so
                   arbeitet
{30:25}  0018      gibt es nicht das eine
{30:27}  0019      (0.75)
{30:27}  0020      lieblingswort
{30:28}  0021      (0.76)
{30:29}  0022      meistens wählen die leute habseligkeiten
{30:31}  0023      °h aber dafür müssen sie nicht mal eh
{30:33}  0024      °hh das grimmsche wörterbuch aufschlagen
{30:35}  0025      (1.1)
{30:36}  0026      °hh ich stieß dann aber beim blättern
{30:39}  0027      und man verliert sich ja immer eh so man
                   will etwas nachschauen im grimmschen wör-
                   terbuch
{30:43}  0028      beginnt zu blättern und verliert sich
```

---

17   Mitgeschnitten beim Lyrikfestival Dichterloh in Wien am 30.6.2015 (min. 29.52–33.15).

```
{30:45}  0029    ich stieß dann auf ehm
{30:47}  0030    (1.63)
{30:49}  0031    lemmata
{30:50}  0032    (1.09)
{30:51}  0033    auf aufgeführte wörter
{30:52}  0034    (0.82)
{30:53}  0035    die aber nur von einem fragezeichen
{30:55}  0036    gefolgt sind
{30:56}  0037    (0.83)
{30:57}  0038    das das gefiel mir
{30:58}  0039    rasend gut
{30:59}  0040    °hh also dieses das positivistische zeit-
                 alter und die die brüder grimm und ihre
{31:04}  0041    nachfolger wollten natürlich die gesamte
                 °hh deutsche sprache abbilden
{31:09}  0042    und ihnen durfte kein wort entgehen
{31:11}  0043    es gibt aber nun einmal in in der eh in
                 den druckwerken
{31:15}  0044    ehm
{31:16}  0045    wörter eh
{31:18}  0046    (0.52)
{31:18}  0047    deren bedeutung sich nicht aus dem zusam-
                 menhang erschließt
{31:21}  0048    °hhh und eh wie man das halt sonst macht
{31:25}  0049    man man sucht eine eine vergleichsstelle
                 wo das wort noch einmal auftaucht
{31:28}  0050    °hh die aber auch an keiner anderen stelle
                 auftauchen
{31:31}  0051    (0.77)
{31:32}  0052    °hh jetzt ist es möglich dass da autoren
                 aus ein nie verschriftlichen verschrift-
                 lichten dialekten geschöpft haben
{31:40}  0053    es kann sich aber auch einfach um druck-
                 fehler handeln
{31:42}  0054    (1.06)
{31:43}  0055    aber das lässt sich einfach nicht ent-
                 scheiden
{31:45}  0056    (0.78)
{31:46}  0057    einige dieser wörter tauchen in dem fol-
                 genden gedicht auf
{31:49}  0058    (4.25)
{31:53}  0059    °hhh deine silbe grimm
{31:55}  0060    (2.43)
{31:57}  0061    das wörterbuch (...)
```

Diese Vorrede erfolgt nach etwa einer halben Stunde Lesungsdauer – dem Publikum ist also noch etwas zuzumuten – und sie dauert in sich länger (etwa 2 min) als der Gedichtvortrag selber (1.22 min). Das ist, wie schon betont, nichts Ungewöhnliches und fokussiert die Konzentration der Zuhörenden auf die wenigen Gedichte, aus denen eine Lyriklesung unterm Strich in aller Regel nur besteht. Mit welcher Art von auktorialer Selbstmitteilung wird hier die restliche Zeit gefüllt? Der performative Epitext erzählt eine Geschichte über die Entstehung des Gedichts. Textgenetische Hinweise zu den Anlässen und Entstehungskontexten ihrer Werke gehören ins Repertoire von Selbstmitteilungen, die Autoren auf Rückfrage von Interviewern oder dem Publikum mitunter preisgeben (welche sich dann, sofern sie aufgezeichnet werden, auch in den Peritext der Kommentarspalten einer künftigen Marcel-Beyer-Werkedition verwandeln könnten). Hier indes greift Beyer dieser Frage nach der Textgenese vor, um den Gedichtvortrag einzuleiten. D. h. er verspricht sich ein besseres Hörverständnis, eine geneigtere Zuhörerschaft für sein Gedicht, wenn er dem Vortrag eine Geschichte der Textentstehung vorausschickt. Die Geschichte nun offenbart den Zuhörern zunächst erstaunliches Wissen über die Bedingungen gegenwärtiger Autorschaft. Es gibt offenbar Auftragsgedichte (die Goethe-Institute übernehmen damit die Rolle wie weiland ein vormoderner Mäzen, der den Lobpreis seiner Herrschaft in Auftrag gibt), bei denen auch ein bestimmtes Thema gestellt wird. Und man sagt zu, ohne schon von der Muse geküsst zu sein.

Dieses Narrativ weckt Sympathie für den Autor, der eine Mystifizierung seines Schreibingeniums nicht nötig zu haben scheint, stattdessen den Zuhörer gespannt sein lässt, wie der Dichter die ihm gestellte *creative-writing*-Aufgabe bewältigt. sofort habe er zugesagt, sofort sei er aber verzweifelt gewesen, weil ein schriftsteller sich es mit dem einen lieblingswort im Grimm eben nicht so leicht machen könne wie ein beliebiger prominenter. Distinktionsbereit zeigt er sich also doch, und so wie er die Rolle des seine Kreativität mystifizierenden Dichterpriesters ausgeschlagen hat, übernimmt er jetzt willig jene des Autors als Produzenten, als leidenschaftlichen Spracharbeiter, dem das Grimmsche Wörterbuch Werkzeug und Grundnahrungsmittel ist und der sich beim Nachschlagen festliest und zu verlieren droht. Man sieht, dass in dieser Epitext-Miniatur viel mehr verborgen ist als eine Textgenese-Geschichte, es ist auch ein kleines Selbstporträt des Autors als Leser. Beides indes ist nur die Überleitung zu einem kleinen hörpädagogischen Rätsel, das Beyer seinen Zuhörern als Instruktion mit auf den Weg gibt, um ihre Neugier auf den Gedichtvortrag und ihre Aufmerksamkeit für das darin arrangierte Sprachmaterial zu stimulieren. Besonders fasziniert sei er als Grimm-Enthusiast von den Lemmata, bei denen der positivistische Ehrgeiz der Brüder an seine Grenzen gestoßen sei: die Wörter, die mit einem Fragezeichen versehen sind, für die es nicht mehr als einen Beleg gibt und deren Bedeutung unklar bleiben muss; einige dieser Wörter tauchen in dem folgenden Gedicht auf. Wieder – wie bei den langhaarigen Kerlen – privilegiert der Autor bestimmtes Wortmaterial seines Gedichtes, dass er seinen Zuhörern als Kontext offeriert, allerdings hier nicht in Form eines Vorab-Zitats und damit einer Rekurrenzstruktur, sondern als Hörrätsel: Welche der nun im Anschluss vorzulesenden Gedichtwörter möchten es sein, die im Grimmschen Wörterbuch mit einem Fragezeichen versehen sind? Dieser spielerische Anreiz disponiert die Zuhörenden nicht nur für die Toleranz gegenüber sonderbarem

Sprachmaterial, auf das er gefasst sein muss, Worte, die so singulär sind, dass auch die Grimms an ihnen verzweifelten. Durch den Hinweis auf die konstitutive Unverständlichkeit bestimmter Gedichtanteile immunisiert er die Hörer vorab gegenüber der vermeintlichen Enttäuschung, mit »KNATHMANN, KNAUCH/ und KNAUDER« nicht mehr zu verbinden als launiges Stabgereime. So präpariert, kann der Hörer die partielle Unverständlichkeit des Gedichtes – eigentlich die Grunderfahrung beim einmaligen Vortrag eines ihm unbekannten Gedichts – sogar genießen. Zugleich weckt das Rätsel – wie jede gute Pädagogik – den Ehrgeiz, die Verstehensanstrengung beim Zuhören so lange aufrecht zu erhalten, bis eins der in Aussicht gestellten Fragezeichen-Wörter wirklich emergiert. So sichert der performative Epitext maximale Aufmerksamkeit für die semantische Strukturentfaltung des Gedichts bis an die Ränder seiner eigenen Verständlichkeit. (Im typographischen Dispositiv des Drucktextes scheinen es die Versalien zu sein, mit welchen Wortmaterial aus dem Gedichtsyntagma hervorgehoben wird. Sind das die Grimmschen Fragezeichen-Wörter? Lustigerweise nicht alle: »KNATHMANN« und »KNAUCH« ja, »KNAUDER« nein, im Grimm ein »altmeiznisches wort« zur Bezeichnung der Extremitäten einer Missgeburt.[18]

Ich muss: Performativer Epitext als Heilung der »schlechten Lektüre«

In dem nun folgenden Analysebeispiel ist der performative Epitext tatsächlich ein Epitext im Wortsinne, d. h. ein spontan-mündliches Nachwort Beyers zum Vortrag seines Gedichts »Ich muss«. Pragmatisch ist dieser Epitext Teil eines Radiogespräches, das die Moderatorin des Hessischen Rundfunks Daniella Baumeister anlässlich der Frankfurter Buchmesse am 10.10.2014 mit dem Autor über dessen soeben erschienenen Band *Graphit* führte. Gesprächsdramaturgisch war folgendes Arrangement getroffen worden: Als Einstieg in medias res sollte Beyer zunächst uneingeführt das Gedicht »Ich muss« lesen. Erst danach würde die Moderation mit ihren Fragen einsetzen.

Erst das sich an den Gedichtvortrag anschließende Interview soll hier in Transkription wiedergegeben werden, das Gedicht hingegen so, wie es in *Graphit* schriftbildlich repräsentiert ist:

ICH MUSS
Ich muß hinunter in die Dialekte
steigen, ich bin WIE EIN
PALAST VOM VOLK
ZERSPLITTERT, ich bin

der Hund, der sich vorm PLUS
den Hals verdreht, ich bin

---

18   Lemma »Knauder« in Jacob Grimm/Wilhelm Grimm (Hg.): *Deutsches Wörterbuch* Bd. 11. München 1999, Sp. 1363.

SENIOREN AUF DER
BEAUTYFARM, ein Rand-,

ein Nebenwort, das wird sich
zeigen, wenn ich unten
bin. Die Dialekte, da muß
ich hinein, der Wilthener,

der Landsknecht, der Nordhäuser,
der Ostpreußische Bärenfang,
man muß sie auf Hüfthöhe
präsentieren, und ich, mit

Traktoristenhänden, muß in die
Knie, von meiner eigenen
Niedlichkeit erdrückt. Ich
schrieb, ich Beuteldeutscher

schrieb ein Kilo Räusperware,
ich muß zurück,
ich schreibe
KLEINE SPRACHEN hin. (Gph 99, Hervorh. im Orig.)

Das sich an den Gedichtvortrag anschließende Interview liest sich dann in der Transkription wie folgt (»DB« steht für Daniella Baumeister, »MB« für Marcel Beyer):

```
{04:05}  0044 DB  was was sind denn ihre themen das ist
                  jetzt also eindeutig sprache aber es geht
                  ja nicht nur um sprache vieles verwandelt
                  sich ja dann auch nur in anführungszeichen
                  nur in sprache
{04:10}  0045 MB  mm
{04:14}  0046     °h das ist richtig ja also also
{04:16}  0047     °hh dieses gedicht was das ich eben vor-
                  gelesen habe ist ja auch einfach eh könnte
                  man als szenerie umreißen
{04:22}  0048     °h der dichter im supermarkt ja ich laufe
                  durch diesen supermarkt komme am schluss
                  an der kasse an und dann sind da diese
                  kleinen portionsfläsch fläschchen mit spi-
                  rituosen die haben schon so ganz merkwür-
                  dige namen ostpreußischer bärenfang und so
                  weiter
{04:24}  0049 DB  hmm
{04:34}  0050 MB  °hh und schon bin ich °h auf auf einer
                  sprachlichen ebene
```

```
{04:37} 0051    frag mich aber zugleich wieso heißt das
                denn ostpreußischer bärenfang was wollen
                die denn damit eigentlich
{04:42} 0052    °hh kommt das aus königsberg geht es hier
                °h eh öffnet sich hier eine historische
                dimension
{04:49} 0053    °hh ehm
{04:49} 0054    und solche solche momente wo ich eigent-
                lich aus der sprache heraushöre oder
{04:55} 0055    mit der sprache eigentlich auf geschicht-
                liche dimensionen auch auf landschaftliche
                dimensionen ehm gestoßen werde eigentlich
                mit der nase gedrückt
{05:03} 0056    °hh so etwas interessiert mich ungeheuer
                und ehm
{05:06} 0057    so greifen eigentlich in den gedichten im-
                mer wieder die sprachliche ebene ehm
{05:06} 0058    (0.81)
{05:12} 0059    °hhh momente aus der deutschen und euro-
                päischen geschichte
{05:15} 0060    °hh und natürlich immer ganz präsent eben
                unsere gegenwart ineinander
```

Man muss sich für einen Moment klarmachen, was den performativen Epitext von schriftlicher auktorialer Vor- oder Nachwortkommunikation unterscheidet, wie sie von Genette bis Wirth sehr einlässlich beschrieben worden sind: »Der Gebrauch des Buches wird in der Vorrede gegeben«[19], zitiert Genette Novalis, der das Interesse der Autoren an einer Steuerung der Lektüre ihrer Leser auf eine bündige Formel gebracht hat. Genette wiederum unterscheidet das Minimalziel vom Maximalziel des auktorialen Vorworts: Das Minimalziel ist, überhaupt »eine Lektüre« zu bewirken, die Leser auf eine Lektüre zu verpflichten, die sich noch gar nicht von selbst versteht; das Maximalziel ist, eine »gute Lektüre des Textes zu gewährleisten«[20], d. h. wenn die Leser sich zu einer Lektüre entschlossen hätten, qua Vorwort eine Instruktion zur »guten Lektüre«, d. h. zum richtigen Verständnis im Sinne des Autors zu geben. Vom Nutzen des auktorialen Nachwortes ist Genette weniger überzeugt: Es hat die Chance vertan, die Leser zu führen und bei der Stange zu halten; und es »wird vielleicht zu spät sein, eine bereits erfolgte schlechte Lektüre *in extremis* zurechtzubiegen [...] Hier wie auch sonst ist vorbeugen besser als heilen oder strafen«.[21]

In der Situation einer Gedichtlesung durch den Autor hingegen ist das Minimalziel, eine Lektüre (in diesem Fall: eine Anhörung) zu bewirken, qua Anwesenheit des Publikums, das sich im Namen des Autors und seines Werkes ereignisförmig auf Zeit vergemeinschaftet hat, bereits erreicht. Dem performativen Epitext geht es

---

19   Genette: *Paratexte* (wie Anm. 10), 203.
20   Ebd., 191.
21   Ebd., 229–230.

daher stets um das Maximale: eine möglichst »gute Lektüre« zu bewirken (d. h. ein möglichst adäquates Textverstehen im Sinne des Autors, obwohl gar keine Lektüre erfolgt, sondern die Zuhörer einem phonisch repräsentierten Performanzereignis beiwohnen): mittels eines Verbunds aus wirkungsvollem Gedichtvortrag und performativem Epitext. Letzterer kann auch in Form einer Nachrede zum vorgetragenen Gedicht erfolgen, möglicherweise um zunächst einen müßig-unvoreingenommenen, unangeleiteten Rezeptionsvorgang zu ermöglichen, der erst im Anschluss durch Instruktionen zur »guten Lektüre« in Regie genommen wird. Was aber, wenn die instantan erfolgte Zuhörerresonanz den Autor mit einer faktisch »schlechten Lektüre« konfrontiert? Dieser Fall scheint den in unserem Analysebeispiel vorliegenden performativen Epitext zu kennzeichnen. Er dient offenbar dazu, »den nach den Reaktionen des Publikums und der Kritik sachgemäß veranschlagten Schaden« zu »beheben«, was Genette am Beispiel der schriftlichen Kommunikation dem »nachträglichen Vorwort« (z. B. einer Neuausgabe) zuschreibt.[22] Im Rahmen der Gesprächsdynamik einer Lesungsveranstaltung kann sich der Autor spontan-mündlich um Heilung der »schlechten Lektüre« bemühen – was wir im vorliegenden Beispiel studieren können: Denn die Ausführungen Beyers sind ersichtlich keine Antwort auf die ihm gestellte ›Frage‹ der Moderatorin, die a) gar keine wirkliche Frage enthält, b) keinen unmittelbaren Bezug zum gelesenen Gedicht zu erkennen gibt und c) sachlich inkonsistent bis unverständlich erscheint und d) als Gesprächseröffnung offensichtlich mehr als ungeeignet ist. Beyers initiales Zögern spricht dafür, dass er unter Spontaneitätszwang entscheiden muss, diese »schlechte Lektüre« durch Einspruch oder Rückfrage namhaft zu machen. Er entscheidet sich dagegen, affirmiert sogar das Moderationsgestammel (`°h das ist richtig ja also also`) – hierin ganz der Auftrittsprofi, der es gewohnt ist, auf Sprachlosigkeit im Umgang mit seiner Lyrik zu replizieren, ohne dass sein Gegenüber das Gesicht verliert – um umstandslos in einen Epitext einzumünden, der den Gedichtbezug sofort wiederherstellt und wie aus dem Stehsatz abgerufen scheint – egal welche ›Frage‹ gestellt ist.

In diesem Epitext wird den Zuhörenden offeriert, sich das soeben gehörte Gedicht-Syntagma nun als szenisches Geschehen vorzustellen, das den Autor auf einer Bühne verortet und bei seiner Arbeit zeigt. Das Stück soll heißen: `der dichter im supermarkt ja ich laufe durch diesen supermarkt`. Der Epitext ist an dieser Stelle ein Musterbeispiel für jene »Ego-Pluralität«, die nach Foucault die »Funktion Autor« ausmacht und die durch eine Art Wechselwirkung (»partage«) zwischen »wirklichem Schriftsteller« und »fiktivem Sprecher« gekennzeichnet ist.[23] Beyers Epitext-Drama eines Dichters im Supermarkt, der er selbst ist, bedient die von vielen Rezipienten landläufig gepflegte Vorstellung der Identität von Autor und lyrischer Sprechinstanz, die als Verständnisfiktion insbesondere der schwierigen »Pseudopragmatik von Gedichten«[24] fungiert. Indem Beyer diese Ego-Pluralität geradezu proaktiv aufruft, wird sein Gedicht zum *confessional poem*,

---

22 Ebd., 230.
23 Vgl. Michel Foucault: »Was ist ein Autor?«. In: Ders.: *Dits et Ecrits. Schriften* Bd. 1. Frankfurt/M. 2001, 1003–1041, hier: 1020.
24 Heinz Schlaffer: »Die Aneignung von Gedichten. Grammatisches, rhetorisches und pragmatisches Ich in der Lyrik«. In: *Poetica* 27 (1995), 38–57, hier: 49–50.

zur Bekenntnislyrik, in der das lyrische Ich von »Ich muss« auf autobiographische Erfahrungstatsachen des Autors Marcel Beyer zurückgeführt werden soll:[25] Nicht irgendein fiktiver Sprecher ist es, der einen imaginären Sprechakt vollzieht, welcher von Flachmännern an Supermarktkassen handelt, sondern wir sollen uns den Dichter Marcel Beyer selbst bei Plus vorstellen, wie er den historisch-semantischen Untiefen von Spirituosen-Markennamen nachspürt. Auch das ist eine schlüssige Gebrauchsanweisung zum Umgang mit dem gehörten Text, die vielleicht imstande ist, eine »schlechte Lektüre« zu kurieren. Der Epitext macht bestimmtes Wortmaterial des Gedichtes nachträglich als Liste hörbar: zugehörig dem Paradigma ›Markenname von Supermarkt-Spirituose‹.[26] Was dieses Paradigma auszeichnet, ist nicht zuletzt seine Funktion als Interpretament für das poetologische Verfahren des Autors, nicht nur in diesem Gedicht: Längst ist Beyer dafür bekannt und vielgerühmt, dass er wie kaum ein anderer Gegenwartsautor in zeitgenössischer Sprachverwendung geschichtliche Sedimente auszumachen vermag, die auch die uns umgebende Konsumkultur über ihr eigenes Unbewusstes aufklärt: `wieso heißt das denn ostpreußischer bärenfang was wollen die denn damit eigentlich` Statt die Moderatorin auf ihren törichten Frageversuch festzulegen, ruft Beyer lieber einen Epitext aus dem Repertoire auf, der »Ich muss« erklärt, indem er den Zuhörern zugleich den Markenkern seiner Autorschaft in Erinnerung ruft.

Iterabilität und Routine: *California Girls*

Mit der mittlerweile stark etablierten Performativitätsforschung, die um 2000 im Umkreis der Theaterwissenschaften entstand und sich rasch in alle geistes- und kulturwissenschaftlichen Disziplinen ausbreitete,[27] teilt der hier vorgestellte Ansatz das Interesse für den Praxiszusammenhang, in dem der performative Epitext geäußert wird – nicht selten in einem der theatralen Aufführungssituation vergleichbaren räumlich-szenischen *setting*. Der Text, der zur Aufführung, zum stimmlichen Vortrag gebracht und der durch performativen Epitext gerahmt wird, ist nur ein Aspekt dieser Praxis, ein konstitutiver zwar, aber keinesfalls der zu privilegierende. Was die hier betriebene Dichterlesungsforschung aber von der mittlerweile semi-klassischen Performativitätsforschung unterscheidet – insbesondere wenn man den Akteuren längere Zeit folgt,[28] wenn das Datenkorpus z. B. mehrere Auftritte eines Autors während der gleichen Lesereise umfasst – ist ein deutlich anderer Fokus auf die Performanzqualität dieses Autorhandelns. Gerade nicht die »unwiederholbare«, raum-

25   Vgl. zum *confessional poem*: Scott Brewster: *Lyric*. London/New York 2009, 101–111.
26   Vgl. zur Funktionsweise der Liste in der Gegenwartsliteratur: Moritz Baßler: »Definitely Maybe. Das Pop-Paradigma in der Literatur«. In: *Pop. Kultur und Kritik* 6 (2015), 104–127.
27   Erika Fischer-Lichte/Christoph Wulf (Hg.): *Theorien des Performativen*. Berlin 2001; Erika Fischer-Lichte: *Ästhetik des Performativen*. Frankfurt/M. 2004; Dies.: *Die Aufführung. Diskurs – Macht – Analyse*. München 2012; Dies.: *Performativität. Eine Einführung*. Bielefeld 2012.
28   Vgl. die »follow the actors themselves«-Empfehlung aus der Actor-Network-Theory in: Bruno Latour: *Reassembling the Social. An Introduction in Actor-Network-Theory*. New York 2005, 12.

zeitlich-gebundene »Ereignishaftigkeit« und »Präsenz« der »Aufführung«[29], der das ganze Pathos der Fischer-Lichte'schen Performativitätsforschung gilt, rückt hier in den Mittelpunkt des Interesses, sondern vielmehr die Iterabilität, die Routinen einer Praxis des Autorhandelns, die erst erprobt wird, die sich dann bewährt, die abrufbar ist und nur mehr situationsspezifisch angepasst werden muss. Der performative Epitext der Autoren bei Lesungen wird allermeist mündlich dargeboten, spontan gibt er sich, ist er in aller Regel aber gerade nicht.[30]

Das soll komparativ an zwei Lesungen von Beyers Gedicht »California Girls« veranschaulicht werden.

Zum Vergleich die schriftbildliche Repräsentation des Gedichtes:

CALIFORNIA GIRLS

Im weißen Leuchtstofflicht, mit
festen Füßen, fester Hand,
so stand er da, der
Änderungsschneider,

der unbestechliche, vielsprachige,
und spannte den Hemdärmel
auf das –brett. Sein
–eisen hielt er bereit, hielt

seinen Dampfbügelautomaten
mit verdrehtem Kabel,
mit zweitausendsechshundert
Watt. Eiserner Kunstwille

und Sachverstand. Er sah mich
an. Er sah an mir
vorbei. Er nahm mein
Blumenhemd mit einer Lust

in Angriff, als sei es das letzte
Mal. Mir rann der Memmen-,
der Kanaillenschweiß.
Du Totenreich, du blöde

Shopping Mall, wo alles Tag
Und Nacht bedunstet
wird, alles mit *California
Girls* beschallt, die Artischocken,

---

29   Fischer-Lichte: *Performativität* (wie Anm. 27), 54–68.
30   »[...] ich sage eh immer dasselbe ...« Marcel Beyer in einer Email an den Verf. v. 23.9.2015.

die Bananen, Büchsengemüse,
Lethe, Schweinskoteletts,
und wo der Änderungsschneider,
er läßt die Nähte aus

mit herrlicher Gewalt: kaum je
ein Wort, doch sprachgewandt,
am Weg zum
Parkdeck seine Koje hat. (Gph 136–37)

Wieder geht es der Transkription vor allem um den performativen Epitext, sie bricht dort ab, wo der Gedichtvortrag beginnt. Version 1, die kurze Version von Beyers Hör-Instruktion zu »California Girls«, entstammt wieder der Wiener Lesung während des Lyrikfestivals Dichterloh vom 30.6.2015:

```
{33:26} 0001 MB  dreizehn jahre lang war ich von dem (1.01)
                 wunsch getrieben ein gedicht über das bü-
                 geln zu schreiben
{33:32} 0002     (1.1)
{33:33} 0003     und habe mehrere ansätze unternommen
{33:35} 0004     (3.0)
{33:38} 0005     über die jahre hinweg und das war alles
                 nichts und
{33:40} 0006     °h in der schlussphase der arbeit an die-
                 sem am manuskript von graphit °h
{33:45} 0007     (0.46)
{33:45} 0008     ehm entstand dann endlich das bügelgedicht
{33:48} 0009     (3.76)
{33:52} 0010     california girls
{33:53} 0011     (2.67)
{33:55} 0012     im weißen leuchtstofflicht (...)
```

Version 2, die längere Version dieses performativen Epitextes, entstammt wiederum der Gruppenlesung im Berliner Literarischen Colloquium vom 18.9.2014 (mit der Sigle P im Transkript ist das Publikum gemeint, mit der Sigle M die Moderatorin):

```
{02:01:35} 0001 MB  °hhh dreizehn jahre lang habe ich das
                    bedürfnis gehabt ein gedicht über das
                    bügeln zu schreiben
{02:01:41} 0002 P   (lachen)
{02:01:42} 0003 MB  und habe mehrere auch geschrieben und
                    das war immer nicht das richtige
{02:01:45} 0004     erst in diesem frühjahr
{02:01:46} 0005     °hh ehm
{02:01:47} 0006     (1.42)
{02:01:48} 0007     entstand dann das (stocken) (0.53)
```

```
                           bügelgedicht das ich eigentlich immer
                           schreiben wollte
{02:01:52} 0008            °hh ehm und es hat es (0.68) der titel
                           ist auch ein ein beach boys zitat
{02:01:57} 0009            die beach boys sind ja eine ganz merk-
                           würdige
{02:01:58} 0010            °hh band dieses ganze
{02:02:00} 0011            °hh surfing und sunshine und so weiter
                           ehm
{02:02:03} 0012            diese texte
{02:02:05} 0013            wurden ja geschrieben und die lieder
                           komponiert von von einem mann
{02:02:08} 0014            brian wilson der in seinem leben
{02:02:09} 0015            °hh niemals gesurft ist und der
{02:02:11} 0016            (0.7)
{02:02:12} 0017            eigentlich immer nur im zimmer sitzen
                           wollte und der auch viele
{02:02:14} 0018            °hhh ganz merkwürdig zerbrechlich me-
                           lancholische stücke geschrieben hat
{02:02:20} 0019            deren text eigentlich ist
{02:02:21} 0020            ich sitze im zimmer und bin schwer da-
                           mit beschäftigt nichts zu tun
{02:02:25} 0021 M          (lachen)
{02:02:25} 0022 MB         (1.51)
{02:02:27} 0023            °hh california girls
{02:02:28} 0024            (2.2)
{02:02:31} 0025            im weißen leuchtstofflicht mit festen
                           füßen fester hand (...)
```

Der performative Epitext mag flüchtig und ereignishaft sein, aber man sieht sogleich, dass die Ereignishaftigkeit auch iterabel ist, dass es sich für Beyer im Laufe der Lesungen von »California Girls« offenbar bewährt zu haben scheint, die Geschichte von dem Bügelgedicht vorab zu erzählen. Auch dies eine Textgenese-Geschichte, hier in der Version von frühem Wunsch – langem Anlauf – vielfachem Scheitern – später Erfüllung, die den Autor als jemanden charismatisiert, der sich über die Impulse seiner Kreativität Rechenschaft ablegt, der jahrelang ein Sujet verfolgt, der selbstkritisch das Unfertige ausscheidet, dann aber den *kairos* des Gelingens erkennt und beim Schopf ergreift. Die Geschichte hat zudem den Vorzug, den Zuhörern zu schmeicheln: Diese werden adressiert als die Privilegierten, die nun bezeugen mögen, wie ein langer kreativer Prozess an sein glückliches Ende gekommen ist. Die Geschichte ist so gut, dass man sich gar nicht groß wundert, dass Beyer sie wiederverwendet. Zum Gelingen der Geschichte trägt ihre Selbstironie bei: Das jahrelang vergeblich bearbeitete, schließlich bewältigte Sujet war nicht das ultimative Herrscherlob, Großstadt-, Waldsterben-, Wiedervereinigungsgedicht, sondern ein Bügelgedicht (als Gattungsprofanierung ähnlich wirkungsvoll wie weiland etwa

Henscheids *Hymne an Bum Kun Cha*[31]). Die Gattungsangabe `bügelgedicht`
ruft ja konnotativ auch den reichlich pejorativ gebrauchten Begriff des »Bügelfern-
sehens« in Erinnerung: eines Programmangebots, vorzugsweise am TV-Nachmit-
tag, das so anspruchslos, wortlastig, bilderarm ist, dass man es beim Bügeln ohne
Hinsehen rezipieren können soll. Nun ist das Gedicht »California Girls«, dessen
Vortrag sich unmittelbar anschließen soll, selbst ja überhaupt kein komisches, auch
kein flaches – deshalb dient der performative Epitext offenbar vor allem dazu, eine
bestimmte Publikumsstimmung zu erzeugen. Die Lyriklesung als Weihestunde, als
Hochamt der Gattungen, das Gedicht als heiliger Text, zelebriert im Brustton eines
Dichterpriesters: Das alles geht nicht mehr nach einer solchen Eröffnung. Bestimmte, vielleicht traditionell bildungsbürgerliche Erwartungen an das Bild des Autors
von Lyrik werden hier vorab durchkreuzt. Damit das Gedicht selbst dann sogleich
auch wieder in seiner Differenzqualität zu der launigen Einführung durch den Autor
wahrnehmbar wird.

Was in der langen Version 2 dieses Epitextes jetzt noch hinzutritt, ist eine Inter-
textualitätsmarkierung: Der Exkurs über den melancholischen Anti-Surfer Brian
Wilson erläutert vorab die Titelreferenz: *California Girls* als Songtitel-Zitat der Beach
Boys. Das passt einerseits zur De-Emphatisierungsstrategie, die in beiden Varianten
dieses performativen Epitextes verfolgt wird. Andererseits wird das Gedicht im Anschluss gar keinen expliziten Zusammenhang zur Figur Brian Wilson zu erkennen
geben. Warum wird das Publikum also in eine Auslegungsspannung versetzt, die gar
nicht recht abgeführt werden kann (anders als bei den Vorabhinweisen in unseren
anderen Analysebeispielen, die auf Wortmaterial aus den Gedichten selber bezogen
waren wie `langhaarige` oder `ostpreußischer bärenfang`)? Weil hier
die Brian-Wilson-Obsession der SPEX-Generation noch einmal bekräftigt werden
soll? Weil Brian Wilson das forciert Unauthentische der Popkultur verkörpert, in der
nicht länger Surfer gewesen sein muss, wer den ultimativen Surfer-Song schreiben
will (anders als in der Authentizitätshölle der Rockkultur)? Die Instruktion, die
dieser performative Epitext unterbreitet, könnte lauten: Hört darauf, ob sich in dem
Gedicht »California Girls« noch etwas von der Melancholie jenes Stubenhockers
Brian Wilson mitteilt. Er ist ein Verwandter jenes Autors, der dreizehn Jahre in seinem Zimmer saß und vergeblich ein Gedicht über das Bügeln zu schreiben versuchte. (Wilson surfte nicht, und auch in Beyers Bügelgedicht bügelt nicht der Autor.)

Schluss: Paratext *und* Performativität?

Der hier vorgestellte Forschungsansatz interessiert sich für Phänomene des Performativen« in der Lyrik und den ihr zugedachten Praxisformen. Dazu bedient er sich
eines paratexttheoretischen Begriffs. Passt das überhaupt zusammen? Zementiert
der Paratextbegriff, obwohl er sich einer Zonen- oder Schwellenmetaphorik bedient,
nicht genau jene Schranke zwischen Buch und Beiwerk, zwischen Werk und Nicht-
Werk, die in der Praxis eines opaken Performanzereignisses aufgehoben erscheint?

---

31   Eckhard Henscheid: »Hymne an Bum Kun Cha«. In: Karl Riha (Hg.): *fussball literarisch*
oder Der Ball spielt mit den Menschen. Frankfurt/M. 1982, 51.

Zugespitzt gefragt: Ist nicht der stimmliche Vortrag eines zuvor geschriebenen Gedichtes seinerseits bereits als performativer Epitext zu betrachten? Die Frage ist interessant, über sie kann man streiten. Das Datenmaterial, das wir bislang erhoben und ausgewertet haben, spricht eher dafür, dass die Praxisform Gedichtlesung auch performativ eine sehr klare Trennung zwischen Gedichtvortrag und Rahmungskommunikation vorsieht. Deshalb scheint uns der paratexttheoretische Begriff vorerst gerechtfertigt. Jederzeit weiß man als Zuhörer einer Gedichtlesung von Marcel Beyer, wann der Epitext beendet ist und wann die Gedichtlesung beginnt. Marcel Beyer macht dazwischen immer eine deutliche Kunstpause. Und wechselt dann sehr markant in eine Vorlesestimme. Es gibt derzeit wenige Dichter, deren Vorleseton sich so stark unterscheidet von ihrem Gesprächston.

Romane

Amorphe Textkörper. *Das Menschenfleisch* (1991) zwischen zwecklosen Sprachen und einer Literatur der Montage

Eva Erdmann

Unter dem Gesichtspunkt konventioneller Gattungseinteilungen, die den Roman als zentrale Variante der Erzählprosa sehen, beginnt mit dem Band *Das Menschenfleisch* – der ersten Veröffentlichung für die Leserschaft eines Verlags mit breitem Publikum – die eigentlich erzählende Werkbiographie Marcel Beyers,[1] auch wenn erkennbare Gattungsformen in der Literatur des späten 20. Jahrhunderts unter dem Vorzeichen einer postmodern an Transgression interessierten Ästhetik stehen und Genremischungen insgesamt als wenig diskussionswürdig erscheinen.[2] Wie deutlich ein Grenzgängertum dem Werk Marcel Beyers zu eigen ist, zeigt sich bis heute: So unternimmt Beyer in einer der jüngeren Schriften einen Ausflug in die Literaturwissenschaft und entdeckt nebenbei einen philologischen Wortbeleg aus dem 16. Jahrhundert.[3] Gleichwohl ist *Das Menschenfleisch* ausdrücklich als ein »Roman« ausgewiesen, dem dann noch *Flughunde* (1996), *Spione* (2000) und *Kaltenburg* (2008) folgen werden – drei Romane, die auch als eine zusammengehörende Trilogie rezipiert worden sind.[4] Lässt man also die heute sichtbare Fülle gattungs- und medienverschränkender Werke Marcel Beyers – etwa als Musikkritiker und

---

1   Vgl. die Bibliographie im Anhang dieses Bandes.

2   Exemplarisch für die Debatte zur Gattungsmischung, zu Text-Hybriden und Transgressionen vgl. Robert Dion/Frances Fortier/Élisabeth Haghebaert (Hg.): *Enjeux des genres dans les écritures contemporaines.* Québec 2001.

3   In *Muskatblut, Muskatblüt* liefert der Autor im Rahmen einer Schilderung seiner persönlichen Erinnerungen an das Ereignis des Einsturzes des historischen Archivs der Stadt Köln im Jahr 2009 den Nachweis eines Erstbelegs des Wortes »Himmelzelt«, den Beyer auf das Jahr 1562 datiert, wobei er nebenbei festhält, dass das *Deutsche Wörterbuch* der Brüder Grimm dieses Lexem übersehen und ausgelassen habe, obwohl es ihnen hätte bekannt sein können; vgl. Marcel Beyer: *Muskatblut, Muskatblüt.* Heidelberg 2016, 10. Zum programmatischen Grenzgängertum des Autors siehe auch folgende Interview-Auskunft des Autors: »Ja, Grenzen überschreiten oder aus irgendeiner Sache, die normal wirkt, etwas herauszukitzeln, oder wie mit dem Pinsel etwas freilegen, was dann doch nicht mehr so normal ist. Oder im Normalen etwas Bemerkenswertes finden – und das ist dann eben ›Neben der Kappe‹, sagt man heutzutage – also, es liegt halt neben der normalen Wahrnehmung. Das ist schon ganz wichtig, ein ganz wichtiger Antrieb auch, um die Phantasie ans Rattern zu kriegen«. Aus: »Biographisches Gespräch mit Marcel Beyer«. In: Hugo Dittberner (Hg.): *Mit der Zeit erzählen? fragt er. Marcel Beyer, Heiner Egge, Gundi Feyrer, Yoko Tawada. Das zweite Buch.* Göttingen 1994, 179–185, hier: 179–180).

4   Eleni Georgopoulou: *Abwesende Anwesenheit. Erinnerung und Medialität in Marcel Beyers Romantrilogie »Flughunde«, »Spione« und »Kaltenburg«.* Würzburg 2012.

Librettist[5], als Herausgeber[6] oder als Übersetzer[7] – zunächst außen vor und widmet sich mit werkgenetisch fokussiertem Blick einer sogenannten Frühphase, dann muss *Das Menschenfleisch* als singulär gelten und steht insgesamt neben ausladend akribisch recherchierten Romanen, Gedichtbänden, Reden und Essays etwas abseits. Verdrängt wurde der erste Roman vor allem durch *Flughunde*, Beyers zweiten Prosatext, der breite, zustimmende Rezeption fand und von der Literaturkritik als »meisterhaft«[8] wahrgenommen wurde. Gegen die Erzählung der Geschichte des Tontechnikers Karnau, des Protagonisten von *Flughunde*, der in Nazideutschland der Familie Goebbels nahesteht und Stimm- und Laut-Aufnahmen bis in den Tod der Goebbels-Kinder sammelt, fällt das hoch konstruierte Leiden des jungen Erzählers von *Das Menschenfleisch*, der sich einer jungen Frau nähert, hinsichtlich seiner geschichtshistorischen Relevanz deutlich ab.[9]

Geschichte eines Paares und Geschichte eines Strukturmodells

Zunächst ist die Geschichte des ersten Beyer'schen Romans ebenso banal wie die Sprache, in der sie erzählt wird, holperig und experimentell ist. Erzählt wird – grammatisch aus der Perspektive der ersten Person im Singular, einer männlichen ersten Person – von der Begegnung eines Paares, eines Mannes und einer Frau, das sich kennenlernt, das sich annähert, sich findet und sich voneinander entfernt. Der Leser wird konfrontiert mit 23 Kapiteln, die mit hermetischen und theorie- wie zitatlastigen Titeln versehen sind.[10] So lautet etwa die Überschrift des sechsten Kapitels

---

5   Siehe etwa zu Arbeiten als Musikkritiker in der Werkbiographie unter den Punkten »Wirken« und »Anfänge als Lyriker« im Artikel »Beyer, Marcel«. In: *Munzinger Online/ Personen – Internationales Biographisches Archiv*. http://www.munzinger.de/document/ 00000021595 [letzter Zugriff: 28.9.2017].

6   *William S. Burroughs*. Hg. v. Marcel Beyer. Eggingen 1995; Thomas Kling: *Gesammelte Gedichte. 1981–2005*. Hg. v. Marcel Beyer und Christian Döring. Köln 2006 sowie Friederike Mayröcker: *Gesammelte Prosa. 1949–2001*. Hg. v. Marcel Beyer und Klaus Kastberger, 5 Bde. Frankfurt/M. 2001.

7   Gertrude Stein: ›*Spinnwebzeit*‹, ›*bee time vine*‹ *und andere Gedichte. Lesearten und Übertragungen*. Hg. v. Marcel Beyer, Barbara Heine und Andreas Kramer. Zürich 1993.

8   O. A.: »Marcel Beyer: Flughunde«. In: *Frankfurter Allgemeine Zeitung*, 17.3.2002.

9   Zwar sind die Romane *Das Menschenfleisch* und *Flughunde* durch die Thematik der Medialität der Sprache, der Stimmen und der Akustik von Räumen – hier in einem privaten, dort einem historischen Feld – miteinander verbunden, jedoch unterscheidet sich die Erzähltechnik deutlich. Dass sich auch *Flughunde* auf musikalische Reminiszenzen stützt, zeigt eine »Probe aus einem neuen Romanprojekt«, nämlich Vorarbeiten und Auszüge, in die Beyer Einblick gab und aus denen der zweite Roman werden würde. Selbst aus der Textgenese macht Marcel Beyer eine Performance, eine Probe oder die Übung einer Aufführung, die schließlich im Buch mündet; vgl. Marcel Beyer: »Stimmstehler«. In: *Mit der Zeit erzählen? fragt er* (wie Anm. 3), 79–93.

10   Nicht zuletzt aus diesem Grund wird die Prosa von Marcel Beyer auch mit der Pop-Literatur und ihrer genuinen Technik des distanzierten Zitierens in Verbindung gebracht; vgl. Katharina Picandet: *Zitatromane der Gegenwart: Georg Schmid »Roman trouvé« – Marcel Beyer »Das Menschenfleisch« – Thomas Meinecke »Hellblau«*. Frankfurt/M. 2011 sowie die Rezension zu diesem Forschungsbeitrag von Klaus Birnstiel in: *Arbitrium* 30/2 (2012), 250–254.

»Abwicklung einer Nervengeschichte«, der Titel des dreizehnten Kapitels »If I was
Your Girlfriend« und der des vierzehnten »Aufschub des ich«. Synoptisch werden
diese Titel in einem ausführlichen Inhaltsverzeichnis zusammengefasst. Sprachlich
handelt es sich um Assoziationsfetzen, Sprachversatz und Sprachfluss, was vordergründig den sprachspielerischen Modus des Erzählers dokumentiert. Nicht nur
sprachlich ist *Das Menschenfleisch* dadurch sichtbar unkonventioneller erzählt als
Flughunde und die nachfolgenden Romane, insofern es sich durch Wahrnehmungs-
und Bewusstseinsqualen stottert. Eine historische Dimension einer datierbaren Zeit
der erzählten Geschichte fehlt, Zigaretten konnten zwar noch an öffentlichen Auto-
maten mit Münzen ausgelöst werden, doch die geschilderte Intimität, die sich in
Eifersucht verstrickt, führt letztlich zu einem psychologischen Innerlichkeitsdrama.

Man ist geneigt, *Das Menschenfleisch* werkbiographisch in der Nische eines Früh-
werks zu verorten und es als einen frühen und vorläufigen Prosaversuch aufzufassen.
Gleichwohl zeigt eine aktuelle, nun retrospektiv das bisherige Gesamtwerk des Autors mit in den Blick nehmende Lektüre des ersten Romans ein anderes Bild. Mochte
die frühe Rezeption vor allem ein unfertiges Werk erkennen, das »von der Fachkri-
tik zunächst kontrovers diskutiert wurde«[11], so zeigen sich aus rückblickender Perspektive in *Das Menschenfleisch* Strukturprinzipien, mit denen der Autor bis heute
hantiert und die in seiner nachfolgenden Prosa, Lyrik und Essayistik sichtbar und
explizit weitergeführt werden. Dass das *Œuvre* Marcel Beyers insgesamt aus einem
Strukturwillen hervorgegangen ist und weitaus mehr kompositorische als arbiträre
Elemente aufweist, bestätigt nicht zuletzt eine Erinnerung an frühe literarische Performances des Autors: »Wie selbstverständlich war Literatur für uns eine akustische
Kunst mit den (erweiterten) Mitteln der Sprache. Für unsere gemeinsamen Abende
gab es kein theoretisches Konzept, wohl aber ein klares Strukturmodell. Das Pop-
bzw. Rock-Konzert.«[12]

Trägt *Das Menschenfleisch* textgenerisch Züge der Unentschiedenheit in sich, ob
es nun Lyrik, ob es Erzählung oder sonstige Prosa sei, so wird im Roman selbst auch
durchgängig ein ähnlich ungewisser Status im Hinblick auf die Sprache entfaltet.
Um einen Zugang zu der vermeintlich verworrenen Geschichte von *Das Menschenfleisch* zu finden, findet der Leser am Ende schließlich einen »Anhang« mit einigen
Aussagen, die Anweisungen ähnlich sind und die regelrecht ästhetische Positionen
ausformulieren sowie ein poetologisches Anliegen aufzeigen. So heißt es in einem
letzten Abschnitt dieses Anhangs definitorisch: »›Was Kunst ist, wissen Sie ebensogut wie ich, es ist nichts weiter als Rhythmus‹, sagt Kurt Schwitters. Was Kunst ist,
wissen Sie ebensogut wie ich, es ist nichts weiter als dokumentierter Sex. ›The reality
is that nothing compares to good sex, *nothing*‹, sagt Lil' Louis.«[13]

Die vier Abschnitte des »Anhangs« (Mfl 159–161) erstrecken sich über drei Buch-
seiten, darunter finden sich unter Punkt drei die Referenzen des Autors und Erzählers, die sich den Anschein einer Bibliographie geben. Diesem einer Literaturliste

---

11   Art. »Beyer, Marcel«. In: *Munzinger Online* (wie Anm. 5).
12   Norbert Hummel: »Marcel Beyer und die Jahre mit ›Postmodern Talking‹«. In: Marc-Boris
      Rode (Hg.): *Auskünfte von und über Marcel Beyer*. Bamberg 2000, 47–56, hier: 49.
13   Marcel Beyer: *Das Menschenfleisch*. Frankfurt/M. 1997, 162 (im Folgenden als »Mfl« direkt
      im Haupttext nachgewiesen).

ähnlichen Lektüre-Anhang geht eine Bemerkung zum »parasitären Schreiben« (Mfl 159) voran, die als »Erzählhaltung« ausgewiesen wird und als eine direkte Rede in der ersten Person dem Ich-Erzähler zugeordnet werden kann: »Ich habe schon daran gedacht, mir eine solche Erzählhaltung zuzulegen, sie als parasitäres Schreiben zu bezeichnen«. (Mfl 159) Die Referenzen, die diesen Parasitismus[14] dokumentieren, finden sich im dritten Abschnitt des Anhangs vermeintlich fachgerecht bibliographisch, nämlich alphabetisch, sortiert; sie bilden jedoch keine Liste ab und sind redaktionell in einen Fließtext gesetzt. Durch eine Leerzeile von den literarischen Quellen abgesetzt werden die musikalischen Quellen angeführt, auf die sich der Roman bezieht,[15] und nochmals abgesetzt werden drei Filme genannt (von Hitchcock, Pasolini und Truffaut). Die Bibliographie unterscheidet ihre Quellen und sortiert sie nach ihrer medialen Form, welche der Roman in Zitaten und Anspielungen verschränkt. Der letzte der vier Abschnitte des Anhangs versucht sich schließlich in einer Definition von Kunst. Jedoch misslingt dort eine prägnant abschließende Kunstbestimmung und der Autor/Erzähler verstrickt sich am Ende in performative Ungereimtheiten und Widersprüche. Denn über Kunst werden lediglich rasch verschiedene Meinungen eingeholt und ebenfalls in der direkten Rede wiedergegeben. Die Definition von Kunst orchestriert die Polyphonie eines Pseudo-Gesprächs, in dem jeder Sprecher etwas anderes sagt: Einem Zitat des MERZ-Künstlers und Dadaisten Kurt Schwitters, der ein Kriterium aus der Musik anführt, um Kunst zu bestimmen, nämlich den Rhythmus, folgt eine Replik des Erzähler-Autors, der, mit den zunächst identischen Worten von Schwitters in der ersten Satzhälfte einsetzt (»Was Kunst ist, wissen Sie ebensogut wie ich«, Mfl 162), und dann statt »Rhythmus« »Sex« als ein Kunstkriterium ins Spiel bringt – und zwar »dokumentierten«. Wie könnte sich der Leser einen solchen Chiasmus von Leidenschaft und Verzeichnen, ein ästhetisiertes Sex-Dokument vorstellen? Schließlich mischt sich in diese als Konversation verkleidete Schlussbemerkung über Kunst noch Lil' Louis mit einer Wortmeldung ein, d. i. Louis Burns, ein US-amerikanischer Musiker, der als DJ im Wesentlichen Platten und Musik anderer – anderer Musiker – auflegt und sampelt. Lil' Louis wird mit einer absoluten, nämlich superlativen Bemerkung über Sex als *non plus ultra* zitiert, dieser übertreffe in der Wirklichkeit sogar die Kunst: »The reality is that nothing compares to good sex, *nothing*« (Mfl. 161). Auch diese fiktive Aussage, die sich in die Chronologie eines Gesprächsverlaufs einfügt und an die Bemerkung des Ich-Erzählers anschließt, nämlich an Sex und nicht an den Schwitters'schen Rhythmus, lässt den Leser ohne haltbares Kunstwissen, jedoch mit Fragen zurück. Denn ein Musiker wie Lil' Louis erzeugt ja erst einmal Töne, Stimmungen und Atmosphäre, aber warum sollte er überzeugend – gar über Kunst – *sprechen* können? Und warum sollte man Lil' Louis als Autorität zu Aussagen über Sex heranziehen?

Der Roman kann denn auch schwerlich als Sex-Dokument bezeichnet werden, obwohl selbst dafür die Anleitungsliteratur in Form des *Kamasutra* vorgelegt wird

---

14   Eine *écriture* des parasitären Schreibens stützt sich u. a. auf Michel Serres: *Der Parasit* [frz. 1980]. Frankfurt/M. 1981.

15   Ein Vokalzitat der Gruppe Laibach über die Liebe figuriert bereits als Motto im Vorsatz des Romans. Der Band von Michel Serres (wie Anm. 14) wird im Anhang nicht genannt (vgl. Mfl 161).

und erotisch befriedigende Stellungen benannt werden: »Position 23«, »der Mann
führt die Frau indem er den linken Arm um ihre Taille legt [...]« (Mfl 26), »Position
4«, »Überschlag« (Mfl 27) oder eine »Position 19« (Mfl 30), die allein numerisch
genannt und nicht einmal stichwortartig in einer Andeutung veranschaulicht wird,
hier müsste der wissensdurstige Leser selbst nachschlagen – »Buchstabiergehabe
der Körperzellen« (Mfl 30) folgt im Textfluss lediglich auf diese Kamasutra-Chiffre.
In der kleinen Reihe von Kunstdefinitionen am Schluss des Romananhangs ist der
Erzähler/Autor der scheinbar einzige, der für sich selbst sprechen kann und keine
Anführungszeichen benötigt. Gleichwohl bettet er sein Kunstwissen zwischen zwei
direkte Zitate und Autoritäten künstlerischen Schaffens ein (eben zwischen Schwitters und Louis) und unterbreitet einen offensichtlich noch wenig konsistenten, un-
beholfenen Vorschlag: »es ist nichts weiter als dokumentierter Sex«, (Mfl o. P. [162]).
Sprachlich differenziert der Erzähler/Autor an dieser Stelle eine Wiederholung ähnlicher Aussagen,[16] und er tut es auch poetologisch, denn grammatisch verwandelt er
sie, die Kunst, in ein Neutrum: »es«.

Aus diesem letzten Abschnitt des Anhangs lässt sich das Kompositionsprinzip
ableiten, mit dem Das Menschenfleisch spielt: Es handelt sich um den Versuch des
Erzählers/Autors zu einem selbstständigen Sprechen zu gelangen, letztlich also darum, Autorschaft zu erlangen, auch um den Preis, dass im Rahmen dieses Sprechens
dann möglicherweise Seltsames artikuliert würde, auch auf die Gefahr hin, etwas
unhaltbar Tollpatschiges vorzuschlagen, wie beispielsweise Sex als ein ästhetisches
Kriterium einzuführen. Der Schlusssatz des Romans Das Menschenfleisch, die Coda
des vierten Punktes des Anhangs, die sich vom Erzählten absetzt,[17] bringt am Ende
noch einmal alles durch- und zueinander, was zuvor in der Sortierung der Punkte
eins bis drei, nach Medien, nach Alphabet, ordentlich getrennt verzeichnet war. Die
Lektüre des Anhangs markiert mit der Reihe ›Kunst‹ – ›Rhythmus‹ – ›Sex‹ zugleich
die Autoritäten, die in einer neuen Produktion von Kunst angehört werden, hier
sind es Kurt Schwitters, »Ich«/Beyer und Lil' Louis, sie bilden gleichzeitig die Reihe
›Bild‹ – ›Literatur‹ – ›Musik‹ – ab. Schließlich spielt auch der Blick des Lesers mit,
der das Gespräch nicht hören, sondern nur sehen kann und in der Anschauung unmittelbar durch die Anführungszeichen der Redebeiträge visuell zitierte Aussagen
von den unmarkierten Aussagen des Erzählers unterscheiden kann. Aufgerufen ist
damit in diesem vierten Punkt des Anhangs die Differenz von phoné und graphem,
von direkter Rede und erzählter Rede, von Phänomenologie und Grammatologie,
auf die Jacques Derrida hingewiesen hatte.[18]

Ähnlich polyphon unsortiert wie das Ende des Anhangs ist die erzählte Geschichte des Romans aufgrund seiner sprachlichen Gestaltung insgesamt. Geschildert wird
die Annäherung zweier Menschen, die nicht immer allein oder zu zweit sind, aus

---

16   Siehe zur Ähnlichkeit als Grundlage von Differenzen Gilles Deleuze: Différance et Répéti-
      tion. Paris 1968, 153.
17   Im Sinne von Gérard Genette müsste hier von einem fiktiven Paratext gesprochen werden,
      aus dem die weitere genauere Bestimmung eines Erzählers/Autors oder eines auktorialen
      Erzählers abzuleiten wäre; vgl. Ders.: Paratexte. Das Buch vom Beiwerk des Buches. Frank-
      furt/M. 1989. Der Status des Erzählers und seiner auktorialen Gradierung respektive
      Reichweite bleibt in Das Menschenfleisch absichtlich unklar.
18   Jacques Derrida: Grammatologie [frz. 1967]. Frankfurt/M. 1983.

der Perspektive eines Ich-Erzählers, auch wenn das erste »Ich«, das geäußert wird, zu
den Aussagen von K. gehört, die der Erzähler ohne Anführungszeichen, jedoch mit
einer zuordnenden Ergänzung ihrer Rede, wiedergibt: »Ich habe kaum Pflanzen hier,
sagt K.« (Mfl 8). Der Standard der Syntax wird nicht nur häufig, sondern in der Regel
übergangen und unterbrochen. Die Interpunktion wird in zwei Kapiteln (fünftes
Kapitel und zehntes Kapitel), gänzlich ausgelassen, und mutet dort als eine Reminis-
zenz an den Joyce'schen *stream of consciousness* an, wenn die Dubliner Odyssee im
Monolog von Molly Bloom ausläuft und endet.[19] In anderen Teilen des Romans wird
die Interpunktion bald spärlich, bald abundant eingesetzt, etwa wenn im Kapitel
Herzrhythmusstörungen kurze Wortpassagen durch regelmäßige Auslassungspunkte
unterbrochen werden und sich damit Satz- und Zeichenstruktur der Semantik einer Störung, die erzählt werden soll, anpassen: »Ich sitze ... also Sie wissen ... greife
über den Tisch hinüber ... ein wenig den Herzrhythmus gestört ...« (Mfl 134). Kursivierungen ganzer Textpassagen werden als visuelles Mittel der Schrift verwendet,
um auch damit alle Mittel einer exaltierten Darstellung von Sprache und Schrift
aufzuzeigen und diese in einer Überartikulation auszuschöpfen (vgl. das Kapitel
Anagramme eines menschlichen Körpers, Mfl 74–83).

Die Perspektive des Romans ist fokussiert auf den sprachlichen Gedankenfluss
des Erzählers, der jedoch K., einer weiblichen Figur, deren Gestalt durch das Per-
sonalpronomen »sie« ersetzt wird, wie ein Schatten folgt und sowohl ihre Bewegungen wie ihre Äußerungen mit all seinen Wahrnehmungsorganen einsaugt: »Versteh
mich nicht falsch die einzige Möglichkeit wären gemeinsame Halluzinationen, dass
ich deine Erinnerungen alle zu meinen machte und du meine zu deinen« (Mfl 30).
Die Geschichte stellt einen Versuch der Aneignung dar, der schließlich misslingt und
gar tragisch in einer kafkaesken Schlusssituation endet. K. und der Erzähler bleiben
auf einer Reise in verschiedenen Zimmern unverbunden. »Seit einigen Tagen ist
die Verbindungstür nachts geschlossen gewesen, während sie vorher offengeblieben
war.« (Mfl 146) Dass K. und der Etagenkellner am Ende nach dem Erzähler suchen,
»läßt darauf schließen, dass er nicht mehr lebt« (ebd.).

Das Menschenfleisch handelt allerdings nur vordergründig von Frauen und von
Männern, von Eifersucht, von Sex oder von einer Paarbeziehung. Die gewollte Ano-
nymität von »ich« und K. fordert vielmehr eine allegorische Lektüre ein, zumal sich
der Erzähler als manischer Leser vorstellt und Bücher hin und her gereicht werden:
»der Muskel zuckt innen ... und sie hat das Buch dorthingeworfen ... es sind einige
Seiten davon eingeknickt ... meine ausgestreckten Finger ziehen das Buch näher ... zu
meinem Körper heran ... ich hebe es auf ... schlage irgendeine Seite auf ... will sehen
was sie gelesen hat ... noch kurz zuvor ... was da einen Weg gemacht hat durch ihren
Kopf ...« (Mfl 134). Im Paradigma der Literatur kann die Chiffre des Personalprono-
mens »sie« ebenso für einen weiblichen Herrn Keuner stehen, wie für Kafka, Gottfried Keller, Immanuel Kant oder Paul Klee, oder, noch allgemeiner: für die Literatur.
Vor diesem Hintergrund kann die Handlung als Doppelplot gelesen werden, in dem
neben der Paargeschichte die allegorische Suche des Erzählers nach literarischen
Verbindungen in den Vordergrund tritt.

---

19   James Joyce: *Ulysses* [engl. 1922]. Frankfurt/M. 1981, 940–[1015].

Dass der Roman eine solche Suche anhand einer Liebesbeziehung beschreibt, verwundert nicht, stellt doch das Paar die Figur *par excellence* für eine in sich geschlossene Einheit am anschaulichsten dar. Die Verbindungen, die der Erzähler sucht oder spürt oder sieht, sind jene, die in Schichten und sich überlagernden Sinneseinflüssen aus der Umwelt wahrgenommen werden wollen und das Panorama einer lückenlos mediatisierten Welt abbilden. So wird der Erzähler nicht nur gequält von einer merklichen Distanziertheit, die K. ihm gegenüber an den Tag legt, sondern auch von einer medialen Inkompabilität, die sich ihm darstellt und die er übersetzend zu entschlüsseln und neu anzuordnen versucht. Der Erzähler denkt sich eine Ton-Sprache aus: Er nimmt K. in einer Bild-Sprache wahr, spricht von dem »Design ihrer Rede« (Mfl 156), muss mit der eigenen Körper-Sprache ringen, verletzt sich die Zunge an einem Wort, (»Zunge verbrannt an einem Wort«, Mfl 111). In Ton-Schrift, in Bild-Schrift, in Schrift-Körper, in Körper-Schrift (»alles vollgeschmiert mit unlesbaren Zeichen in meiner Hirnbaracke«, Mfl 128), in »Bildwelten« (Mfl 80) oder im Körper-Bild (»die Zeichnung ihres Haars hat sich verändert auf dem Laken«, Mfl 72) werden die medialen Überlagerungen sinnfällig. Der Erzähler interessiert sich für »Einritzungen in die Haut, die sich zur Übermittlung geheimer Nachrichten nutzen lassen« (Mfl 166). Ausführlich wird das *bodypainting* und werden Körperbemalungen beschrieben, »wir haben dem Mund das Sehen überlassen« (Mfl 74), und schließlich in ein metapoetisches Bild gesetzt: dann »küsse [ich] den Text von Zeit zu Zeit« (Mfl 77). Auch andere Figuren sind von dieser latenten Medienverwirrung erfasst. Der Psychiater Dr. Benway, den der Erzähler konsultiert, wird zum kritischen Lektor, er liefert dem Ich-Erzähler keine psychologische Unterstützung, vielmehr eine philologische, wenn er rät: »umzumontieren diese paar Versatzstücke die Story ähnlich so wie sie erzählt die Story einfach zu zertrümmern« (Mfl 52).

Will man eine angemessene Beschreibung für den Stil dieser literarischen Prosa finden, die jenseits des gewollt naiven Vorschlags liegt, »dokumentierten Sex« als Kunstkriterium in die ästhetische Debatte einzuführen, so erkennt man im Wesentlichen die Sprache dekonstruierende Mechanismen, mit denen hier offensichtlich gespielt wird. Greift man das Eingangsbild des Romans – ein in ein Gestrüpp verstricktes Panzerinsektentier – emblematisch auf, so wird der Leser unmittelbar mit einem Zertrümmerungswillen der Sprache gegenüber konfrontiert, mit einer »Verwundungssprache« (in der Synopse des ersten Kapitels wird davon gesprochen, Mfl 164), die der Anleitung des Psychologen folgt. Auch dem Erzähler könnten wir hinsichtlich eines Modus der Sprachzerstörung vertrauen, er zieht an einer Stelle die »Vernichtung von Sprachwerkzeugen« (Mfl 96) in Betracht. Aber diese Überlegung als ein absolutes Prinzip wäre zu relativieren und nicht direkt in eine Poetologie übersetzbar, da der Ich-Erzähler in seinen Stimmungen, Aussagen und Aktionen schwankt, ganz ähnlich wie sich beide Protagonisten, er und sie, der Unentschiedenheit ergeben: »Manchmal wohnen wir in ihrer Wohnung, dann wieder bei mir, oder jeder wohnt in seiner eigenen Wohnung, wir haben Schriftverkehr miteinander, und wir telefonieren, im jeweiligen Pflanzengestrüpp eingefangen. Knacken des Chitinkörpers, schon ausgesaugt?« (Mfl 8).

Ein erkennbarer Sprachstil spielt weder in *Das Menschenfleisch* eine Rolle, noch in den nachfolgenden Werken des Autors. Ausgestellt wird dahingegen die uneinholbare Instrumentalisierung jedweder sprachlichen Äußerung, die artikuliert wird.

So neigt der Erzähler dazu, die Werkzeuge, die er benutzt, zu beobachten, ebenso wie die Umstände oder Situationen, welche Sprachliches auf den Plan rufen, diese aber ebenso ersticken oder verfälschen. Diese Kompositionswerkzeuge des Sprechens und des Schreibens werden genau entworfen und narrativiert – ohne dass die Materialität des Sprechens, seine mechanischen Bedingungen, die Kehle, die Stellung der Zunge, die Stimme, die Tonlage, in der ein Satz begonnen wird, je in den Hintergrund träten. Ähnlich wie es zu keinem *happy ending* zwischen ihr und ihm, zwischen K. und dem Ich-Erzähler kommt, wird keine wiedererkennbare Stilistik elaboriert, werden keine poetischen Prolegomena vorgelegt. In diesem Sinne sind die Sprachen »zwecklos«, sie lassen sich für keine Kommunikation und keine Verbindungen einspannen. Ebenso geht es den Körpern und den »Wracks von Körpern, den abgewrackten Morgenlandschaften« (Mfl 23), die in einer Art von Isolation ebenso seltsam verstümmelt und ruiniert wie die Sprache, in keine visuelle Beschaulichkeit übergeleitet werden. *Das Menschenfleisch* kann aufgrund dieses Mechanismus der Beobachtung einer Sprachzersetzung als Literatur der Montage gelten, die in ihrer Technik, Sprache als Versatz zu einer künstlichen Einheit zusammenzutragen zu einem bildhaften Charakter gelangt. Das verwirrend Experimentelle in Marcel Beyers erstem Roman ist, dass der Autor hier das Verhältnis von Sprache und Erzähler in das Gegenteil einer konventionell üblichen narratologischen Praxis verkehrt. *Das Menschenfleisch* erzählt weniger die Geschichte eines jungen Mannes und Poeten, der sich in einer Sprache auszudrücken versucht, sondern vielmehr die eines Suchenden, welcher der Sprache ausgeliefert ist. Auch um diese verkehrt absurden Abhängigkeiten zu zeigen, wird die Geschichte eines jungen Paares allegorisch ausgemalt, in der sich ein Ich-Erzähler auf groteske Weise der begehrten Literatur-Frau nähert. Er denkt sich aus, der Stuhl zu sein, »auf dem sie sitzt« (Mfl 11), er will »ihren Körper von oben bis unten mit der Zunge abtasten« (Kap. 12, Inhaltsverzeichnis). »Ich wäre gerne einer der Laute, die sie ausspricht, ein Buchstabe auf ihrer Zunge, den sie durchkaut, mit Speichel benetzt, mit den Lippen formt« (Mfl 14 f.). Eine angemessene Konzeptionalisierung für Beyers Prosa wäre wohl am ehesten jenseits der bekannten, poetischen Ordnungskategorien zu suchen – zum Beispiel in den Naturwissenschaften.

Kunst des Amorphismus und Philologie der Textkörper

In seinem Vortrag mit dem Titel *Amorphismus in der Kunst* aus dem Jahr 1902 entwickelte der Kunsthistoriker und Velázquez-Forscher Carl Justi bezugnehmend auf Goethe eine Ästhetik der Skizze in der modernen Kunst. Er schildert unter anderem den Impressionismus und Pointilismus und arbeitet aus diesen Stilen Merkmale der Moderne heraus: »Heutzutage ist Skizzenhaftigkeit oder wie wir es mit einem später zu begründenden Ausdruck nennen wollen, Amorphismus, der unumgängliche Weg zum Herzen des Kunstfreundes, man sollte fast glauben, der Wertmesser von Gemälden.«[20] Seine Beobachtung moderner Gemälde macht Carl Justi an einer scharfen Abwendung vom vollendeten Formwillen und Vervollständigungstrieb

---

20   Carl Justi: *Amorphismus in der Kunst.* Bonn 1902, 5.

vergangener Kunstepochen fest (Realismus, Symbolismus, Klassizismus), welche er mit einem mediensoziologischen Argument für das beginnende 20. Jahrhundert als unzeitgemäß einschätzt. Es hätten sich, so Justi, die Aufmerksamkeit des Künstlers und die Verarbeitungsobjekte in einer modernen Welt gesteigert und vervielfältigt. Fast zwinge die Moderne zur Umkehr und zu gegenteiligen Verfahren im Verhältnis zu den vormodernen Zeiten, nämlich dazu, »Werke in nachlässiger, zerrissener, unfertiger Form abzuliefern«[21]. Statt vollendeter Kunsthaftigkeit, welcher Fleiß und Tüchtigkeit um jeden Preis in der Ausführung anhafte, gelänge es der Moderne, ihr ästhetisches Wesen in einer Art von »Embryo-Zustand«[22] zu bewahren. Schließlich schlägt Justi seine neue Terminologie vor: »Passender als das Wort Impressionismus für die hier geschilderte Erscheinung und besser klingend als der von Goethe abgeleitete ungebräuchliche Begriff ›Skizzismus‹ würde vielleicht das der Chemie entlehnte Wort *Amorphismus* sein, als Beschreibung theoretischen und praktischen Formenhasses im weitesten Sinne.«[23] Justi setzt erklärend hinzu: »(Amorph nennt man Stoffe, die beim Übergang von dem flüssigen in den festen Zustand nicht kristallisieren.) Das griechische Wort ist auch bereits auf Phänomene im Reich der Kunst angewandt worden, man spricht z. B. von amorpher Musik, d. h. einer Musik ohne Melodie und Rhythmus.«[24]

Auch hundert Jahre nach Carl Justis Vortrag scheint dieser der Naturwissenschaft entlehnte Begriff für das Werk von Marcel Beyer zuzutreffen und für die Beschreibung von *Das Menschenfleisch* geeignet. Eine Betrachtung unter dem Aspekt des Amorphen fügt der abschließenden Pseudo-Reflexion des Gesprächs und Anhangs über Kunst eine zusätzliche Ebene hinzu, denn es kann vermutet werden, dass *Das Menschenfleisch* nicht in einem vertrauten Sinn Kunst sein will. In der Narration wie in der Stilistik sind in diesem Roman amorphische Elemente präsent, welche die Formvollendung ablehnen. Konkret verweigert der Erzähler die Zusammensetzung von Hauptwörtern, die für die Struktur der Lexik des Deutschen bekannt ist. Der Erzähler weigert sich, von einer Postkarte zu sprechen, sagt: »Karte Post« in zwei isolierten Wörtern: »ich finde eine Karte Post auf der ein andres Arschloch sie mit Anspielungen auf sein Vorgehen in Zukunft grüßt« (Mfl 50 f.). Diese temporäre Verweigerung von nationalsprachlichen, lexikalischen Spezifika führt jedoch kaum in einen geschlossenen Manierismus, folgt doch unmittelbar auf die verdrehte ›Postkarte‹ ein Kraftausdruck (»Arschloch«) und ein Wechsel in den Sprachregistern. Ebenso unartikuliert onomatopoetisch denkt der Erzähler manchmal einfach nur »Krik krak« (Mfl 43), »Krik krak in Umlauf, Schläuche, gefüllt mit Flüssigkeit, spürbar unter der Hautoberfläche«, Mfl 45), »an einer anderen Stelle mache ich Fehler, sage Hautwörter anstatt Hauptwörter, nehme den fehlenden Buchstaben an ihrem Körper wahr« (Mfl 81). Da der Erzähler stets die Gesellschaft von K. sucht, auch dann, wenn sie nicht allein ist, läuft in seiner Perspektive eine Überflut von Eindrücken, Gesprächsfetzen und Reaktionen auf:

---

21 Ebd., 7.
22 Ebd., 6.
23 Ebd., 19.
24 Ebd.

oder sie schleppt mich dann zur Vernissage so lauter Nacktfotos von wem der hat sie
angefaßt mit Mund und was weiß ich noch allem doch sie sagt da habe sie dann zwischendurch [...] und später sich mit Handschlag von verabschiedet als wenn mir das
jetzt hier in meinem Kopf nicht doch ein Rappeln gäbe daß Enzyme eine Flut davon
ergießt im Hirn und schwappt von einer Seite so beim Laufen zu der andern [...] wir
reden dann ein bißchen auch mit dem ich bin so freundlich doch ich will daß jeder weiß
dass ich nicht weit davon entfernt drei vier Personen stracks den Hals so umzudrehen
daß es kracht. (Mfl 52)

So performativ widersprüchlich wie die Referenzen auf die Aussagen des Künstlers Schwitters und des Musikers Lil' Louis sind, so verwirrend wird im »Anhang«
die erste Bemerkung formuliert: Sie gibt Auskunft über eine »Notiz«, die ebenfalls
einen paratextuellen Verweis darstellt, und als ein Vorstadium von Textualität oder
Literarizität verstanden werden kann. Diese »Notiz« sei »wahrscheinlich von Jacques
Lacan, wo es heißt, der Mensch sei von Beginn seiner Existenz an die Sprache gebunden, schon in der Gebärmutter umgeben von den Sprachpartikeln, die durch
das Fleisch an sein Ohr dringen, oder auch nur Vibrationen des Gewebes, unverständlich alles«. (Mfl 159) Diese Notiz »verlor« der Ich-Erzähler, er »suchte danach
ohne Erfolg« (ebd.).

Wäre es dem in der Recherche versierten Autor[25] schwer gefallen, diese zu rekonstruieren, oder in einem der Gespräche, für die der Erzähler/Autor sich ebenfalls
im Anhang bedankt (ebd.), nach der Quelle zu fragen? Ist doch das Spiegelstadium
als zentrales Theorem der Lacan'schen Psychoanalyse vom Hörensagen bekannt,
eine Suche nach den wörtlichen Formulierungen Lacans wäre zweifellos erfolgreich
gewesen. Die Passage, die der Erzähler/Autor sucht, findet sich im *Séminaire XII* und
wird in den *Écrits* des Psychoanalytikers einige Jahre nach dem Erscheinen erneut
aufgegriffen. Es findet sich dort eine kompakte Zusammenfassung des Spiegelstadiums:

Man kann das Spiegelstadium *als eine Identifikation* verstehen im vollen Sinne, den die
Psychoanalyse diesem Terminus gibt: als eine beim Subjekt durch die Aufnahme eines
Bildes ausgelöste Verwandlung. Dass ein Bild für einen solchen Phasen-Effekt prädes-
tiniert ist, zeigt sich bereits zur Genüge in der Verwendung, die der antike Terminus
Imago in der Theorie findet.[26]

Führt Carl Justi die Kunst des Amorphismus auf einen »Embryo-Zustand«[27] zurück, so bezeichnet das Spiegelstadium in der Psychoanalyse von Jacques Lacan eine
Kindheitsphase, die über eine Medienpraxis einen nachfolgenden Entwicklungs-

25   In Beyers Roman *Kaltenburg* (Frankfurt/M. 2008) wird die wissenschaftliche Recherche,
     die Beyer in allen Arbeiten zugrunde legt, narrativiert in der zoologischen Beschäftigung
     des Erzählers mit der Vogelkunde und der Annäherung an die Lebensgeschichte der fikti-
     ven Figur des Dresdner Wissenschaftlers Ludwig Kaltenburg.
26   Jacques Lacan: »Das Spiegelstadium als Bildner der Ichfunktion« [frz. 1948]. In: Ders.:
     Schriften I. Ausgew. und hg. v. Nobert Haas. Weinheim/Berlin 1991, 61–70, hier: 64.
27   Carl Justi: *Amorphismus.* (wie Anm. 20).

und Subjektivierungsprozess regelt: »Die Funktion des Spiegelstadiums erweist sich uns nun als ein Spezialfall der Funktion der *Imago*, die darin besteht, dass sie eine Beziehung herstellt zwischen dem Organismus und seiner Realität – oder, wie man zu sagen pflegt, zwischen der *Innenwelt* und der *Umwelt*.«[28]

Hintersinnig an dieser verschwundenen Notiz im Anhang des Erzähltextes ist, dass ihr fingiertes Verschwinden ein zentrales psychoanalytisches Axiom, die unverbrüchliche Verbundenheit des Subjekts mit der Sprache, verliert, gleichzeitig *Das Menschenfleisch* Jacques Lacan akribisch in einer verschwundenen Buchstaben-Nachricht implizit erinnert. Imitiert wird »La lettre volée«[29], der verschwundene Brief-Buchstabe, in einer Episode, in der das »Hauptwort« zu einem »Hautwort« wird (Mfl).[30] Lacan, Fortsetzer der Psychoanalyse, die als eine *talking cure* erfunden wurde, verschriftlichte sein eigenes Werk und seine Lehre in aufeinanderfolgenden überarbeiteten Mitschriften seiner *Séminaires* in einem Gesamtwerk mit dem Titel *Écrits*, einem methodologischen Widerspruch zur praktizierten Mündlichkeit der Praxis der Psychoanalyse. In der Überführung der Mündlichkeit der psychoanalytischen Praxis in eine Schriftlichkeit schuf er damit auch eine erste *crossmedia*-Therapie.

Dass das eine nicht ohne das andere kann, das gilt nicht nur für das Paar, den Ich-Erzähler und K., es gilt auch für den Körper-Menschen und das Text-Bild, für das Mündliche und das Schriftliche. Wenn der Körper nicht mitspricht, ist die Sprache nichts. Das gilt auch dann, wenn die Sprache sich des Hilfsmittels der Schrift bedienen muss, um beides im Intermedium des Textes zu gewährleisten. In *Das Menschenfleisch* ist es das Amorphe, das die mediale Dichotomie zu überschreiten vermag. Der Roman will es möglich machen, zwei Perspektiven wahrzunehmen und »die Bruchstücke der Stotter- und der Stammelarbeit dieses Textkörpers, den sie und ich gemeinsam sprechen lesen« (Mfl 72) als poetisches Prinzip zu realisieren, das keiner Vervollständigung oder Vereinheitlichung bedarf. Diese »Stotter- und Stammelarbeit« geht weit über das Paar hinaus, sondern stellt vielmehr eine bibliophile Praxis dar. Nicht nur zitiert der Erzähler/Autor im fiktiven Anhang den von dem Erzähler zuvor geäußerten Wunsch, sich ein »parasitäres Schreiben« anzueignen: »Es genügt teilweise schon, daß ich ein Buch sehe, ohne es zu lesen, dann will ich auch solch ein Buch schreiben. Ich habe schon daran gedacht, mir eine solche Erzählhaltung zuzulegen, sie als parasitäres Schreiben zu bezeichnen« (Mfl 159). Es wird wiederholt, bis die Sprache der anderen in einer neuen Komposition zu seiner wird.

---

28   Jacques Lacan: »Spiegelstadium« (wie Anm. 26), 66.
29   Jacques Lacan: »Das Seminar zu E. A. Poe: ›Der entwendete Brief‹«. In: Ders.: *Schriften I* (wie Anm. 26), 7–60.
30   Hervorgehoben hat diese verlorene Lacan'sche Notiz in seiner Lektüre von *Das Menschenfleisch* ebenso der Literaturkritiker Hubert Winkels. Allerdings liest er diese Passage weniger medientheoretisch als hermeneutisch auf ein semantisches Verstehen abzielend: »Man kann diese Beyersche Notiz auch, statt als erläuternden Annex, als Teil des Romans lesen; dann wäre die Lacansche Notiz eben verborgen im Körper der Geliebten selbst, und die Suche nach ihr wäre der Roman [...]«. Hubert Winkels: »Stimmkörper. Marcel Beyers Häutungen«. In: Ders.: *Leselust und Bildermacht. Über Literatur, Fernsehen und Neue Medien.* Köln 1997, 139–158, hier: 142.

Die kompositorische Vielheit der Bestandteile, Ursprünge und Quellen des Romans ist in der Lektüre auf keine Einzelfigur, rhetorischer oder medien-phänomenologischer Herkunft re-reduzierbar, etwa durch eine Verschiebung der erzählten Semantik in das Feld der Anthropophagie innerhalb einer Rekonstruktion des durchgeführten Motivs des Kannibalismus[31] oder in einer Zusammenfassung des Werkes als »Körperrede«[32]. Oliver Kohns betont in seiner Lektüre von *Das Menschenfleisch* die Opposition von Maschine und Mensch und führt die Inkompatibilität der beiden Körper, »er« und »sie«, auf ein Kommunikationsproblem zurück, das der Erzähler durch ein Verschlingen löse, eine Inkorporation, welches sich in der anthropophagen Metapher manifestiere. Es sei, so Kohns, »das Ziel des ›Ichs‹, die Opposition Text vs. Körper zu unterlaufen bzw. den Körper im Text zu repräsentieren«.[33] Kohns zieht daraus den Schluss: »Die Metapher für diesen Vorgang ist im *Menschenfleisch* der Kannibalismus. Von Beginn an macht der Roman deutlich, daß jenes den ganzen Text durchziehende Kannibalismusmotiv [...] in einem imaginären Raum stattfindet.«[34] Zwar ist das Verschlingen episodenhaft mehrfach in das *Menschenfleisch* präsent, jedoch bezieht es sich nicht ausschließlich auf den Körper von »sie«, der Frau, und nicht einmal ausschließlich auf menschliche Körper (»das Wörterbuch ist reif für die Kannibalisierung«, Mfl 131). Das Verschlingen stellt eine Praxis dar, die in keine Metaphorik aufzulösen wäre, worauf auch der Beginn des Romans kritisch verweist.

> Oft, sagt sie, schlägt die Bildlichkeit um, und man unterscheidet nicht mehr genau zwischen fiction und non-fiction. Sagen wir zum Beispiel, du sprichst metaphorisch davon, jemanden fressen zu wollen, und bekommst dann, vielleicht ohne es zu wissen, ein gebratenes Stück Fleisch serviert, das tatsächlich aus dieser Person herausgeschnitten wurde. Du kennt doch diese Geschichte: das schmeckt aber vorzüglich. Ja, nicht wahr, es ist dein Mann. (Mfl 9)

Marcel Beyer selbst geht reserviert um mit dieser Assoziation des Kannibalismus zum Titel und zur Vokabel ›Menschenfleisch‹, welche ihm in einem Interview als »eindeutig« vorgelegt wurde: »Ja, aber ich meine, wir laufen ja alle tagtäglich damit herum. Wir haben das ja an uns.«[35]

Die Doppeltheit des in *Das Menschenfleisch* umgarnten »Textkörpers«, grammatisch im (richtig) zusammengesetzten Hauptwort, semantisch in physischen Materialitäten und fiktiven Wahrnehmungs- und Semantisierungsprozessen, ist auf kein singuläres Phänomen zurückzuführen. Dagegen wird der »Textkörper« als zentraler

---

31   Oliver Kohns: »Kannibalische Nachrichtentechnik. Bret Easton Ellis' ›American Psycho‹ und Marcel Beyers ›Das Menschenfleisch‹«. In: Daniel Fulda/Walter Pape (Hg.): *Das andere Essen. Kannibalismus als Metapher und Motiv in der Literatur*. Freiburg 2001, 411–442.
32   Winkels: »Stimmkörper« (wie Anm. 30), 142.
33   Kohns: »Kannibalische Nachrichtentechnik« (wie Anm. 31), 417.
34   Ebd., 418–419.
35   »Biographisches Gespräch mit Marcel Beyer« (wie Anm. 3), 179. In einer alternativen (eher abgeschwächten) Lesart wird *Das Menschenfleisch* nicht mit dem Verzehr, sondern mit der Verwundung in Verbindung gebracht: vgl. Gerald Bartl: *Spuren und Narben. Die Fleischwerdung in der Literatur im zwanzigsten Jahrhundert*. Würzburg 2002.

Gegenstandsbereich der historischen Philologie in einer heute vergessenen Begriff-lichkeit aufgegriffen.[36] Auch darin zeigt sich der Autor Beyer der Literaturwissen-schaft treu und der Philologie des 19. Jahrhunderts verbunden.[37] Ihre Aufgabe sahen die ersten Hermeneuten einer modernen Philologie in der Bestandsaufnahme von Texten als Konglomerat von Wortmaterial, das sich in einem Korpus zusammen-fügte, der »Text« genannt wurde. Auf diese grundlegende Bedeutung von ›Text‹ im Sinne von »Wortmaterial« (Mfl 157) – oder dann bald pathetischer im Sinne von »Wortschatz« (Mfl 15 und Mfl 16) – weist *Das Menschenfleisch* mehrfach hin. Dass diese hermeneutische Arbeit an der Sprache und an ihrer Verschriftlichung wiederum alsbald distinguiert, haptisiert, erotisiert und hierarchisiert wurde, führt Hartmut Vinçon aus:

> Die Rede ist von einer elitären, hierarchisch strukturierten Schriftkultur, von der das üb-rige schreibunkundige Volk weitgehend ausgeschlossen bleibt. Ausgeschlossen bleibt vor allem – bis auf wenige Ausnahmen – das andere Geschlecht. Von Anfang an ist europäische Schriftkultur genderkodiert. Das trifft auch für den Prozess der Überliefe-rung der alternden Schriften zu. Die Philologoi haben einen neuen Gegenstandsbereich produziert. Text*körper* werden zum Objekt des Begehrens und sich zu eigen gemacht. Manuskripte werden in Besitz genommen. Und wie wir sagen hörten und lesen: Man(n) kann Manuskripte befühlen, streicheln, an ihnen riechen, sie essen und – zerstören. Phi-lologie war und ist Homophilie eigen.[38]

Schließlich wird es möglich, *Das Menschenfleisch* als *Porträt des Künstlers als junger Textkörper*[39] zu lesen, und damit stellt sich dann der Text als Prolegomenon der poetischen Montage dar, die unmerklich in das Selbstzitat übergeht, das sich ver-selbständigt und eigenständig wiederholt. So ist es nicht verwunderlich, dass wir das obsessive Interesse für die Sprache und den Körper, wie es in das *Das Menschen-fleisch* angelegt ist, im weiteren Werk von Marcel Beyer wiederfinden werden – ins-besondere die Vögel werden zur immer neu beobachteten Figur einer physischen Sprach-Transmission. Sobald der Parasitismus seinen Anfang genommen hat, ver-wischen die Grenzlinien des eigenen und des fremden Sprechens in neuen Ver-bindungen eines amorphen Erzählens. Die Aktualität von *Das Menschenfleisch*, das in der Werkbiographie des Autors zunächst etwas zwiespältig als »hoch kompri-

---

36 Peter Jaumann verortet die Beschäftigung mit dem Textkörper zunächst in das 18. Jahr-hundert; vgl. Ders.: *Körpertexte. Textkörper. Materialismus, Poetik und Literatur in der Auf-klärung.* München 1994. Zu einer Apologie des Textes und seiner »Constituierung« führte allerdings erst vollständig die Hermeneutik der ersten modernen Philologien, die sich mit der Bestandssicherung von Texten auseinandergesetzt hatten; vgl. Friedrich Schleierma-cher: *Hermeneutik und Kritik* [1838], 333. In: *Deutsches Textarchiv:* http://www.deutsches-textarchiv.de/book/show/schleiermacher_hermeneutik_1838 [letzter Zugriff: 28.9.2017].

37 Zu Beyers literaturgeschichtlichem und literaturwissenschaftlichem Interesse vgl. u. a. *Muskatblut, Muskatblüt* (wie Anm. 3).

38 Hartmut Vinçon: »Von der Medialität der Medien und inwiefern sie die Geschichte der Editorik bestimmt«. In: *Editio* 24/1 (2010), 1–13, hier: 2–3.

39 Auch hierfür ist das Vorbild des jungen Künstler-Romans James Joyce: *Ein Portrait des Künstlers als junger Mann* [engl. 1916]. Frankfurt/M. 1984.

mierte[r] Text«[40] wahrgenommen wurde, liegt in der Reflexion einer sprachlichen und poetischen Fortentwicklung, die sich unter Bedingungen einer vollständig neu mediatisierten Welt überhaupt neu konstituieren muss. Die Vielfalt der Adaptionsvariationen, welche das Werk Marcel Beyers hervorgebracht hat,[41] gehen daher nicht nur auf die multimediatisierten Bedürfnisse eines Buchmarktes zurück, sie belegen auch dessen inhärente Mediendiversität. Für einen Autor, der wie kaum ein anderer die deutsche Vergangenheit des Nationalsozialismus im literarischen Bewusstsein des 21. Jahrhunderts lebendig hält, sind es die Medien, weit außerhalb der Schrift, die er als Produktivkraft einsetzt.

---

40   Art. »Beyer, Marcel«. In: *Munzinger Online* (wie Anm. 5).
41   Zuletzt Ulli Lust: *Flughunde. Graphic Novel nach Marcel Beyer.* Berlin 2013.

Stimmenkonkurrenz und Stimmenkomposition in Marcel Beyers Roman und in Ulli Lusts Graphic Novel *Flughunde*

Matías Martínez

Marcel Beyers Roman *Flughunde* ist des Öfteren am Leitfaden der von Gérard Genette eingeführten narratologischen Kategorie der ›Stimme‹ untersucht worden.[1] Wenn diese hier erneut herangezogen wird, dann geschieht das über Genettes klassisch-strukturalistischen Begriff hinaus auch im Rückgriff auf Michail Bachtins älteres Konzept der Dialogizität und des polyphonen Romans. Bachtins Ansatz ist insofern reicher als Genettes, als er rhetorische und ethische Aspekte in den Blick nimmt. Bachtin beschreibt Romane bekanntlich als komplexe Stimmengeflechte.[2] Dabei versteht er ›Stimmen‹, d. h. die im Romantext repräsentierten Erzähler- und Figurenreden, stets als Äußerungen, als situiertes Sprechen, als interessierte und adressierte Rede mit Sprecherabsichten und Hörererwartungen. Alle Äußerungen drücken, wie Bachtin sagt, spezifische Perspektiven auf die Wirklichkeit aus, »spezifische Sichten der Welt, [...] eigentümliche Formen der verbalen Sinngebung, besondere Horizonte der Sachbedeutung und Wertung«,[3] die im Stimmengeflecht eines Romans wechselseitig aufeinander bezogen sind. Der Begriff der Stimme ist hier offensichtlich in einem weiten Sinn gemeint. Die unausweichlich rhetorische, um Geltung ringende Stimmenkonkurrenz findet sich nicht nur in mündlicher Rede, sondern auch in zerdehnter Kommunikation mit Hilfe von Schrift oder Bild – und auch in den imaginären Äußerungen, aus denen fiktionale Texte (für Bachtin paradigmatisch: der Roman) zusammengesetzt sind.

Nun erzeugt allerdings eine bloße Gemengelage von Stimmen noch keinen ›dialogischen‹ oder ›polyphonen‹ Roman in Bachtins Sinn. Auch ›monologische‹ Erzähltexte (in Bachtins etwas eigenwilligem Gebrauch dieses Begriffs) bestehen aus Äußerungen unterschiedlicher Sprecher. Aber monologische Texte integrieren die Stimmen mit ihren jeweiligen weltanschaulichen Standpunkten zu einem hierarchischen System, in dem alle Stimmen zwar miteinander konkurrieren, doch zugleich einander unter- oder übergeordnet sind. Erst der dialogische Roman (der Bachtin zufolge erst spät, nämlich in den Romanen Dostojevskijs, auftritt) verzichtet auf eine solche Hierarchisierung und stellt alle Äußerungen gleichberechtigt neben-

---

1   Auf einige dieser Interpretationen wird unten verwiesen.
2   Gérard Genette: *Figures III*. Paris 1972. Zum narratologischen Konzept der ›Stimme‹ vgl. Andreas Blödorn/Daniela Langer/Michael Scheffel (Hg.): *Stimme(n) im Text. Narratologische Positionsbestimmungen*. Berlin/New York 2006.
3   Michail M. Bachtin: *Die Ästhetik des Wortes*. Hg. v. Rainer Grübel. Frankfurt a. M. 1979, 183. Zu Bachtins Konzept vgl. Matías Martínez: »Dialogizität, Intertextualität, Gedächtnis«. In: Heinz Ludwig Arnold/Heinrich Detering (Hg.): *Grundzüge der Literaturwissenschaft*. München 2005, 430–445.

einander. Selbst die Erzählerstimme ist hier gegenüber den Figurenreden nicht privilegiert.

Eine Unklarheit bei Bachtin liegt allerdings darin, dass er bei fiktionalen Texten nicht systematisch zwischen Erzähler und Autor unterscheidet. Für ihn ist es Dostojevskij selbst, der sich in der Erzählerrede seiner Romane äußert. Im Licht neuerer Fiktionalitätstheorien ist diese Gleichsetzung unbefriedigend. Ein zentrales Kennzeichen fiktionaler Texte ist ja gerade, dass die in ihnen vorgebrachten Behauptungen, sofern sie nicht Figuren zugeordnet werden können, nicht direkt dem Autor, sondern einer fiktiven, im Text mehr oder weniger profilierten Erzählinstanz zuzuschreiben sind. Denn andernfalls wäre der Autor für den Wahrheitsanspruch der Erzählerbehauptungen zur Rechenschaft zu ziehen – und stünde als Lügner da, der wissentlich Unwahres behauptet. Hält man sich an diese Unterscheidung zwischen Erzähler und Autor, dann stellt sich aber die Frage, in welcher Weise sich der Autor überhaupt in seinem Werk artikuliert – denn in den Sätzen des Textes kommen ja nur die Figuren und der Erzähler zu Wort. Eine Antwort auf diese Frage lautet: Der Autor eines fiktionalen Textes *sagt* zwar nichts, aber er *zeigt* etwas durch sein Arrangement der Figuren- und Erzählerstimmen. Was das heißen kann, soll hier am Roman und an der Graphic Novel *Flughunde* untersucht werden.

In allen seinen Romanen verzichtet Beyer auf allwissende auktoriale Erzähler zugunsten von homodiegetischen Ich-Erzählern oder von intern fokalisierten Darstellungen. Das gilt für den namenlosen Ich-Erzähler in *Menschenfleisch* (1991) ebenso wie für den Cousin als Ich-Erzähler und weitere heterodiegetische, intern fokalisierende Erzähler in *Spione* (2000) sowie für den Ich-Erzähler Hermann Funk in *Kaltenburg* (2008). Auch in *Flughunde* (1995) wechseln sich zwei Ich-Erzähler ab, die das Geschehen nicht nur, aber vor allem in Form innerer Monologe vermitteln: der Toningenieur Hermann Karnau mit seinem Projekt einer »Karte aller Stimmfärbungen«[4] und Helga Goebbels, die älteste Tochter des Reichspropagandaministers. Im Tempus Präsens des inneren Monologs geben Karnau und Helga abwechselnd Ereignisse wieder, die zwischen dem 30. Oktober 1940 und dem 1. Mai 1945, dem Todestag der Familie Goebbels, stattfinden. In zwei der insgesamt neun Kapitel ist die Erzählgegenwart allerdings in eine spätere Zeit verlegt: Das Geschehen in der ersten Hälfte des Kapitels VII (Fgh 193–198) findet im Juli 1992 statt, als eine »Kommission von Untersuchungsbeauftragten« (Fgh 193) bei einer Besichtigung im Keller des städtischen Waisenhauses in Dresden ein altes Schallarchiv entdeckt und den Wachmann Karnau befragt. Die zweite Hälfte von Kapitel VII (Fgh 198–208) und das Schlusskapitel IX blenden wieder zu den letzten Tagen im Führerbunker 1945 zurück, die aber diesmal nicht in Form eines inneren Monologs, sondern als Erinnerung vom alten, vor der Dresdner Untersuchungskommission geflohenen Karnau erzählt werden. Im Folgenden sollen Formen und Funktionen der Stimmen

---

4   Marcel Beyer: *Flughunde. Text und Kommentar.* Hg. v. Christian Klein. Berlin 2012, 29 (im Folgenden als »Fgh« direkt im Haupttext nachgewiesen). – Auf die im Roman thematisierte Materialität von Stimmen gehe ich im Folgenden nicht ein, vgl. dazu Henrik Fockel: »Am Lautsprecher – Herrenstimmen, Frontorgane, Lauschangriffe in *Flughunde* von Marcel Beyer«. In: Ders.: *Literarische Resonanzen. Studien zu Stimme und Raum.* Berlin/Münster 2014, 100–114.

in *Flughunde* anhand von zwei Episoden beschrieben werden, die sowohl im Roman wie in der Graphic Novel besonders hervorstechen: Goebbels' Sportpalastrede und die Ermordung der Goebbels-Kinder.

In Kapitel V (Fgh 140–151) erlebt Joseph Goebbels' älteste Tochter Helga als Augenzeugin die berüchtigte, auch im Rundfunk übertragene Rede ihres Vaters am 18. Februar 1943 im Berliner Sportpalast. Die Rede dauerte knapp zwei Stunden und sollte die 15.000 Anwesenden und die Radiohörer nach der Niederlage von Stalingrad in einer »Stunde der nationalen Besinnung und der inneren Aufrichtung«[5] auf den »totalen Krieg«[6] einstellen. In Beyers Roman wird Goebbels' Rede nicht direkt zitiert, sondern durch den inneren Monolog Helgas gefiltert wiedergegeben (»Mein Papa spricht«, Fgh 140). Helga nimmt einzelne Elemente aus Goebbels' Ansprache auf, vermischt sie aber mit ihrer eigenen Wahrnehmung. Der Schluss der Rede etwa ist so dargestellt:

Jetzt ist Papa bei: fünftens. Jetzt sechstens. Wie viele Fragen will Papa noch stellen? Und immer wieder schreien die Zuhörer aus vollem Hals ihr Ja als Antwort. Das Kreischen soll endlich aufhören, es ist so furchtbar laut, mir platzen bald die Trommelfelle. [...] Papa sagt: Kinder, wir alle, Kinder. Spricht er zum Schluß jetzt ein paar Worte über uns? Hilde schaut mich an, doch Papa meint: Kinder unseres Volkes. Etwas muß abgeschnitten werden, mit heißem Herzen und mit kühlem Kopf. Aber mein Kopf ist heiß. Schrecklich heiß. Alles glüht. Ganz tief Luft holen. Aber das geht nicht, es ist keine Luft mehr da. Nur noch Gestank und Schweiß. Wie Papa jetzt noch brüllen kann bei dieser Luft: Nun Volk. Ja, Luft, die haben alle Luft hier weggenommen.
Steh auf.
Aufstehen. Raus.
Und Sturm.
Atmen.
Brich los. (Fgh 150–151)

Indem die dreizehnjährige Helga die eigentlich an die »deutschen Volksgenossen und Volksgenossinnen, Parteigenossen und Parteigenossinnen«[7] gerichtete Rede auf sich selbst und ihre Geschwister bezieht, wird Goebbels' Pathos ironisiert und seine Wirkungsabsicht unterlaufen. Wenn Goebbels die Zuhörer als »Kinder unseres Volkes« anspricht, »zusammengeschweißt mit dem Volke in der größten Schicksalsstunde unserer nationalen Geschichte«, dann meint Helga zunächst, ihr Vater spreche von der eigenen Familie. Wenn nach der Niederlage von Stalingrad »mit heißem Herzen und kühlem Kopf« die »Bewältigung der großen Probleme dieses Zeitabschnittes des Krieges« geleistet werden soll,[8] leidet Helgas Kopf nur unter der unerträglichen Hitze im Saal. Wenn Goebbels zum Schluss, Theodor Körner

---

5   Die Rede ist z. B. abgedruckt in: Iring Fetscher: *Joseph Goebbels im Berliner Sportpalast 1943* »*Wollt ihr den totalen Krieg?*«. Hamburg 1998, 63–98, hier: 98.
6   Ebd., 95.
7   Ebd., 63.
8   Ebd., 98.

zitierend, als Parole ausgibt: »Nun, Volk, steh' auf – und Sturm, brich los!«,[9] dann ist das für Helga nur das befreiende Signal, endlich aufstehen und den Saal verlassen zu können. Auf diese Weise gelingt es, »die nationalsozialistische Rhetorik in ihrem hohlen Pathos und der innewohnenden Lächerlichkeit zu entlarven, ohne deshalb die Konsequenzen zu verharmlosen«.[10] Goebbels' »Herrenton« (wie es an anderem Ort heißt, Fgh 205) wird durch die beschränkte Perspektive der kindlichen Wahrnehmung ins unfreiwillig Komische gezogen.

Eine solche Darstellungsstrategie ist allerdings moralisch durchaus prekär, denn die Kinderperspektive verkennt ja den mörderischen Gehalt von Goebbels' Rede: Die »mimetisch genaue, aber interpretativ kindlich-unzuverlässige Erzählerin«[11] Helga, die »die Dinge erkenntnislos aber empfindend wiedergibt«,[12] begreift das Geschehen nicht, das vor ihren Augen stattfindet. Nicht schon im Erlebnis der nur scheinbar identifikationsheischenden Augenzeugenfigur Helga, sondern erst in der distanzierten Lektüre erhält die Darstellung von Goebbels' Sportpalastrede eine komische und ironisch-ideologiekritische Dimension.[13] Beyers Roman – wenn von dieser Szene verallgemeinert werden darf – folgt nur auf den ersten Blick einer Rhetorik der *evidentia*, die den Leser in eine möglichst anschaulich erzählte Welt und in den empathisch mitzuerlebenden Erfahrungsraum einer Figur hineintransportieren möchte. Letztlich steht diese Einfühlung im Dienst einer selbstreflexiven Ästhetik, die dem Leser die rhetorischen Mechanismen narrativer Formate bewusst machen soll. Die eigentlich intendierte Erfahrung wird nicht schon im Text als Erlebnis einer Figur stellvertretend vorformuliert, sondern muss durch den Leser vollzogen werden.

Ähnlich wie im Roman werden Pathos und Geltungsanspruch von Goebbels' Sportpalast-Rede auch in Ulli Lusts (in Zusammenarbeit mit Marcel Beyer entstandener) Graphic Novel-Version von *Flughunde* gebrochen. Hier treten bereits zu Beginn der Episode die Stimmen von Joseph und Helga Goebbels in Konkurrenz zueinander (FghGN 139, s. Abb. 1).[14] Helgas Gedankenrede wird in unterstrichenen Großbuchstaben im oberen Teil der Panels präsentiert,[15] während Stichworte aus Goebbels' Ansprache in Sprechblasen mit fetterer und größerer Schrift und aggressiv gezackten Rändern, von denen einige über die Grenzen zwischen den Panels hi-

9   Ebd., 98.
10   Christian Klein: »Nachwort«. In: Beyer: *Flughunde* (wie Anm. 4), 300–337, hier: 315.
11   Barbara Beßlich: »Unzuverlässiges Erzählen im Dienst der Erinnerung. Perspektiven auf den Nationalsozialismus bei Maxim Biller, Marcel Beyer und Martin Walser«. In: Dies./ Katharina Grätz/Olaf Hildebrand (Hg.): *Wende des Erinnerns? Geschichtskonstruktionen in der deutschen Literatur nach 1989*. Berlin 2006, 35–52, hier: 47.
12   Bernd Künzig: »Schreie und Flüstern – Marcel Beyers Roman *Flughunde*«. In: Andreas Erb (Hg.): *Baustelle Gegenwartsliteratur. Die neunziger Jahre*. Köln 1998, 122–153, hier: 138.
13   Auch Ulrich Baer versteht Beyers Roman als Kritik »of the comforting illusion that victimhood equals authenticity«. Ulrich Baer: »›Learning to Speak Like a Victim‹: Media and Authenticity in Marcel Beyer's *Flughunde*«. In: *Gegenwartsliteratur* 2 (2003), 245–261, hier: 257.
14   Ulli Lust/Marcel Beyer: *Flughunde. Graphic Novel*. Berlin 2013 (im Folgenden als »FghGN« direkt im Haupttext nachgewiesen).
15   Die inneren Monologe Helgas und Karnaus sind im Comic graphisch unterschiedlich dargestellt. Helgas Gedankenrede erscheint in den Panels stets in Großbuchstaben, die wie

Abb. 1

nausreichen, erscheinen. Als dritter, kollektiver ›Sprecher‹ erscheint das fanatisierte Publikum, dem die in Säulenform ikonisierten Soundwörter (»Klatsch«) zuzuordnen sind, welche den Saal des Sportpalastes, der in unruhig wechselnden, asymmetrisch angeschrägten Perspektiven und in tristen fleckigen Farben gezeichnet ist, zerschneiden.

Der Schluss der Sportpalast-Rede wird in einer graphischen Architektur auf zwei benachbarten Seiten gestaltet, die kontrastiv die Reaktionen Helgas und des fanatisierten Publikums darstellen. Auf der linken Seite werden in einer klimaktischen Panelsequenz immer größere, grüngraue Bilder von Helgas Gesicht gezeigt, das von Dunstblasen überlagert wird, welche im letzten Panel (zusammen mit Helgas Finger) alle Sinnesorgane (Ohr, Augen, Nase, Mund) zu verstopfen scheinen (FghGN 154, s. Abb. 2). Rechts verengen sich die Panels von zwei Totalen auf den Saal zu Großaufnahmen klatschender Hände des Publikums, über denen sich die »Heil«-Rufe in dunklen rotbraunen Farben zu einem graphisch unruhigen, diffusen Konglomerat überlagern (FghGN 154, s. Abb. 3).

_____

in alten linierten Schulheften unterstrichen sind, während Karnaus Bewusstseinstext ohne Unterstreichung in Groß- und Kleinbuchstaben wiedergegeben wird.

Abb. 2

Abb. 3

Auch in der Graphic Novel unterlaufen also die sprachlichen und visuellen Dar-
stellungsverfahren Pathos und Wirkungsabsicht von Goebbels' Rede. Die expressive
plastische Gestaltung der Geräusche und Reden im Bildraum dieser Panels lässt
keinen Zweifel daran, wessen ›Stimme‹ die Sympathie des Lesers auf sich ziehen
soll. Das Geschehen wird als erlebtes Geschehen anschaulich gemacht und der Leser
in Helgas Wahrnehmungsraum hineinversetzt. Die Konkurrenz der Stimmen und
Standpunkte ist in dieser Sportpalast-Episode ›monologisch‹ (in Bachtins Sinn) zugunsten von Helgas Standpunkt hierarchisiert. Helga erscheint in dieser Episode –
wie auch generell im Roman und in der Graphic Novel – als Opferzeugin, deren
erbarmungslose Vereinnahmung durch die fanatischen Eltern schließlich in ihrer
Ermordung enden wird. Doch wie schon für den Roman gilt auch für die Graphic
Novel, dass die Fokalisierung des Geschehens auf Helgas Wahrnehmung durch das
Wissen des Lesers ergänzt werden muss, um die Sportpalastrede in ihrer vollen historischen und moralischen Dimension erkennbar zu machen.

Im Schlusskapitel des Romans wird die Ermordung der Goebbels-Kinder am
1. Mai 1945 als Erinnerungsinhalt des alten Ich-Erzählers Karnau dargestellt. Nachdem im Jahr 1992 das Schallarchiv entdeckt wird, spricht der als Wachmann angestellte und mit dem Archiv offenbar bestens vertraute Karnau zunächst mit der
Untersuchungskommission, setzt sich aber später ab (»Am darauffolgenden Morgen
hat er die Stadt mit unbekanntem Ziel verlassen«, Fgh 198). In späteren Sequenzen
erinnert Karnau sich dann an die letzten Tage im Führerbunker, in dem er als Toningenieur arbeitete und mit den Goebbels-Kindern verkehrte.

Die Graphic Novel findet eine graphische Lösung zur Darstellung der ineinander verschränkten Zeitebenen. In der Erzählgegenwart des Jahres 1992 zeigen die
Panels Karnau nachts in einem Zimmer, das ebenso wie sein Pyjama von vertikalen
Strichen durchzogen ist. Die verschiedenen Zeitebenen werden in einen Bildraum
zusammengezogen, wenn z. B. der (braun gezeichnete) alte Karnau auf die im selben

Abb. 4

Zimmer stehenden (grau dargestellten) Goebbels-Kinder blickt. Dabei heben sich allerdings die gestrichelten Kinderfiguren kaum von den vertikalen Strichen ab, die den Bildraum füllen (FghGN 344, s. Abb. 4). Die Ereignisse vom April und Mai 1945 sind durch die gestrichelten Zeichnungen als Erinnerungen Karnaus markiert – und die zunehmend verschwimmenden Konturen der Kinder signalisieren die Subjektivität und mögliche Unzuverlässigkeit dieser Erinnerung.

Die Ermordung der sechs Goebbels-Kinder wird sowohl im Roman wie in der Graphic Novel als Rätsel präsentiert und erzwingt deshalb ein detektivisches Lesen. Karnau erklärt, er habe entgegen Goebbels' ausdrücklichem Verbot in den letzten Tagen der Kinder, vom 22. bis 29. April 1945, in ihrem Schlafraum ein Tonbandgerät mit Mikrophon versteckt. Dieses Tonmaterial habe er damals auf neun »Wachsmatrizen« (Fgh 262) kopiert, die er nun, in der Erzählgegenwart des Jahres 1992, anhört. Es liegt ihm aber auch noch eine zehnte, undatierte und weniger professionell hergestellte Schallplatte vor, die die Tötung der Kinder am 1. Mai wiedergibt. Karnau beteuert, sie stamme nicht von ihm: »Kein Tagesdatum, keine Nummer. Hier liegt ein Fehler vor, das habe ich nicht aufgenommen« (Fgh 263). Wer hat aber dann diese letzte Tonaufnahme gemacht? Der Roman veranstaltet hier mit dem Leser eine kleine Schnitzeljagd. Denn einige Seiten vorher wird scheinbar beiläufig erwähnt, dass Helga eine Tafel Schokolade unter demselben Bett versteckt habe, unter das Karnau zuvor schon das Tonbandgerät gelegt hatte (Fgh 252) – dieser Hinweis lädt den Leser zu der Vermutung ein, Helga habe bei dieser Gelegenheit das Tonbandgerät entdeckt und es am letzten Tag noch selbst angestellt.

Auf die Frage, wer die Goebbels-Kinder umgebracht habe, gibt die zehnte Platte allerdings keine Antwort. In Karnaus Erinnerungsmonolog werden verschiedene Kandidaten angeboten: Die Mutter Magda Goebbels soll ihre Kinder allein getötet haben (Fgh 252) – der Zahnarzt Dr. Kunz bezichtigt sich selbst der Beihilfe (Fgh 251–252), widerruft das aber später (Fgh 254) – ein anderer, unbekannter Arzt habe geholfen (Fgh 254) – der Chirurg Stumpfecker habe den Kindern vergiftetes »Bonbonwasser« (Fgh 252) gegeben. Diverse Indizien werden angeführt, die sich zu einem diffusen Konglomerat anhäufen: Ein Photo dient als Beleg, es wird aus der Akte über Helgas Obduktion zitiert, unsichere Zeugen wie Doktor Kunz, der Fahrer Kempka, der Telephonist Mischa und Goebbels Adjutant Schwägermann treten auf (Fgh 250–260). Dass all diese Hinweise und Erklärungen wenig glaubwürdig sind, wird durch einschränkende Ausdrücke wie »heißt es nach anderen Angaben« (Fgh 258), »eine Rekonstruktion besagt« (Fgh 259) oder »wie ein Zeuge sich ausdrückt« (Fgh 258) angedeutet. Es heißt sogar rundweg: »Jeder Zeuge ist ein falscher Zeuge« (Fgh 254, ähnlich Fgh 256: »ein falscher Zeuge unter falschen Zeugen«).

Während die Indizien und Zeugenaussagen gegen die verschiedenen möglichen Täter und Mittäter gerade in ihrer Anhäufung zweifelhaft und widersprüchlich bleiben, rückt immer stärker der Ich-Erzähler Karnau als vermutlicher Täter in den Vordergrund, auch wenn er weiterhin seine Unschuld beteuert. Zu den stärksten Indizien für seine Schuld gehört der letzte Satz, der von den Kindern am Abend ihres Todes auf der zehnten Schallplatte zu hören ist und im Text nicht weniger als viermal zitiert wird: »Ist das Herr Karnau, der jetzt zu uns kommt?« (Fgh 246, Fgh 247, Fgh 263 [zweimal]).

Die Graphic Novel gibt noch einen weiteren Hinweis auf Karnau als Täter, der im Roman nicht zu finden ist. Ein Panel enthält im Blocktext des Ich-Erzählers Karnau die Frage: »Wer war gemeinsam mit der Mutter im Kinderzimmer an diesem letzten Abend?« Das dazugehörige Bild zeigt zweimal den alten Karnau, der sich angesichts dieser Frage rasch umdreht und sich dabei selbst erblickt, wie er in einer schuldbewussten Geste verharrt (Fgh 351, s. Abb. 5).

Wichtiger jedoch als diese insgesamt nicht eindeutigen Indizien und Andeutungen ist der von ihnen ausgelöste rezeptionspsychologische Mechanismus, der die Sinngebung von der erzählten Welt weg in den Lektüreprozess hinein verschiebt: Die Dynamik des literarischen Schemas eines unzuverlässigen Erzählers, das besonders im Schlusskapitel aktiviert wird, bewegt den Leser dazu, im Ich-Erzähler Karnau den Mörder der Kinder erkennen zu wollen, der bis zum Schluss wider besseres Wissen seine Schuld leugnet. Doch der Text gibt darüber keine Gewissheit. Die Dynamik des Erzählschemas drängt nach einer Auflösung, die verweigert wird. Die Frage nach dem Täter wird zwar gestellt, aber nicht beantwortet, der »Entzifferungseifer des Lesers«[16] entzündet, aber frustriert.

---

16   Marcel Beyer: *XX. Lichtenberg-Poetikvorlesungen.* Göttingen 2015, 56.

Abb. 5

Neben der Opferzeugin Helga und dem möglichen Täter Karnau kommt im Roman
noch eine dritte Erzählinstanz zu Wort. Das Geschehen in der ersten Hälfte des
Kapitels VII (Fgh 193–198) findet im Juli 1992 statt, als die »Kommission von Untersuchungsbeauftragten« (Fgh 193) das alte Schallarchiv entdeckt und den Wachmann
Karnau befragt. Diese kurze Passage ist die einzige des Romans, die weder Karnau
noch Helga zuzuordnen ist. Stattdessen spricht hier eine anonyme homodiegetische
Stimme (keineswegs ein auktorialer Erzähler, wie man gemeint hat), die sich im ab-
wägenden Duktus eines Historikers oder Berichterstatters mit Redewendungen wie
»findet man« (Fgh 193), »daraus läßt sich schließen« (Fgh 193) oder »das läßt sich
[...] nicht beweisen« (Fgh 196) äußert und ansonsten unkonturiert bleibt.

In der Graphic Novel kommt diese quasi-dokumentarische Erzählinstanz in
Sprechblasen zu Wort, deren Dorne nicht zu einer Figur führen, sondern im Gebäu-
dekeller mit dem Schallarchiv verschwinden (FghGN 233) oder auf Schubläden mit
Dokumenten weisen (FghGN 236, s. Abb. 6). Es sind sozusagen die Materialien und
Dokumente selbst, die hier ›sprechen‹. So objektiv diese dokumentarische Stimme
aber sein mag, so wenig vermag sie in ihrer Begrenztheit das tatsächliche historische
Geschehen zu erfassen.

Sowohl im Roman wie in der Graphic Novel *Flughunde* begegnen einem also
verschiedene Erzählinstanzen und -formate: Helgas und Karnaus innere Monologe
aus der Zeit des Nationalsozialismus, Karnaus Erinnerungen aus dem Jahr 1992 und
der Bericht eines anonymen Untersuchungsbeauftragten aus demselben Jahr. Diese
Erzählinstanzen entsprechen gängigen Darstellungsformaten über die Zeit des Nationalsozialismus: Opferzeugenerzählung, Autobiographie eines unzuverlässigen
Täters und historisch-dokumentarischer Bericht. Zwar scheinen die komplemen-
tären Ich-Erzähler Helga und Karnau den Leser zur immersiven Einfühlung (sei
es zum Mitleid oder zum Abscheu) einzuladen. Die exemplarischen Analysen der
Sportpalast-Rede und der Ermordung der Goebbels-Kinder im Roman und in der
Graphic Novel zeigten jedoch, das diese Episoden nur scheinbar einer an *evidentia*
orientierten Einfühlungsrhetorik folgen. Letztlich sollen sie eine selbstreflexive Erfahrung des Lesers befördern, die an keiner Stelle von den Ich-Erzählern der Handlung vorformuliert würde. Deshalb ist *Flughunde* auch kein historischer Roman über
die Zeit des Nationalsozialismus – jedenfalls nicht, wenn man von einem solchen

Abb. 6

Roman eine Immersion heischende, anschauliche und ›authentische‹ Darstellung dieser Epoche erwartet.[17]

Eine solche Deutung von *Flughunde* kann sich übrigens auch auf Äußerungen Beyers stützen. Der Autor erklärt, er wollte mit seinem Roman gegen die »deutsche Vergangenheitsbewältigungsliteratur« angehen, in der »an die Stelle der Reflexion [...] die Empathie getreten« sei.[18] »Was mir vorschwebte, war ein Buch von entschiedener Künstlichkeit. Jeder Satz in *Flughunde* sollte zu erkennen geben, daß er nicht aus eigenem Erleben formuliert worden ist, ein Werk der Imagination, nicht der Erinnerung«.[19] In der ästhetischen Komposition, die die drei Erzählstimmen zusammenfasst, ist eine vierte Instanz erkennbar, die im Text nicht mit einer eigenen Stimme zu Wort kommt, sondern durch das polyphone Arrangement der Stimmen etwas zeigt.

> Wenn man zwei Dinge nebeneinander stellt, entsteht beim Betrachter automatisch etwas Drittes. [...] Zwei Leute führen einen Dialog, und daraus ergibt sich etwas Drittes. Nämlich für den, der dem Dialog zuhört, weil der ja beide von außen beobachtet, wohingegen die beiden Sprecher nur jeweils den anderen von außen beobachten können.[20]

In diesem Sinne ist auch der Titel des Romans zu verstehen. »Flughunde« verweist zunächst ironisch darauf, dass Karnaus Projekt einer systematisch vollständigen Vermessung der Welt der Geräusche und Stimmen verfehlt ist, weil höchstens Fledermäuse, nicht aber Flughunde, die sich Karnau irrtümlich zum Vorbild nimmt, das »gesamte Reich der Laute« (Fgh 159) hören können.

> Die Hauptfigur, der Stimmensammler Hermann Karnau, setzt einfach auf das falsche Tier. Er nimmt fälschlicherweise an, dass Flughunde sich am Schall orientieren. [...] In

---

17   Dagegen meint Nicole Birtsch, die »Strategie des Romans« liege darin, »dem Leser keine Möglichkeit zu geben, sich dieser [Karnaus] Täterperspektive zu entziehen«. Nicole Birtsch: »Strategien des Verdrängens im Prozeß des Erinnerns. Die Stimme eines Täters in Marcel Beyers *Flughunde*«. In: Carsten Gansel/Pawel Zimniak (Hg.): *Reden und Schweigen in der deutschsprachigen Literatur nach 1945. Fallstudien.* Warschau 2006, 316–330, hier: 328–329.
18   Marcel Beyer: »Nachwort«. In: Ders.: *Flughunde* (wie Anm. 4), 285–293, hier: 288.
19   Ebd., 288–289.
20   Beyer in: »Ich bin alle fünf Autoren zusammen. Gespräch mit Marcel Beyer – 25. Juni 1999«. In: Daniel Lenz/Eric Pütz: *LebensBeschreibungen. Zwanzig Gespräche mit Schriftstellern.* München 2000, 217–227, hier: 222.

dem Moment, als Karnau erfährt, dass es nicht die Flughunde sind, die sich am Ultraschall orientieren, bricht ja auch sein ganzes Projekt zusammen.[21]

Im Roman wird deutlich, dass Karnaus Projekt insbesondere deshalb scheitert, weil er erkennen muss, dass die Stimmen, die er ein für alle Mal in einem »Atlas« (Fgh 127) klassifizieren wollte, keine authentischen »Urgeräusche« (Fgh 201) sind (wie er, implizit auf Rilkes Essay *Ur-Geräusch* [1919] anspielend, meint), die eine natürliche, authentische »Verbindung von innen nach außen« besitzen (Fgh 126). Stattdessen können sie »auf Linie gebracht« (Fgh 125) und »zugerichtet« (Fgh 126), d. h. als arbiträre Zeichen nachgeahmt, manipuliert und dekonstruiert werden. Dass sich Karnau das Hörvermögen von Flughunden statt von Fledermäusen zum Vorbild nimmt, symbolisiert den verfehlten Anspruch seines Projekts. Versteht man den Romantitel metapoetisch, dann ironisiert er das Vertrauen auf die Authentizität von Erzählstimmen und Erzählformaten. Die polyphone Komposition solcher Stimmen in *Flughunde* soll den Leser stattdessen auf ihre Rhetorik aufmerksam machen.

Was für eine Ethik liegt dieser Ästhetik des Zeigens zugrunde? Diese Frage ist umso drängender, als es in *Flughunde* um Verbrechen des Nationalsozialismus geht. Wie ist es zu beurteilen, wenn Beyer von seinem Roman sagt, dass »es im ganzen Buch keinen moralischen oder ethischen Kommentar gibt und auch keine Ebene dafür«.[22] Entzieht sich Beyer durch sein polyphones Erzählen nicht einer moralischen Verantwortung? Darf man Opfer- und Tätergeschichten erzählen und zugleich die Empathie und Antipathie des Lesers als Effekte rhetorischer Verfahren relativieren? Statt einer Moral der empathischen Anteilnahme geht es Beyer um eine selbstreflexive Moral des Zeigens. Diese Haltung steht in einer langen Tradition der Moderne, zu der, ungeachtet erheblicher Unterschiede im Einzelnen, Konzepte wie beispielsweise Gustave Flauberts *impassibilité*, Émile Zolas *roman expérimental*, José Ortega y Gassets ›Enthumanisierung‹ der Kunst oder auch die *camera eye*-Technik des Nouveau Roman[23] gehören. Auch in *Flughunde* geht es nicht um ein durch Immersion in die erzählte Welt befördertes, empathisches Mitleiden oder entrüstetes Ablehnen von Figuren und ihren Handlungen, sondern um das selbstreflexive Beobachten der rhetorischen Dynamik von Erzählformaten. Der Leser erlebt nicht, was die Figuren erleben, sondern erfährt beobachtend, wie narrative Strategien auf ihn wirken. Diese (genuin ästhetische) Erfahrung findet in einem Raum der Lektüre statt, der den Erzählerfiguren von *Flughunde* verschlossen ist.

---

21 Beyer in: »›Ich bin vom Klischeebild des Bösen abgekommen‹. Jasmin Herold im Gespräch mit Marcel Beyer«. In: *Berliner Zimmer*: http://www.berlinerzimmer.de/eliteratur/marcel_beyer_inteview.htm [letzter Zugriff: 23.10.2017].

22 Beyer in: »›Wenn Literatur noch einen Sinn hat, dann den, dass sie ein bevormundungsfreier Raum ist‹. Interview mit Marcel Beyer geführt von Anke Biendarra und Sabine Wilke«. In: Sabine Wilke: *Ist alles so geblieben, wie es früher war? Essays zu Literatur und Frauenpolitik im vereinten Deutschland*. Würzburg 2000, 131–139, hier: 139.

23 Vgl. hier Sandra Schöll: »Marcel Beyer und der Nouveau Roman. Die Übernahme der ›Camera-Eye‹-Technik Robbe-Grillets in *Flughunde* im Dienste einer Urteilsfindung durch den Leser«. In: Marc-Boris Rode (Hg.): *Auskünfte von und über Marcel Beyer*. 2. erw. Aufl. Bamberg 2003, 146–159.

»Verwischt, wie ein Schleier, eine leichte Trübung.« Über Unschärfe und Rauschen als Prinzipien sinnlicher Wahrnehmung in den Erzähltexten Marcel Beyers

Antonius Weixler

Sinnliche Wahrnehmung spielt im Erzählwerk Marcels Beyers offensichtlich eine herausragende Rolle: *Flughunde* ist ein Roman des Hörens, wie *Spione* ein Roman des Sehens ist. In *Menschenfleisch* werden Taktilität und Sinnlichkeit des Körpers ausführlich thematisiert und mitunter gar die gesamte Breite der menschlichen sinnlichen Wahrnehmungspalette an die Körperlichkeit angebunden. In *Kaltenburg* schließlich werden die Rekonstruktionen einer Wissenschaftlerbiographie und, damit einhergehend, menschlicher »Urformen der Angst« durchgehend an visuellen Metaphern verdeutlicht, wie sich dies beispielsweise schon in den beiden leitmotivischen Formeln »Leben heißt Beobachten« und »Einschwören durch Augenschein« artikuliert.[1] Folgerichtig werden Sinnlichkeit und Sensibilität sowohl in Literaturkritiken als auch in der Forschungsliteratur beständig als zentrale Wesensmerkmale des Beyer'schen Œuvres genannt.

Hören, Sehen bzw. Körperlichkeit sind in *Menschenfleisch*, *Flughunde* und in *Spione* darüber hinaus Erzählanlass wie -gegenstand. Mit den Funden aus dem nationalsozialistischen Schallarchiv und der Rekonstruktion des Lebens des Schalltechnikers Hermann Karnau wird der Rezipient in *Flughunde* nicht nur in die Untiefen der deutschen Geschichte, sondern auch an den Beginn der akustischen Aufzeichnungstechnik geführt. Die inhaltliche Thematisierung des Hörens spiegelt sich zudem in der Form, wenn etwa die Informationsvergabe des Erzählten größtenteils über die Wahrnehmung des Akustischen gesteuert wird. Generell erfahren wir Leser ja alles, was wir über die erzählte Welt wissen, stets nur vermittelt über eine oder mehrere Erzähl-›Stimmen‹.[2] Doch zu dieser in der Erzähltheorie verbreiteten Metapher bzw. Katachrese der Stimme nur so viel: In *Flughunde* und den meisten anderen Erzähltexten Beyers liegt eine polyphone Erzählstruktur mit einem komplexen Geflecht von Geräuschen und Stimmen vor, in der der Filterungsprozess der Wahrnehmung bzw. die Informationsvergabe auf mehrere verschiedene Figuren- und Erzählerstimmen, die selbst nicht nur sprechen, sondern auch weiteren Figuren zuhören bzw. in anderen Medien aufgezeichneten Stimmen nachspüren, verteilt wird.

In *Spione* wird die Aufarbeitung deutscher Geschichte mit Anspielungen auf die Mediengeschichte einer spezifischen Aufzeichnungsform eines weiteren menschlichen Sinnes, in diesem Fall des Sehens und der Photographie, verbunden. Auch dieser Reiz wird in all seinen Dimensionen, etwa dem Sichtbarmachen und der

---

1   Marcel Beyer: *Kaltenburg*. Frankfurt/M. 2009, 347 sowie (u. a.) 157.

2   Grundsätzlich zur erzähltheoretischen Metapher ›Stimme‹ vgl. Andreas Blödorn/Daniela Langer/Michael Scheffel (Hg.): *Stimme(n) im Text. Narratologische Positionsbestimmungen.* Berlin u. a. 2006.

Archivierung des Vergangenen in Fotoalben, dem Beobachten von anderen durch Türspione, den Reflexionen über Blickregime des Beobachtens und Beobachtet-Werdens, sowie den Verzerrungen des Sehens und Übersehens thematisiert. Die Verbindung zwischen der Thematisierung eines Wahrnehmungsaspektes und der dargestellten Filterung der Informationsvergabe ist in *Spione* gegenüber *Flughunde* sogar noch prägnanter und komplexer geraten. Erneut ist nämlich alles, was wir als Rezipienten über die erzählte Welt erfahren, an eine bestimmte Art der Perspektiv-steuerung gebunden. Auch zur erzähltheoretischen Metaphorik der Fokalisierung nur so viel: Die Zergliederung der Darstellung nicht nur in mehrere Erzählerstim-men und -perspektiven, sondern darüber hinaus jeweils noch in multiperspektivi-sche Gegenüberstellungen von erinnerndem Ich und erzählendem Ich erzeugt in *Spione* – und erneut trifft dies für nahezu alle Erzähltexte Beyers zu – eine Erzähl-struktur, in der die Geschichte aus verschiedenen zeitlichen wie räumlichen Blick-winkeln, Fokussierungen und Sichtweisen präsentiert wird.[3]

Auch in *Menschenfleisch* wird die Thematisierung der Taktilität beständig an Reflexionen über die Darstellung des sinnlich Wahrgenommenen rückgebunden: Konkret wird hier Körperlichkeit in der Materialität der Schrift als ein Zusammen- bzw. Auseinanderfallen von »Sprachkörper und Körpersprache« inszeniert. Mit dem Begriff »Körpersprache« bezeichnet Dietmar Kamper poststrukturalistische Schreibverfahren, in denen der Körper bzw. der Rekurs auf die Materialität des menschlichen Körpers einen Authentizitäts-Effekt erzeugt. Kamper stellt derartigen Schreibverfahren das Gegenmodell einer »Schrift des Körpers« entgegen, womit er Texte bezeichnet, in denen die Körperlichkeit zu darstellungsästhetischer Abs-traktion führt.[4] Hermann Kinder greift diese Unterscheidung Kampers auf, um die seit der Postmoderne verbreiteten ästhetischen Versuche, poststrukturalistische Körperdekonstruktion möglichst unmittelbar in Texten auszudrücken, als ein »lau-tes Schreiben« zu bezeichnen[5] – womit Kinder letztlich den Aspekt ausgeprägter, extrem-hässlicher Körperlichkeit wieder auf die narratologische Metapher des Stimmlich-Akustischen zurück überträgt. Und als anschauliches Beispiel für ein derartiges »lautes Schreiben« als Tendenz einer Reästhetisierung der Gegenwarts-literatur, in der der Körper »zu einem Schlüsselbegriff ambitionierter Praxis und Selbstreflexion« werde, sieht Kinder Beyers *Menschenfleisch*.[6] In dieser Hinsicht ist *Menschenfleisch* nicht nur der abstrakteste und avantgardistischste Text im Werk Marcel Beyers, sondern auch der ›lauteste‹.

Menschenfleisch scheint in Bezug auf die Thematisierung und Darstellung sinn-licher Wahrnehmung indes eher eine Ausnahme in Beyers epischen Texten darzu-

---

3   Zur »komplexe[n] Ineinanderschichtung von Fokalisationen« in *Spione* vgl. Silke Horst-kotte: *Nachbilder. Fotografie und Gedächtnis in der deutschen Gegenwartsliteratur*. Köln 2009, 201–214.

4   Dietmar Kamper: »Die Schrift des Körpers. Einige Sätze zum Anspruch des Schreibens heute«. In: *Akzente. Zeitschrift für Literatur* 4/1982, 322–325.

5   Hermann Kinder: »Körperthemen, Körpertexte und *das laute Schreiben* in deutschspra-chiger Gegenwartsliteratur«. In: Ders.: *Von gleicher Hand. Aufsätze, Essays zur Gegenwarts-literatur und etwas Poetik*. Eggingen 1995, 129–147.

6   Ebd., 129.

stellen.[7] Der vorliegende Beitrag will sich gerade nicht dem offensichtlich Sichtbaren und Lauten, sondern dem Unscharfen und Leisen widmen; und damit jenen sinnlichen Wahrnehmungsbereichen in Beyers Texten, die sich in den Zwischenbereichen und als Zwischentöne in der vermeintlich klaren Dichotomie von Sehen und Wegsehen bzw. Stimme und Schweigen abspielen: mit der Unschärfe des Sehens und seinem akustischen Äquivalent, dem Rauschen. Ziel ist es dabei zu zeigen, dass Beyer in seinen Texten im Hinblick auf die sinnliche Wahrnehmung eine ›Verunklarung des Sinnlichen‹ vornimmt. Hierfür werden nach einem kurzen Blick in die Theorie der Unschärfe zunächst Marcel Beyers poetologische Texte auf Thematisierungen von Unschärfe und Rauschen hin befragt, bevor anschließend exemplarische Textstellen aus *Flughunde* und *Spione* analysiert werden.

Unschärfe

Rauschen und Unschärfe stellen die sinnlichen Wahrnehmungsäquivalente einer Poetik Marcel Beyers dar, die oftmals als ein spezifisches Changieren zwischen Fakt und Fiktion, zwischen Authentizität und poetischer Wahrheit, zwischen »Emphase und Gnosis«[8] oder als Metahistoriografie beschrieben wird. Eine Poetik mithin, die Geschichte als einen »offenen Resonanzraum« begreift, oder mit Michael Braun formuliert: Beyer komme es »nicht auf eine Erklärung des Schweigens noch auf fertige Antworten an; sein Thema ist das Hören auf die Echos der deutschen Geschichte«.[9] Unschärfe und Rauschen werden im Folgenden allerdings nicht bloß als Metaphern für Figurationen des Changierens oder des Dazwischens,[10] und auch nicht für jedwede Form der Ambivalenz oder der Ambiguität verstanden; entsprechend sollen auch denkbare metaphorische Übertragungen des Unschärfe- und des Rauschens-Begriffes auf Rezeptionsphänomene wie ›Unbestimmtheit‹ oder ›Leerstelle‹ vermieden werden. Entgegen solchen Begriffsausweitungen und -verwässerungen werden Unschärfe und Rauschen in diesem Beitrag in ihrem engen Begriffsumfang Anwendung finden; gezeigt werden soll also, dass es in Beyers Prosa um konkrete medien-materielle Figurationen von Unschärfe und Rauschen geht.

Theoretische Auseinandersetzungen mit Unschärfe finden sich vor allem in der Kunstwissenschaft[11] und in der Fotografiegeschichte. In Letzterer ist es dabei vor allem die bei analogen Bildern mit und in der medialen Materie erzeugte und festgehaltene Unschärfe, die sich durch ein phänomenologisches Paradoxon auszeichnet: Ein Paradoxon, das sich in einem spezifischen Spannungsverhältnis zwischen dem Signum des Authentischen einerseits und der Neigung zur konnotativen Imagination andererseits zeigt, wie es schon Roland Barthes' Gegenüberstellung von *punctum*

---

7   Vgl. den Beitrag von Eva Erdmann in diesem Band.
8   Vgl. den Beitrag von Christoph Jürgensen in diesem Band.
9   Michael Braun: »Marcel Beyer«. In: *Kritisches Lexikon der deutschsprachigen Gegenwartsliteratur*. http://www.munzinger.de/document/16000000045 [letzter Zugriff: 28.9.2017].
10 Tobias Jentsch: *Da/zwischen. Eine Topologie radikaler Fremdheit*. Heidelberg 2006.
11 Vgl. Marc Wellmann: *Die Entdeckung der Unschärfe in Optik und Malerei. Zum Verhältnis von Kunst und Wissenschaft zwischen dem 15. und dem 19. Jahrhundert*. Frankfurt/M. 2005.

und *signum* prägt.[12] Die Beschreibung dieses Paradoxons fotografischer Unschärfe lässt sich analog auf akustische Medien und damit auf das Rauschen übertragen: Stets geht es um eine medientechnische Aufzeichnung, die nicht vollkommen klar, rein und – im technischen Sinne – korrekt ist.[13]

Für Luc Boltanski beispielsweise, der sich in *Rhetorik des Bildes* mit Fotojournalismus beschäftigt, ist eine Zeitungsfotografie nie eine reine Abbildung der Wirklichkeit, sondern zeichne sich durch ein »überschießendes Moment« aus, in dem sich einerseits die Intention des Fotografen und andererseits die »Umstände«, unter denen das Foto zustande kam, spiegeln:

> Nicht nur, daß sich die Photographie des Ereignisses, wie es sich gerade vollzieht, unscharfe Konturen leisten kann, die Unschärfe macht geradezu ihre Charakteristikum aus. Die Unschärfe ist das Vehikel, um den Betrachter davon zu überzeugen, daß das Bild tatsächlich das Ereignis selbst zeigt und in dem Augenblick gemacht wurde, als es sich abspielte, und zwar auf eine mechanische Weise und – damit ist alles gesagt – objektiv. So ist die Unschärfe, die im allgemeinen Bewusstsein gleichbedeutend ist mit Bewegung, der beste Ausweis für die Reinheit der Absicht des Photographen. [...] Die schlechte Erkennbarkeit, in der ich ein Mittel sehen könnte, mich zu täuschen [...], garantiert mir im Gegenteil die Authentizität des Dargebotenen. Wenn die nachgestellte Photographie den Betrachter täuschen will, dann vermittels der Unschärfe, durch die sie sich als Momentaufnahme und damit als Photographie im vollen Wortsinn ausgibt.[14]

In dieser Lesart wird die Unschärfe einer Fotografie zum zentralen Authentizitätsmerkmal, zum medienspezifischen Nachweis des Barthes'schen ›es ist so gewesen‹. In der klassischen Fotografie mit ihrem chemischen Entwicklungsprozess und der manuellen Scharfstellung der Linse entsteht eine technisch ›saubere‹ Abbildung durch das korrekte Befolgen der »Regeln der Optik (Focus), [der] Mechanik (Verschluss) und [der] Fotochemie (Lichtempfindlichkeit des Trägermaterials)«.[15] Unschärfe erscheint somit einerseits als eine Störung oder als ein Fehler. Andererseits kann Unschärfe Bewegung oder Geschwindigkeit darstellen und somit Zeit (einen zeitlichen Verlauf) in einem eigentlich ausschließlich rein räumlich organisierten Einzelbild festhalten. Unschärfe wird dadurch zur »Figur für die dargestellte Zeit« im räumlich fixierten Einzelbild.[16] Es ließe sich hier nun ein Exkurs zur »okkultisti-

12 Vgl. Roland Barthes: *Die helle Kammer. Bemerkungen zur Photographie* [frz. 1980]. Frankfurt/M. 1989.
13 Nicht zufällig wird Unschärfe von Fotografen und Medientechnikern auch als ›Bildrauschen‹ bezeichnet.
14 Luc Boltanski: »Die Rhetorik des Bildes«. In: Pierre Bourdieu u. a.: *Eine illegitime Kunst. Die sozialen Gebrauchsweisen der Photographie* [frz. 1965]. Frankfurt/M. 1981, 158–159. Boltanski spricht hier ferner von einer »negative[n] Ästhetik« der »Ästhetik der Momentaufnahme« (159). Vgl. in diesem Zusammenhang auch Joachim Paech: »Le Noveau Vague oder Unschärfe als intermediale Figur«. In: Ders./Jens Schroeter (Hg.): *Intermedialität, analog/digital. Theorien, Methoden, Analysen.* München 2008, 345–360, hier: 359.
15 Paech: »Le Noveau Vague« (wie Anm. 14), 346.
16 Ebd., 348.

schen Geisterfotografie« anschließen, auf die ja auch Marcel Beyer in *Spione* anspielt. Interessanter aber scheint mir in diesem Zusammenhang eine Beobachtung Joachim Paechs zu sein, wonach die »Bewegungsunschärfe einer menschlichen Figur« in einem Bild als Spur lesbar werde – als Spur, die in der Abwesenheit der Figur »noch auf deren Anwesenheit hindeutet«.[17] Damit übernimmt Paech, auch wenn er nicht explizit darauf verweist, natürlich den Spur-Begriff Jacques Derridas, der in *Grammatologie* die Spur als »notwendig verborgen« beschreibt, da sie in der »Verbergung ihrer selbst« erst entstehe.[18] Paech führt weiter aus:

> Die Bewegungsunschärfe in einer Fotografie lässt sichtbar eine Spur dessen zurück, was fotografisch unsichtbar bleiben musste [...]. Eine solche Figur ist z. B. als Code für den (mentalen) Vorgang des Erinnerns lesbar. Eine einzelne Fotografie hat in der Bewegungsunschärfe ontologisch ein Bild der Erinnerung durch die Anwesenheit (unscharfe Spur) der Abwesenheit von etwas Dagewesenem gegeben, während nun die Unschärfen-Blende das Erinnern selbst als Zeitraum des Übergangs von einer aktuellen in eine als Vergangenheit markierte Gegenwart einleitet. Die Unschärfen-Blende ist kein Bild des Erinnerten, sondern eine konventionalisierte Figur des Erinnerns als Vorgang, der zwei unterschiedliche Gegenwarten verbindet [...].[19]

Dieses Zitat könnte auch eine Beschreibung des Erinnerungsdiskurses in Beyers Prosa sein, insbesondere desjenigen in *Spione*: In dem Roman wird über die Unschärfe, die aus der zeitlichen Distanz zwischen erinnernder und erzählender Gegenwart sowie aus dem Informationsdefizit zwischen recherchierendem und spekulierendem Ich bei der Betrachtung ungenau zu erkennender Bildbereiche von alten Fotografien entsteht, reflektiert. Diese Reflexion wird in *Spione* wiederkehrend als das Wesen des Erinnerns selbst beschrieben, weshalb im Umkehrschluss auch argumentiert werden könnte, dass die einzig ›authentische‹ Weise, über das Erinnern zu schreiben, diejenige ist, das Bildrauschen mit zu denken und mit zu beschreiben.

Wie bereits erwähnt, steht diesem Signum des Authentischen gemäß des phänomenologischen Paradoxons der Unschärfe der Aspekt der konnotativen Imagination entgegen: Roland Barthes stellt in *Die Fotografie als Botschaft* die Unschärfe in den Zusammenhang mit »Fotogenität«, die er als den technisch bedingten Effekt der ontologisch begründeten fotochemischen Abbildung versteht. Durch Unschärfe entsteht für Barthes neben der denotativen Ebene der Fotografie überhaupt erst die Ebene des Konnotativen: »Fotogenität ist [damit] das, was die Fotografie der Realität in ihrem Abbild hinzufügt«.[20] Nach Barthes »teilt die Unschärfe in der Fotografie etwas über eine (ereignishafte) Wirklichkeit mit, was wir ohne dieses Rauschen des Realen im fotografischen Abbild so nicht verstehen könnten«.[21]

Michel Serres wiederum bezeichnet in seiner kommunikationstheoretischen Arbeit *Der Parasit* Unschärfe als einen ebensolchen Parasiten der gesellschaftlichen

---

17   Ebd., 347.
18   Jacques Derrida: *Grammatologie* [frz. 1967]. Frankfurt/M. 1974, 82.
19   Paech: »Le Noveau Vague« (wie Anm. 14), 358 und 350–351.
20   Ebd., 359.
21   Ebd.

Kommunikation. Unschärfe sei als »ausgeschlossenes Drittes« an dem Gelingen der Kommunikation beteiligt. Interveniert und stört es aber die Kommunikation, entstünden dabei »Zwischenräume«, die Niklas Luhmann wiederum mit Bezug auf Serres als die »Chance einer Bifurkation, also [als] die Chance eines anderen Wegs« bezeichnet.[22] Anders formuliert, ermöglicht die Störung der Unschärfe bzw. des Rauschens, dass die Linearität des Diskurses abbricht und stattdessen »unendlich viele Möglichkeiten neuer Anschlüsse [ent]stehen, aus denen sich [...] mögliche Fortsetzung[en] herauskristallisier[en]« können.[23] Diese Beobachtungen oder, wie Michel Serres schreibt, diese »Logik des Unscharfen«, auf *Spione* bezogen, macht ersichtlich, dass die Unschärfe in den alten Fotografien zur Konnotationserzeugung einlädt und damit zu einer Bifurkation der erzählten Familiengeschichte führt – eben das, was die Enkelkinder in *Spione* machen, wenn sie die Leerstellen der Großelternbiografien mit alternativen Fortsetzungsversionen füllen. Und nicht zuletzt erlauben es die Formulierungen Serres', eine direkte Querverbindung zu Marcel Beyers Selbstbeschreibung seines Schreibverfahrens zu ziehen, das er in *Menschenfleisch* als ein »parasitäres Schreiben«[24] bezeichnet.

Die Selbstbeschreibung parasitären Schreibens weist auf eine weitere, bedeutsame Figuration des Unscharfen bzw. Rauschens in Beyers Texten hin: auf eine ontologisch-ästhetische Unschärfe, die durch die Evokation durch Negation entsteht. Die Fähigkeit, durch Negation eine Abwesenheit zu markieren und das abwesende Objekt in verneinender Beschreibung zugleich paradoxerweise mit hervorzurufen, ist ein originäres Vermögen der Sprache und in vergleichbarer Weise in den anderen Medien Bild und Ton nicht möglich. Rüdiger Campe bezeichnet in seinen Darlegungen zur Wirkungsästhetik der rhetorischen Hypotypose als die »darstellungstheoretische Pointe« des ›vor Augen Stellens‹, dass »die sprachliche Verneinung noch das zeigen [kann], dessen Vorhandensein sie in Abrede stellt«.[25] Von dieser Einsicht aus aber erscheint die Negation als intermediales (d. h. medienadäquates) Analogon von Unschärfe und Rauschen. Campe verortet dieses Phänomen in einem Zwischenbereich zwischen Präsenz und Absenz. Denn einerseits evoziere die Hypotypose in der Darstellung eine Bildlichkeit eines medial Abwesenden, andererseits ist nach Campe dieses evozierte Bild ontologisch das

> [...] Bild eines Nichtexistenten. In seiner Nichtexistenz gibt von ihm nur die Sprache ein Bild. [...] In der Unmöglichkeit der Kommunikation über das Gesehene oder in der Verneinung des Gesehenen gibt sie einem Sehen Raum, das weder ›reales‹ (eigentliches) Sehen von Dingen noch ›geistiges‹ (übertragenes) Sehen von Bedeutungen und Texten ist.[26]

---

22   Niklas Luhmann: *Die Gesellschaft der Gesellschaft*. Frankfurt/M. 1998, 661. Das Zitat findet sich in diesem Zusammenhang auch bei Paech: »Le Noveau Vague« (wie Anm. 14), 359.

23   Paech: »Le Noveau Vague« (wie Anm. 14), 359.

24   Marcel Beyer: *Das Menschenfleisch*. Frankfurt/M. 1997, 159.

25   Rüdiger Campe: »Vor Augen stellen. Über den Rahmen rhetorischer Bildgebung«. In: Gerhard Neumann (Hg.): *Poststrukturalismus. Herausforderung an die Literaturwissenschaft*. Stuttgart/Weimar 1997, 208–225, hier: 225.

26   Ebd.

Im Bereich zwischen Sagbarkeit und Unsagbarkeit, zwischen Darstellbarem und lediglich Verneinbarem, eröffnet sich in dieser Argumentation ein Drittes, das weder ein optisch-empirisches bzw. psychophysiologisches Sehen noch geistige Anschauung oder etwa bloße Imagination ist. Dieses ›Dritte‹ ließe sich als ein Bereich der Unschärfe bezeichnen, und diese Art der Unschärfe ist eine originäre Anschauungs- und Darstellungsqualität von Literatur, so wie die eigentliche Unschärfe eine originäre Darstellungsform von Bildern und das Rauschen das spezifische Äquivalent des Akustischen ist.

Sinnliche Wahrnehmung im epischen Werk Marcel Beyers – Poetologie

Bevor die Romane Marcel Beyers im Hinblick auf die Figuration von sinnlicher Wahrnehmung analysiert werden, seien zunächst seine poetologischen Texte auf Thematisierungen von Unschärfe, Rauschen und Negationsevokationen hin befragt. In seinen Beschreibungen zum Verfahren der Darstellung der deutschen Geschichte kehren beständig Verben wie ›überlagern‹ oder ›unterlegt sein‹ wieder; ein derartiges ›Schichten‹-Verfahren macht nach Christian Klein einen zentralen Aspekt von Beyers Schreibstrategie aus.[27] Beyer geht es bei den Schichtungen stets darum, den Nachwirkungen des Historischen nachzuspüren, die in den nach 1945 geborenen Generationen und selbst heute noch verborgen sind: Beyer ist damit einer der bedeutendsten Autoren des *postmemory*-Diskurses bzw. – wollte man auch den zweiten Begriff nennen, der in diesem Zusammenhang fällt –, es geht ihm wie kaum einem zweiten Gegenwartsautoren vor allem darum, dem *floating gap* des Erinnerungsdiskurses nachzuspüren. Ob Erinnerungsbereich oder -›lücke‹, stets sind sie für Beyer nur durch ein genaues Hinsehen und Hinhören erkennbar.

In *Über eine Haltung des Hörens* stellt sich Beyer als Vertreter einer dritten Generation vor. Die Kriegs- oder »Schweigegeneration«[28], die über die eigenen Verbrechen nicht reden konnte oder wollte, wurde in Deutschland demnach abgelöst von einer Fragegeneration, die nicht hören wollte und sich stattdessen selbst durch ein allzu »laute[s] Sprechen«[29] auszeichne und somit eigentlich eher eine Antwort- als eine Fragegeneration sei. Das »Rede- und Schweigeverhalten« dieser Generationen präge, so Beyer, auch noch die »dritte, vierte Generation«.[30] Um also zu verstehen, was die Generation der Nachgeborenen, die auch Beyers Generation ist, prägt, müsse man darauf hören, was hinter dem Schweigen der Schweigegeneration sowie hinter dem »Redezwang« liege, um einerseits »mit Worten sich dem zu nähern, das zu umkreisen, das jenseits der Worte hörbar zu machen, was jenseits der Sprache liegt«[31], und andererseits das Schweigen nicht zu überhören:

---

27 Vgl. den Beitrag von Christian Klein in diesem Band.
28 Marcel Beyer: »Über eine Haltung des Hörens«. In: Ders.: *Nonfiction*. Köln 2003, 259–270, hier: 266.
29 Ebd.
30 Ebd.
31 Ebd., 263.

> Wer schweigt, wird nicht gehört. [...] die Antwortgeneration möge begreifen [...]: die
> Stille, das Schweigen von Menschen, die nicht darüber zu sprechen wissen, was frühere
> Wortführer, Lärmende, Weltbildverkünder und Antwortgeber getan haben mit ihnen,
> und mit denen, die nicht mehr sprechen könnten, selbst wenn sie es denn wollten.[32]

Das Schweigen der ›Schweigegeneration‹ ist für Beyer demnach keine bloße Verweigerung der Auseinandersetzung mit der eigenen Vergangenheit, sondern im Gegenteil sogar ein sehr ›beredtes‹ Symptom für ein ausgeprägt vorhandenes Bewusstsein der eigenen Geschichte. Mehr noch: Wer sich in geschichtlichen Arbeiten nur mit Stimmen auseinandersetzt, die sich selbst zu Wort melden, der unterliegt einem historiografischen *bias*, weil man so nur die Versionen der »Wortführer« und »Antwortgeber« erhält und damit in letzter Konsequenz eine Täter-Geschichte. Will man entgegen diesen verzerrten Darstellungen aber auch auf die Geschichten der Opfer hören, derjenigen, denen etwas »getan« wurde, so muss man darauf hören, was zwar auf den ersten ›Blick‹ als Schweigen erscheint, aber eben gerade nicht nur das dichotome Gegenteil des Sprechens und also keine bloße Stille ist, sondern ein Rauschen. Dieses hinter dem Schweigen liegende Rauschen zu hören, das hinter den lauten Worten leicht zu überhörende Hintergrundgeräusch, das »jenseits der Sprache« im Bereich des für diese Generation unaussprechlichen Liegende zu artikulieren, erscheint für Beyer sowohl als Verpflichtung wie auch als die originäre Möglichkeit einer Vergangenheitsbewältigung seiner Generation.

> Diese deutsche Geschichte ist nicht eigene Erinnerung gewesen, aber sie ist nun ein-
> gegangen in die Erinnerung, sie ist jeder Wahrnehmung, jeder Handlung und jedem
> Wort unterlegt. Auch in Form der Lücke, als Auslassung: Da wird nicht verschwiegen, die
> Toten, die leere Stelle wird geschwiegen, deutlich, hineingeschwiegen in diesen Text.
> Hier wird durch Schweigen etwas zu Gehör gebracht. [...] Und wenn es nicht zu hören
> sein mag, es ist doch da. [...] Eine Spannung, die nicht auflösbar ist. Sie ist eine Voraus-
> setzung meines Sprechens und Hörens.[33]

Dass Beyer die zeitgenössische Erinnerungsdebatte nicht nur kennt, sondern sich bewusst und gezielt in diesen Diskurs einschreibt, wird an dieser Stelle bis in Formulierungen hinein deutlich. Denn eine Erinnerung, die nicht die eigene ist, aber in die eigene Erinnerung eingeht, ist nicht weniger als eine präzise Definition der Konzepte des »Generationen-Gedächtnisses«[34] bzw. des *postmemory*. Und mit der »Lücke« und »Auslassung« wird wohl nicht zufällig eine Gedankenfigur aufgegriffen, die in kulturwissenschaftlichen Arbeiten als die Metapher des *floating gap* wiederkehrt. Bemerkenswerterweise verbleibt Beyers Auseinandersetzung jedoch nicht beim bloßen Aufgreifen dieses Diskurses, indem er die in den wissenschaftlichen Arbeiten verwendete Metaphorik reproduziert. Er geht noch einen Schritt weiter, indem er die Metaphorik sozusagen ernst bzw. wörtlich nimmt und sie deshalb sogleich an

---

32 Ebd., 264.
33 Ebd., 268 und 270.
34 Jan Assmann: *Das kulturelle Gedächtnis. Schrift, Erinnerung und politische Identität in frühen Hochkulturen.* München 2006, 50.

die sinnliche Wahrnehmung zurückbindet. Demnach seien die Lücke bzw. sind die Schichten des »Generationen-Gedächtnisses« sinnlich wahrnehmbar, ja jeder Wahrnehmung »unterlegt« und – auch wenn sie nicht sofort ›ins Auge fallen‹ – »doch da«. Damit verortet Beyer die Erinnerungsebene des *postmemory* in ganz spezifischen sinnlichen Bereichen: in der Akustik, in einem geräuschvollen Schweigen, also in einem Rauschen.

Vergleichbar setzt sich Beyer in seiner Poetologie mit den anderen Sinnen, insbesondere mit dem Sehen und dem Wahrnehmungsbereich der Unschärfe auseinander. Und vergleichbar beschreibt er auch hier die ›Überlagerungen‹ und ›Unterlegungen‹ verschiedener Zeit- und Textschichten. Wurde bisher vor allem gezeigt, wie Beyer in seinen poetologischen Schriften theoretisch reflektiert, wie sich sinnliche Wahrnehmung und Erinnerungsverfahren zueinander verhalten, so sind diese intertextuellen Verweise zugleich bereits ein erstes Beispiel dafür, wie die konkrete Darstellung von Wahrnehmung und ›postmemorialer‹ Erinnerung in seinen Texten aussieht. Um diesen ästhetischen Verfahren noch weiter nachzuspüren, und zugleich zu zeigen, dass es Beyer hierbei um einen engen, medienmateriellen Begriff von Unschärfe zu tun ist, seien im Folgenden die drei Medien Text, Tonband und Fotografie untersucht.

Text

In seiner Göttinger Poetikvorlesung mit dem Titel *XX* mischen sich in den Versuch, einen Tag möglichst vollständig aufzuzeichnen, die Erinnerungen an andere Tage und Ereignisse. In der Darstellung entsteht hierbei die Form mehrerer sich überlagernder Textschichten, allen voran durch Verweise auf *Alice im Wunderland* und Texte von Georges Perec. Doch das genaue Hinhören wird in diesem Text abschließend noch auf eine weitere textuelle Form der Unschärfe, die zudem das titelgebende *XX* überhaupt erst verständlich werden lässt, bezogen:

> [...] jene Zeichenfolge, mit deren Hilfe man in einer mittlerweile weit zurückliegenden Zeit in Typoskripten einzelne Wörter, Sätze oder ganze Absätze markierte, überschrieb, die man als falsch, als unpassend, als nicht zum Text gehörig auffaßte, immer wieder mit dem Zeigefinger auf die eine Taste hämmernd, um den geschriebenen Text zum Verschwinden zu bringen, womit, wie sich von selbst versteht, nicht einfach ein für allemal Worte gelöscht, sondern zugleich ihr Geheimnischarakter offenbart und, daraus resultierend, der Entzifferungseifer des Lesers geweckt wurde: Das Durchgestrichene als das zu Entdeckende, eine Haltung der Welt gegenüber, eine Neugier, ein Antrieb beim Schreiben [...]. Nach und nach verblaßt so das Bild der Literaturkritikerin, die ich am Vormittag in der Wirklichkeit gesehen habe, [...] und ich wende mich der am Nachmittag bevorstehenden Begegnung mit Cécile Wajsbrot zu, einem Menschen, den ich nur aus der Wirklichkeit kenne, aus der Wirklichkeit ihrer Bücher auch, [...] [etwa einem] Buch über Menschen, denen die Wirklichkeit abhanden kommt, und die mit ihren Angehörigen Menschen zurücklassen, die fortan eine zweifache, dreifache Wirklichkeit zu

tragen haben, geschwärzt, überschrieben, getilgt von endlos sich aneinanderreihenden ›X‹, ohne daß damit auch nur das Geringste getilgt, aus der Welt verschwunden wäre.[35]

Auch dieser Abschnitt ist selbstredend als Metapher oder Allegorie auf Unaussprechlichkeit einerseits oder auf Rede- und Denkverbote andererseits interpretierbar. Doch bezeichnenderweise bezieht Beyer dies auf eine Art der Unschärfe, wie sie sich im Medienmaterial Text selbst als überlagerte Textschichten manifestieren kann. Damit erhält dieser Text die Form eines Palimpsestes, womit nicht zufällig jene Textmetapher aufgerufen wird, die wie keine andere literarisches Schreiben im Allgemeinen und Intertextualität im Besonderen symbolisiert[36] – und die schon 50 Jahre vor der poststrukturalistischen Theoriewende, in der sie breite Beachtung fand, von Sigmund Freud als eine adäquate Beschreibung des menschlichen Gedächtnisses verstanden wurde. Nach Freud verfügt das Gedächtnis über die Fähigkeit, verschiedene Textschichten zu archivieren, bei Bedarf wieder zu reaktivieren, und diesem persönlichen Archiv fortlaufend weitere Textschichten hinzuzufügen. Der menschliche Erinnerungsapparat funktioniere demnach wie eine Wachstafel, auf der »die Dauerspur des Geschriebenen [...] selbst erhalten bleibt« und zugleich eine »immer von neuem verwendbare Aufnahmefläche« vorhanden ist.[37] Man muss in diesem Zusammenhang erneut die Präzision in der Auseinandersetzung mit theoretischen Diskursen wie auch in ihrer ästhetischen Darbietung beachten, wenn Marcel Beyer in einer Poetikvorlesung sein spezifisch postmemoriales Schreibverfahren als Palimpsest kennzeichnet und sodann abschließend bemerkt, diesen in derartigen Textschichten verborgenen ›Spuren‹ nachzuforschen sei sein ganz persönlicher »Antrieb beim Schreiben«.

Diese Struktur bezieht Beyer in seiner Göttinger Poetikvorlesung zudem nicht nur auf das Textmaterial, sondern darüber hinaus auch noch auf das Sprachmaterial der Laute:

---

35   Marcel Beyer: *XX. Lichtenberg Poetikvorlesungen*. Göttingen 2015, 56–57 (im Folgenden als »XX« direkt im Haupttext nachgewiesen).

36   »Viele Philosophen des Altertums, beginnend mit Platon und Aristoteles, haben in einer so beschaffenen Wachstafel ein sinnfälliges Bild des menschlichen Geistes, insbesondere des Gedächtnisses, gesehen und den Prozeß der Wahrnehmung und Erkenntnis, vom Null-Zustand der *tabula rasa* bis zur voll beschrifteten Geistestafel, mit psychologischem Interesse verfolgt«. Harald Weinrich: »Schriften über Schriften. Palimpseste in Literatur, Kunst und Wissenschaft«. In: Ders. (Hg.): *Wie zivilisiert ist der Teufel? Kurze Besuche bei Gut und Böse*. München 2007, 23–34, hier: 31. Später plädiert Weinrich für eine Engführung des Palimpsest-Begriffes: »daß intertextuelle Bezüge zwischen literarischen Werken nur dann als Palimpseste angesehen werden können, wenn ein Text nicht glatt und harmonisch von einem anderen überlagert wird, sondern deutliche Spuren von psychischen Verwerfungen aufweist, an denen abzulesen ist, daß hier eine alte Geschichte mit einer neuen Botschaft im Streit liegt«. Ebd., 34.

37   Sigmund Freud: »Notiz über den ›Wunderblock‹«. In: Ders.: *Gesammelte Werke. Bd. 14: Werke aus den Jahren 1925–1931*. Hg. v. Anna Freud. Frankfurt/M. 1999, 1–8, hier: 7.

> Es gibt Birnenschnitten und Dohlen, es gibt Halbvokale. Vor allem die. Ja, die Halbvokale, die gibt es eben, ob mir das nun gefällt oder nicht. Vielleicht gibt es sogar Kinder von Halbvokalen – und alles hat seinen Platz in der Literatur, weil es eben existiert, und nichts davon läßt sich, im DIENST AM LESER, wegbrüllen. (XX 70–71, Hervorh. im Orig.)

In einer genussvoll ausgebreiteten Kritik an der ›Lautsprecherin‹ Elke Heidenreich, die alles, was von ihrer eigenen Poetik abweicht ›wegbrüllen‹ wolle,[38] plädiert Beyer erneut dafür, auf die Schichten unterhalb des Lauten und Offenkundigen zu hören. Zudem wird dieses Hinhören hier als eine Notwendigkeit geschildert, weil das Verborgene nun einmal »existiert«. An den beiden vorangehenden Zitaten ist damit auch zu erkennen, dass es Beyer offensichtlich nicht so sehr um das Spannungsverhältnis zwischen Fakt und Fiktion ankommt, und dass in seinem Verständnis einer ästhetischen Wirklichkeit der ontologische Status des Beschriebenen nicht von Bedeutung ist:[39] er mithin nicht zwischen *der* Wirklichkeit und der Wirklichkeit *der Bücher* unterscheidet. Außergewöhnlich konzise werden diese Aspekte im angeführten Textabschnitt noch als unterschiedliche Wirklichkeitsebenen beschrieben, die sich wie die unterschiedlichen Textschichten in einem Palimpsest überlagern. »Halbvokale« sind in diesem Zusammenhang ein adäquates Sprachbild, weil sie, könnten sie niedergeschrieben werden, in ihrer Unschärfe sowohl sichtbar, als auch in ihrem Rauschen hörbar wären.

Tonband

In *Flughunde* steht mit der Aufzeichnung von Geräuschen und Gesprächen auf Tonbändern und Schallplatten ein anderes Medium im Zentrum der erzählten Geschichte. Und erneut wird dieses Medium in allen seinen Facetten thematisiert und reflektiert, von kleinsten Geräuschunterschieden über den Wunsch, durch die Aufzeichnung sämtlicher menschlicher Sprachfärbungen »das Innere des Menschen«[40], sein »Urgeräusch« (Fgh 227) zu ergründen, bis hin zum Beitrag des Akustischen zum Sieg des Totalitarismus. Dies reicht sogar bis zur Beschreibung von Kehlkopfoperationen an lebenden Opfern, die der Erforschung des Wesens der »arischen Stimme« dienen sollen, womit der Roman sämtliche Aspekte des Akustischen bis zum Extrem einer inhumanen Erforschung der körperlichen Bedingungen der Stimmerzeugung durchdekliniert. Dies geschieht in *Flughunde* zudem vor dem Hintergrund einer Mediengeschichte der Tonbandaufzeichnung, insbesondere in den Versuchen zur bestmöglichen Aufzeichnung, Archivierung und Speicherung von Gehörtem.

---

38 Beyer bezieht sich auf einen Vorfall in der Sendung *Literaturclub* des SRF vom 22.4.2014.

39 In seinem Text *Bildpolitik* fasst Beyer das selbst in die lapidare Bemerkung: »Tatsachenhungrig gehe ich mit fiktionalen Welten um. Fiktionssüchtig schweife ich durch eine Welt jenseits der Fiktion«; Marcel Beyer: »Bildpolitik«. In: *Wespennest. Zeitschrift für brauchbare Texte und Bilder* 165/2013, 90–99, hier: 92.

40 Marcel Beyer: *Flughunde*. Frankfurt/M. 1996, 139 (im Folgenden als »Fgh« direkt im Haupttext nachgewiesen).

Karnau, die Hauptfigur in *Flughunde*, ist bezeichnenderweise ein Tontechniker und als solcher für sämtliche Arbeiten rund um den sinnlichen Wahrnehmungsbereich des Akustischen zuständig. So hilft er nicht nur dabei mit, die Beschallungsanlagen bei NS-Propagandaveranstaltungen aufzubauen und einzustellen, er soll außerdem während des Zweiten Weltkriegs Aufnahmen von Soldaten an der Front produzieren sowie mit seinem geschulten Ohr dabei mithelfen, sog. »Untergrund-Franzosen« zu entlarven, die sich der »Sprachmerze« widersetzen, also dem Bereinigungswahn der Nazis, die Sprache in den besetzten Gebieten von nicht-deutschen Einflüssen zu säubern (vgl. Fgh 79–88). Neben seinen offiziellen Tätigkeiten schneidet Karnau aber auch beständig heimlich und im Verborgenen Gesprächsaufnahmen von belauschten Kranken und Frontsoldaten oder sogar Funksprüche der Alliierten mit. Ziel seiner Aufzeichnungstätigkeit ist es dabei, eine »Karte aller Stimmfärbungen« (Fgh 29) und Geräusche anzulegen, um dem »Geheimnis der Stimme« (Fgh 48) auf die Spur zu kommen. Was Karnau antreibt ist der Wunsch nach Vollständigkeit, danach, auch noch die abwegigsten, leisesten, unwahrscheinlichsten Geräusche der menschlichen Stimme auf seiner »Karte« verzeichnen zu können. Um diesem Forschungsdrang nachzugeben, seziert er etwa in seiner Wohnung Tierkadaver, nimmt aber auch die Gefahren der Kriegsfront in Kauf und willentlich an Folterungen und Schädelexperimenten an politischen Gefangenen teil. Was für ihn zählt ist einzig und allein, alle möglichen Stimmfärbungen zu sammeln, moralische oder ethische Fragen stellen sich für ihn dabei nicht. Diese Sammlungstätigkeit erfolgt allerdings nicht aus bloßem Selbstzweck oder aus bloßem Drang nach Vollständigkeit. Zu Beginn von *Flughunde* charakterisiert sich Karnau vielmehr wie folgt:

> Ich bin ein Mensch, über den es nichts zu berichten gibt. So aufmerksam ich auch nach innen horche, ich höre nichts, nur einen dumpfen Widerhall von Nichts, unten aus der Bauchhöhle vielleicht, das Fiebern, das Rumoren meiner Innereien. […] Ein Mensch wie ein Stück Blindband, das vor Anfang des beschichteten Tonbandes angeklebt ist: Man könnte sich auch noch so sehr bemühen, es würde einem doch nicht gelingen, auch nur den unscheinbarsten Ton dort aufzunehmen. (Fgh 16–17)

Karnau fehlt es damit an jenem »inneren Klang«, den er selbst wiederholt als den Kern des Wesens des Menschen, mithin als ›Ort‹ der Seele bezeichnet. In seiner Forschungstätigkeit jagt er somit dem Ursprung jener zentralen humanen Eigenschaft nach, die ihm selbst fehlt. Erkennbar wird hier also eine Strukturanalogie zu einer anderen weltliterarischen Figur: Jean-Baptiste Grenouille in Patrick Süskinds *Das Parfum* versucht bekanntlich deshalb sämtliche Gerüche der Welt zu sammeln, weil er selbst als einziger keinen Eigengeruch besitzt.[41]

Darüber hinaus zeigt sich an dieser Stelle, wie ungemein dicht das Verweisgeflecht in *Flughunde* ist. Denn Karnaus an mehreren Textstellen skizzierte Faszination für Taubstumme wird einerseits davon ausgelöst, dass bei diesen Menschen, die in

---

41   Die Parallele wurde bereits früh und schon in den ersten Rezensionen nach Erscheinen von *Flughunde* erkannt, z. B. von Heinrich Winkels oder Sigrid Löffler; vgl. hierzu Christian Klein: »Nachwort«. In: Marcel Beyer: *Flughunde. Text und Kommentar*. Hg. v. Christian Klein. Berlin 2012, 300–337, hier: 329.

einer Welt vollkommen ohne Akustik leben, auch in ihrem Inneren vermeintlich »keine Laute sind« (Fgh 16). Andererseits sind sie als Motiv zudem verschränkt mit dem titelgebenden Motiv der Flughunde: »Wie Flughunde flattern die Arme [der Taubstummen] lautlos zwischen Tag und Nacht.« (Fgh 15) Flughunde können sich wiederum nur durch ihr extrem fein ausgebildetes Gehör in der Nacht orientieren. Karnau schließlich faszinieren diese Tiere nicht nur aufgrund ihrer akustischen Fähigkeiten, sondern weil er selbst eine vergleichbare Nachtexistenz führt, zumal für ihn in der Dunkelheit die Geräusche ausgeprägter und reiner wahrnehmbar sind als tagsüber. In just jenem Moment, in dem er sich seiner inneren Klanglosigkeit bewusst wird, heißt es zudem, dieses Metapherngeflecht weiterführend:

Ich stehe mir selber gegenüber wie einem Taubstummen: Es gibt da einfach nichts zu hören [...]. Mit Ende Zwanzig eine noch ungravierte, glatte Wachsmatrize, wo sich andern längst unzählige Spuren eingeprägt haben, wo sie schon bald ein Kratzen oder Knacken hören lassen, weil sie so oft abgespielt worden sind. (Fgh 18)

Die im oben zitierten Textausschnitt verwendete Metapher vom »Blindband« wird somit an dieser Stelle ergänzt um das Bild einer »noch ungravierte[n], glatte[n] Wachsmatrize«. Karnau ist offenkundig das akustische Äquivalent eines unbeschriebenen und unbeschreibbaren Blattes; anders formuliert, hier wird die klassische Tabula-rasa-Metapher auf den Bereich des Akustischen übertragen. Diese Metapher verweist einerseits tatsächlich (und in ihrer wörtlichen Bedeutung) auf eine Wachstafel, als *Tabula rasa* wird andererseits in übertragenem Sinne aber auch die menschliche Seele bezeichnet, auf der die Erfahrungen, die man im Laufe des Lebens macht, verzeichnet werden.[42] In diesem Sinne hatte auch Freud die Metapher der Wachstafel, wie oben skizziert, verwendet. Die Gegenüberstellung der beiden Sprachbilder »Blindband« und »glatte Wachsmatrize« ist somit für die Charakterisierung von Karnau als doppelter Außenseiterfigur von zentraler Bedeutung: Nicht nur besitzt er bisher noch keine vergleichbare menschliche ›innere Stimme‹ bzw. Seele, er kann auch keine entwickeln, da auf einem »Blindband« Aufnahmen bzw. Eingravierungen nicht möglich sind.

Das Sprachbild der sich in einer Wachsmatrize eingravierenden Sprache ist darüber hinaus aber noch in anderer Hinsicht von Bedeutung.

[Die] vielen Aufnahmen, auf denen kaum mehr etwas zu hören ist, den fast schon vergeudeten Platten, wo die Nadel nur schwache Gravuren gezogen hat [...] Anhand der in das Wachs gekratzten Daten müssen die Matrizen in eine Abfolge zu bringen sein, die Einritzung am Rillenende der zuerst gehörten Platte besagt: Montag, den 30. April, die Aufzeichnung mit: Klippe, klappe. Das ist kein Aufnahmefehler, wie sich zeigt, die Kinder sagen es tatsächlich [...]. (Fgh 283)

Mit der Wachsmatrize wird erneut die Metapher des Palimpsestes aufgerufen und auf die Tonaufnahmen übertragen. Diese Übertragung erfolgt einerseits intertextuell,

---

42   Klein: »Nachwort« (wie Anm. 41), 309–310.

da es sich bei den eingetragenen Daten um Text handelt, der die unterschiedlichen Platten kennzeichnet; andererseits aber auch intermedial, da die Laute durch eine Einritzung des Text- und Geräuschmaterials auf dem Medienträger, hier der Schallplatte, archiviert werden. Klein bezieht in diesem Zusammenhang die Metaphorik des Einritzens und Überschreibens zudem auf das Leben Karnaus, da dieser in der in *Flughunde* erzählten Geschichte seine Biografie gleichsam mit einer zweiten Nachkriegs-Lebensgeschichtsschreibung überschreiben möchte.[43]

Die Metapher des Palimpsestes wird in *Flughunde* zudem nicht nur im Hinblick auf die Aufzeichnungsmedien verwendet, sondern auch hinsichtlich der menschlichen Stimme selbst. An zahlreichen Stellen und stets aus der Erzählerperspektive Karnaus wird beschrieben, wie sich die (Sprech-)Geschichte eines Menschen in Form von Narben auf dessen Stimmbändern einpräge:

> Weiß er denn nicht, daß jeder Schrei, jede so laut hervorgebrachte Äußerung auf den Stimmbändern eine kleine Narbe hinterlässt? [...] Jedes Aufbrausen zeichnet sich in die überdehnten Stimmbänder ein, das narbt sich immer weiter fort, und solch ein Mal läßt sich nie wieder zum Verschwinden bringen, die Stimme bleibt markiert bis an das Lebensende. (Fgh 14–15)

Die Narben bilden eine Spur, der sich der Mensch selbst nicht bewusst ist, die aber in ihrer Abwesenheit doch anwesend ist – und die für den Geräuschexperten Karnau auch hörbar ist. Die Stimmbänder sind damit ein metaphorisches Äquivalent zur Wachsmatrize: Während im einen sich jeder geäußerte Laut und auch noch das Schweigen als Narbe einzeichne, werden bei der Matrizenschallplatte die Laute durch eine technische Apparatur aufgezeichnet. Für Karnau ist die Lesbarkeit dieser Narben dabei mehr als nur ein semiotisches Spiel des Zeichenlesens, die Narben stellen für ihn das Wesen jeder Stimme dar und zudem speichern sie die gesamte Lebensgeschichte:

> Nur wenige Stimmen in dieser Welt sind narbenlos, oder sagen wir: von einer zarten, weichen Äderung überzogen. Kein Wunder, daß man jenes ungreifbare Etwas, das Seele genannt wird, in der menschlichen Stimme zu orten meint. Geformter Atem, Hauch: Das, was den Menschen ausmacht. So bilden die Narben auf den Stimmbändern ein Verzeichnis einschneidender Erlebnisse, akustischer Ausbrüche, aber auch des Schweigens. Wenn man sie nur mit dem Finger abtasten könnte, mit ihren Fährten, Haltepunkten und Verzweigungen. Dort, in der Dunkelheit des Kehlkopfs: Das ist deine eigene Geschichte, die du nicht entziffern kannst. (Fgh 21–22)

Erneut ist hier Karnaus Selbstcharakterisierung von Bedeutung, nach der er sich selbst als »ungravierte Wachsmatrize« ohne ›innere Stimme‹ bezeichnet. Sein Forschungsprojekt wird damit einerseits als »biographisch-psychologisch motiviert erkennbar«.[44] Andererseits steckt hinter dem Projekt einer Semiose des historiographischen Narbenlesens kein humanistisches Programm. Wie vollkommen amo-

43   Klein: »Nachwort« (wie Anm. 41), 321.
44   Klein: »Nachwort« (wie Anm. 41), 308.

ralisch Karnau letztlich handelt, wird insbesondere in seinem Vortrag im Dresdner Hygiene-Museum deutlich, in dem er für Kehlkopfoperationen an Menschen plädiert, um ihr Sprachbild ändern und ›arisieren‹ zu können, und damit auch noch die radikalsten Rassenideologen unter den nationalsozialistischen Medizinern übertrifft. Karnau tut dies aber unbewusst und ungewollt, er ist eigentlich kein Rassenideologe, noch nicht einmal ein überzeugter Nationalsozialist, er ist letztlich amoralisch und will mit den Kehlkopfoperationen lediglich zum Kern der Stimme vordringen. Als Figur transgressiert er somit übliche und einfache Opfer-Täter-Schemata. Aber mehr noch, hier wird durch diese Thematisierung von sprachlichen Spuren, die man nicht sehen kann, die aber doch ›da‹ sind, erkennbar, inwiefern es sich bei *Flughunde* um einen bedeutsamen *postmemory*-Roman handelt. Stets geht es Beyer bei der Thematisierung solcher Palimpsest-Text-Schichtungen darum, so wurde oben ja bereits ausgeführt, den Nachwirkungen des Historischen nachzuspüren, die den nachgeborenen Generationen verborgen geblieben sind. Indem er Karnau selbst seine eigene Forschungsgeschichte erzählen lässt, indem er Karnau den in den Narben verborgenen Textschichten nachforschen und sie beschreiben lässt, gelingt es Beyer hier, den Opfern, denen in den inhumanen Experimenten ihre Menschlichkeit und ihre Stimme genommen wurde, gleichsam durch eine Täter-Erzählerstimme wieder eine ›eigene Stimme‹ zu geben.

Davon abgesehen steckt hinter dem Ziel, die Narben auf den menschlichen Stimmen entziffern zu können, Karnaus lebenslanger Wunsch, zum vermeintlich ›reinen Kern‹ der Stimme vorzudringen:

> In den extremsten Äußerungen, im Schreien, Krächzen, Wimmern kann man mitunter die Eigenheiten einer Stimme viel besser erkennen als im gesprochenen Wort, selbst wenn diese Laute besonders tiefe Narben auf den Stimmbändern hinterlassen. Oder vielleicht gerade darum? Dort, wo weder der Sprecher noch der Hörer die Klarheit vermuten, diesen so seltenen, klaren Ton. Wo sich das Organ an Rauheiten abarbeitet, wo es mit Schwierigkeiten kämpft und sie zu überwinden sucht mit aller Kraft, im Hustenkrampf vielleicht, bis an den Punkt, da die Stimme aufzugeben droht, da jeder Laut erstirbt. Das sind die Regungen, in denen eines Menschen Stimmbild völlig ungezügelt zum Vorschein kommt. (Fgh 64)

An dieser Textstelle wird deutlich, dass Karnaus gesamtes ›Forschungsprojekt‹ – und damit letztlich der Roman *Flughunde* – auf jenen akustischen Bereich der menschlichen Stimme fokussiert, der sich diesseits und jenseits der klar artikulierten Laute und Worte befindet. Medienspezifisch lassen sich diese Bereiche als Rauschen auf der Rezeptionsseite bzw. auf der Artikulationsseite der menschlichen Stimme als u. a. »Schreien, Krächzen, Wimmern« verstehen. Diese Geräuschgebiete sind eigentlich kaum zu entziffern, liefern für den Geräuschexperten Karnau aber im Gegenteil gerade den »seltenen, klaren Ton«, stellen somit jene Tonalität bereit, die eine Stimme unverwechselbar und einzigartig macht.

Generell interessiert sich Karnau bei all seinen Tätigkeiten, insbesondere aber bei den Aufnahmen der Frontsoldaten, neben dem offensichtlichen und funktionalen akustischen Material vor allem für solches Hintergrundrauschen, d. h. das zufällig aufgezeichnete, undeutliche Lautmaterial, das sich schließlich als Sprachfetzen der

Kämpfenden, ja als die letzten Stoßseufzer und das Röcheln von Sterbenden, mithin also die letzten gerade noch hörbaren Geräusche der sterbenden Soldaten erweist. Erneut liegt damit ein Schwerpunkt auf der Darstellung eines Bereiches, der zwar ›da‹ ist und nun einmal ›existiert‹ – und deshalb Beyers Interesse in besonderen Ausmaß weckt, wie er in seinen poetologischen Schriften immer wieder betont[45] –, der aber eigentlich in dem jeweiligen Medium nicht dargestellt werden kann.

Diese Struktur kulminiert am Ende des Romans in der Darstellung des Sterbens der Goebbels-Kinder. In *Flughunde* werden mehrere Ausschnitte aus dem Leben Karnaus erzählt. Zum Ende der Zeitebene, die während des Dritten Reiches spielt, lernt Karnau die sechs Kinder des Propagandaministers kennen und kümmert sich u. a. in den letzten Tagen im Führerbunker, bevor die Kinder von ihrer Mutter Magda Goebbels ermordet werden, um sie. Beständig wiederholt Karnau auf der Erzählebene, auf der seine akustischen Experimente beschrieben werden, dass die Goebbels-Kinder eigentlich die einzige Ausnahme darstellen und auf seiner akustischen Karte nicht verzeichnet werden sollen, dass er ihre Stimmen als einzige also nicht aufzeichnen möchte. In diesen letzten Tagen im Führerbunker lässt Karnau dann jedoch trotzdem ein im Zimmer der Kinder verstecktes Aufnahmegerät mitlaufen – und diese Aufnahmen hört er sich erst Jahrzehnte später wieder an.

Hier knistert es sehr laut, auf diesem Mitschnitt eines Nachtgesprächs, ein störendes Geräusch ganz nah am Mikrophon unter dem Bett. Was kann das sein? Gleich nach dem Knistern hört man die Kinder normal sprechen. Dann wiederholt sich das unerklärliche Geräusch. (Fgh 285) Nach Helgas letztem Satz ertönen erst einmal nur noch Geräusche, die nicht zu identifizieren sind. Andererseits aber wußte niemand außer mir von dem versteckten Mikrophon, von dem Aufnahmegerät unterm Bett. […] Ab diesem Punkt spricht niemand mehr. Ein Schlürfen nur, das sich insgesamt sechsmal wiederholt. War da ein Schrei? Ein kurzes Weinen? Dann bleibt nur das Atmen. Das Atmen von sechs Kinderlungen in versetztem Rhythmus. Es läßt an Intensität und Lautstärke nach. Schließlich ist gar nichts mehr zu hören. Es herrscht absolute Stille, obwohl die Nadel noch immer in der Rille liegt. (Fgh 300–301)

Was anhand der Aufnahmen der Frontsoldaten bereits thematisiert wurde, wird an dieser Stelle noch dramatischer ausgearbeitet: Das Sterben selbst ist nicht hörbar, im Rauschen des leiser werdenden Atmens wird es aber auf dem Tonbandgerät aufgezeichnet und hierdurch wahrnehmbar. Es ist weder ein richtiger Laut, noch ist es bloßes Schweigen.[46] Die »absolute Stille« markiert den Zeitpunkt des Todes,

---

45   Vgl. z. B. Beyer: »Bildpolitik« (wie Anm. 39).
46   *Kaltenburg* ist für Michael Preis ein Roman, der von einem »Ethos des Schweigens« geprägt ist, wobei er damit aber vor allem ein metaphorisches Schweigen im Sinne einer »Unbestimmbarkeit jedes moralischen Urteils« meint, weshalb an dieser Stelle lediglich kursorisch darauf verwiesen sei. Nach Preis gibt es in *Kaltenburg* einen »doppelten Bezug« zu derartig verstandenem Schweigen: »Sowohl die Subjekte als auch die Objekte der Beobachtungen sind stumm, wenn auch erstere ihr Schweigen brechen können, sobald die Gefahr nicht mehr besteht, die Tiere, die zu studieren sein sollen, durch unbedachtes Sprechen zu vertreiben«; Michael Preis: »Vom guten und vom bösen Schweigen – Beobachtungen zu Marcel Beyers Roman ›Kaltenburg‹«. In: Franz Fromholzer/Michael Preis/Bettina Wisiorek

während die letzten Geräusche und das Rauschen den Vorgang des Sterbens selbst aufzeichnen. Die Darstellung des Todes durch einen Übergang vom Rauschen zu absoluter Stille muss medial in diesem Zusammenhang darüber hinaus als ein Analogon der Verneinung betrachtet werden: Die Abwesenheit von aufgezeichnetem Tonmaterial ist als Ereignis anwesend, obwohl kein Geräusch in das Trägermaterial der Platte eingeritzt wurde. Und auch wenn dieses Ereignis medial nicht existiert – und damit zugleich das Ende der Existenz der Kinder symbolisiert –, legt die Verneinung der medialen Aufzeichnung doch Zeugnis über den Tod der Kinder ab.

Fotografie

Der Roman *Spione* schließlich dreht sich um ein weiteres Medium:[47] Alte Fotografien aus einem Familienalbum werden für vier Kinder, u. a. den Ich-Erzähler, zum Anlass, die Geschichte der eigenen Großeltern zu recherchieren bzw. vor allem zu imaginieren. Gegenstand der Faszination der Enkel und letztlich auch Erzählanlass und wesentlicher -gegenstand sind dabei die Bereiche des Unscharfen und nicht klar Erkennbaren auf den Fotografien.[48] In *Spione* werden beständig derartige unscharfe Bildbereiche auf den Fotografien thematisiert und beschrieben, allerdings kaum je explizit als »unscharf« bezeichnet, mit einer Ausnahme:

> Manche davon sind unscharf, weil der photographierende Kamerad nicht richtig mit der Kamera umzugehen wußte, ihr Verlobter auf einem Sandweg, dahinter Sträucher und ein Lattenzaun, jedes einzelne Sandkorn ist deutlich zu erkennen, aber das Gesicht verschwimmt. [...] Von jedem fremden Ort hat ihr Verlobter früher ein Erinnerungsbild geschickt. Manchmal in letzter Zeit verspürt sie eine leise Furcht, diese Photos könnten tatsächlich zu bloßen Erinnerungsbildern werden.[49]

Mit der Unschärfe geht an dieser Textstelle eine Unsicherheit darüber einher, wo sich der Verlobte eigentlich befindet und wie seine Absichten bezüglich der Beziehung

---

(Hg.): *Noch nie war das Böse so gut. Die Aktualität einer alten Differenz.* Heidelberg 2011, 303–323, hier: 305 und 307.

47 Dass der Roman *Spione* nicht nur ein Roman der Fotografie, sondern generell der Visualität ist und auch die Thematisierung von Blickrichtungen und -achsen sowie von unterschiedlichen Fokalisierungsformen eine wichtige Rolle spielen, hat Silke Horstkotte nachgezeichnet; vgl. Horstkotte: *Nachbilder* (wie Anm. 3).

48 Die Erstausgabe zeigt auf dem Cover eine Fotocollage, wobei einige der gezeigten Bilder unscharf sind. Gudrun Heidemann bezieht in ihrer Lesart diese Art der paratextuellen Verunklarung durch Unschärfe auf das Konjunktive, das wiederum auf der Bindehaut – der ›Konjunktiva‹ – respondiere: »Auf diese Weise erfassen sie eine Augenwischerei, die die Bindehaut – Konjunktiva – zu wuchernden Konjunktiven über das unsichtbare Off reizt«. Gudrun Heidemann: »Konjunktiv(a)e zwischen Ethos und Pathos. (Aus)Bleibende Belichtungen in Marcel Beyers ›Spione‹ und Paweł Huelles ›Mercedes-Benz. Z listów do Hrabala‹«. In: Kalina Kupczyńska u. a. (Hg.): *Repräsentationen des Ethischen. Festschrift für Joanna Jabłkowska.* Frankfurt/M. 2013, 179–196, hier: 188.

49 Marcel Beyer: *Spione.* Frankfurt/M. 2010, 178–179 (im Folgenden als »Spn« direkt im Haupttext nachgewiesen).

und der gemeinsamen Zukunftsplanung aussehen – weder scheint sie die Person auf den Bildern wirklich zu kennen, noch weiß sie, ob sie ihn je wiedersehen und, wenn ja, dann auch heiraten wird. Die Unschärfe markiert darüber hinaus auch eine ontische Unsicherheit: Ist der Mann, der nur ungenau zu erkennen ist, überhaupt ihr Verlobter oder nur ein ähnlich aussehender Soldat? Lebt der Mann, der ihr ›Verlobter‹ ist, überhaupt noch, und wenn ja, ist er dann noch ihr Verlobter? Oder ist es nur noch ein Bild der Erinnerung, weil er entweder schon tot ist oder inzwischen eine andere Frau liebt? Darüber hinaus erzeugt auch die Form der Erzählung einen Unschärfeeffekt, indem mehrere Ebenen der Distanzierung als Verunklarung eingebaut werden. An dieser Stelle z. B. wird ein doppelt vermittelter Blick erzählt: Der Ich-Erzähler imaginiert den fiktiven Blick der (wahrscheinlich imaginierten) Großmutter auf eine zwar reale Fotografie, die aber wiederum in ihrer Unschärfe nicht für ein ›es ist so gewesen‹ (bzw. ›er ist gewesen‹ und ›er ist dort gewesen‹) bürgen kann.[50] Diese unterschiedlichen Spielarten und Ebenen der Unschärfe werden in *Spione* am Romanende konzise enggeführt:

> Wenn man das Fenster angestrengt fixiert, ist möglicherweise eine Hand erkennbar, die den Gardinenstoff beiseite hält. Vielleicht lassen sich noch die Finger voneinander unterscheiden. So scharf aber kann im Grunde kein Photo sein. Der Ausschnitt ist zu klein, der Film zu grob, es sind vielleicht nur ein paar Punkte, die eine Hand darstellen sollen. Aus der Entfernung stelle ich mir eine Hand vor, wo ich nichts weiter als einen hellen Fleck vor Augen habe, der gegen die restliche Fensterfläche abzustechen scheint. Eine faltige Hand, mit hervortretenden Adern und Altersflecken, es ist nicht möglich, daß ich sie erkenne. Die Hände der Alten habe ich nie gesehen. [...] Auf der Photographie, die ich noch nicht habe entwickeln lassen, sind sicher keine Geister zu erkennen. Vielleicht ist nicht einmal der Schattenriß im Schlafzimmerfenster darauf abgebildet. Keine Gardine, keine Hand, das Fenster leer. Hätte ich den Auslöser nur einen Augenblick früher abgedrückt, wäre gerade noch zu sehen gewesen, wie etwas durch den Fensterausschnitt gleitet, ein heller Streifen nur, keine Gestalt. Verwischt, wie ein Schleier, eine leichte Trübung. Wie eine Gardine, die mit der Hand bewegt wird, heftig, schnell. Die Hand hält sich an der Gardine fest und reißt sie mit. (Spn 372–373)

Nicht nur kann Unschärfe und Rauschen Erinnerungsvorgänge auslösen, sich erinnernd Bilder zu vergegenwärtigen wird immer bedeuten, Personen und Ereignisse nur unscharf wieder ins Bewusstsein rufen zu können. Mit Verweis auf die Gedächtnistheorie von Jan und Aleida Assmann stellt Silke Horstkotte fest, dass in *Spione* »[d]ie ohnehin fragile narrative Kohärenz transgenerationeller Gedächtnisprozesse [...] mit wachsender zeitlicher Distanz [...] zunehmend prekär« werde.[51] Die Unschärfe in diesen Bildern verbürgt somit nicht die Authentizität des ›es ist so gewesen‹, sondern sorgt erneut gerade für eine mehrfache, sich gegenseitig steigernde Verunsicherung: Weder sind die Bilder scharf genug, um zu beweisen, dass ›es so gewesen‹ ist – alles in diesem Textausschnitt und auch im Roman *Spione* generell

---

50   Womit gerade kein *punctum* im Barthes'schen Sinne erreicht werde; vgl. Heidemann: »Konjunktiv(a)e« (wie Anm. 45), 179–196, hier: 187.
51   Horstkotte: *Nachbilder* (wie Anm. 3), 186.

ist nur »vielleicht« und »möglicherweise« so wie geschildert –, noch ist, auf einer nächsthöheren Ebene der Verunsicherung, überhaupt klar, dass es diese Fotografie je gegeben hat, sie bereits entwickelt wurde oder ob es technisch überhaupt möglich ist, derartige tiefenscharfe Bilder zu erzeugen. Und wenn es sie denn gäbe, könnten sie aus technischen Gründen unmöglich scharf genug sein, um die Dinge so zu erkennen, wie sie hier als sinnlich erkennbar beschrieben werden. Anders formuliert: alles in diesem Text Beschriebene ist im Wahrnehmungsbereich des (erinnernden, imaginierenden, spekulierenden) Unscharfen angesiedelt.

Die Kontingenz des Auslösezeitpunkts wird verbunden mit der Kontingenz eines lediglich vielleicht Erkennbaren, vielleicht aber nur Imaginierbaren, und zugleich wird diese Kontingenz hier nur in ihrer Negation evoziert, da der Erzähler die Fotografie noch nicht hat entwickeln lassen, und selbst nach der technischen Fertigstellung wird es nicht möglich sein, die Gestalt zu erkennen. Beschrieben wird eine Unschärfe, die bei näherer Betrachtung noch ein weiteres Mal unscharf wird: Die Verunklarung und die Entfernung von einer eindeutigen sinnlichen Wahrnehmung steigert sich durch Unschärfe und durch zusätzliche Evokationen von Negationen gegenseitig zu einer über mehrere Ebenen figurierenden Distanzierung von der Erzähl-›Realität‹, wobei diese Schichtung erneut ein adäquates Erzählmodell für den palimpsestartig funktionierenden Erinnerungsprozess darstellt.

Unschärfe und Rauschen sind in den Erzähltexten Marcel Beyers Erzählanlass und -gegenstand. Die Bereiche des Unklaren in verschiedenen Medien wie Text, Akustik und Bild lösen Konnotationen bzw. Bifurkation aus. Gleichzeitig wird der Status des Beschriebenen mehrfach verunsichert: Der Referenzcharakter wird durch Negationen sowie durch Formen des Konditionalis oder Suppositivs verunsichert. Das Erinnern basiert auf Bildern, die vielleicht gar nicht existieren bzw. existieren können, der ontologische Status wird also gleich mehrfach verunklart. Gezeigt wurde damit aber, dass die sinnliche Wahrnehmung in Beyers Texten vor allem eine Verunklarung der sinnlichen Wahrnehmung ist bzw. eine sinnliche Wahrnehmung des Verunklarten (Materials).

Blicke in ein Bilderalbum. Zu Metaphern der Erinnerung und des Erzählens in Marcel Beyers Roman *Spione*

Monika Schmitz-Emans

Geschichten über Medien und mediale Arrangements spielen in Beyers Œuvre eine Schlüsselrolle. Gerade sie präsentieren sich über unseren Bezug zur Welt, zur Gegenwart, zur Geschichte und zu uns selbst – einen Bezug, der durchaus kontrovers modelliert und interpretiert werden kann. In jedem Fall aber ist er jeweils medial konstituiert und wird in Medienpraktiken verschiedener Art sinnfällig (etwa in solchen, die die Reichweite des Auges und des Ohrs verlängern). Ablesbar erscheint die Vieldeutigkeit des menschlichen Weltbezugs insbesondere an miteinander konkurrierenden Metaphern: an Metaphern für Medien und an der Verwendung von Medien als Metaphernspendern. Dabei bestehen Diskrepanzen und Spannungen zwischen den ›Bildern‹ – zwischen den »Bildern der Photographie« etwa (um einen Ausdruck Bernd Stieglers zu gebrauchen),[1] aber auch zwischen den metaphorischen Valenzen der Photographie als ›Bild‹ für anderes: für kulturelle Praktiken, Sachverhalte, psychologische Konzepte etc. Wo es in den Medien-Geschichten Beyers um diskrepante Metaphern und Modelle des Weltbezugs geht, kommt es dem Erzähler nicht darauf an, Brüche einzuebnen; er macht sie vielmehr bewusst, indem er sie gleichsam inszeniert.

Der Titel von Marcel Beyers Roman *Spione* (2000)[2] deutet dessen Thematik bereits an: Hier geht es um Geheimnisse, und das Sehen spielt dabei eine zentrale Rolle. Ein Spionageroman verbirgt sich hinter dem Titel allerdings nicht, und worauf man diesen genau beziehen soll, ist ein Geheimnis für sich.[3] Heißen ›Spione‹ doch nicht nur Agenten, die Geheimnissen auf der Spur sind (wobei sie vor allem einmal genaue Beobachter sein müssen), sondern auch die Gucklöcher in Wohnungstüren, durch die man, selbst ungesehen, nachschauen kann, wer draußen steht. Der Agent wie das Guckloch stellen funktional betrachtet Medien dar, über welche sich Wissen und (mittelbar) Macht konstituieren. Als ein Roman über Medien und mediale Praktiken bildet *Spione* das Pendant zu *Flughunde* (1995). Dreht sich hier die Handlung primär um akustische Medien und deren Funktionen im Zentrum, so thematisiert *Spione* visuelle Medialitäten. In beiden Fällen steht der Text im Zeichen impliziter Reflexion über Medien als solche, über ihre Funktionen, ihre Positionierung, ihre Effekte. Akzentuiert wird der Schnittstellencharakter von Medien zwischen beobachtendem

---

1   Bernd Stiegler: *Bilder der Photographie*. Frankfurt/M. 2006.
2   Marcel Beyer: *Spione*. Frankfurt/M. 2002 (im Folgenden als »Spn« direkt im Haupttext nachgewiesen).
3   Dazu passt es, dass *Spione* in verschiedenen Ausgaben verschiedene Cover aufweist. Allesamt durch Bilder in einer Beziehung zum Romaninhalt und zum Titel stehend, entfalten die Covergraphiken doch unterschiedliche Assoziationspotentiale. Wie die im Roman geschilderten Figuren, so hat also auch der Roman in seiner konkreten Buchgestalt verschiedene ›Gesichter‹.

Subjekt und beobachteter Welt; erzählt wird von der Intervention in die jeweils beobachtete Welt, die mit dem Einsatz von Medien unausweichlich verbunden ist.
Diese Intervention wird ihrerseits wiederum aus verschiedenen Blickwinkeln beobachtet: erstens als Eingriff des Beobachters ins Geschehen, konkret: als Beein-
flussung des Verlaufs von Ereignissen und Lebensgeschichten durch medial geprägte
Beobachtungspraktiken, sowie zweitens mit Blick auf die Aufzeichnung und Konser-
vierung medial erfasster Daten.

Die Reflexion über Medien und ihre Effekte dehnt sich in beiden genannten Romanen vom Einsatz technischer Medien auf die Medialität der Sinneswahrnehmungen
selbst aus. Schon Auge und Ohr sind Schnittstellen, Mittler, Medien der Aufnahme
und Speicherung von Sinnesdaten; schon sie filtern perzipierte Daten und richten sie
gemäß ihrer eigenen medialen Disposition zu. Der wahrnehmende Mensch ist ein
Medien-Komplex, dessen Sinnesorgane in technischen Medien ihre Verlängerung
finden. Es gibt, so die von beiden Romanen unter verschiedenen Akzentuierungen
vermittelte Einsicht, keine neutrale Beobachtung, die das beobachtete Objekt unberührt ließe, und es gibt folglich für das erfahrende Subjekt keine von ihrer medialen
Beobachtung und Repräsentation unabhängige ›absolute‹ Wirklichkeit. Diese Einsicht wird in den genannten Romanen vor allem an Praktiken technisch-medialer
Konstitution von beobachteten Objekten exemplifiziert, sie bezieht sich aber auf jeg-
liche Form der Beobachtung, insofern diese an die menschlichen Sinne gebunden
ist, welche auch ohne technische Verstärkung und Expansion als Medien fungieren.
Der Romantitel *Spione* hat – unter anderem – auch diese Bedeutung: Das Auge selbst
ist immer schon ein Spion, der ein Sichtfeld konstituiert, das Angeschaute in diesem
Feld situiert und es damit dem Regime des Blicks unterwirft.[4]

Angesichts der Mehrdeutigkeit der in *Spione* erzählten Geschichte lässt sich der
Roman nur in Form hypothetischer Paraphrasen zusammenfassen – beispielsweise
so: Vier Jugendliche, der Ich-Erzähler, seine Kusinen Nora und Paulina sowie sein
Vetter Carl finden das Album, dessen älteste Bilder in der Jugend ihres Großvaters
und ihrer Großmutter aufgenommen wurden, das Stationen der Familiengeschichte
darzustellen scheint, doch auf mysteriöse Weise mit einem Mal abbricht. So ergibt
sich, wie es scheint, nur ein fragmentarisches Bild der Familiengeschichte, zumal
offenbar nachträglich einige Bilder entfernt worden sind. Vor allem um das Mys-
terium der fehlenden Bilder kreisen die Phantasien und Gespräche der jungen Leute,
aber auch die erhaltenen und sichtbaren Bilder präsentieren sich als letztlich opake
Oberflächen, die der Blick kaum zu durchdringen vermag. Hypothesen und Imaginationen müssen ersetzen, was sich der Anschauung entzieht. Wichtige Objekte der
Phantasien der vier Jugendlichen sind insbesondere die Großmutter, eine frühere
Opernsängerin, sowie die zweite Frau des Großvaters, ›die Alte‹ genannt. Hat ›die
Alte‹, um die Vergangenheit ihres Mannes mit seiner ersten Frau zu tilgen, die Bilder
der ersten Frau (also der Großmutter) aus dem Album entfernt? Ist die Großmutter
überhaupt tot? – Mit dem (ungelöst bleibenden) familiengeschichtlichen Rätsel um

---

4   Beyers Vorliebe für historisch ältere Medientechniken ist in *Flughunde* wie in *Spione* offen-
     kundig; an historischen Praktiken des Einsatzes technischer Medien scheint sich Mediales
     besser reflektieren zu lassen als an aktuellen, weil die historische Distanz den Blick nach-
     drücklicher auf das jeweilige Medium selbst lenkt.

die Großmutter verknüpft ist ein anderes, ein politisch-historisches Geheimnis, das sich wiederum über ausbleibende Photos anzudeuten scheint. Den (spekulativen) Rekonstruktionen der Jugendlichen zufolge war der Großvater Mitglied der Legion Condor. Diese und die ihrer Gründung vorausgehenden Aktivitäten für den Aufbau einer neuen Luftwaffe in Nazideutschland unterlagen der strikten Geheimhaltung. Das Mitteilungsverbot bezog sich für die Beteiligten auch und gerade auf die eigenen Familienangehörigen. Aus der Perspektive dessen, der sich mit der Vergangenheit auseinandersetzt, steht das Fehlen der Informationen über diesen Teil der Geschichte des Großvaters für dessen persönliche Verstrickung in historische Ereignisse, aber auch für eine verdrängte Schuld nicht nur des Einzelnen – für das kollektive Verdrängen der Vergangenheit, für die ›Gedächtnislücken‹ der Deutschen insgesamt.

Spione ist ein Roman über Imaginationen und Fiktionen; schon darin liegt ein prägender autoreflexiver Zug. Unentscheidbar ist, wo auf der Ebene der diegetischen Wirklichkeit überprüfbares ›Wissen‹ aufhört und die Phantasien beginnen – bezogen auf die Geschichte der Großeltern wie auf die der Jugendlichen selbst. Nicht einmal die Identität des Haupterzählers erscheint stabil.[5] Und gibt es das Photoalbum eigentlich, dessen Betrachtung dem Erzählten als Gerüst zu dienen scheint? Ein Kernthema des Romans ist der phantasmagorische Charakter sozialer, insbesondere familiärer Beziehungen und in Zusammenhang damit der Konstruktcharakter von Familiengeschichte als einer Metonymie für Geschichte schlechthin. Imaginäre Figuren, Beziehungen und Gegebenheiten erweisen sich als ebenso ›wirklich‹ wie dokumentarisch bezeugt – und umgekehrt lösen sich die dokumentarischen Zeugnisse der Vergangenheit in ihre hypothetischen Interpretationen auf. Im Ich-Erzählerbericht des Protagonisten mischen diese sich unter den Bericht über das, was er ›wirklich‹ sieht und weiß – so wie sich die Gespenster der abwesenden Familienmitglieder in die Sphäre der Lebenden hineindrängen.

> Was ich nicht sehen kann, muß ich erfinden. Ich muß mir Bilder selbst ausmalen, wenn ich etwas vor Augen haben will. Es bleibt keine andere Möglichkeit, jeder erwachsene Mensch ist sich dessen bewußt, hat gelernt, daß die ausgedachten Bilder unersetzlich sind. Vielleicht kann man an dieser Einsicht den Erwachsenen erkennen. Als Kind, noch als Jugendlicher erscheinen einem die eigenen Erfindungen als Möglichkeiten, hinter denen sich eine Wirklichkeit verbirgt, und diese Wirklichkeit, glaubt man, wird irgendwann zum Vorschein kommen, sie wird die erfundenen Bilder nach und nach zurück ins Dunkel sinken lassen. (Spn 66)

Ein Erzähler, der so etwas sagt, ist vor lauter Unzuverlässigkeit fast schon wieder zuverlässig. Zumindest wissen wir, dass im Kaleidoskop seiner Mitteilungen nichts gewiss ist. – Das den Roman prägende Themengeflecht entfaltet sich vor allem im Zeichen seiner Beziehungen zur Geschichte der Photographie, zu Photographie-Diskursen und zu Metaphern des Photographischen. Mit dem Konzept des Photos

---

5   Der Ich-Erzähler erinnert sich einmal an die gemeinsamen Albumbetrachtungen und versetzt sich dabei erinnernd in die anderen hinein. »Als Nora suche ich die Dinge hinter den Dingen. Als Paulina male ich mir Bilder aus. Als Carl behalte ich Geheimnisse für mich« (Spn 89).

als ›Spion‹ (im Sinne von Guckloch) variiert Beyer den traditionsreichen Topos vom photographischen Bild als einem ›Fenster‹ in die Vergangenheit. Dabei stellt sich allerdings die kritische Frage, was durch dieses Fenster wirklich sichtbar wird. Beziehungen zur Geschichte der photographischen Praxis ergeben sich vor allem insofern, als es mit dieser seit ihren Anfängen immer wieder darum ging, Vergängliches im Bild festzuhalten und damit für spätere Zeiten revozierbar erscheinen zu lassen. Der Umgang mit alten Photos verstärkt entsprechend aber auch das Bewusstsein von der Zeitlichkeit aller Dinge – und von der Begrenztheit des Erinnerungsspielraums, den der Einzelne hat. Nur temporär, so die vielfach gerade anlässlich photographischer Bilder entwickelte Kernidee des ›Postmemoria‹-Diskurses – sei ein lebendiges, erfahrungsbezogenes Erinnern möglich. Die Beziehung zwischen Lebenden und Toten unterliege daher ihrerseits der Veränderung. Die in verschiedener Hinsicht abgründige Beziehung der Photographie zur Zeitlichkeit[6] macht sie zu einem anschlussfähigen Reflexionsmodell eines literarischen Erzählens, das im Zeichen der Frage nach der Wahrnehmbarkeit und Darstellbarkeit von Vergangenem steht, handle es sich dabei nun um die private Geschichte von Einzelnen und von Familien, oder um die kollektive Geschichte.

Photo-Metaphern – wie etwa das vom ›Fenster‹ in die Vergangenheit – rücken die Photographie aus jeweils spezifischer Perspektive in den Blick.[7] Für Beyers ›Spione‹ sind gleich mehrere der Stieglerschen ›Bilder der Photographie‹ prägend. Verweist das von Stiegler in sein ›Album‹ der Photographie-Metaphern eingefügte Bild des ›Archivs‹ auf eine Spannung zwischen Erinnern und Vergessen, so steht die Romanhandlung Beyers im Zeichen einer analogen Spannung. Die Photo-Metapher der ›Auferstehung‹ erscheint im Roman konkretisiert, indem der Großmutter ein imaginiertes zweites Leben zugeschrieben wird. Weitere Photometaphern aus dem Stieglerschen ›Album‹, zu denen sich Entsprechungen in Spione aufweisen ließen (was hier aber nicht im Einzelnen möglich ist), sind das des Bild des ›Auges‹ (Auge und Kameralinse erscheinen in Spione als metonymisch verknüpft) – das der ›Auslöschung‹ (um Tilgungsprozesse geht es in Spione auf verschiedenen Ebenen – um das Entfernen von Photos, aber auch um Praktiken der ›Auslöschung‹ durch Photos) – das des ›bösen Blicks‹ – das des ›Dokuments‹ – das des ›Gedächtnisses‹ – das der ›Geschichtsschreiberin‹ – das des ›memento mori‹ – das des ›Präparats‹ – das der ›Simulation‹ – das der ›Spur‹ – das des ›Tatorts‹ – das des ›Todes‹ – das der ›Verlängerung des Auges‹ – und das des ›Zeugen‹. Besonders prägnant ist Beyers Rekurs auf das Bild des ›Phantoms‹: das Motiv der Geisterphotographie wird in der Teilhandlung um ›die Alte‹ ausführlich entfaltet.[8]

---

6   Cees Nooteboom spricht von einer ›Ehe‹ zwischen Photographie und Zeit; vgl. Cees Nooteboom: *Nootebooms Hotel*. Frankfurt/M. 2002, hier: »Das Foto. Die Zeit«, 273–274.

7   Sowohl die Metaphern, die zur Charakteristik der Photographie geprägt wurden, als auch die, in denen die Photographie selbst zur Metapher für etwas anderes wird, illustrieren prägnant die Unhintergehbarkeit sprachlicher Bilder. Beide Gruppen von Photometaphern bestimmen maßgeblich darüber, als was die metaphorisch bespiegelte Photographie jeweils erscheint – und das heißt: was sie im Horizont des jeweiligen Photodiskurses ›ist‹.

8   Aus der Sicht der ›Alten‹ wird von der Leidenschaft des Großvaters fürs Photographieren als von einer obsessiven Jagd nach Phantomen erzählt: »Als sähe ihr Mann Dinge, die nicht vorhanden sind. Als würde er getrieben, etwas Unsichtbares einzufangen, als wäre er auf

Doch nicht nur die Photographie als Bildtypus ist von maßgeblicher Bedeutung für den sprachbildlichen Horizont der Handlung. Erzählerdiskurs und Thematik der Beyer'schen ›Spione‹ prägen auch das Medium, in dem die Photos sich zusammengestellt finden – das Album, das in Günter Grass' *Blechtrommel* einmal als ›Familiengrab‹ charakterisiert wird.[9] Zwischen Photographie, Familienleben und Familiengedächtnis bestehen enge Zusammenhänge, und zwar sowohl ›metaphorische‹ als auch ›metonymische‹: Familienphotos sind erstens Darstellungen der ›Familie‹, ihre Gestaltung, ihre Sujets und ihr Aufbau lassen Rückschlüsse auf die Struktur der Familie, auf familieninterne Beziehungen zu. Zweitens gehört die Praxis des Photographierens selbst auch zum Familienleben: Seit Erfindung der Photographie wird das ›Familienleben‹ von photographischen Aufnahmen begleitet und durch diese dokumentiert. Der Umgang mit Familienphotos steht vielfach im Zeichen des Versuchs, ein Stück Familiengeschichte zu rekonstruieren, vielfach im Bedürfnis nach Erkundung, Stabilisierung oder Entdeckung der eigenen ›Identität‹. Auf performative Weise konstituiert das Betrachten von Photos Familiengeschichte – ein Prozess, den gerade in der jüngeren Literaturgeschichte diverse literarische Texte inszenieren. Zum Familienleben leisten Photos ferner auch insofern einen Beitrag, als sie diejenigen Familienmitglieder abbilden, die nicht mehr leben. An diese Familienmitglieder haben die noch Lebenden eine Zeitlang eigene Erinnerungen; danach geht diese Funktion an die Photos über – es entsteht ein ›Nachgedächtnis‹.[10]

In Photo-Alben nimmt Familiengeschichte eine noch sinnfälligere Erscheinungsform an als im einzelnen Familienphoto. Hier sind Vergleiche zwischen Bildern aus verschiedenen Zeiten möglich, hier altern Figuren vor den Augen dessen, der die Seite umblättert; hier sieht man der Familie beim Anwachsen, aber auch beim Mitgliederverlust zu. Das Photoalbum, so scheint es zumindest, ist ein Medium des Familiengedächtnisses; in jedem Fall ist es dessen *Sinnbild*. Dies gilt nun allerdings auch für die Lücken zwischen den Bildern, die als Metaphern dessen gelten mögen, woran sich niemand mehr erinnert. Eine Art Modell der ›Spione‹-Welt bietet die Schilderung der ersten gemeinsamen Betrachtung des alten Albums.[11]

---

der Suche nach Geistern.« (Spn 218) – Anlässlich von Photographien geht es um die Erzählung selbst als einen Prozess der ›Geisterbeschwörung‹. Im Zusammenhang mit dem mysteriösen ›Taubenmann‹ stehen Reflexionen des Erzählers über die narrative Vergegenwärtigung der Toten, die man mit einer Metapher, die auch an alte Photos erinnert, die ›Verblichenen‹ nennt (Spn 140).

9   »Ich hüte einen Schatz. All die schlimmen, nur aus Kalendertagen bestehenden Jahre lang habe ich ihn gehütet versteckt, wieder hervorgezogen; während der Reise im Güterwagen drückte ich ihn mir wertvoll gegen die Brust, und wenn ich schlief, schlief Oskar auf seinem Schatz, dem Fotoalbum. Was täte ich ohne dieses alles deutlich machende, offen zu Tage liegende Familiengrab?« Günter Grass: *Die Blechtrommel* [1956]. In: *Werkausgabe 3*. Hg. v. Volker Neuhaus/Daniele Hermes. Göttingen 1997, 56.

10   Vgl. Marianne Hirsch: »The Generation of Postmemory«. In: *Poetics today*. 29/1 (2008). DOI 10.1215/03335372-2007-019: http://poeticstoday.dukejournals.org/cgi/content/short/29/1/103 [letzter Zugriff: 28.9.2017]. Vgl. Aleida Assmann: »Die Furie des Verschwindens. Christian Boltanskis Archive des Vergessens«. In: Ralf Beil (Hg.): *Boltanski Zeit*. Darmstadt 2007, 89–97, hier: 92.

11   Bei dieser ersten Albumbetrachtung machen die Jugendlichen bald als Hauptfigur der Photosammlung einen jungen Mann aus, dessen Geschichte sich anhand der zunehmenden

Exemplarisch erscheint sie u. a. durch die Semantisierung der einzelnen Elemente
der geschilderten Situation. So zieht man sich zum Blättern ins Halbdunkel zurück,
und das Spinnwebmuster des dünnen Schutzpapiers zwischen den Photos wirkt wie
eine materialisierte Metapher: Vor der Vergangenheit selbst hängen Spinnweben;
man schiebt sie beiseite, ohne dass aber transparent würde, was hinter ihnen liegt.
Zwar sieht man die Bilder nun besser, aber die graphischen Einträge ins Album, die
als Angaben zu den Bildmotiven für die Lektüre der Bilder eine Hilfestellung leisten
müssten, entziehen sich zu weiten Teilen einer klärenden Interpretation.

> Auf der Terrasse hätten wir mehr Licht, trotzdem ziehen wir uns in die Couchecke zu-
> rück, um die unbekannten Photographien zu betrachten. Wir sitzen eng zusammen,
> Nora hält das aufgeschlagene Album auf den Knien [...]. Die Bildoberflächen werden von
> Pergamentpapier geschützt, in das ein Muster aus Spinnweben geprägt ist. Dadurch
> bekommen wir die Photographien zunächst wie von einer Patina gedämpft, von einem
> Schleier verwischt, undeutlich zu Gesicht. Bis dann, wenn wir das Zwischenblatt beiseite
> schieben, Konturen und Kontraste scharf erscheinen. [...] es gibt Kommentare, die selbst
> Nora nur schwer entziffern kann. (Spn 33)

Mit der Romanfabel werden verschiedene Vorstellungskreise um das Photoalbum
und seinen typischen Produzenten inszeniert. Der Großvater selbst war ein ›Bilder-
Jäger‹ der Art gewesen, wie ihn Susan Sontag beschreibt.[12] Er hatte offenbar immer
die eigene Kamera bei sich, »um jedes Motiv von möglicher Bedeutung gewissenhaft
festhalten zu können« (Spn 36); wie es scheint, hat er einmal u. a. das eigene zer-
bombte Haus photographiert. Lose ins Album eingelegt finden sich neben den ein-
geklebten auch diverse unsortierte Einzelbilder, die wahrscheinlich der Großvater
selbst aufgenommen hat. Er selbst ist hierauf nicht mehr zu sehen – »nicht einmal
der Schatten seines Oberkörpers reicht ins Bild« (Spn 35). Der Großvater ist also
selbst Bestandteil der medialen Installation gewesen, durch die visuelle Daten der
Vergangenheit aufgezeichnet wurden – eine Schnittstelle zwischen der einstigen
›Welt‹ und den präsenten Betrachtern. Als Bestandteil der medialen Schnittstelle
bleibt er ein blinder Fleck; wer durch einen Spion schaut, sieht den Spion selbst nicht.
   Die Betrachter der Photos rekonstruieren die Teile des Photoalbums, die fehlen,
in ihren Vorstellungen, malen sich das Photographierverhalten und das Posieren der

---

Abzeichen und Orden auf seiner Soldatenuniform nachverfolgen lässt, bis die Bilder-Ge-
schichte endet (Spn 35). Die Betrachter deuten den Mann hypothetisch als ihren Großvater – aber die betrachtete Figur sperrt sich in ihrer Unschärfe gegen eine verbindliche Identifikation. Ein wichtiges gesuchtes Merkmal weist sie nicht auf: die den Jugendlichen selbst
(angeblich) gemeinsamen charakteristischen ›Italieneraugen‹ – angeblich oder tatsächlich
ein äußeres Merkmal der Familienzugehörigkeit, das zu den verschiedenen Rätseln gehört,
die der Roman seinen Lesern stellt (Spn 35). Nicht obwohl, sondern weil der Großvater
im Album immer wieder zu sehen ist, löst er sich in Bilder auf, die sich nicht zur Deckung
bringen lassen (Spn 123–124).

12   Vgl. Susan Sontag: »In Platos Höhle«. In: Dies.: *Über Fotografie* [engl. 1977]. Frankfurt/M.
     2003, 16–17. Zu den von Bernd Stiegler (vgl. Anm. 1) aufgelisteten metaphorischen Kon-
     zepten von Photographie gehört das der ›Beute‹ (*prey*). In geläufigen Wendungen wie
     ›Schnappschuss‹ und ›ein Bild einfangen‹ drückt sich die Vorstellung eines photographi-
     schen Beutezugs auf Objekte aus.

Großeltern aus, stellen sich vor, wie die Großeltern selbst sich zu den Photos verhielten, die sie machten oder betrachteten. Doch Unklarheiten begleiten die Betrachtung des Albums. Sie betreffen insbesondere die zentralen Figuren: Der Großvater ist Gegenstand haltloser Spekulationen – und man kann der Großmutter nicht in die Augen sehen, da das Album diese nicht wirklich zeigt. Dass die Großmutter ›Italieneraugen‹ gehabt habe, unterstellen die Jugendlichen, weil sie sich selbst über dieses Familienmerkmal identifizieren. Insgesamt dominieren bei der Beschreibung der Photos aber negative Wendungen und Feststellungen.

> Die Augen haben wir im ganzen Album nicht gefunden, unsere Großmutter hat kein eigenes Gesicht. Wir hätten nur ein einziges Bild unserer Großmutter mit unseren Italieneraugen im Kostüm gebraucht, aber sie ist nicht da. Es gibt im Photoalbum auch keine Aufnahme, auf der sie ganz allein zu sehen wäre, kein Porträt. Sie lächelt wie die anderen auf einem Gruppenbild, aber kein eigenes Gesicht, alle zusammen in der Stube oder auf dem Land, sie halten einander an den Händen oder einen kleinen Abstand, so klein, daß niemand ihn bemerkt. / Nirgendwo ihre Augen so wie unsere, das Licht ist schlecht, sie blinzelt oder sie schaut weg, genau wie wir. Auch unsere Italieneraugen kann man auf Photos schlecht erkennen, kein Dunkelbraun, nur dieses Rot im Blitzlicht. / Das ist nicht ihr Gesicht, das sind nicht ihre Augen auf den Gruppenphotos, nicht auf den Bildern mit ihrem Verlobten, dann mit ihrem Mann, unserem Großvater in Uniform. (Spn 38)
>
> Bei einem Bild bleibt uns unklar, welches Motiv hier eingefangen werden soll. Es ist das Jahr 1944, der Kommentar lautet ›Bekannte zu Besuch‹, doch Menschen gibt es darauf nicht zu sehen. Nur die Sitzecke in der leeren Stube, ein Dolch hängt an der Wand, eine Zierwaffe vielleicht, vom gemusterten Stehlampenschirm baumelt ein Modellflugzeug. Wir können nicht entscheiden, ob es dem Photographen hier um den Gesamteindruck der Stubenatmosphäre gegangen ist, um diesen Zierdolch oder nur um das Modell. (Spn 36–37)

Mit solchen Negativbefunden kontrastiert das Festhalten an der Idee eines photographischen ›Fensters‹ zwischen Gegenwart und Vergangenheit – eines Fensters, durch das womöglich aus beiden Richtungen geblickt werden kann.[13]

Als Roman über ein Familien-Photoalbum lädt *Spione* zu Vergleichen mit einer ganzen Reihe ähnlicher, literarischer Projekte ein, die ebenfalls inhaltlich und strukturell durch ein solches Album geprägt sind. Auf einen Erzähler, der an einem Familien-Photoalbum entlangerzählt, treffen wir bei Günter Grass (*Die Box*), der sich anlässlich der Bilder an die auf ihnen dargestellten Personen erinnert, sie gleichsam mittels der Bilder aus der Vergangenheit heraufbeschwört.[14] In Reinhold Jirgls Roman *Die Stille* sind die einzelnen Kapitel den Photos eines imaginären Familienalbums zugeordnet, wobei der Erzähler auf manche Bilder mehrfach zurückkommt.[15]

---

13 »Unsere Großmutter weiß auf jedem Bild, sie wird beobachtet. Nicht nur vom Photographen. Auch von anderen Menschen, später, wenn sie die Aufnahmen betrachten. Menschen, die unsere Großmutter nie gesehen hat, wie wir« (Spn 38).

14 Günter Grass: *Die Box. Dunkelkammergeschichten*. Göttingen 2008.

15 Reinhold Jirgl: *Die Stille*. München 2009.

Was auf den Photos zu sehen ist, wird jeweils am Kapitelanfang kurz durch Angabe der abgebildeten Personen mitgeteilt. Über die Beziehungen zwischen den (für den Leser unsichtbaren) Photos und den jeweiligen Kapitelinhalten sowie über die der Photos untereinander muss der Leser sich allerdings seine eigenen Hypothesen bilden, denn die Kapitel sind keineswegs einfach als narrative Entfaltungen der jeweiligen Bildszenen konzipiert, obwohl dieselben Personen auf den Bildern und in den Kapiteln eine Rolle spielen. Das imaginäre Album zudem ist lückenhaft, die Bilder selbst wird man sich als klein, wohl auch als vielfach unscharf denken müssen. – Ronit Matalon lässt in ihrem Roman *Was die Bilder nicht erzählen*[16] die Geschichte einer fiktiven Familie durch ein junges Mitglied dieser Familie erzählen – wiederum an einem Photoalbum entlang. Den einzelnen Kapiteln vorangestellt sind in den meisten Fällen Reproduktionen historischer Familien-Photos, die das im Folgenden Erzählte nicht nur zu illustrieren scheinen, sondern dabei von der Erzählerfigur sogar explizit beschrieben werden. Gelegentlich jedoch fehlen Photos in der Kollektion. Die Erzählerin berichtet nicht nur, wann, wo und wie die noch vorhandenen Photos zustande kamen, sie erklärt auch, warum das Album Lücken aufweist. Basierend auf realen Familienalben, spielt der Familienroman Matalons durch die Einbeziehung der faksimilierten Bilder mit der Grenze zwischen historischer Dokumentation und Fiktion. – Bilder aus der eigenen Familiengeschichte werden von literarischen Autoren vor allem dann als konkret sichtbare Reproduktionen in ihre Erzählungen integriert, wenn familienbezogene und autobiographische Erinnerungen Hauptgegenstand des Erzählens sind. Dies gilt für Gerhard Roths autobiographisches Buch *Das Alphabet der Zeit*[17] wie für Peter Henischs Familienerzählung *Die kleine Figur meines Vaters*, zwei Texte über Vater-Sohn-Beziehungen, in denen die Vertreter der jüngeren Generation sich mit Photos auseinandersetzen, die die ältere Generation gemacht hat – nicht nur mit privater, sondern auch mit Zeitgeschichte.[18] In Monika Marons biographischer Familienerzählung *Pawels Briefe* sind neben Familienphotos auch andere faksimilierte Dokumente integriert.[19] In diesen und anderen Texten verbindet sich die Thematisierung realer oder fingierter Erinnerungen mit Reflexionen über die Subjektivität und Perspektivik sowie über die Grenzen des Erinnerns.[20] Im thematischen Zentrum stehen vielfach postmemoriale Rekonstruktionen einer ungreifbar gewordenen Vergangenheit und das letztliche Scheitern eines jeden Versuchs, diese zu revozieren. Photos, scheinbar Fenster zur Vergangenheit, verweigern sich vielfach den Erwartungen, die ihnen die Erzähler von Familiengeschichten entgegenbringen. Und doch kommt es dann auch zu Effekten der Art, wie sie Roland

---

16   Ronit Matalon: *Was die Bilder nicht erzählen* [hebr. 1995]. Reinbek 1998.

17   Gerhard Roth: *Das Alphabet der Zeit*. Frankfurt/M. 2007; vgl. auch Gerhard Roth: *Atlas der Stille. Fotografien aus der Südsteiermark von 1976–2006*. Hg. v. Daniela Bertens/Martin Behr. Wien u. a. 2007.

18   Peter Henisch: *Die kleine Figur meines Vaters*. Frankfurt/M. 1980.

19   Monika Maron: *Pawels Briefe. Eine Familiengeschichte*. Frankfurt/M. 1999.

20   Zur Bedeutung der Photographie für die Literatur vgl. u. a. Sabina Becker: *Literatur im Jahrhundert des Auges. Realismus und Fotografie im bürgerlichen Zeitalter*. München 2010 sowie Thomas von Steinaecker: *Literarische Foto-Texte. Zur Funktion von Fotografien in den Texten Rolf Dieter Brinkmanns, Alexander Kluges und W. G. Sebalds*. Bielefeld 2007.

Barthes in *La chambre claire* beschreibt:[21] zu ›punktuellen‹ Berührungen durch die dargestellte Welt, die an Intensität nicht verlieren, wenn sich aus der reflexiven Distanz ihr halluzinatorischer Charakter enthüllt.

Nicht nur Schriftsteller arbeiten mit dem Format des Familienphotoalbums als einem Reflexionsmodell und als einer teilweise konkreten Materialbasis, sondern auch bildende Künstler. Bekannt sind insbesondere die Photoarbeiten und Installationen Christian Boltanskis, welche – wiederholt in Anlehnung an Formen und Materialien von Photoalben – auf den ersten Blick die Geschichten imaginärer Familien zu erzählen scheinen. Die Arrangements verweigern dem Betrachter dann aber gerade die Möglichkeit einer Rekonstruktion dieser Geschichte – und doch wirken sie auf den Betrachter wie Zeugen, die etwas Unfassliches auf halluzinatorische Weise vergegenwärtigen.[22]

Auch wenn Enttäuschungen und resignative Befunde, Berichte über zerstörte Alben, lückenhafte Bildbestände, rätselhafte, unscharfe, verblasste Bilder das ›Album‹ einschlägiger Beispiele prägen, werden diese Negativbefunde doch durch Gegenbefunde ausbalanciert: Gerade das Unscharfe, Fragmentierte, wenn nicht gar völlig Unsichtbare erzeugt imaginäre Bilder von großer Wirkungsintensität. Cees Nooteboom charakterisiert wohl mit Blick auf diesen Kippeffekt das Photoalbum als einen fragmentierten Roman.

> Jedes Fotoalbum ist ein Roman, aus dem eine Menge Seiten herausgerissen sind, was ihm aber gerade diese seltsame, doppelte Gültigkeit verliehen hat. Wenn es auch unser eigener Roman ist, unsere eigene Geschichte, dann befinden sich die verschwundenen Seiten in unserem Gedächtnis, wenn es sich um Unbekannte handelt, dann können wir diesen Roman schreiben, weil wir ihn kennen, ohne ihn zu kennen.[23]

Zunächst inhaltslos (›weiß‹/›album‹), ist das Album gemacht, um individuell zusammengetragene Inhalte aufzunehmen – wenn sich diese Inhalte innerhalb spezifischer kultureller Rahmen auch weitgehend gleichen. Die Kultur des Albums erfährt im 19. Jahrhundert eine bis heute nachwirkende Ausdifferenzierung. Für Walter Benjamin gehören Alben zu den »Buchgeschöpfen aus Grenzgebieten«, die in keiner Bibliothek »fehlen dürfen«, und sie sind durch ihren Bezug zum individuellen Besitzer geprägt.[24] Letztlich haben sie nur für diesen einen Sinn, allenfalls noch für

---

21 Roland Barthes: *Die helle Kammer. Bemerkungen zur Photographie* [frz. 1980]. Frankfurt/M. 1989.

22 Vgl. Christian Boltanski: *La vie impossible*. Hg. v. Norbert Michels. Köln 2001; ferner: Lynn Gumpert: *Christian Boltanski*. Paris 1994; Aleida Assmann: »Furie des Verschwindens« (wie Anm. 10), 89–97.

23 Nooteboom: *Notebooms Hotel* (wie Anm. 6), 281.

24 Es ist Walter Benjamin, der das Format des Albums einerseits als im 20. Jahrhundert bereits altmodisches Format aus dem 19. Jahrhundert wahrnahm, es andererseits aber gerade aus dieser historischen Distanz heraus als Reflexionsmodell entdeckt – so wie dann später Marcel Beyer im Zeitalter der Digitalphotographie die ›alte‹ Analog-Photographie (schon Mallarmé hat im Album das altertümliche Gegenmodell zum Buch gesehen); vgl. Walter Benjamin: *Ich packe meine Bibliothek aus*. In: Ders.: *Gesammelte Schriften* IV.1. Hg. v. Tillman Rexroth. Frankfurt/M. 1991, 388–396, hier: 395.

die Erben, denen er diese Alben vermacht.[25] Rezent hat das Format des Albums in seinen verschiedenen historischen Spielformen die Aufmerksamkeit von Kultur-, Kunst-, Medien- und Literaturwissenschaftlern auf sich gezogen.[26] Als ein Buch besonderer Art ist es metonymisch mit verschiedenen Gebrauchsformen verknüpft; auch seine Materialität trägt zu seinen komplexen semantischen Potentialen bei. Nach Johanna Drucker etwa wirkt das »traditional photo album« mit seinen »heavy black pages« eher dauerhaft; diese Seiten »absorb memory into their dense field and hold it safe, still, silent and waiting«.[27]

Ein weiterer semantischer Horizont lagert sich um die Geschichte des Photoalbums als ›Spione‹, wenn man das Format des Albums als Spezialform der Sammlung betrachtet.[28] Dass Alben Sammlungen sind, hatte bereits Benjamin betont. Vor allem zwei jüngere Konzeptualisierungen des Sammelns und der Sammlung erscheinen nützlich, um die Bedeutung der Photosammlung im Album der Beyer'schen *Spione* zu charakterisieren. Da ist erstens die Kompensationstheorie Hermann Lübbes über das Museum in seiner Eigenschaft als historische Sammlung. Gesammeltes, so der Grundgedanke, dient in einer sich zunehmend beschleunigenden Zeit dazu, Dokumente der Vergangenheit und vergangenheitsbezogenes Wissen zu konservieren – und damit u. a. einer drohenden »Identitätsdiffusion« Vorschub zu leisten.[29] Was hier über die »Musealisierung« gesagt wird,[30] gilt auch für das Photoalbum als gleichsam ›privates‹ Museum der Familiengeschichte. Hier berühren sich die Sammlungs- und die Photo-Topoi: Sontags Hypothese zufolge entwickeln vor allem solche Menschen eine Photographier-Obsession, die einen defizitären Bezug zur Vergangenheit haben.[31] – Und da ist, weiter gefasst, zweitens die Modellierung der Samm-

25   Ebd.

26   Vgl. Anke Kramer/Annegret Pelz (Hg.): *Album. Organisationsform narrativer Kohärenz.* Göttingen 2013.

27   Johanna Drucker: *The Century of Artist's Books.* New York 1995, 41–42. Allerdings ist Dauerhaftigkeit hier etwas Relatives; es kommt ja auf die Erben an, die schon Benjamin erwähnt. Beyers Erzähler, sein Vetter und seine Kusinen sind solche ›Erben‹ – und das Photoalbum versinnbildlicht ein Familienerbe, das sie selbst nicht kennen – die Vergangenheit der Großeltern und ihrer Generation. Ist die Familiengeschichte bei ihnen ›sicher‹?

28   Sammlungen weisen flexible Strukturen auf; sie sind nicht chaotisch und nicht völlig indifferent gegenüber Begriffen und begrifflichen Ordnungen, denn wer sammelt, folgt dabei einem (und sei es unscharfen) Konzept davon, was er sammelt. Aber über dem Sammeln können sich Begriffe modifizieren, verschieben, mit anderen verbinden. Und der Betrachter einer Sammlung kann seine eigenen Vorstellungen an das Gesammelte herantragen, es auf seine Weise ordnen und interpretieren.

29   Vgl. Hermann Lübbe: *Der Fortschritt und das Museum. Über den Grund unseres Vergnügens an historischen Gegenständen* [engl. 1981]. London 1982, 14.

30   »Musealisierung [...] ist eine kompensatorische Praxis, die die Erfahrung drohender Zerstörung ihres Objekts voraussetzt [...]« (ebd., 7).

31   Das Bedürfnis, vergängliche Erfahrungen zu bezeugen, hat angesichts der Nichtselbstverständlichkeit eines Vergangenheitsbezugs etwas Kompensatorisches. »Menschen, die ihrer Vergangenheit beraubt sind, scheinen die eifrigsten Fotonarren zu sein [...]. Jeder, der in einer Industriegesellschaft lebt, wird allmählich dazu gezwungen, mit der Vergangenheit zu brechen; in einigen Ländern aber – etwa in Japan und den Vereinigten Staaten – hat dieser Bruch mit der Vergangenheit ein besonders starkes Trauma ausgelöst«; Sontag: »Platos Höhle« (wie Anm. 12), 16.

lung als Kommunikationsmedium. So ist für Krysztof Pomian das Sammeln eine (wie auch immer genauer zu bestimmende) Kommunikation mit Unsichtbarem. In *Spione* stehen Fragen der Kommunikation mit ›Unsichtbarem‹ im Mittelpunkt. Die ungreifbar gewordene, vergangene Welt der Großeltern scheint über die Photos mit den Enkeln kommunizieren zu wollen, scheint ihnen Spuren zu weisen – oder liegt nicht doch das Kommunikationsbedürfnis einseitig bei den Jugendlichen selbst?

Wie alle Sammlungen, unterliegt die Sammlung im Album der *Zeitlichkeit.* Was ins Album integriert wird, verändert bereits seinen Charakter, indem es in räumliche Beziehungen zu anderen Objekten tritt.[32] Solange das Album noch weiter gefüllt wird, ändert es seinen Charakter – zumal da es von keiner vorgegebenen Ordnung determiniert ist. Indem es erweitert wird, kann es bereits dem Verfall ausgesetzt sein; einzelne Objekte können verschwinden, fortgenommen werden, herausfallen, verlorengehen. Dies gilt sowohl für Alben, die noch im Prozess der Ausgestaltung durch ihren Besitzer sind, als auch für die Alben anderer, die diese womöglich überlebt haben. Mit dem Stichwort ›Album‹ ist nicht nur die Erinnerung an die Geschichte verschiedener Albentypen verknüpft; das Album erscheint auch als metonymisches Bild einer offenen Form, die zu nicht-linearer, wiederholter Betrachtung einlädt und zudem vom Betrachter modifiziert (um Materialien erweitert oder reduziert) werden kann. Roland Barthes hat in sein Vorlesungsmanuskript über *Die Vorbereitung des Romans* – das u. a. Kapitel über »Eine Typologie des Buchs« enthält – eine Art Poetik des Albums umrissen aufgenommen.[33] Hier unterscheidet er als zwei »phantasierte Formen« das Buch und das Album – und stellt sie (unter anderem in Anlehnung an Mallarmé und die Mallarméforschung) einander unter formalen Aspekten gegenüber: »Das Buch: [nach Scherer] ›durchkonstruiert und wohldurchdacht‹«, »das Album: ›Sammlung zufälliger Inspirationen‹«.[34] Das ›Buch‹, von Barthes hier im Sinne Mallarmés verstanden, besitzt eine streng durchkomponierte Struktur, und dieser Struktur werden die Inhalte unterworfen. Anders das Album: Es ist (mit Mallarmés Worten) »hingestreut und bar jeder Architektur«.[35] Seine Gestalt unterliegt den Kontingenzen des Findens; es gibt keine die Darstellung beherrschende Form;

---

32 »Die Materialität des Blatts, auf dem jedes Bildchen und jedes vorgefundene Sprüchlein aufliegt, tastet die Seinsweise der Inhalte an: Sie verändern sich durch die Weise, in der sie aufgeklebt, übernommen oder eingeschoben sind, in unerwartete Nachbarschaft geraten. Ihres ursprünglichen Kontexts verlustig gegangen und keinem natürlichen Standort mehr verhaftet, stehen sie zur Disposition beliebiger Umordnungen, von denen keine notwendig erscheint. Dass er auch anders sein, anders eingeordnet, anders ausgewählt sein konnte, bleibt jedem Inhalt des Albums mitgegeben. Verstärkt wird dieser Aspekt des Albums dadurch, dass der Betrachter es zumeist nicht in linearer Abfolge liest, sondern darin vorwärts und rückwärts blättert, wobei schon dieses Wort die Materialität des Albums in Erinnerung ruft. Das Prekäre, Vorläufige jeder Ordnung wird sichtbar, greifbar, denkbar und bleibt im Album unvergessen«; Vivian Liska: »Die Idee des Albums. Zu einer Poetik der Potentialität«. In: Anke Kramer/Annegret Pelz (Hg.): *Album.* Göttingen 2013, 36–37, hier: 37.

33 Roland Barthes: *Die Vorbereitung des Romans. Vorlesungen am Collège de France 1978–1979 und 1979–1980* [frz. 2003]. Frankfurt/M. 2008, hier: 279–281.

34 Ebd., 285 – als Varianten des ›Buchs‹ nennt Barthes an anderer Stelle neben dem ›wohlkonstruierten und wohldurchdachten‹ Buch auch das »unendliche« oder »totale« Buch, das »summative Buch« und das »auf die Essenz konzentrierte Buch«; ebd., 289.

35 Ebd., 290.

Unplanbares und Unvorhersehbares bestimmt sein späteres Aussehen. Alben lassen sich erweitern, umgestalten, modifizieren; in der Regel gibt es keinen Zustand der ›Perfektion‹. Das heißt einerseits: es ist nie ›perfekt‹, nie ›komplett‹, zeigt nie das ›Wahre‹ und ›Ganze‹. Andererseits ist es offen für Ergänzungen, Umordnungen und individuell-konstellierende Lektüren.[36] In der Entscheidung zwischen ›Buch‹ und ›Album‹ artikulieren sich für Barthes unterschiedliche Haltungen gegenüber dem Projekt, die Welt in ihrer Totalität abzubilden. Für den Produzenten eines ›Buchs‹ ist, Barthes' Differenzmodell zufolge, die Idee einer Abbildung des Kosmos leitend, während die Welt für den Parteigänger des ›Albums‹ keine stabile Ordnung besitzt.[37] Beyers ›Spione‹ nehmen sich strukturell wie ein Gefüge von Textbausteinen aus, die zwar vielleicht nicht beliebig, aber doch innerhalb eines gewissen Rahmens auch anders angeordnet sein könnten. Eine ihnen zugrundeliegende temporale oder sachliche Ordnung gibt es nicht, weder auf der Ebene der Binnen- noch auf der der Rahmenerzählung. Die Perspektiven, aus denen berichtet wird, wechseln. Damit wird die Form des Albums zumindest zitiert.

Barthes' Reflexionen über das ›Album‹ als Gegenmodell zum ›Buch‹ bieten einen Ansatz, nach Grundzügen des Schreibens bei Beyer zu fragen. Dieses hat – nicht zuletzt Berichten des Autors selbst zufolge – einen konstellativen Gestus: Während der Arbeit an einem Text entstehen einzelne Teile, die während der Arbeit immer wieder gesichtet und umarrangiert werden; so kommt es (laut Beyer) zur Entdeckung von Korrespondenzen, die dann verstärkt werden können.

Eine kleine Bilanz

Beyer thematisiert Medien im Horizont ihrer differenten, teils kontroversen Semantisierungen. Er rekurriert dabei auf differente ›Bilder‹ dieser Medien respektive differente Deutungen der Medien als ›Bilder‹. *Spione* steht im Zeichen der Reflexion über das Medium Photographie und das Medium Album. Davon geprägt ist auch die Form des Romans, der sich als ein ›Album‹ von relativ locker gefügten Teilabschnitten präsentiert, in dem sich ›Schnappschüsse‹ und ›gestellte Aufnahmen‹ zusammengetragen finden. Der Roman erinnert an kontroverse Metaphoriken der Photographie, die als ›Nabelschnur‹ zum Referenten betrachtet wurde und wird, zugleich aber als ein opakes oder gar trügerisches Medium, das den Blick irreleitet, ihm verzerrte, unscharfe, gestellte Bilder anbietet. Zumal ›Geisterphotos‹ aus medien- und diskursgeschichtlichen Gründen doppelt metaphorisiert sind: als Inbegriff einer Visualisierung des Unsichtbaren (und insofern als eine Erweiterung der Reichweite des Blicks), aber auch als Produkte betrügerischer Manipulationen (und insofern als Inbegriff des ›falschen‹ photographischen Bildes). Das Album ist ein prägnantes Beispiel für die Polysemie von Medien. Bei Barthes, der das Album vom Buch abgrenzt, steht es für Flexibilität, Offenheit, Gestaltungsfähigkeit – für eine nur lockere Bindung seiner einzelnen Bestandteile und ein relativ freies Verfügen über das, was sie repräsentieren. Bei Michael Ignatieff ist demgegenüber das Album Metapher und

---

36   Ebd.
37   Ebd., 294.

Metonymie einer – durchaus ersehnten – ›Bindung‹ (an die Familiengeschichte, an Geschichte überhaupt).[38]

Gerade das Motiv des Photoalbums tritt in *Spione* in den Dienst einer Thematisierung der Bindung an ›Geschichte‹ (qua Zeitgeschichte), und zwar unter doppelter, ja kontroverser Akzentuierung: Es steht zum einen metonymisch für den Wunsch nach Familienbindung als identitätsstabilisierende Maßnahme. Andererseits wird anlässlich des Familienalbums das Verstricktsein des Einzelnen in ›Geschichte‹ als Problem exponiert, und zwar das Verstricktsein mehrerer Generationen. »[W]ir sind frei, unsere Vergangenheit anzunehmen oder abzulehnen«, so meint Ignatieff.[39] *Spione* hinterfragt diese These. Das Motiv des Photoalbums signalisiert dabei, dass das eine (Familienbindung) ohne das andere (die Belastung durch das familiäre Verstricktsein in Geschichte) nicht zu haben ist – es sei denn, das vorgefundene Album werde ›gefälscht‹ oder um erfundene Bilder ergänzt.

---

38   Vgl. Michael Ignatieff: *Das russische Album. Geschichte einer Familie* [engl. 1987]. München 1991. »Unsere Zeit ist so schnelllebig, daß einige von uns das Gefühl haben, früher ganz andere Menschen gewesen zu sein. Wenn nun schon die Kontinuität unseres eigenen Selbst fragwürdig geworden ist, so ist es die Beziehung zu unseren Vorfahren um so mehr. Aus den Seiten unseres Familienalbums blicken unsere Großeltern auf uns, fest eingebunden in eine vergangene Epoche, die Lippen geöffnet, als wollten sie uns etwas mitteilen, das wir nicht hören können. / Für viele Familien sind Fotografien oft die einzig wertvollen Erinnerungsstücke, die den Weg durch das Exil, die Flucht oder das Pfandhaus überstanden haben. In einer säkularen Kultur bleiben sie die einzigen Ikonen eines Haushalts, die einzigen Gegenstände, deren religiöse Funktion es ist, die Lebenden mit den Toten zu verbinden und die zeitliche Identität der Lebenden zu sichern. Ich habe immer das Gefühl, meine Freunde nicht wirklich zu kennen, solange ich nicht ihre Eltern kennengelernt oder wenigstens eine Fotografie von ihnen gesehen habe, und da das nur selten geschieht, frage ich mich oft, ob ich überhaupt jemanden sehr gut kenne. Wenn wir selbst für unsere Freunde Fremde sind, dann deshalb, weil wir uns in einer zeitlichen Dimension wahrnehmen, die in der Kultur meiner Großeltern als unvorstellbar oberflächlich gegolten hätte. [...] Der Blick in das Familienalbum eines Menschen ist ein Weg zu einem tieferen, in der Zeit verwurzelten Verständnis von ihm. Heute aber muß eine hohe Schwelle der Intimität überschritten sein, bevor man diese Fotografien auch nur seinen Freunden zeigt. Innerhalb der Familie sind Fotografien keine Ikonen mehr, keine an der Wand schwebende Präsenz. Heute entscheidet jeder selbst über sein Erbe; wir sind frei, unsere Vergangenheit anzunehmen oder abzulehnen« (10–11).

39   Ebd., 11.

Geschichte aus der Vogelperspektive. Die Erfindung von Vergangenheit in Marcel Beyers *Kaltenburg*

Aleida Assmann

Es gibt ein Bild von Max Beckmann, das er 1942 im Amsterdamer Exil gemalt hat. Es hat den Titel »Frankfurter Hauptbahnhof« und zeigt die imposante Eingangshalle. Die Bahnhofsuhr steht auf halb 10, der Mond erleuchtet darüber als dünne Sichel den blauen Nachthimmel. Man sieht keinen Verkehr; ein winziger Mensch bewegt sich auf dem sonst leeren Bahnhofsvorplatz. Im Vordergrund ragt von links ein begrünter Balkon ins Bild, auf dem eine schwarze Katze sitzt, die aufmerksam ins Bild schaut und ihre Umwelt beobachtet. Sobald man die Katze entdeckt, verändert sich die Atmosphäre der Stadt, die man nun aus der Perspektive der Katze wahrnimmt. Im Zentrum, so schreibt Wilhelm Genazino in einer Beschreibung dieses Bildes,

> ist die Katze, nicht der Bahnhof. Oder, kompositorisch gesprochen: Der Bahnhof ist wegen der Katze da, nicht umgekehrt. Der Bahnhof ist nur ein sinnbildhafter Darsteller dessen, womit sich die Menschen herumschlagen müssen: mit Werden und Vergehen, Scheitern und Glück, Auftritt und Tod. Zu all diesen Schrecklichkeiten öffnet die Katze nur die Augen; und schließt sie wieder, wenn sie genug gesehen hat.[1]

Tiere tauchen in der modernen Malerei öfter auf. Beckmanns Bild steht aber nicht in der Tradition eines Franz Marc, der in seinen Bildern versuchte, mithilfe mystischer Einfühlungskraft die Welt aus der Perspektive von Pferden oder Leoparden zu sehen. Beckmann geht es eher um das Paralleluniversum, das durch den Blick und die Aufmerksamkeit eines Tieres erzeugt wird, das mit uns Menschen zusammen denselben Stadtraum bewohnt. Genau so hat es Marcel Beyer in Erläuterung seines Romans *Kaltenburg* ausgedrückt: »Was mich interessierte, hat mit eigenem Erleben zu tun. Man weiss immer, dass man von Tieren umgeben ist, aber man macht sich das nicht klar, dass sie wie in einem Paralleluniversum leben, das räumlich mit unserem eigenen Universum identisch ist.«[2] Er erinnert uns daran, dass wir nicht nur im Aufmerksamkeitsfokus unserer Mitmenschen oder des (Überwachungs-)Staats leben, sondern auch der Katzen oder Vögel, die sich von unserer Realität ihr eigenes Bild machen. Wir sehen nicht nur, wir werden auch gesehen. Die Tiere teilen unseren Lebensraum, konstruieren ihn aber auf eine ganz andere Weise. Es gibt verschiedene Universen der Wahrnehmung, die nebeneinander bestehen, sich überkreuzen und ineinander greifen.

---

1   Wilhelm Genazino: »Die tolerante Stummheit der Katze – Max Beckmanns ›Frankfurter Hauptbahnhof‹«. In: *Neue Zürcher Zeitung*, 10.2.2007.
2   Jürgen Kaube / Julia Voss: »Mich fasziniert das Weltwissen der Zoologen: Ein Gespräch mit dem Schriftsteller Marcel Beyer«. In: *Frankfurter Allgemeine Zeitung*, 15.5.2008.

Marcel Beyer hat in seinem Roman *Kaltenburg* den Tieren einen wichtigen Platz zugewiesen, doch tut er es nicht in der Art, wie dies heute in den sogenannten ›animal studies‹, einem neuen Zweig der Kulturwissenschaften, propagiert und praktiziert wird.[3] Die Vertreter der animal studies überschreiten bewusst die menschliche Perspektive und setzen sich für Tierrechte ein; sie erweitern unseren Blick, indem sie Empathie mit ausgebeuteten Tieren und neue Sensibilität für eine gefährdete Spezies fordern. Beyer geht es um etwas anderes. Er interessiert sich für Umperspektivierungen und einen verfremdenden Blick auf die Welt, indem er sich aus dem menschlichen Bezugsfeld löst und Zusammenhänge in den Blick nimmt, die unser Wahrnehmungsvermögen und unsere Erfahrungsmuster übersteigen.

Mit der Formel ›Geschichte aus der Vogelperspektive‹ soll im Folgenden die poetische Konstruktion dieses verfremdenden und erweiternden Blicks in Beyers Roman ins Zentrum der Aufmerksamkeit rücken. Von einer Vogelperspektive auf eine traumatische Geschichte war schon einmal Mitte der 1960er Jahre in einer künstlerischen Kontroverse zwischen Theodor W. Adorno und Paul Celan die Rede. In einem Kommentar zu seinem Gedicht »Atemwende« nahm damals Celan zu dem berühmten Diktum von Adorno Stellung, nach dem es unmöglich geworden sei, nach Auschwitz noch Gedichte zu schreiben. »Kein Gedicht nach Auschwitz: was wird hier als Vorstellung von ›Gedicht‹ unterstellt? Der Dünkel dessen, der sich untersteht hypothetisch- spekulativerweise Auschwitz aus der Nachtigallen- oder Singdrossel-Perspektive zu betrachten oder zu berichten.«[4] Gegen eine solch abstrakte und rein ästhetisierende Betrachtungsweise setzte sich Celan als ein »unter dem besonderen Neigungswinkel seiner Existenz« sprechender Dichter zur Wehr, der aufgrund seines Leidensdrucks gar nicht anders kann als Gedichte zu schreiben.

Vier Jahrzehnte später haben sich die Voraussetzungen fürs Dichten und Schreiben radikal verändert. Es gibt längst nachgewachsene Generationen, deren Recht auf Artikulation und Dichtung nicht mehr ausschließlich aus dem besonderen Neigungswinkel ihrer Existenz ableitbar ist. Sie müssen sich auch schon lange nicht mehr gegen Adornos Diktum behaupten, sondern stehen umgekehrt auf dem Boden einer solide gegründeten Tradition der Post-Holocaust-Literatur. Ihre künstlerische Aufgabe ist somit eine ganz andere: sich in diese künstlerische Tradition einer posttraumatischen Literatur ein- und dabei gleichzeitig aus ihr herauszuschreiben. Die Frage der Gegenwartsautoren lautet inzwischen ganz anders: Welche Möglichkeiten gibt es, jenseits von persönlichem Erfahrungsgedächtnis, Trauma und Zeugenschaft ästhetisch und ethisch relevante Zugänge zur Gewaltgeschichte des Zweiten Weltkriegs und des Kalten Krieges zu öffnen und dabei die Literatur selbst zu einem Zeugnis zu machen, das die Nachbeben historischer Traumata sensibel registriert?

Was Celan als eine Absurdität ausschließen musste, konnte Marcel Beyer zu einer künstlerischen Option machen. Er erzählt nicht nur das Trauma der Bombardierung Dresdens aus der Tier- und Vogelperspektive; er räumt den Vögeln überhaupt einen großen Raum in seinem Geschichtsroman ein. Seine Erzählerfigur wächst nach-

---

3   Marcel Beyer: *Kaltenburg*. Frankfurt/M. 2008 (im Folgenden als »Kbg« direkt im Haupttext nachgewiesen).
4   Zit. n. Axel Gellhaus: »Die Polarisierung von Poesie und Kunst bei Paul Celan«. In: *Celan Jahrbuch* 6 (1995), 55.

einander mit den Vögeln zweier Väter auf, die ihm unterschiedliche Blicke auf die Geschichte aus der Vogelperspektive beibringen. Die Einbeziehung von Vögeln in diesen Roman ermöglicht den Lesern einen verfremdenden und erweiterten Blick, der zugleich das Schicksal und die Welten von Menschen und Tieren miteinander verknüpft.

Die Protagonisten – gezielte Mischung von Fakten und Fiktionen

Die deutsche Erinnerungsliteratur nach der Millenniumswende macht reichen Gebrauch von autobiographischer Erfahrung der nach dem Zweiten Weltkrieg geborenen Generationen und ihrem Familiengedächtnis, angereichert mit Recherchen in historischen Archiven und poetischer Imagination. Beyer dagegen, der erst nach der Wende nach Dresden gezogen ist, kann sich nicht auf sein autobiographisches Gedächtnis stützen. In seinen Romanen geht die literarische Imagination Hand in Hand mit einem hohen Ethos der Recherche, der Aufmerksamkeit für historische Konstellationen und der Liebe fürs akkurate Detail. Für den 1965 Geborenen, dem die Tore der Erfahrung und Zeugenschaft verschlossen sind, stehen die Tore des Archivs weit offen, aus dem er neues Wissen generiert, das unsere verfestigten Zugänge zur NS- und DDR-Geschichte produktiv durcheinanderbringt und erneuert. Für Beyer sind archivalische Quellen weit mehr als Rohmaterial für seine literarischen Fiktionen; es sind ganze Forschungsfelder spezialisierten Wissens, die er auftut, rekonstruiert und in die Gegenwart hereinholt, ohne diese um ihrer selbst willen auszustellen. Eher hält er es mit der in der Renaissance erfundenen Malweise des ›Sfumato‹, bei der ein Landschaftsausblick zunächst in klaren Konturen gemalt wird, um ihn anschießend mittels einer feinen Lasurtechnik der Übermalung wieder verschwimmen zu lassen. Erfindung und Forschung gehen bei ihm fließend ineinander über, wobei es nicht die freie Phantasie sondern die starke Kraft der Vorstellung ist, die beide Dimensionen zusammenhält.

Beyers Ausgangsimpuls für das Buch, das hat er seinen Interviewern später berichtet, bestand nicht darin, eine packende Geschichte zu erzählen, sondern etwas Neues zu entdecken.[5] Neu entdeckt hat er vor allem die indirekte, vermittelte und verwickelte Perspektive, mit der er sieben Dekaden deutscher Geschichte in den Blick nimmt. Hermann Funk, den Ich-Erzähler des Romans, hat Beyer wie Hans Castorp in Thomas Manns *Zauberberg* als einen Mann ohne Eigenschaften angelegt. Seine Bedeutung liegt vor allem darin, dass er in entscheidenden historischen Situationen an bestimmten Orten und damit der Wucht der großen Geschichte ausgesetzt war. Seine Lebenszeit von sieben Dekaden umspannt die erzählte Zeit des Romans zwischen der Kindheit im Posen der 1940er Jahre und dem Dresden nach der Wende, das im neuen Millennium angekommen ist. Der Roman wird durch eine Reihe von Interviews strukturiert, die der Erzähler Hermann Funk 2005, 60 Jahre nach Kriegsende, mit einer jungen Übersetzerin und Wissenschaftsjournalistin führt, die sich für ornithologische Fachterminologie interessiert. Im Laufe der Interviews ver-

---

5   Kaube/Voss: »Weltwissen der Zoologen« (wie Anm. 2).

lagert sich das Interesse immer mehr auf die Persönlichkeit von Kaltenburg und damit auf die formativen Jugendjahre des Erzählers an der Seite des großen Forschers. Funk ist ein 71-jähriger Mann, dessen Leben drei politische Systeme, darunter zwei deutsche Diktaturen umspannt. Doch als Geschichtszeuge ist er wenig ergiebig. Er bleibt eine blasse Figur mit einem unzuverlässigen und sehr selektiven Gedächtnis, sowie einer nur schwach ausgebildeten Fähigkeit zu Reflexion und Kritik. Was ihm ebenfalls fehlt, ist ein klarer Wille; er entwickelt keine eigenen Ziele und Projekte. Diese Ich-Schwäche des Protagonisten ist aber kein Charaktermangel, sondern die Folge einer schweren Traumatisierung.

Mit der Figur seines Ich-Erzählers schafft Beyer also gerade keinen exemplarischen Zeugen und keinen privilegierten Zugang zur deutschen Geschichte, sondern eine vielfältig gebrochene und indirekte Perspektive auf unterschiedliche Schichten dieser Geschichte, die auch die klaren Kategorien von Opfern und Tätern durcheinander bringt. Auf der Flucht nach Westen macht der Junge mit seinen Eltern in Dresden Station, wo die Familie in der Nacht vom 13. auf den 14. Februar 1945 den Bombenangriff erlebt. Da beide Eltern Opfer des Feuersturms werden, wird Hermann Funk in dieser Nacht zum Waisen. Als Student wächst Funk in Dresden später in der Obhut seines charismatischen Mentors, des Zoologen Ludwig Kaltenburg auf, der für ihn zu einem Ersatzvater wird und in dessen Forschungswelt er tief eindringt, weil Kaltenburg sich ihn zum Mitarbeiter und obendrein zu seinem lebendigen Zeugen und Gedächtnis für die Nachwelt heranzieht. Aufgrund seiner Traumatisierung ist Funks autobiographisches Gedächtnis schwach ausgebildet, verwirrt, inkohärent und unvollständig. Es weist große Lücken auf und lässt nur wenige Durchblicke in die Vergangenheit zu. Dafür verfügt Funk über ein umso stärkeres Memorier- und Lern-Gedächtnis. Dieses auf geschulter Beobachtung und angelerntem Wissen beruhende Gedächtnis ist beeindruckend. Er weiß alles über ornithologische Terminologie sowie über einzelne Vögel der ethologischen Forschungsstation, ihre Namen, Eigenschaften und Gewohnheiten, aber wenig über sich selbst und sein eigenes Leben. Indem er dem Leser eine mäandernde und umwegige Tour durch das Labyrinth dieses Erzähler-Gedächtnisses zumutet, schreibt Beyer einen Erinnerungsroman, der die Blockaden, Verstellungen und Verschiebungen im Prozess des Erinnerns gewissenhaft mitprotokolliert.[6]

Bereits in seiner frühen Kindheit tritt der Erzähler Hermann Funk mit drei Personen in Verbindung, die auch eine historische Biographie haben:
- Ludwig Kaltenburg, alias Konrad Lorenz, der berühmte Verhaltensforscher (1903–89),
- Martin Spengler, alias Joseph Beuys, der berühmte Künstler (1921–86), und

---

6   Beyers Roman gehört zur Welle der Familien- und Erinnerungsromane des ersten Jahrzehnts nach der Millenniumswende. Weitere Beispiele sind Uwe Timms *Am Beispiel meines Bruders* (2003), Dagmar Leupolds *Nach den Kriegen* (2004), Reinhard Jirgls *Die Unvollendeten* (2003), Friedrich Christian Delius' *Mein Jahr als Mörder* (2004), und Angelika Overaths *Nahe Tage* (2005); vgl. dazu Aleida Assmann: *Geschichte im Gedächtnis: Von der individuellen Erfahrung zur öffentlichen Inszenierung*. München 2007, 70–90; Anne Fuchs: *Phantoms of War in Contemporary German Literature, Films and Discourse: The Politics of Memory*. Basingstoke 2008 (repr. 2010); Friederike Eigler: *Gedächtnis und Geschichte in Generationenromanen seit der Wende*. Berlin 2005.

- Knut Sieverding, alias Heinz Sielmann, Tierfilmer und berühmter Pionier der Mediengeschichte (1917–2006).

Jeder dieser Charaktere wird im Roman mit einer spezifischen Aura und Expertise eingeführt. Sie werden obendrein miteinander in Beziehung gesetzt durch die historische Tatsache, dass sie alle während der deutschen Okkupation in Posen waren. Beuys und Sielmann waren beide Absolventen der dortigen Luftwaffenschule. Beyer fügt eine Verbindung mit Kaltenburg/Lorenz hinzu, dessen Vorgeschichte er ebenfalls nach Posen zurückverfolgt. In Posen lokalisiert er obendrein ein dunkles Geheimnis, das er nach Art des von Virginia Woolf erfundenen ›tunneling process‹ in diese Figur hineinversenkt. Es bezieht sich auf Kaltenburgs Zeit im Militärhospital Posen von 1942–43, wo er an medizinischen Versuchen beteiligt war, eine Episode, die er später aus seiner Biographie gestrichen hat. Der Name der Stadt Posen ist inzwischen im kollektiven Gedächtnis der Deutschen für immer mit der berüchtigten Rede verbunden, in der Heinrich Himmler dort am 6.10.1943 den Angehörigen der SS die Vernichtung der Juden zur nationalen Aufgabe gemacht hat. Von Beyer gewinnen wir einen anderen Blick auf die Geschichte dieser Stadt, in der nach der deutschen Invasion und Besatzung von 1939 kaum noch ein polnisches Wort zu hören war. Es gibt dort nur noch deutsche Straßennamen und das Schloss auf dem Hügel dient als Residenz des Gauleiters. In dieser Stadt wächst Beyers Erzähler in einer bürgerlichen Idylle im Kreis einer dissidenten Familie auf. Sein Vater ist Professor für Botanik an der Reichsuniversität Posen, der in der besetzten Stadt seine Aufmerksamkeit und Empathie für die verfolgten und deportierten Juden nicht verliert.

Die Ruhe dieses Familienlebens wird durch die Hauptfigur Kaltenburg gestört, der in Posen als Kollege im Elternhaus Funk verkehrt. Er stört den heimischen Frieden als eine bedrohliche Gestalt, denn er erweist sich in Fragen der Weltanschauung und Politik bald als ein Gegenspieler von Hermann Funks Vater. Ein Gespräch über die Nazi-Ideologie mündet schnell in einen Streit zwischen den beiden Professoren. Kaltenburg zeigt sich in dieser Situation als linientreu, was mit der Biographie von Lorenz übereinstimmt.[7] Doch der Roman ist nicht an Entlarvung und Diffamierung interessiert, sondern verzeichnet auch andere Elemente dieser Biographie wie die Verfolgung des Forschers durch Stalin und seine Angst als ein Lebensthema (Kbg 197).

Beyer nimmt sich seine Freiheiten bei der Umschreibung des historischen Konrad Lorenz in eine fiktionale Figur. Er folgt dabei der Maltechnik der Sfumato und einem Aphorismus von Nietzsche: »Der Dichter muss ein Ding erst genau sehn und es nachher wieder ungenau sehn: es absichtlich verschleiern.«[8] Der Verhaltensforscher Konrad Lorenz hat 1973 mit seinem Medizin-Nobelpreis und dem Bestseller über *Das sogenannte Böse: Zur Naturgeschichte der Aggression* (1963) den Gipfel seines Weltruhms erreicht. Beyer erfindet einen anderen Bestseller für Kaltenburg

---

7   Zur Nazi-Vergangenheit von Konrad Lorenz vgl. Benedikt Föger/Klaus Taschwer: *Die andere Seite des Spiegels: Konrad Lorenz und der Nationalsozialismus.* Wien 2009.

8   Friedrich Nietzsche: »Menschliches, Allzumenschliches, Fragmente 16 (21)«. In: *Nachgelassene Fragmente, 1875–1879. Kritische Studienausgabe.* Hg. v. Giorgio Colli und Mazzino Montinari. Berlin 1988. Bd. 8, 261.

mit dem Titel *Urformen der Angst*, der ein Jahr später 1964 erscheint. Für diese Verschiebung hat er wiederum Anleihen bei einem anderen Buch gemacht: Fritz Riemanns *Grundformen der Angst,* das 1961 erschienen ist. Solche Variationen sind offensichtlich nicht das Spiel einer freien Autoren-Phantasie, sondern ihrerseits historisch informiert und legen andere Schichten und neue Deutungsmuster frei. In einem Interview hat Beyer betont, dass es diese kleinen Verschiebungen sind, die eine fiktive Figur erst zum Leben bringen.[9] Auf diese Weise ergänzt Beyer das bekannte Bild, indem er die Angst als Rückseite der Aggression in seinen Roman hineinholt und sie zu einer psychischen Tiefenschicht seiner Titelfigur Kaltenburg macht, die tief in seine Vergangenheit als russischer Kriegsgefangener hineinreicht.

Die Todesatmosphäre

Im Streit um Fragen der NS-Ideologie mit seinem Kollegen Funk, dem Vater des Ich-Erzählers, führt Kaltenburg den Begriff »Todesatmosphäre« ein (Kbg 156). Er wendet ihn auf die schwachen und kranken Vögel an, die Hermanns Vater in Pflege genommen hat. In Kaltenburg und Vater Funk stehen sich in dieser Auseinandersetzung zwei Weltanschauungen gegenüber: der faschistische Kult der Stärke, Jugend und Gesundheit einerseits und die Empathie für Tiere und die Trauer um Menschen andererseits, denn die Vögel erweisen sich später als der letzte zurückgelassene Besitz der aus ihren Häusern gezwungenen deportierten Juden. Kaltenburg, der Einfluss auf Hermanns Erziehung zu nehmen versucht, wird in dieser Szene zum Rivalen des leiblichen Vaters. Er reagiert mit starker Irritation auf die Todesatmosphäre in Hermanns Elternhaus, aus der er den Sohn retten möchte. Er wirft dem Vater vor, dass in diesem Haushalt ein Schatten auf das jugendliche Gemüt fallen könnte, der die männliche Identität des Sohnes in Frage stellt und seine Lebenskraft mindert.

Später erfahren die Leser, dass Kaltenburg selbst eine intime Verbindung zu der Todesatmosphäre hat. An einer Stelle im Roman bekennt er von sich selbst: »Wenn man meinen Eltern Glauben schenken will, dann habe ich als Tumor begonnen.« (Kbg 221) Was im Roman ein erratischer Hinweis bleibt, wird in Norbert Bischoffs Biographie von Konrad Lorenz aufgehellt. Hier erfahren wir, dass die Schwangerschaft seiner 40-jährigen Mutter von den Ärzten zunächst als ein Gewächs diagnostiziert worden war. Als sich das Gewächs als Embryo herausstellte, hat sein Vater Adolf Lorenz folgende schriftliche Anweisung hinterlegt:

> Man sorge für das neugeborene Kind in gleicher Weise wie für jedes andere normale Kind; kein Brutofen, keine sonstigen, außerordentlichen Maßregeln! Das Neugeborene muss imstande sein, das extrauterine Leben zu ertragen, oder es stirbt besser. Ohne ein gewisses Maß von Lebenskraft sollen vorzeitig geborene Kinder das Leben lieber nicht versuchen wollen.[10]

---

9   »Da Kaltenburg so viel von Konrad Lorenz hat, gab es das Problem, nicht bei einer Biographie zu landen«. Aus: Kaube/Voss: »Weltwissen der Zoologen« (wie Anm. 2).

10   Norbert Bischoff: *Gescheiter als alle die Laffen: Psychogramm von Konrad Lorenz.* Hamburg 1991, 55–56.

Beyers Hinweis auf den Tumor zeigt, dass auch Kaltenburgs Leben in einer Todes-atmosphäre begann. Der Hinweis auf die Konrad Lorenz-Biographie zeigt oben-drein, dass dieser die vitalistische Lebensphilosophie bereits von seinem Vater über-nommen hat.

Die Todesatmosphäre holt den jungen Hermann in der Nacht der Bombardie-rung Dresdens mit ihrer ganzen Wucht ein. Aus diesem Schatten wird er tatsächlich nie wieder heraustreten. Von der Todesatmosphäre bleibt er gezeichnet: zunächst durch die Vögel des eigenen Vaters und später durch die Vögel von Kaltenburg.

Zehn Jahre nach dem Tod seines Vaters trifft der Erzähler in Dresden seinen Leh-rer und Mentor Kaltenburg. Hermann Funk wird beschrieben als »ein nicht über-mäßig begabter Student im vollen Hörsaal, dessen Namen man sich bei der Prüfung noch einmal buchstabieren läßt« (Kbg 66). Der junge Funk lässt Eigenschaften wie eine starke Vitalität, eine klare Identität und einen starken Willen vermissen. Umso leichter lässt er sich durch willensstarke Andere formen und definieren. So wird er gerade nicht zum Geschichtszeugen der Bombardierung Dresdens, sondern zum Mittler, Gefäß und Gedächtnis für Kaltenburgs Lebenswerk. Wie Jacques Austerlitz in Sebalds gleichnamigen Roman kompensiert Hermann Funk sein Kindheitstrau-ma mit einer Obsession fürs Sammeln und Bewahren. Während Sebalds Protagonist fotografiert und Architekturgeschichte studiert,[11] arbeitet Funk als Tierpräparator und klassifiziert, seziert und mumifiziert Vögel. Beide sind Melancholiker im Sinne von Walter Benjamin: sie leben in der Nachwirkung traumatischer Ereignisse und reagieren darauf mit Sammeln. Kaltenburg lehrt seinen Zögling die Kunst des Prä-parierens und prägt damit seine eigene Arbeit ins Gedächtnis seines Zöglings ein: »Dann kannst Du Dich immer an mich erinnern!« (Kbg 192). Wie Walter Benjamins ›Engel der Geschichte‹ hat auch Hermann Funk das Antlitz der Vergangenheit zuge-wendet. Er verweilt, stopft die toten Vögel aus und katalogisiert das ornithologische Wissen.[12]

Auf das Trauma folgt eine Erstarrung, die mit der Sorge um Bewahrung ein-hergeht. Nach der Bombardierung Dresdens, wo Hermann von verkohlten Vögeln getroffen wurde, die aus der Luft herabstürzen, wird er zum Kustos eines natur-geschichtlichen Museums, in dem er unzählige Vögel ausstopft (Kbg 99–100, 107). Auf diese Weise wird das durch sein Trauma ausgebleichte Gedächtnis durch ein Archiv von Informationen überschrieben, die die Namen, besonderen Eigenschaften und Erzählungen über individuelle Vögel betreffen. ›Hermann‹ wird dabei zu einer Art ›Hermes‹, einem Seelenführer und Schwellengänger zwischen Leben und Tod, der die ephemeren Vögel und ihre Informationen ins ewige Archiv der Wissenschaft befördert. Beyer hat in seinem Roman einen Verweis auf Vladimir Nabokov ange-bracht, den Sammler und Erforscher von Schmetterlingen, dessen Autobiographie

---

11   Winfried Georg Sebald: *Austerlitz*. München 2001.

12   Benjamins ›Engel der Geschichte‹ taucht in der neunten von 18 geschichtsphilosophischen Thesen auf: »Er möchte wohl verweilen, die Toten wecken und das Zerschlagene zusam-menfügen. Aber ein Sturm weht vom Paradiese her [...]. Dieser Sturm treibt ihn unauf-haltsam in die Zukunft, der er den Rücken kehrt, während der Trümmerhaufen vor ihm zum Himmel wächst«. Walter Benjamin: »Über den Begriff der Geschichte«. In: Ders.: *Ge-sammelte Schriften* I.2. Hg. v. Rolf Tiedemann/Hermann Schweppenhäuser. Frankfurt/M. 1991, 691–704, hier: 697–698.

Erinnerung, sprich er das Motto für seinen Roman entnommen hat: »Ach, bloß ein kleiner Vogel — der hat keinen besonderen Namen«. Der Erzähler ist tatsächlich selbst ein solcher kleiner Vogel ohne einen besonderen Namen, der sich aber um das Gedächtnis und die Namen der ausgestopften Vögel der Sammlung kümmert. Das Trauma der Bombardierung und die Geschichte Dresdens werden auf diese Weise gebrochen und umgebogen in eine Naturgeschichte der geordneten Sammlung. Die Ausstopfung der toten Tiere ermöglicht eine stellvertretende Trauerarbeit. Mumifizierung ist eben nicht nur ein wissenschaftliches Instrument, sondern, wenn wir an die Unsterblichkeitssehnsucht der alten Ägypter denken, auch eine kulturelle Strategie, um mit dem Trauma des Todes umzugehen.

Die Kunst der Aufmerksamkeit, oder: Leben heißt beobachten

In einer seiner Vorlesungen stellt Kaltenburg eine grundlegende Frage, die nicht nur von ethologischer sondern auch von poetologischer Relevanz ist. Er will wissen, »ob die alle Glieder lähmende Todesnähe dem Menschen wie dem Tier einen besonders klaren Blick verleiht« (Kbg 15). Diese Frage war in den 1990er Jahren tatsächlich von brennender Aktualität. Damals hatten sich im Rahmen der langsam zurückeroberten Holocaust-Erinnerung gerade die jüdischen Überlebenden als privilegierte Zeitzeugen etabliert. Sie erhielten den Status eines ›moralischen Zeugen‹; ihr Trauma wurde zum Siegel einer absoluten Autorität und zum Unterpfand einer unhinterfragbaren Wahrheit. 1995 machte die Holocaust-Autobiographie von Binjamin Wilkormirski Schlagzeilen; darin präsentierte der Autor die »Bruchstücke« seines Traumas als unvermittelten, direkten Niederschlag von Ereignissen, die er sich, wie sich drei Jahre später herausstellte, sämtlich angelesen und aus den Bildmedien zusammenphantasiert hatte. Dieser exemplarische ›Holocaust-Zeuge‹, so wurde offenbar, hatte in seinem Leben die Grenzen der sicheren Schweiz nie verlassen. Er jedoch reklamierte für seine von Trauma und Todesnähe gezeichneten Erinnerungen einen besonders klaren Blick: »Meine frühen Kindheitserinnerungen gründen in erster Linie auf den exakten Bildern meines fotografischen Gedächtnisses und den dazu bewahrten Gefühlen – auch denen des Körpers.«[13]

Marcel Beyer, der sich nicht nur für Erinnerungen, sondern auch für Grundlagen der Wahrnehmung und Grenzen der Aufmerksamkeit interessiert, lässt solche platten Prämissen weit hinter sich. Er baut in seinem Roman eine Konstellation von Figuren auf, die unterschiedliche Formen von Aufmerksamkeit verkörpern. Als Kind, das den Bombenangriff auf Dresden überlebt hat, ist Hermann Funk Träger eines *katastrophischen Blicks*. Nach der Überdosis von Schrecken und Gewalt entwickelt er sich zu einem geduldigen Beobachter von Vögeln, die im Freien wie im Museum zum Gegenstand seines Studiums werden. Während Funk zum Kustos und Verwalter der ornithologischen Sammlung wird und damit mit seiner Aufmerksamkeit auf die Vergangenheit fixiert ist, lebt Kaltenburg ganz in der Gegenwart. Er ist ein Meister der *kalten Aufmerksamkeit* und »Geistesgegenwart« (Kbg 9). In seinem Beruf als

---

13   Binjamin Wilkomirski: *Bruchstücke. Aus einer Kindheit.* Frankfurt/M. 1995, 7.

Ornithologe bringt er es zu Höchstleistungen auf dem Gebiet der gesteigerten Aufmerksamkeit und kontrollierten Beobachtung. Sein scharfes Auge wird wiederholt mit dem eines Vogels verglichen: »ein Falke auf dem Ansitz« (Kbg 71). Im Gegensatz zu Kaltenburgs kalter Aufmerksamkeit, die von wissenschaftlicher Neugier genährt ist, zeichnet sich Klara Hagemann, die Partnerin von Funk, durch eine *empathische Aufmerksamkeit* aus. Diese Form der Aufmerksamkeit verbindet sie auch mit dem leiblichen Vater von Hermann Funk, weil sie auf soziale Bezüge fokussiert, emotionale Zuwendung einschließt und von einem ethischen Urteil grundiert ist.

Ein oft wiederholter Schlüsselsatz des Romans lautet: »Leben heißt beobachten« (Kbg 128; 306; 324; 336; 340). Kein Wunder also, dass auch die Lektüre des Romans selbst zu einem Training der Aufmerksamkeit wird, verbunden mit der Fähigkeit eines flexiblen Wechsels der historischen Zeitschichten. In Beyers Roman geht Beobachtung allerdings nie in nur eine Richtung. Jeder Beobachter wird auch beobachtet, sei es durch eine andere Person oder eine andere Spezies. Selbst der mastermind Kaltenburg war im Gefängnis jahrelang dem kontrollierenden Blick Stalins ausgesetzt. Anders als der scharfe Beobachter Kaltenburg erlebt sich Hermann Funk, der Zögling des Meisters, selbst als Objekt der Aufmerksamkeit der Vögel. Das beschreibt er in dem Interview, das er mit einer Wissenschaftsjournalistin führt, mit folgenden Worten:

> Jedesmal, wenn ich eine Dohle sehe, faszinieren mich von neuem ihre Augen. Man meint unwillkürlich, die Dohle nehme einen sehr genau in den Blick, ja, sie habe die Fähigkeit, einen Menschen zu durchschauen. (Kbg 129)

Wie in Genazinos Beschreibung von Beckmanns Katze in der Umgebung des Frankfurter Hauptbahnhofs kreuzen sich die Perspektiven, ohne miteinander zu verschmelzen. Durch das Registrieren unterschiedlicher Aufmerksamkeiten und das Zusammenknüpfen der Welt der Menschen und der Welt der Tiere weitet sich der Raum der Geschichte in Beyers Roman in eine kosmische Dimension.

Zwei Väter – zwischen Vergessen und Erinnern

Der Erzähler wächst als Kind zweier Väter auf. Nachdem er von seinem berühmten Mentor adoptiert worden ist, lebt er mit in Kaltenburgs Forschungslabor, wird in dessen Wissenskosmos initiiert und zum Zeugen, Vermittler und Verewiger von dessen Werk. Soviel Wissen er über einzelne Vögel, ihre Eigenschaften und Gewohnheiten ansammelt, so wenig weiß er über sich selbst und sein eigenes Leben. Beyer hat seinen Protagonisten zwischen zwei Väter gestellt, einen Botaniker und einen Zoologen, die er einander als Kollegen mit entgegengesetzten ideologischen Anschauungen gegenübergestellt.[14] Das bringt im Rahmen der retrospektiven Lebensbilanzierung die Notwendigkeit einer Entscheidung mit sich, zu der sich der Erzähler

---

14   Hermann Funk erinnert sich an Kaltenburg und seinen Vater als Kollegen an der Reichsuniversität Posen. Später wird er belehrt, dass Kaltenburg Professor in Königsberg (Kaliningrad) war.

allerdings erst sehr spät durchringen kann. Dafür muss er zunächst noch einmal die große Faszination durchleben, die er lebenslänglich für den Ersatz-Vater Kaltenburg empfand, der in seiner Kindheit öfters das in ländlicher Umgebung gelegene Elternhaus mit Helm und Motorrad besuchte. Kaltenburgs Worte haben, noch bevor er sie verstehen konnte, von Anfang an einen starken Eindruck auf ihn gemacht, während die Worte des eigenen Vaters ihm schwierig und fremd geblieben sind. Die Tatsache, dass er sich als kindlicher Zeuge des Streits zwischen den Kollegen in Posen intuitiv auf die Seite Kaltenburgs gestellt hat, wirft einen Schatten auf sein ganzes Leben (Kbg 84–85). Nachdem Kaltenburg in Dresden wieder in sein Leben getreten ist, ging die Erinnerung an seinen leiblichen Vater immer mehr verloren. (Kbg 75). Viel später jedoch belastet ihn die Einsicht, dass er im Alter von sieben Jahren seinen Vater verraten und einen Treuebruch begangen hat. Es war diese tiefe Scham, die das Verhältnis zum leiblichen Vater vergiftete und die Erinnerung des Sohnes blockierte. »Ich schlage meine Augen nieder, weil ich Scham empfinde, ich schäme mich, da mein Vater beschämt worden ist.« (Kbg 79) Weil er ihm schon zu Lebzeiten nicht mehr in die Augen schauen konnte, konnte er sich auch in der Erinnerung seinem Vater nicht zuwenden, konnte ihn nicht betrauern und musste ihn vergessen. Es kostet ihn große Kraft, das Band zu knüpfen und ihn über die Jahrzehnte hinweg in die Erinnerung zurückzuholen.

Eine Grundüberzeugung von Kaltenburg lautet: »Als Zoologe weiß ich immerhin, es führt kein Weg in einmal überwundene Verhältnisse zurück.« (Kbg 66) Tatsächlich verkörpern alle männlichen Freunde von Hermann Funk das kommunikative Beschweigen, das die Nachkriegszeit bis in die 1960er und 1970er Jahre kennzeichnete.[15] Kaltenburg (Konrad Lorenz) ebenso wie die Vertreter der jüngeren Generation Spengler (Joseph Beuys) und Sieverding (Heinz Sielmann) verkörpern die Erinnerung an den Krieg, aber sie haben über diese Erfahrung nie gesprochen, geschweige denn sich öffentlich über Fragen von Schuld und Verantwortung an dieser Geschichte verständigt. Spengler (Beuys) war ein hochdekorierter Pilot; seine militärische Karriere hat in seinem Gesicht und an seinem Hals viele Spuren hinterlassen. Zu einer Sprache über das Erlebte hat er nicht gefunden, stattdessen zeigt er sich als ein virtuoser Tierstimmenimitator vom Flusspfeifer über die Dorngrasmücke bis hin zu Amseln und zahmen Singvögeln. Sein wortlos gebliebenes Trauma fand nur in seiner Kunst einen Ausdruck, die durch eine Mischung von Rohheit und Fragilität gekennzeichnet und in Schweigen gehüllt ist. Seine Installationen haben den Einschlag des Trauma in ihrer Materialität aufgenommen und strahlen eine unheimliche ›Todesatmosphäre‹ aus: »Das Material war von einer gefährlichen Stille umgeben, tot und lebendig zugleich.« (Kbg 59)

Während Kaltenburg höchst selektiv mit seinen Erinnerungen umgeht und die medizinischen Versuche samt der ganzen Posen-Episode später aus seiner Biographie löscht, wird für Hermann Funk das Erinnern zu einem lebenslangen Prozess. In dem Maße, wie er aus dem Bannkreis Kaltenburgs allmählich heraustritt und den eigenen Vater in sich wiederfindet, können die Lücken seiner Erinnerung auf-

---

15   Der Begriff ›kommunikatives Beschweigen‹ stammt von Hermann Lübbe: »Der Nationalsozialismus im politischen Bewusstsein der Gegenwart«. In: Martin Broszat/Ulrich Dübber/Walther Hofer (Hg.): *Deutschlands Weg in die Diktatur*. Berlin 1983, 329–349.

gefüllt werden. Zwei Frauen helfen ihm dabei, die Fragen zu stellen, die er immer vermieden hat, und mit denen er sich seiner verdrängten Vergangenheit stellt: Funks Partnerin Klara Hagemann und die Interviewerin Katharina Fischer. Durch nachträgliche Nachfrage rückt dabei ins Zentrum, was im Gedächtnis verborgen war, und kann neu belichtet und gedeutet werden. Erinnern vollzieht sich dabei als ein mühsamer Prozess des Umschichtens von Wissen durch nachträgliche Reflexionen und Ergänzungen. Beyer schafft damit einen Erzähler, der in eine assistierte Suche nach seiner verlorenen Vergangenheit einsteigt. Im Gegensatz zu Prousts mémoire involontaire erlebt er jedoch keine plötzliche Rückkehr verlorener Glücksmomente. Seine Suche konfrontiert ihn vielmehr mit rätselhaften und beschämenden Episoden seiner Kindheit.

Während ihrer botanisierenden Ausflüge zum Beispiel, die er mit seinem Vater in Posen unternahm, waren dem Sohn die Züge mit endlosen Viehwaggons aufgefallen, aus denen er niemals eine Tierstimme hörte. Auf die Frage, wohin diese Züge fahren, bekam er von seinem Vater keine wirkliche Antwort: »Nach Osten – oder kennst du die Himmelsrichtungen nicht?« (Kbg 78) Wir wissen nicht, ob der Vater selbst im Unklaren über die Destination der Deportationszüge war oder seinem Sohn die Antwort vorenthielt, die ihm erst im Alter aufging (Kbg 291). Die Ahnungslosigkeit des 11-Jährigen Jungen über das Schicksal der Juden kommt noch deutlicher zum Ausdruck, als er in Dresden beim Besuch der Brühlschen Terrasse auf das Schild ›Für Juden Verboten‹ mit einem kindlichen Gefühl des Stolzes reagiert: »ich ging nicht mehr, ich schritt – die folgenden Stufen empor, wir dürfen auf die Brühlsche Terrasse, wir sind keine Juden« (Kbg 29). Statt in dieser Situation eine Information zu bekommen, wird er von seiner Mutter streng zurechtgewiesen. Wieder wird das Thema sofort blockiert durch die Scham angesichts der eigenen Überheblichkeit. Noch bevor er irgendetwas über die Geschichte der Juden erfahren hat, ist sie schon mit einem persönlichen Schuldgefühl verbunden.

Was wir heute mit dem Decknamen ›Holocaust‹ bezeichnen, wird in Beyers Roman buchstäblich aus der Vogelperspektive beschrieben: Die herrenlos gewordenen Zimmervögel mitten im WELTPOGROM (Kbg 298). Die kleine Episode von den als Haustieren gehaltenen und plötzlich verwaisten Singvögeln wird zum konkreten Detail, in dem sich der große Zusammenhang der Ermordung der Juden spiegelt. Die Aufmerksamkeit für diese Stellvertreter steht für das fehlende und erst spät wachsende Bewusstsein für das alle Vorstellungen überschreitende an Menschen begangene Unrecht und das ihnen zugefügte Leid. Diese Thematik wirft ein ganz anderes Licht auf die ›Todesatmosphäre‹, in der der junge Hermann aufwuchs. Sein Vater hatte, wie ihm erst durch spätere Gespräche und die Nachfragen Klara Hagemanns und Katharina Fischers klar wird, die den Juden plötzlich verbotenen Singvögel übernommen, die er trotz seiner Obhut und Pflege allerdings nicht am Leben erhalten konnte (Kbg 284–285; 298). Die Anwesenheit dieser Vögel im Haushalt des Kindes verweist auf die Abwesenheit jüdischer Nachbarn, deren Verschwinden aus der Umgebung ebenso wenig beobachtet wurde wie das Verschwinden von Dissidenten in der DDR, die in der Nacht aus ihren Häusern abgeholt wurden. Die von Kaltenburg sogenannte ›Todesatmosphäre‹ wird damit im Nachhinein historisch und politisch neu lesbar. Auf diese Weise gewinnen Fragmente des Textes eine neue Bedeutung auf dem tastenden Weg der Erinnerung ins Dunkel der Vergangenheit.

Für diese Suchbewegung der Erinnerung bietet der Roman gleich zu Beginn ein unvergessliches Bild an. Es ist der Abstieg einer ›Kamindohle‹ zu ihrem in völliger Dunkelheit liegenden Nest. Der Vogel springt »mit dem Schnabel voran in den Eingang der künstlichen Höhle, vollführt eine Drehung, findet mit abgespreizten Flügeln am rauen Kamingemäuer Halt, streckt die Beine aus und stützt sich mit den Krallen ab. Dann geht es vorsichtig, man könnte sagen: Schritt für Schritt, hinunter in die Tiefe« (Kbg 9–10).

Die Welt der Menschen und die Welt der Tiere

Die Eltern des Erzählers haben in der Dresdner Bombennacht Zuflucht im Großen Garten gesucht, wo sie der Feuersturm getroffen hat. Ihre sterblichen Überreste liegen in einem anonymen Massengrab auf dem Heidefriedhof außerhalb Dresdens (Kbg 33). Doch nicht das Grab ist der Ort, der für ihn das Ereignis symbolisiert, sondern die »Splittereiche« im Großen Garten, deren Stamm die Wunden des Einschlags der Bombensplitter bis heute sichtbar festhält. Mit seinen über dreihundert Jahren ist dieser Baum ein einzigartiges Denkmal der Natur und der Geschichte: »Hier stecken die Bombensplitter in der Rinde, stecken immer noch« (Kbg 34).

An den Anfang seines Romans hat Beyer ein eindrückliches Bild gestellt. Am Morgen nach der Bombennacht, so will es die Legende, erwachten die verstörten Überlebenden allmählich aus ihrer Apathie und begannen, die verkohlten Leichen ihrer Angehörigen auf einem Grasstreifen in einer Reihe zu betten. Bei dieser Tätigkeit habe eine Horde von Affen helfend zugepackt, die aus dem zerstörten Zoo entlaufen war. Mit dieser Geschichte führt Beyer seinen Ich-Erzähler ein, der die Legende als kindlicher Zeuge beglaubigt. Von Trauma ist bei Beyer nicht die Rede, wohl aber von dem »buchstäblich aufgelösten Zustand« des Zeugen, der »jeglicher Vorstellung von sich selbst beraubt« ist, und der namenlosen Angst, die das »Verhältnis zwischen Tier und Mensch unter Extrembedingungen« verschiebt (Kbg 15, 14).

Beyer schreibt einen Erinnerungsroman, in dem gerade das Nicht-Wissen und Noch-nicht-Wissen eine große Rolle spielt. Obwohl er Fragen der Schuld und Verantwortung nicht umgeht, vermeidet er eine moralisierende Perspektive, die ›das Böse‹ eindeutig lokalisiert und personifiziert.[16] Anstelle des Bösen führt er Angst und die Erstarrung im Schrecken als grundlegende Impulse menschlichen und tierischen Verhaltens ein. In einer seiner Vorlesungen fragt Kaltenburg, mit welchen Signalen Vögel die Erinnerung an eine konkrete Gefahr wachhalten. In diesem Zusammenhang verbiete es sich, so der Professor, »zwischen Mensch und Tier zu polarisieren,

---

16   »Während meiner Arbeit an dem Roman bin ich immer mehr von diesem Klischeebild des Bösen abgekommen. Es hat sich herausgestellt, dass ich dieses Böse gar nicht auf Anhieb erkennen kann. Es ist ja auch sehr beruhigend zu denken: Das Böse ist alles andere als ich selbst. Genau von dieser Selbstgefälligkeit bin ich immer mehr abgekommen«. Aus: »Ich bin vom Klischeebild des Bösen abgekommen – Interview im Berliner Zimmer: Jasmin Herold im Gespräch mit Marcel Beyer«. In: *Der Tagesspiegel*, 1.4.2008: http://www.berlin erzimmer.de/eliteratur/marcel_beyer_inteview.htm [letzter Zugriff: 28.9.2017].

wenn wir von Erinnerungsvermögen sprechen« (Kbg 151). Eine weitere Einsicht Kaltenburgs besteht darin, dass sich Menschen besser verstehen können, wenn sie Tiere beobachten und sich von ihnen beobachten lassen. Der Autor Beyer schafft in seinem Roman einen Raum, in dem Menschen und Tiere Teil eines übergreifenden Ökosystems sind. Die Natur ist kein geschichtsfreier Raum, auch die Tiere im Zoo werden verwundet und die Splittereiche hält den Einschlag der Geschichte fest.

Das Kontinuum zwischen der Welt der Menschen und der Welt der Natur ist nicht nur ein zentrales Motiv sondern auch das Konstruktionsprinzip des Romans. Es sind die Listen der memorierten und genüsslich artikulierten Namen von Pflanzen und Tieren, vor allem aber auch die poetischen Beschreibungen im Roman, die die Welt der Menschengeschichte mit der Naturgeschichte zusammenbindet. Immer wieder sind die Leser angehalten, den Blick zu heben und in Richtung Himmel schweifen zu lassen:

> Sibirische Krähen, die sich mit Vorliebe im einsetzenden Schneefall treiben lassen, brikettschwarz stehen ihre Flügel in der Luft, die Schneeflocken umspielen das Gefieder. Und etwas Glühendes, rotglühend, bläulichglühend, dazu ein sanftes Braun. Ein Eichelhäher, der nachts im Schlaf seine Verstecke memoriert. (Kbg 85)

Die Welt der Menschen und der Tiere, die Erfahrung der Geschichte und der Natur sind in Beyers Roman keine getrennten Sphären. Es sind »zwei Welten, die auf geheime, noch kaum erkennbare Weise miteinander verflochten scheinen«, und der Text zeigt viele »Schlupflöcher, durch die man von der einen in die andere hinüberwechseln kann« (Kbg 379).

Beobachtung und Anteilnahme. Wissenschaft und Wissenschaftler in Beyers *Kaltenburg*

Matthias Aumüller

Mögliche Annäherungen

Wie immer im Falle vielsagender Literatur ist es auch mit Bezug auf Marcel Beyers *Kaltenburg* möglich, dem Roman über ganz unterschiedliche im Werk ausgelegte Spuren auf die Schliche zu kommen.[1] »Schliche« – was hier metaphorisch angedeutet wird, verdiente mehr als nur eine kursorische Bemerkung, aber das würde vom Thema abführen und uns gleich ins theoretische Abseits lenken. Nur so viel: Gemeint ist damit das Bauprinzip des Romans (sofern es denn ein solches gibt), das Gerüst, das ihn zusammenhält, eine künstlerische Idee, auf die so viele Eigenschaften des Romans wie möglich bezogen werden können.

Wenigstens einige Arten von Spuren, die sich in *Kaltenburg* finden lassen, möchte ich kurz vorstellen und mit ihrer Hilfe zu meinem Zugang überleiten. Es sind leitmotivische, motivgeschichtliche, mnemologische und zeithistorische. Der Roman ist gegliedert in sechs römisch nummerierte Abschnitte (mit jeweils weiteren arabisch nummerierten Unterabschnitten), deren erster besonders kurz ist und strukturell wie ein Prolog aussieht.

In diesem prologähnlichen Abschnitt werden die Themen leitmotivisch angeschlagen, die im weiteren Verlauf eine Rolle spielen. Die Verbindung von Ludwig Kaltenburg mit Dohlen ist nur die offensichtlichste Verbindung. Eine weitere Verbindung, die durch Wiederholung noch gefestigt wird, ist die zwischen den Dohlen und Kaltenburg einerseits und Kaminen und Rauch (den die Dohlen fliehen) andererseits. Auch der im Roman immer wieder genannte Kontrast zwischen weißer Schneelandschaft und schwarzen Rabenvögeln zählt dazu. Er steht mit einer Redensart Kaltenburgs in intimem Verhältnis: »Das kann ich Ihnen schwarz auf weiß versichern« (Kbg 91, 396) – diese Versicherung Kaltenburgs, über deren Gegenstand Funk nur Andeutungen macht, bezieht sich vermutlich auf Kaltenburgs Lüge, nicht Mitglied der Partei gewesen zu sein (Kbg 396 [Lüge], 429 [Wahrheit]). Die Redewendung wird in einer Beobachtung Funks ikonisch wiederholt: »Sibirische Krähen, die sich mit Vorliebe im einsetzenden Schneefall treiben lassen, brikettschwarz stehen ihre Flügel in der Luft, die Schneeflocken umspielen das Gefieder« (Kbg 96). Es ist eine Möglichkeit, dem durch weitere Knoten vergrößerten Motivgeflecht des Romans nachzuspüren, nicht zuletzt der Äquivalenz von Erinnern persönlicher Erlebnisse und Ausstopfen ehemals lebender Tiere.

Das Motivgeflecht hat aber auch eine diachrone Dimension. Eine motivgeschichtliche Spur könnte etwa zu Äsops Fabel *Die Dohle und die anderen Vögel* führen,

---

1   Zitate nach Marcel Beyer: *Kaltenburg*. Berlin 2009 (im Folgenden als »Kbg« direkt im Haupttext nachgewiesen).

in der sich der Rabenvogel mit den sprichwörtlichen fremden Federn schmückt.[2] Bereits am Ende des Kapitels I, des zum Erzähl-Ich hinführenden Prologs, berichtet der Erzähler von Kaltenburgs Gewohnheit, in seinen Abhandlungen auf Quellenangaben zu verzichten, ein doch recht typischer Fall von Anmaßung.

Eine dritte Spur, die im Roman unübersehbar ist, habe ich als die »mnemologische« bezeichnet. Es ist diejenige, die auf den nicht zuletzt in der Literaturwissenschaft einst beliebten Gedächtnis-Diskurs anspielt. Hermann Funk, der sogenannte Erzähler, ist eine Figur, die sich vornehmlich erinnert. Das Erinnern wird von seiner Gesprächspartnerin in der Erzählgegenwart nicht nur initiiert, sondern auch problematisiert, und Klara, Funks Frau, ist begeisterte Proust-Leserin.

Gerade mit Blick auf das Thema »Wissenschaft« ist es schließlich die zeithistorische Spur, die besonders vielversprechend aussieht. Bekanntlich decken sich viele Eigenschaften des fiktiven Kaltenburg mit dem historischen Konrad Lorenz (und die anderer Figuren und Personen auch).[3] Demgemäß könnte man also bei Lorenz nachlesen, was Kaltenburg meint, bzw. über Lorenz sich informieren, um zu erfahren, wer Kaltenburg ist. Man kann die biographischen Übereinstimmungen in sorgfältiger Untersuchung ebenso erforschen wie man dem ornithologischen Fachwissen, das in den Roman Eingang gefunden hat, nachspüren kann. Aber, mir scheint, man käme damit dem Roman weniger auf die Schliche, als dass man ihm in die Falle ginge. Das alles ist der Tand und Glitzerkram, mit dem ein professioneller Autor sein gebildetes Publikum und sein Marktsegment bedient, becirct und sicherlich auch beeindruckt. Es ist auch gar nicht illegitim, diese oder ähnliche Ansätze zu verfolgen, die letztlich durch einen thematischen Fokus charakterisiert sind. Mein Zugang ist demgegenüber – wie es altmodisch heißt – an der Form orientiert. Was ›Wissenschaft‹ und ›Wissenschaftler‹ im Roman bedeuten, literarisch bedeuten, d. h. welche literarische Funktion sie haben, ist nicht unabhängig von der Erzählform herauszufinden.[4]

Zum narrativen Modus des Erinnerns

Erinnern und Erzählen hängen mitunter eng zusammen, genauer gesagt, Erinnern und Ich-Erzählen. Wenn man keinen allzu idiosynkratischen Begriff des Erzählens

---

2   Äsop: *Fabeln*. Griechisch-deutsch. Hg. u. übers. von Rainer Nickel. Düsseldorf u. a. 2005, 107.

3   Einige Parallelen fasst zusammen: Marijan Bobinac: »Mit dem Dichten gegen das Dichten arbeiten. Das Geschichtsbild in Marcel Beyers Roman ›Kaltenburg‹«. In: *Zagreber Germanistische Beiträge* 20 (2011), 115–131, hier: 122–123. Rezensionen, in denen auf die Parallelen hingewiesen werden, nennt auch Michael Preis: »Vom guten und vom bösen Schweigen – Beobachtungen zu Marcel Beyers Roman ›Kaltenburg‹«. In: Franz Fromholzer/Michael Preis/Bettina Wisiorek (Hg.): *Noch nie war das Böse so gut. Die Aktualität einer alten Differenz*. Heidelberg 2011, 303–323, hier: Anm. 1.

4   Das lässt sich auf die zuvor genannten Ansätze übertragen. Im Grunde ist das eine literaturwissenschaftliche Selbstverständlichkeit. Aber es ist doch auffällig, wie sehr sich ein gewisser Anteil der Sekundärliteratur mit vorschnellen Ergebnissen zu dieser Frage zufrieden gibt.

bzw. Ich-Erzählens wählt, dann setzt jedes Ich-Erzählen ein Erinnern voraus. Auch wenn das Erinnern selbst nicht Gegenstand des Ich-Erzählens ist, sind die vergangenen Ereignisse, von denen ein Ich erzählt, in der Regel selbst erlebte oder stehen mit selbst erlebten Ereignissen in einer Beziehung, sind also erinnerte Ereignisse, oder sie werden, im Falle des fiktionalen Ich-Erzählens, als erinnerte imaginiert. Jedes »Ich sah …« ist Ausdruck einer Erinnerung. Für manche – die narratologischen Identitätstheoretiker – mag auch die umgekehrte Beziehung gelten: Ein Erinnern impliziert ein Ich-Erzählen. Erinnern wäre demnach ohne Ich-Erzählen unmöglich. Dagegen spricht einiges. Aber darum geht es hier nicht. Mir ist die Feststellung wichtig, dass Ich-Erzählen eine sprachliche Tätigkeit ist, Erinnern aber eine vor- oder nichtsprachliche Tätigkeit, die allerdings – wie schon Kleist wusste – in enger Wechselbeziehung zur sprachlichen Äußerung steht. Philosophisch gesagt: Erinnern ist ein empirisches Antecedens des Ich-Erzählens, und es gibt Rückkopplungseffekte, aufgrund deren das Erinnern durch das Erzählen stimuliert werden kann, genauso aber auch kanalisiert oder gar frisiert, d. h. verfälscht.

Hermann Funk wird manchmal als unzuverlässiger Erzähler charakterisiert. Meinem terminologischen Empfinden nach trifft diese Charakterisierung nicht recht zu – jedenfalls nicht im Hinblick auf das Verhältnis von Erzählen und Erinnern. Das liegt schon allein daran, dass die Erzählsituation in *Kaltenburg* ziemlich unklar, wenn auch nicht unklärbar, ist. Die Verworrenheit des Erzählens sollte man nicht mit der Unzuverlässigkeit des Erzählers gleichsetzen. In welchem Sinne erzählt Funk eigentlich? Sind die Worte, die dem Leser als Text gegeben sind, alle als sprachliche Äußerungen zu verstehen, die er an die Dolmetscherin Katharina Fischer richtet? Oder sind es Selbstgespräche, Erinnerungen? Leonhard Herrmann scheint dies so zu sehen; doch ihre Unterhaltungen durchweg als »Gegenstand der Erinnerung« zu qualifizieren, die damit auf derselben Ebene wie Funks Verlautbarungen über Kaltenburg stehen, überzeugt nicht.[5] Den Text in den Unterhaltungen, deren Inhalt zu einem großen Teil aus Funks Erinnerungen an Kaltenburg bestehen, aufgehen zu lassen, ist jedoch gleichfalls unzutreffend. Überzeugender ist, den Text als inneren Monolog zu begreifen, der aus mitgeteilten Gedanken Funks besteht ebenso wie aus Gedanken, die er für sich behält.[6]

Es hilft, zur Klärung der Frage nach der Erzählsituation auf die Kapiteleinteilung zurückzukommen. Man mag denken, dass die Kapiteleinteilung chronologisch motiviert ist und den Stationen der Biographien Hermann Funks und Ludwig Kaltenburgs folgt. So handelt Kapitel II vornehmlich von Funks Kindheit in Posen und der ersten Bekanntschaft mit Kaltenburg, das folgende Kapitel dann von ihrer Wiederbegegnung in Dresden, Kapitel IV setzt ein mit Stalins Tod usw. bis zum letzten Ka-

---

5   Leonhard Herrmann: »Kulturgeschichten des Wissens. Das ganze 20. Jahrhundert im Rückblick – fiktive Gelehrtenbiografien von Michael Köhlmeier und Marcel Beyer«. In: *KulturPoetik* 11/1 (2011), 240–257, hier: 249.

6   So sieht es, allerdings ohne weitergehende Analyse, Eleni Georgopoulou: *Abwesende Anwesenheit. Erinnerung und Medialität in Marcel Beyers Romantrilogie »Flughunde«, »Spione« und »Kaltenburg«.* Würzburg 2012, hier: 125: »Dabei ist nicht immer klar ersichtlich, welche Erinnerungssequenzen der Dolmetscherin erzählt werden und welche Erinnerungsbilder, die sich vor den Augen des Ich-Erzählers abspielen, dem Leser als lautlose Gedanken präsentiert werden«.

pitel, in dem von der brieflichen Wiederaufnahme der Beziehung zwischen beiden berichtet wird. Durch viele Zeitsprünge vor und zurück lässt sich jedoch keine klare Synchronisierung des chronologischen Ablaufs mit den Kapitelgrenzen erreichen.

Hingegen fallen die Kapitelgrenzen genau mit den Gelegenheiten zusammen, zu denen sich Funk mit der Dolmetscherin Katharina Fischer an jeweils verschiedenen Orten trifft. Kap. II: Die ornithologische Sammlung; Kap. III: Ein Restaurant an der Elbe; Kap. IV: Oberloschwitz, wo das ehemalige Institut steht; V: Elbufer von Kleinzschachwitz; VI: Bei Funk zuhause.[7] Kapitel I fällt also nicht nur aus Gründen des Umfangs aus dem Rahmen. Während die übrigen Kapitel weitgehend homodiegetisch erzählt sind, von den Begegnungen Hermann Funks mit Katharina Fischer ebenso handeln wie von seinen Erinnerungen an persönliche Erlebnisse, referiert das Kapitel I im Stile des Unbeteiligtseins einige Fakten über Kaltenburgs letzte Lebensphase. Auch wenn sich der Erzähler am Ende als ein »Ich« erweist, das Kaltenburg einst über ein besonderes Tierverhalten nach der Dresdener Bombennacht informiert hat, ist oder wirkt die Erzählhaltung – bis auf diesen Umstand am Schluss – heterodiegetisch. Wie man am Ende des Romans erfährt, steht Funk am Ende von Kaltenburgs Leben lediglich in Briefkontakt mit ihm; Kaltenburgs Welt, wie sie in Kapitel I beschrieben wird, ist eine andere als Kaltenburgs Welt in den späteren Kapiteln, die Funk aus persönlichem Erleben heraus schildert.

Die Erzählsituation ändert sich also signifikant mit Kapitel II. Wie ist sie nun adäquat zu charakterisieren? Was ist gesprochen, was nur gedacht? Der Autor war sich angeblich selbst nicht immer sicher: »Dabei fiel es mir schwer zu beurteilen, wo jeweils genau der Wechsel vom Gedachten zum Artikulierten erfolgt.«[8] Verfolgt man die Gegenwartshandlung um Ornithologe und Dolmetscherin und beachtet die grammatischen Tempora in Verbindung mit den wenigen Zeitangaben, lässt sich aber durchaus eine Antwort finden. Funks Diskurs zerfällt in Erinnern und Erzählen bzw. in gedankliches Erinnern und ausgesprochene Erinnerungserzählung.

Kapitel II beginnt mit Funks Einlassungen über Gefühle älterer Männer in Gesellschaft von (jüngeren) Frauen (Kbg 21). Diese Passage ist im Präsens und entsprechend deiktisch markiert: »heute« (Kbg 22).[9] Danach schließt die unmittelbare Vorgeschichte, die zum Treffen mit der Dolmetscherin Katharina Fischer führt, im Imperfekt analeptisch an: Funk (dessen Name erst sehr viel später eingeführt wird) hat die Dolmetscherin nach ihrer telefonischen Verabredung »oben an der Treppe« des Gebäudes abgeholt, wo die tier- bzw. vogelkundliche Sammlung seit 1998 untergebracht ist, und Frau Fischer in den »Sammlungstrakt« geführt (Kbg 23). Unterbrochen wird dieser retrospektive Erzählbericht von präsentischen Einschüben Funks, in denen er seine Beziehung zum neuen Gebäude andeutet. Funk rekapituliert Frau Fischers Frage nach seiner Herkunft, die als direkte Rede markiert ist (Kbg 24).[10]

---

7   Vgl. auch Georgopoulou: *Abwesende Anwesenheit* (wie Anm. 6), 127.

8   Franz Fromholzer/Michael Preis/Bettina Wisiorek: »›Man erzählt immer mit schmutzigen Händen.‹ Ein Gespräch mit Marcel Beyer in der Villa Massimo in Rom«. In: Dies. (Hg.): *Noch nie war das Böse so gut* (wie Anm. 3), 265–291, hier: 270.

9   Wenn auch der genaue Zeitpunkt noch nicht klar ist, so lässt sich hier bereits sehen, dass die Erzählsituation dieses Kapitels nicht über den betreffenden Tag hinausreicht.

10   Hier wie später folgen weitere Äußerungen Frau Fischers in indirekter Rede.

Seine Antwort – und das ist charakteristisch für den gesamten Text – folgt unmittelbar, ist aber nicht als direkte Rede markiert. Was er ihr tatsächlich mitteilt – ob alles, was folgt, oder nur einen Teil dessen –, ist also nicht eindeutig markiert. Es fällt aber schon an dieser Stelle auf, dass auch Funks Antworten sich in Passagen einteilen lassen, die im Imperfekt verfasst sind, und in Passagen, die im Präsens stehen.

Die meinen Überlegungen zugrunde liegende Interpretationshypothese lautet, dass diejenigen Passagen von Funks Ausführungen über seine Vergangenheit, die im Präsens stehen, *nicht* zu den Mitteilungen gehören, die an Frau Fischer gerichtet sind (was aber auch nicht den Umkehrschluss zulässt, dass alles, was im Imperfekt erzählt ist, offen an die Dolmetscherin adressiert wäre). Daher ist es folgerichtig, dass sie das nächste Mal, wenn sie zu Wort kommt, weiter nach seiner Zeit in Dresden fragt (Kbg 31) und nicht nach dem Kindermädchen, an die er sich unmittelbar nach seiner Antwort erinnert.[11]

Die Frage nach der anfänglichen Erzählsituation beantwortet sich, als Funk die Pause erwähnt, um die Katharina Fischer bittet, damit sie prüfen kann, ob sie die gelernten Vogelnamen memoriert hat: »Das will sie herausfinden, indem sie sich *nachher* von mir abfragen läßt« (Kbg 25, Hervorh. M. A.). Die Erzählgegenwart ist also in der Pause zu verorten, die die beiden in Funks Arbeitszimmer verbringen, das im Gegensatz zu den Sammlungsräumen Fenster und damit eine Verbindung zur Außenwelt hat. Der Aufenthalt im Arbeitszimmer, während dessen es draußen regnet, dauert länger »als die geplante halbe Stunde« (Kbg 69). Funk hat sie wie gewünscht abgelenkt, und zwar mit seinen Erinnerungen an seine Kindheit. Folgerichtig wird fortan von der Gegenwartshandlung nicht mehr im Imperfekt berichtet, sondern im Präsens.

Wenn die Sprünge zwischen den Tempora auch in Funks Erinnerungen an seine Vergangenheit nicht willkürlich sind, könnten sie laut meiner These zumindest einen Hinweis auf den Unterschied zwischen Frau Fischer gegenüber geäußerten, also erzählten Erinnerungen und nicht erzählten Erinnerungen geben. Das ist der erste Grund, warum ich die Beurteilung Funks als eines unzuverlässigen Erzählers unpassend finde. Der zweite hat damit zu tun, dass Funk selbst seine Erinnerungen relativiert. So lässt er verlauten, als er sich der Begegnung mit dem panischen Vogel im Salon erinnert: »[...] ich erinnere mich nicht mehr, aber meine Eltern haben es mir so geschildert« (Kbg 40).[12] Kurz darauf heißt es: »In der Erinnerung nimmt der Vogel nach und nach die Form eines Mauerseglers an – auch wenn der Ornithologe in mir sagt, ein Mauersegler wird niemals durch eine offene Tür ins Haus fliegen [...]« (ebd.). Erinnerte Erinnerungen der Eltern überlagern seine eigenen ebenso wie sein später erworbenes Wissen über Vögel. Zwar spricht er weiter vom Mauersegler, als habe es sich tatsächlich um einen gehandelt; aber er weiß doch, dass es wahr-

---

11   Er erinnert sich, wie sie ihm »mit einem feuchten Lappen über die nackten Beine« wischt (Kbg 25). Diese Szene wird später aufgelöst. Er hat während einer Begegnung mit einem im Salon verirrten panischen Vogel in die Hosen gemacht (Kbg 41). Das ist eine nicht untypische Szene, denn sie verbindet das frühe Vogelerlebnis und das Kindermädchen mit der Erzählgegenwart und Frau Fischer. Das Angsterlebnis wird so mit der unterdrückten bzw. noch unreifen Erotik in Verbindung gebracht.

12   Als Beleg einige weitere Passagen, in denen Funk seine Erinnerungen bzw. ihren Zeitbezug selbst in Frage stellt: Kbg 137, 222, 301, 305, 417.

scheinlicher ist, dass es kein Mauersegler war. Funk gibt an dieser Stelle also zu erkennen, dass er sich des Ungewissen seiner Erinnerung bewusst ist. Ebendies ist es, das seinen Diskurs zuverlässig macht. Seine Erinnerungen mögen nicht immer zuverlässig sein, seine Rede davon ist es.[13]

Nach der Mauersegler-Episode fügt Funk eine »blasse Erinnerung« an (Kbg 43). Er liegt im Bett und hört Bruchstücke einer Unterhaltung seiner Eltern. Diese Satzfragmente sind es wohl, aus denen die These gewonnen wird, dass er den Mauersegler umgebracht und diese Tat »verdrängt« habe.[14] Wie erläutert, steht die gesamte Episode in einem Erinnerungsvorbehalt, den Funk selbst mehrmals formuliert. Ob die erinnerten Worte dieses oder ein anderes Ereignis andeuten sollen, ist möglich. Aber dieses mögliche Ereignis taugt auch nicht als Begründung für Funks vermeintliche narrative Unzuverlässigkeit, denn es geht nicht um seine Erinnerungen, die als fehleranfällig oder unvollständig entlarvt werden, sondern um seine von vornherein als fehleranfällig und unvollständig markierte Erinnerung, deren Gegenstände nicht immer einwandfrei identifiziert werden können. Folglich soll mit den Andeutungen auch nichts insinuiert werden: »Was nicht im Buch steht, habe ich auch nicht erfunden. So einfach ist das«.[15]

Wie Beyer weiter ausführt, geht es ihm in diesem und anderen Texten darum, das Herausfinden von etwas literarisch darzustellen – mit allen Unwägbarkeiten, die solch ein Projekt mit sich führt.[16] Diesen Vorgang – vor allem, wenn es wie in *Kaltenburg* um das Herausfinden von vergangenen Ereignissen, besser: um das Sichvergewissern vergangener Verhältnisse und Situationen geht – fasst Beyer generell als etwas Unabschließbares auf, da die Vergangenheit – zumal die persönliche Vergangenheit – nicht überprüfbar ist. Die Vergangenheit ist zugänglich durch Texte, durch Erzählungen und eben auch durch Erinnerungen, die notorisch unvollständig und fehleranfällig sind. (Dieser Fehleranfälligkeit sind sich seine Protagonisten, wie gesagt, durchaus bewusst.) Beyer nutzt narrative Verfahren, um diese Unsicherheit in eine Form zu bringen. Recht eindrücklich kann man dies verfolgen, als Klara Hagemann eingeführt wird. Auch wenn sie zuvor schon beiläufig erwähnt wird,[17] ist es der längeren Passage, die von Martin Spengler handelt, vorbehalten, Hermann Funks späterer Ehefrau den Weg in die Geschichte zu öffnen. Die gesamte Passage ist gewissermaßen eine Sekundärerinnerung, da sie nicht in erster Linie von Funks persönlichem Erleben handelt, sondern von Spenglers Erlebnissen, die Funk nur teilweise miterlebt hat (Kaltenburgs Vortrag, nach dem Spengler ihn auf das Hu-

---

13 So sieht es auch Philipp Hammermeister: »Vergangenheit im Konjunktiv: Erinnerung und Geschichte in Marcel Beyers ›Kaltenburg‹«. In: Torben Fischer/Philipp Hammermeister/Sven Kramer (Hg.): *Der Nationalsozialismus und die Shoah in der deutschsprachigen Gegenwartsliteratur.* Amsterdam 2014, 237–257. hier: 243.

14 Georgopoulou: *Abwesende Anwesenheit* (wie Anm. 6), 128.

15 Fromholzer/Preis/Wisiorek: »Schmutzige Hände« (wie Anm. 8), 267.

16 Beyer: »Meine Erzählerfiguren schieben nicht das Bekenntnis einer Schuld vor sich her, sondern sie machen sich, da sie den Impuls verspüren, ein Bekenntnis abzulegen, im Pakt mit dem Leser erzählend auf den Weg, um herauszufinden, was der Inhalt des Bekenntnisses sein könnte«. Ebd., 268.

17 Anonym (»meine Frau«) im Zusammenhang mit der Frage, warum Funk Kaltenburg nicht in den Westen gefolgt ist (Kbg 136).

dern anspricht [Kbg 169–172]) und ansonsten allenfalls aus Spenglers Mitteilungen kennen kann (»Wir saßen mit durchweichten Kleidern elbaufwärts in einem kleinen Wetterhaus, als Martin mir seine Ankunft in Dresden schilderte« [Kbg 183]), wenn er sie sich nicht sogar, wenigstens partiell zusammenphantasiert.[18] – Nur aus Spenglers Erzählungen kennt der junge Funk zunächst die Familie Hagemann: »Wenn ich mich mit Martin traf, wurde immer auch von den Hagemanns erzählt, und bald kam es mir so vor, als kennte ich die Familienmitglieder persönlich« (Kbg 191). Klara, die so wichtig für Hermann werden wird, ist Teil dieser Erzählungen. Aber sie wird mit einem narrativen Trick gleich zu Beginn schon überhöht, und dieser Trick passt in Beyers Erzählkonzeption, wonach der Realitätsstatus einer Geschichte nichts mit der eminenten Bedeutung zu tun hat, die diese Geschichte für eine Figur haben kann. Im Gegenteil, es sind gerade die Mythen, deren Realitätsstatus unklärbar ist, die die persönliche Bedeutung konstituieren. So bleibt ihm ganz besonders eindrücklich eine Episode in Erinnerung, von der »ich nie habe herausfinden können, ob Martin sie nicht im Erzählen für mich erfand« (ebd.). Es folgt die Geschichte von der kleinen Klara, die einem Dackel zu Hilfe kommt, um ihn vor den Schlägen seines Besitzers zu bewahren.

Auch in diesen Abschnitten ist es nicht eine vermeintliche Unzuverlässigkeit des Erzählers (in einem strengen narratologischen Sinne), die für die Ungewissheit dessen sorgt, wovon die Rede ist, sondern das inszenierte, aber weitgehend unausgesprochene Schwanken zwischen Erinnern und Assoziieren einerseits und adressiertem Erzählen andererseits. Funk hört und zitiert die fremde Rede seiner Gesprächspartnerin, aber was er selbst ihr *sagt*, ist nicht immer einwandfrei von seinen Gedanken zu unterscheiden, die ihm während der Unterhaltungen kommen. Wenn er denkt, ist er frei von Gesprächskonventionen, die eine rhetorische Lizenz für das Ungewisse und Unautorisierte fremder Erlebnisse (z. B. Martin Spenglers) benötigen. So lässt sich begründen, warum der Ich-Erzähler Funk von Spenglers Dresden-Erlebnissen aus dessen Perspektive berichtet, die einer homodiegetischen Erzählung eigentlich fremd ist. Demgegenüber ist der erste Bericht über Klara vermutlich Gegenstand der Mitteilung, und Hermann Funk macht selbst auf den problematischen Realitätsstatus dieser Episode aufmerksam, indem er eine entsprechende rhetorische Lizenz formuliert (ihm sei nicht klar, ob die Episode erfunden sei).

---

18 Die betreffenden Erlebnisse Spenglers bei seiner Ankunft in Dresden »erzählt« Funk vorher – und zwar im Anschluss an die Vortragsszene (Kbg 173–183). Gemäß meiner Hypothese erinnert sich Funk zunächst des Inhalts von Spenglers Erzählung, während er seiner Gesprächspartnerin vom Vortrag bzw. den Ereignissen danach erzählt. Daher ist ein beträchtlicher Teil von Spenglers Erlebnissen im Präsens abgefasst, und seine Erlebnisse werden quasi heterodiegetisch, aber – etwa mit Hilfe von *verba sentiendi* (»Zunächst hört er aus dem Gebrüll keine Worte heraus« [Kbg 173]) – aus Spenglers Perspektive geschildert, so als kennte Funk diese Erlebnisse aus eigener Anschauung. Damit nutzt die Wiedergabe von Spenglers Erlebnissen aus zweiter Hand (nämlich Funks) Fiktionsverfahren, die die subjektiven Anteile an Spenglers Erlebnissen als Projektion des eigentlichen Erzähl- bzw. hier Denksubjekts Hermann Funk erscheinen lassen.

Die Figuren und ihr Verhältnis zur Wissenschaft

Geradewegs ins Zentrum der Thematik führt eine Passage des Kapitels V, die von Eberhard Matzke handelt, dem Kollegen Kaltenburgs, der aus Leipzig nach Berlin (Ost) wechselt und dort Karriere macht. Darin geht es um Matzkes Veränderung seit seiner Übersiedlung nach Berlin. Aus dem verhuschten Mitarbeiter in ausgeleierter Strickjacke (Kbg 344) wird ein selbstbewusster, offenbar latent aggressiver Professor, der in wissenschaftlichen Artikeln Kaltenburgs Thesen – zumindest gemäß Funks Wiedergabe – außerordentlich polemisch angreift, so auch in einem »Exkurs« zur »Beißhemmung unter Wölfen« (Kbg 347):

> Matzke erklärt, es handele sich um baren Unsinn, wenn bis in die jüngste Zeit behauptet werde, in einer Auseinandersetzung zwischen Wölfen halte der Schwächere dem Stärkeren offen die eigene Kehle hin und hindere ihn mit dieser Geste daran, tatsächlich zuzubeißen. Er wisse nicht, auf welche Beobachtungen diese inzwischen fast zu einer Lehrmeinung erhobene Feststellung zurückgehe, schreibt er und fügt in einer seltsamen Wendung an, aus vielen eigenen Erfahrungen heraus könne er allerdings sagen, daß die Beißhemmung unter Hundeartigen bloßes Wunschdenken leichtgläubiger, friedliebender Zoologen sei. Zumindest habe sich die Sache noch nicht bis zu den Betroffenen herumgesprochen, schließt Matzke süffisant, einer der Lieblingsthesen Kaltenburgs der Lächerlichkeit preisgebend, und ich erinnere mich, wie mir damals die Schläfen pochten [...]. (Kbg 348)

Auffällig an dieser Passage ist, dass Funk die Information unterschlägt, wer in der Frage der Beißhemmung recht hat. Dies könnte zunächst wiederum als Indiz für die Unzuverlässigkeit Funks als Erzähler herhalten. Wenn schon nicht seine erzählten Erinnerungen, so könnten doch seine Einschätzungen unzuverlässig sein, indem er relevante Information verschweigt. Aber: Auf wessen Seite Funk steht, verhehlt er nicht, und wenn er Matzkes Invektive nicht explizit zurückweist, so kann das eigentlich nur bedeuten, dass dieser einen wunden Punkt bei Kaltenburg erwischt hat, der auch Funk bekannt ist. Recht hat also Matzke – so viel lässt sich annehmen. Nur die Art und Weise, wie er Kaltenburg vorführt, diskreditiert ihn – keineswegs aber die zugrundeliegenden Tatsachen.[19]

Dem Wissenschaftler Funk ist klar, wie die Faktenlage ist. Zur Prüfung seiner Unzuverlässigkeit wäre es nötig herauszufinden, ob man ihm an dieser Stelle eine

---

19 Auch hier gibt es einen realen Hintergrund. Konrad Lorenz ging tatsächlich davon aus, dass die Beißhemmung eine angeborene Demutsgeste sei: »Ich habe bei ihnen wiederholt gesehen, daß, wenn der Unterlegene mitten im Kampfe plötzlich in Demutsstellung ging, der Sieger die Totschüttelbewegung im ›Leerlauf‹, d. h. ohne zuzubeißen, dicht am Halse des Besiegten ausführte«. Konrad Lorenz: »Über das Töten von Artgenossen«. In: *Jahrbuch der Max Planck Gesellschaft zur Förderung der Wissenschaften*, 1955, 105–140, hier: 128–129; zit. n.: http://klha.at/papers/1955-DasToeten.pdf [letzter Zugriff: 28.9.2017]. Vgl. auch Konrad Lorenz: *Er redete mit dem Vieh, den Vögeln und den Fischen*. Wien 1949. Inzwischen geht man davon aus, dass solches Verhalten, erstens, angelernt und, zweitens, kein Zeichen von Demut ist; vgl. Erik Zimen: *Der Hund. Abstammung – Verhalten – Mensch und Hund*. München 1988.

Manipulationsabsicht unterstellen kann. Immerhin, ein Anfangsverdacht ist hier eher begründet als im Falle seiner erzählten Erinnerungen. Es fällt ihm offensichtlich schwer, sich von Kaltenburg zu distanzieren. Dass er in anderem Zusammenhang – Kaltenburgs sog. Interesse am Menschen – (möglicherweise) in Euphemismen spricht, könnte man in diesem Zusammenhang ebenfalls als Indiz für unzuverlässiges Erzählen gelten lassen.[20] Demnach könnte sich Funks Unzuverlässigkeit in der fälligen, aber ausbleibenden Verurteilung Kaltenburgs zeigen, die der Autor uns dann aber auf andere Weise kommunizieren müsste. Doch genau das unterlässt er. Wie in den oben diskutierten Fällen lässt sich auch hier Beyers Poetik als Begründung anführen, wonach es nicht um die Formulierung historischer Wahrheiten geht: »Mich verwundert es, wenn Leute von meiner Literatur erwarten, am Ende zu erfahren, ›wie es denn wirklich gewesen ist‹«.[21] Funks Zurückhaltung ist nicht als unzuverlässig gemeint, sondern Ausdruck davon, sich einer abschließenden Bewertung zu entziehen. Sie wird nicht funktionalisiert, damit Funk als Erzähler eines narrativen Vergehens überführt wird, sondern ist selbst das Thema.

Ganz in diesem Sinne lässt sich der vermeintliche Widerspruch zwischen der anfänglichen Anerkennung Kaltenburgs als seines »Lehrers« (Kbg 71, 109) und dem späteren Dementi (Kbg 427) interpretieren.[22] Auch das ist nicht unzuverlässig. Das Dementi ist das Resultat der Selbstvergewisserung Funks im Laufe seiner Unterhaltungen mit Katharina Fischer. Dass er sich zunächst als Schüler bzw. Kaltenburg als »meine[n] Lehrer[]« bezeichnet, ist nicht als unzuverlässig einzustufen, weil er sich zu diesem Zeitpunkt und in der Hinsicht, die er sich am Anfang der Gespräche mit der Dolmetscherin zu eigen macht, auch für seinen Schüler hält, während er sich später eben nicht mehr für seinen Schüler hält.[23] In der Welt des Romans ist die Zuschreibung instabil, aber nicht unzuverlässig, weil sich die Verhältnisse – nämlich Funks Einstellung zu Kaltenburg – im Lauf der Handlung geändert haben.

---

20 Was hier nicht ausgeführt werden kann: Ich halte diese und vergleichbare Passagen nicht für Euphemismen, sondern für neutrale Verfremdungen. Auffällig ist, dass dies Ausdrücke betrifft (wie u. a. »WELTPOGROM« [Kbg 273], die »TOTEN GEBIETE« [Kbg 150], auch »Todesatmosphäre«, im Übrigen ein »Kaltenburgausdruck« [Kbg 93]), die sich auf politisch belastete zeithistorische Sachverhalte beziehen. Es geht hier primär um die Vermeidung von Phrasen, die durch die Benutzung der so etablierten wie abgenutzten Ausdrücke diesen Text unweigerlich durchdringen würden. Dass diese Ausdrucksweise – evtl. nicht immer ganz angemessen – auch die Figur Hermann Funk charakterisiert, scheint mir sekundär zu sein. Das Stilempfinden des Autors obsiegt hier sozusagen über die sprachlichen Möglichkeiten des angeblich so unbedarften Ornithologen.

21 Fromholzer/Preis/Wisiorek: »Schmutzige Hände« (wie Anm. 8), 266.

22 Zunächst ist von ihm auch indirekt und in fremder Rede als »›Schüler‹ Kaltenburgs« die Rede (Kbg 16). Zwischendurch ist Funks Einstellung hierzu merkwürdig zwiespältig und könnte als Zwischenstation in seinem Selbstfindungsprozess hinsichtlich seiner Einstellung zu Kaltenburg interpretiert werden: »Kaltenburgs Schüler bin ich trotzdem nicht geworden. Zumindest glaube ich, er würde mich, wenn er meinen Weg vom heutigen Standpunkt aus überblicken könnte, nicht als seinen Schüler bezeichnen wollen« (Kbg 220).

23 Besonders markant ist, dass Funks Verhältnis zu Kaltenburg in der Passage, in der er sich zu ihm als seinem Lehrer bekennt, durch das Nachsprechen einer Aufforderung profiliert wird, die ihm seine Erinnerung vorgibt und die er nun an die Dolmetscherin weitergibt (es geht um die empfohlene Wienreise mit dem Besuch der präparierten Adler im Naturhistorischen Museum).

Nachdem die Zuschreibung narrativer Unzuverlässigkeit erneut zurückgewiesen wurde, kann man sich noch einmal dem langen Zitat (s. o.) zuwenden und nun seinen Zusammenhang mit dem Romanganzen untersuchen. Das entscheidende Stichwort lautet »Beobachtung«.[24] Matzkes Kommentar verdeutlicht, dass Beobachtung, auf die Kaltenburg so viel Wert legt,[25] nur ein Teil wissenschaftlicher Tätigkeit ist und durch Interpretation ergänzt werden muss. Gerade sie aber ist besonders irrtumsanfällig. Andererseits ist Beobachtung ohne Interpretation wissenschaftlich wertlos. Das Verhältnis von Beobachtung und Interpretation bleibt in den Schilderungen Funks ungeklärt. »In der Öffentlichkeit verbot er sich alles Spekulative, auch wenn das Spekulieren selbstverständlich ein wichtiger Bestandteil der Arbeit am Institut war [...]« (Kbg 166), sagt Funk am Beginn seiner Ausführungen über Kaltenburgs öffentliche Vorträge. Und weiter: »Er hielt sich strikt an die Tierwelt, und sein Dresdner Publikum dankte es ihm, man empfand es als Erholung, daß jemand ausschließlich von Beobachtungen, von gesicherten Erkenntnissen, von unumstößlichen Tatsachen sprach, an denen kein vernunftbegabtes Wesen zweifeln würde« (ebd.). Hierzu ist zunächst zu sagen, dass naturwissenschaftliche Themen (zumindest auf den ersten Blick) erfrischend unideologisch waren (»man empfand es als Erholung«). Erstaunen erregt dann aber der durch Wiederholung markierte Gestus der Gewissheit. Man fragt sich, was das für unbezweifelbare Inhalte sind, die Kaltenburg vorträgt. Öffentliche Vorträge richten sich nicht an ein Fachpublikum. Sie reihen vermutlich auch nicht nur Beobachtung an Beobachtung, denn so erfolgreich, wie sie Funk zufolge sind, werden sie wohl nicht zuletzt von den Kontextualisierungen bzw. Interpretationen geprägt sein, die Kaltenburg seinem Publikum anbietet. Tatsächlich folgt nur eine Art Negativbeispiel, aus dem hervorgeht, dass sich Kaltenburg zwar auf eigene Beobachtungen beruft, daraus aber generalisierende Schlüsse ableitet, was nicht nur zeigt, dass er sich nicht auf Beobachtungen beschränkt, sondern auch, dass die Schlussfolgerungen keineswegs triftig sein müssen. So berichtet Funk von Kaltenburgs Angewohnheit, seine Vorträge mit einer *captatio benevolentiae* zu beginnen, indem er auf einen offenkundigen Irrtum zu sprechen kommt, der ihm einmal unterlaufen ist, als er eine unangebrachte Verallgemeinerung über das Verhalten von Buchfinken zum Besten gegeben hat.[26] Von Kaltenburg ist nicht mehr überliefert, als dass er über den darin zu Tage tretenden Widerspruch zwischen wissenschaftlichem Wahrheitsanspruch und hemmungslosem Verallgemeinern nonchalant hinweggeht. Wie Funk dazu steht – ob er ihn selbst nicht bemerkt oder darüber respektvoll hinwegsieht –, lässt sich nicht sagen.

Der Begriff der Beobachtung taucht auch in einem anderen Kontext des Romans auf, und zwar im Zusammenhang mit der Gegenüberstellung von Kaltenburg und

---

24   Zur Bedeutung der Augen vgl. Preis: »Schweigen« (wie Anm. 3), 318–319.

25   »Leben heißt Beobachten«, lautet Kaltenburgs Diktum (Kbg 145), auf das der Roman in der einen oder anderen Weise immer wieder zurückkommt. Ausdrücklich wird das Diktum als Einleitung zu dem zitierten Abschnitt über die Beißhemmung wiederholt (Kbg 347). Der Erzähler markiert selbst, dass Matzkes »Ausfälligkeit einen unumstößlichen Grundsatz Kaltenburgs berührt, den er auch mir gegenüber immer wieder ausgesprochen hat: ›Leben heißt Beobachten‹« (ebd.).

26   Einen Buchfinken besitzt auch der im Vortragspublikum sitzende Martin Spengler eine Zeitlang (vgl. Kbg 115).

Klara (Kbg 249, 254) sowie mit dem Thema der Grenze zwischen Mensch und Tier (Kbg 225, 246, 430).[27] Kaltenburg, so scheint es durch Funks Erzählung hindurch, ebnet den Unterschied ein. Dies wirft ein Licht auf sein Wissenschaftsverständnis. Eleni Georgopoulou sieht in Kaltenburg die Verkörperung einer naturalistischen (letztlich biologistischen), jedenfalls einseitigen Weltauffassung, gegen die der Roman Stellung bezieht.[28] Diese Interpretation lässt sich stützen. Funk präsentiert Kaltenburg als einen Menschen, der frei von Selbstzweifeln ist, aber gerade in der Beurteilung zwischenmenschlicher Beziehungen zu Fehleinschätzungen oder Gutgläubigkeit neigt (etwa in der Überreaktion gegen Martin Spengler).[29] Sowohl den Tieren als auch den Menschen gegenüber ist Kaltenburg vor Fehlschlüssen nicht gefeit. So erstaunlich seine Beobachtungsgabe ist, so fehleranfällig sind seine Aussagen und Prognosen. Die Wurzel für dieses Defizit könnte zum einen in seinem Mangel an Selbstbeobachtung liegen. Zwar schreibt ihm Funk am Ende einen Satz zu, in dem das Wort vorkommt, doch überliefert er nichts, was bezeugt, dass Kaltenburg sich selbst ebenso als Beobachtungsobjekt gilt wie es seine Umgebung für ihn ist.[30] Im Gegenteil: Ein zentrales Problem Kaltenburgs ist, dass er seine »Posener Zeit« verheimlicht, aber zugleich der Überzeugung ist, »man könne [nicht] auf Dauer irgendetwas erfolgreich vor der Welt verbergen« (Kbg 247). Das zeugt davon, dass er sein eigenes Verhalten nicht mit seinen Überzeugungen konfrontiert.

Der zweite (und mit dem ersten über die Opposition zu Klara verbundene) Grund für Kaltenburgs einseitiges Weltbild liegt darin, dass er die Sphäre des Geistes (Politik und Literatur) nicht kennt. Das drückt sich in seiner Beziehung zum Salon der Hagemanns aus, aber auch in seiner Unsicherheit über die Bedeutung Marcel Prousts (Kbg 271). Explizit wird diese Sphäre mit seiner »Beobachtungsfähigkeit« in Verbindung gebracht, die er bei den Hagemanns »hätte schulen können« (Kbg 254). Klara hat ihm, was das »Menschenstudium« angeht, »einiges voraus« (Kbg 249). Sein eigenes Menschenstudium – wenn er sagt: »Ich studiere euch« (Kbg 225, 246), meint er Menschen – begreift den Menschen als Tier, während das Nicht-Tierische ihm entgeht. Dies ist das Persönliche, auch das Moralische, das im Leben von Menschen wohl eine größere Rolle spielt als bei Tieren. Dafür ist die Beobachtung des auf Neutralität verpflichteten Wissenschaftlers nicht der angemessene Bezugsmodus.

Eine weitere Kontrastfigur zu Kaltenburg ist Martin Spengler. Allerdings besetzt er nicht dieselbe Position wie Klara, sondern scheint die »Grenze zwischen Mensch und Tier« (Kbg 369) von der anderen Seite aus einzuebnen, indem er die Tiere ver-

27   Zu diesem Thema vgl. Alan Bance: »›Die Tierszenen beleuchten die Menschenszenen und die Menschenszenen die Tierszenen‹: Marcel Beyer's Novel ›Kaltenburg‹ and Recent German History«. In: *Publications of the English Goethe Society* 80/2–3 (2011), 180–195.
28   Vgl. Georgopoulou: *Abwesende Anwesenheit* (wie Anm. 6), 162–164.
29   Die Freiheit von Selbstzweifeln kommt z. B. in der Gewissheit zum Ausdruck, die Kaltenburg an den Tag legt, wenn er Funk als seinen künftigen Schüler bezeichnet (Kbg 218).
30   Kaltenburg spricht von Leuten, »die eine rückblickende Selbstbeobachtung mit der Verklärung der eigenen Jugend verwechseln« (Kbg 430), womit er übrigens einen Gedanken ausspricht, der von Klara stammt oder stammen könnte. Das ist aber kein Indiz dafür, dass er sich selbst beobachtet. Eher besagt diese Wiederaufnahme des Gedankens über Nostalgie etwas über den Erinnerungsprozess des Erzählers, der unmittelbar vorher Klaras Verhältnis zur Vergangenheit und zum Reden darüber rekapituliert (Kbg 405–413).

menschlicht, sie sich in seinem menschlichen Blick anverwandelt. Zwar verdankt sich die Charakterisierung Spenglers Kaltenburgs Zorn über ihn, der sich u. a. in der (ihrerseits überzogenen und ungerechten) Unterstellung Luft macht, dass er »ganz einfach zuviel in BREHMS TIERLEBEN gelesen« habe (Kbg 368). Galt Kaltenburgs Interesse anfänglich noch der besonderen Sichtweise des Künstlers auf sein Objekt (vgl. Kbg 358), wendet er sich von der überbordenden Subjektivität dieses Künstlers, der sich später zu einem Aktionskünstler weiterentwickelt, verständnislos ab. Das Künstlertum Spenglers bildet zwar einen Kontrast zu Kaltenburg, aber es kompensiert nicht Kaltenburgs Schwäche, sondern wird im Roman – nicht zuletzt durch die distanzierte Haltung der Dolmetscherin – ebenso als einseitig dargestellt. Schematisch gesprochen: Während Kaltenburg den objektiven Bezugsmodus der Beobachtung personifiziert, verkörpert Spengler den subjektiven Bezugsmodus. Aber beide Modi werden dem Menschen nicht gerecht.

Kaltenburgs Spruch »Leben ist Beobachten« ist eine Verkürzung, die sich der Roman gerade nicht zu eigen macht. Man würde es sich wohl ein wenig zu einfach machen, wenn man dieses Motto auf die Interpretation des Romans anwenden würde, dessen Besonderheit darin zu liegen scheint, dass seine Konstruktion Festlegungen darüber, wie es denn wirklich gewesen ist, vermeidet. Denn es ist nicht so, dass alles beliebig ist. Wenn auch die historischen Fakten *mitunter* nicht mehr rekonstruierbar sind – der Roman stellt ja keineswegs alles in Frage. Überindividuelle historische Tatsachen sind das Gerüst, vor dessen stabiler Konstruktion persönliche Erinnerungen allererst brüchig wirken können. Dass der Roman »die Prozesse narrativer Strukturierung und Sinnbildung« thematisiert,[31] ist sicher richtig, aber es wäre vorschnell zu urteilen, dass er dadurch alles relativiert. Eine alternative Formulierung Kaltenburgs lautet »Einschwören durch Augenschein« (Kbg 157, 352), womit er das vermeintlich neutrale Beobachten preist, das aber nichts anderes ist als ein Gleiten über die Oberfläche. Er äußert es mit Bezug auf seine Autoausflüge. Was könnte mehr Distanz zu seinem Objekt ausdrücken als das Beobachten aus dem fahrenden Auto heraus?[32]

Kaltenburg wird von Funk als Mann der Behauptungen, der »unumstößlichen Formulierungen« (Kbg 218) dargestellt. Demgegenüber wird Klara in dem Gespräch zu dritt im Café als jemand eingeführt, der Fragen stellt (Kbg 251), ein Verhalten übrigens, das sie mit der Dolmetscherin teilt. Beide sind sie auch durch die Gabe des Zuhörenkönnens charakterisiert (vgl. Kbg 214). Vor Klara hat Kaltenburg »[e]normen Respekt« (Kbg 249), weil sie ihm »voraus« ist (ebd., 255), wie es wiederholt heißt. Das betrifft nicht nur ihre Fähigkeit, sondern auch ihre Kenntnis des kulturellen Lebens in der SBZ und frühen DDR, das Kaltenburg verspätet kennenlernt. Woran es Kaltenburg aus diesem Grunde mangelt, ist offensichtlich sprachliche

---

31   Hammermeister: »Vergangenheit im Konjunktiv« (wie Anm. 13), 251.
32   Später sagt Kaltenburg kurz vor seiner Flucht in den Westen: »Ich forsche, indem ich sehe. Man muß nur die Augen aufmachen [...]« (Kbg 386). Das ist zwar eine Voraussetzung, aber keine Garantie für einen Erfolg des Sehens, der im Durchschauen der Dinge liegt. Sein Blick fällt laut Funk danach auf einen »Scheuerlappen« (ebd.), so als habe er seine Scheuklappen immer noch nicht abgelegt – meiner Meinung nach einer von Beyers augenzwinkernden Motivwitzen, die eine eigene Untersuchung wert wären.

Sensibilität, denn »die fehlenden Jahre im Salon der Hagemanns« werden erneut genannt im Zusammenhang mit seinem Begriff der »Todesatmosphäre«. »Womöglich hätte Kaltenburg die liebgewonnene Wortfindung nach mehr als zwei Jahrzehnten einfach fallenlassen« (Kbg 271).

Was ist es also, das Klara Kaltenburg voraus hat? Auch sie wird ja als Beobachterin charakterisiert. Darin sind sie sich gleich. Was sie ihm voraus hat, liegt offenbar in der Art und Weise des Beobachtens, im dem Gegenstand (Mensch) angemessenen Bezugsmodus. Dieser ist eben nicht neutral oder funktional.[33] Er ist anteilnehmend – wie es sich etwa in Klaras Reaktion auf den Umgang mit Paul Merker und auf das Ehepaar Koch ausdrückt (Kbg 255–267). Dass sie in der Axiologie des Werks auf der richtigen Seite steht und damit ihr Bezugsmodus einen eindeutig positiven Wert erhält, wird deutlich in ihrer tapferen Verteidigung der literarischen Moderne, für die Proust steht, gegenüber einem Vertreter des Kulturbundes, der seinerseits die offizielle Linie des Literatur- und Kunstverständnisses repräsentiert (Kbg 269–271). Im Gegensatz zu Kaltenburg ist sie für Sprache ebenso sensibel wie für Menschen. Mehr noch: »Kochs lehrten Klara auf Töne achten.« (Kbg 260) Sie versteht also auch Nuancen und ist nicht nur wie Kaltenburg auf den Gesichtssinn festgelegt.

Wissenschaftliches Beobachten wird von Zwecken bestimmt, es ist auf Objekte fokussiert und blendet andere Objekte aus. Klaras Beobachtungsgabe ist demgegenüber offen. Sie ist wach für ihre Umgebung. Katharina Fischer fragt, ob Funk »als Kind einmal etwas Vergleichbares beobachtet [habe] wie Klara« (Kbg 328), gemeint sind offenbar »zwei Männer im Ledermantel« (Kbg 322), Gestapo-Leute, die nachts einen Menschen »im Schlafanzug« (ebd.) abholen. Hier wird das Beobachten des Alltags der wissenschaftlichen Beobachtung gegenübergestellt, wie aus der anschließenden Erinnerung Funks an dieselbe Frage, die bereits Klara gestellt hatte, deutlich wird. Klara fragt, als sie gemeinsam auf dem Bahngelände spazieren gehen. Während der junge Funk zunächst nur Augen für seine Vögel hat, nimmt Klara vor allem die Umgebung wahr. Erst am Ende dieser Passage (Kbg 331) kommt ihm die entscheidende Assoziation an ein Erlebnis mit seinem Vater, als er nach den »unzähligen Viehwaggons« fragt, »in denen sich die Tiere niemals rühren« (Kbg 88). Hier überschneiden sich übrigens Erinnerungen an die NS-Zeit und an die DDR – genauso wie bzgl. Kaltenburgs Ausruf »Partei, Partei« (Kbg 396), der sich hier auf die NSDAP bezieht und das andere Mal auf die SED.

Leben ist nicht (nur) einsames Beobachten, Leben ist (vor allem) gemeinsames Erinnern, worin sich Anteilnahme ausdrückt – so könnte man Kaltenburgs Motto im Sinne Klaras und des Romans modifizieren. Und zum Erinnern gehört das Vergleichen, das Sich-Vergegenwärtigen, auch das Sich-Rechenschaft-Ablegen. Genau das macht Kaltenburg am Ende seines Lebens. Er distanziert sich von seinen Ansichten, wie er in seinen Briefen an Funk schreibt (Kbg 427–431). Er erinnert sich, reflektiert sein Leben und übernimmt damit gewissermaßen das Ethos des Romans. Das ist wohl auch das, was Funk, nun selbst alt geworden, im Gespräch mit der Dolmetscherin macht. Er distanziert sich von der Vaterfigur Kaltenburg, spricht aus,

---

33   Kaltenburg spricht von »Funktionszusammenhängen« (Kbg 368), als er seine Art zu beobachten von derjenigen Spenglers abgrenzt.

was er sich bis dahin nie hatte eingestehen können: »Niemand hat mich je so tief enttäuscht wie Ludwig Kaltenburg« (Kbg 339).[34]

Auch dabei handelt es sich um eine stark oszillierende Äußerung. Vorderhand kann man sie so auffassen, als sei Funk enttäuscht von der Unaufrichtigkeit Kaltenburgs, der seine Kollaboration mit den Nazis lange vertuscht. Funk drückt es so aus: »Ludwig Kaltenburg hat unsere gemeinsame Posener Zeit aus seinem Lebenslauf gestrichen.« (ebd.) Versteht man diesen Satz politisch-zeitgeschichtlich, wäre die Metonymie »Posener Zeit« gleichbedeutend mit Kaltenburgs Parteimitgliedschaft und darüber hinaus mit seiner möglichen Verstrickung in Menschenversuche. Versteht man ihn hingegen psychologisch, indem man das Attribut der Metonymie, »unsere gemeinsame«, in die Bedeutungsfindung einbezieht, wäre Funk gewissermaßen aus narzisstischen Gründen unglücklich und sagte damit so etwas wie: Mein Ersatzvater verleugnet mich! Nicht wegen des unterbliebenen Bekenntnisses zu schwerwiegenden Fehlern wäre Funk enttäuscht, sondern wegen Kaltenburgs (vermeintlicher) Verleugnung seines Ziehsohns gekränkt. Wenn das zuträfe, wäre Funk axiologisch unzuverlässig, weil er damit gegen die durch das Werk vertretenen Werte verstößt. Er bezöge, erstens, damit etwas auf sich selbst, was gar nichts mit ihm zu tun hat (tatsächlich verleugnet Kaltenburg nicht ihn, sondern seine Mitgliedschaft in der NSDAP), und zweitens würfe das ein schlechtes Licht auf ihn, Funk, weil er das Verwerfliche an Kaltenburg nicht versteht, sondern nur an sich selbst denkt.

Der Konjunktiv in meinen Formulierungen kommt nicht von ungefähr. Ich bin nicht sicher, ob diese Charakterisierung Funks zutrifft. Um sie zu erhärten, müsste man weitere Indizien finden. Ein solcher Hinweis könnte im Prolog liegen, an dessen Ende Funk seine verborgene Funktion für Kaltenburg andeutet: Er ist sein Stichwortgeber, seine Quelle für wissenschaftliche Erkenntnisse, die Kaltenburg zu dem Ruhm verhelfen, in dessen Schatten Funk sein Leben verbringt. Letztlich aber, so meine These, verbleibt auch die Antwort auf diese Frage im Reich des lediglich Angedeuteten, aber nicht Festgelegten, in dessen verschwommenen Grenzen die Poetik des Romans zu verorten ist. Anders, d. h. intentionalistisch gesagt: Selbst wenn der Autor diese Charakterisierung Funks als eines persönlich Gekränkten in diesen Passagen insinuieren wollte, so steht darüber immer der die Romanpoetik regierende Vorbehalt, dass es sich lediglich um eine mögliche, aber eben nicht einwandfrei ermittelbare Charakterisierung des Sachverhalts handelt.

Offensichtlicher ist, dass auch Funk, obwohl er als Vogelkundler eine wichtige Eigenschaft mit Kaltenburg teilt, selbst Wissenschaftler ist – dass auch Funk von Anfang an in Opposition zu Kaltenburg steht. Noch bevor er in das Gespräch mit der Dolmetscherin einsteigt, erweist sich Funk als jemand, der etwas tut, was Leute, denen ein Übermaß an öffentlicher Anerkennung gezollt wird, gar nicht nötig haben: Funk ist zu Selbstbeobachtung von Anfang an fähig. Sie zeigt sich bereits, als er

---

34   Die ganze Passage ist im Übrigen ein expliziter Beleg dafür, dass Funk nicht alles laut äußert, was er (sich) erzählt: »Ich denke eine Weile nach. Und als ich ansetze, um etwas zu entgegnen, wird mir bewußt, auch ich kann froh sein, daß wir uns heute abend zufällig getroffen haben, denn ich weiß nicht, ob ich diesen Satz sonst jemals laut in Gegenwart eines anderen Menschen ausgesprochen hätte: Niemand hat mich je so tief enttäuscht wie Ludwig Kaltenburg«.

sein Verhältnis zu Katharina Fischer reflektiert (Kbg 21), gleich ob diese Selbstbeobachtung (dass er sich nicht vor ihr aufspielt) zutreffend ist oder nicht.[35] Auch seine Selbsteinschätzung hinsichtlich seiner wissenschaftlichen Bedeutung zeugt von Selbstreflexion.[36] Andererseits ist Funk blind für seine Vergangenheit, was im Desinteresse für die Herkunft seiner Familie bzw. seines Vaters zum Ausdruck kommt, dessen Stelle offenkundig Kaltenburg eingenommen hat, auch wenn er einmal davon spricht, dass ihn Pietät an Nachforschungen gehindert habe.[37] Obwohl er zur Selbstbeobachtung fähig ist, hat er einen blinden Fleck.

Fazit

Wissenschaft und Wissenschaftlersein sind in *Kaltenburg* Gegenstand einer impliziten Kritik. Damit steht dieser Roman auf einer Linie mit *Flughunde*. Der begabte und einseitig sensible Karnau ist ähnlich anfällig für die Instrumentalisierung durch die Nazis wie Kaltenburg, weil er über kein moralisches Korrektiv verfügt. In beiden Fällen sind die Wissenschaftlerfiguren Repräsentanten eines unmenschlichen Weltbildes, wobei es in *Kaltenburg* insofern abgemildert erscheint, als Kaltenburgs Partizipation an Menschenversuchen nur als historisch möglich und nur am Rande thematisiert wird. Das Unmenschliche an ihm wird nicht durch Grausamkeit exemplifiziert, sondern durch die Ausblendung einer zentralen Facette des Menschseins: des Sinns für Kunst und der Moral. Anders als in *Flughunde* ist in *Kaltenburg* zudem eine Art Gegenprogramm enthalten. Klaras Welt schützt vor moralischer Korruption, und Kaltenburg kommt schließlich zur Einsicht, womit der Roman zugleich ein zwar melancholisches, aber durchaus versöhnliches Ende findet.

---

35 Offensichtlich sieht der Autor selbst in einer (bloß angedeuteten) Eigeninterpretation seinen Erzähler als einen, der sich vom Interesse der jungen Dolmetscherin gebauchpinselt fühlt und sich – entgegen seiner eigenen Bekundung, »daß sich an meinem Verhalten keine Anzeichen des [...] Plusterns ablesen lassen« (Kbg 21) – »aufplustere«; Fromholzer/Preis/Wisiorek: »Schmutzige Hände« (wie Anm. 8), 269. Wenn sich die Formulierung im Interview mit Beyer nicht einem Druckfehler verdankt (indem ein »nicht« weggelassen wurde), muss man annehmen, dass die Wirkung der Dolmetscherin auf den Erzähler sich nach Beyer anders manifestiert, nämlich in zunehmender Auskunftsfreude: »Er gibt immer mehr von sich preis, weil er die Gegenwart der Dolmetscherin genießt« (ebd., 270). Auf welche Weise er sie genießt, ist dem Text selbst aber nicht zu entnehmen. Dass er sich mit ihr viel länger als geplant unterhält und einmal – während ihrer zweiten Begegnung – ihr Spiegelbild betrachtet (Kbg 136), reicht als Beleg dafür, dass er sich durch ihr Interesse geschmeichelt fühlt, nicht aus.
36 Über seine Wiederbegegnung in Dresden, offenbar als Student: »Ein nicht übermäßig begabter Student im vollen Hörsaal, dessen Namen man sich bei der Prüfung noch einmal buchstabieren läßt« (Kbg 75). Er hält sich nicht für eine Koryphäe, Kaltenburg aber schon (Kbg 109–110). »Dass ich kaum das Zeug zu einem international renommierten Ornithologen hatte, wird niemandem so klar gewesen sein wie ihm« (Kbg 219). Er distanziert sich von Ergebnissen seiner Forschungen (Kbg 135).
37 Die Konkurrenz zwischen Kaltenburg und dem Vater in Funks Gefühlshaushalt erwähnt Aleida Assmann: »History from a Bird's Eye View. Reimagining the Past in Marcel Beyer's ›Kaltenburg‹«. In: Anne Fuchs/Kathleen James-Chakraborty/Linda Shortt (Hg.): *Debating German Cultural Identity since 1989*. Rochester 2011, 205–220, insb. 215.

Essays und Libretti

Die Essays Marcel Beyers

Julia Abel

Marcel Beyer ist ein ungewöhnlich vielseitiger Schriftsteller, der – so die Begründung der Jury zur Verleihung des Georg-Büchner-Preises 2016 – »das epische Panorama ebenso beherrscht wie die lyrische Mikroskopie und den zeitdiagnostischen Essay«[1]. Während aber das Erscheinen seines letzten Romans *Kaltenburg* (2008) bald zehn Jahre zurückliegt, präsentiert sich Beyer der Öffentlichkeit in seinen seither vorgelegten Büchern und Arbeiten als Lyriker (*Graphit*, 2014) und Lyrikvermittler (*Muskatblut, Muskatblüt*, 2016), als Librettist (*Arbeit Nahrung Wohnung*, UA 2008; *IQ*, UA 2012; *Karl May, Raum der Wahrheit*, UA 2014) und Hörspielbearbeiter (*Birding Babylon*, 2010), vor allem und bei weitem am häufigsten aber als Essayist, als den ihn die Literaturwissenschaft bisher allerdings kaum wahrgenommen hat.[2]

Der vorliegende Beitrag macht es sich zur Aufgabe, dieses wenig erforschte Werksegment genauer zu kartografieren und seine Charakteristika zu beschreiben. Zu diesem Zweck beginne ich mit einer Bestandsaufnahme – tatsächlich ist die Frage, was überhaupt zu Beyers essayistischem Werk gehört, nämlich nicht ganz einfach zu beantworten. Relativ schnell einigen wird man sich hingegen über dessen Kernbestand, zu dem die vier Buchpublikationen *Nonfiction* (2003)[3], *Putins Brief-*

---

1   Georg-Büchner-Preis 2016, Urkundentext; https://www.deutscheakademie.de/de/auszeich
     nungen/georg-buechner-preis/marcel-beyer/urkundentext [letzter Zugriff: 4.7.2017].

2   Die Forschung widmet sich v. a. dem Romancier und Lyriker Marcel Beyer, ich habe –
     neben zahlreichen Rezensionen im Feuilleton, die es selbstverständlich gibt (Nachweise
     vgl. Anm. 3–6) – lediglich eine wissenschaftliche Publikation eruieren können, die sich
     explizit mit dem Essayisten Marcel Beyer befasst. Es handelt sich dabei um den Aufsatz von
     Sebastian Wilde: »Die Wirklichkeit der Katastrophe. Zur medienkritischen Reflexion der
     Elbwasserdarstellungen 2002 in Marcel Beyers Essay ›Wasserstandsbericht‹«. In: Solvejg
     Nitzke/Mark Schmitt (Hg.): *Katastrophen. Konfrontationen mit dem Realen*. Essen 2012,
     129–147.

3   Rezensionen zu *Nonfiction* (Köln 2003; im Folgenden als »Nf« direkt im Haupttext nach-
     gewiesen): Friedmar Apel: »Lieber Schreiber, schreibe mir«. In: *Frankfurter Allgemeine
     Zeitung* (1.8.2003), 34; Christoph Bartmann: »Das Hochwasser beginnt«. In: *Süddeutsche
     Zeitung* (25.7.2003); Sven Hanuschek: »Wasserstand im dunklen Gelände«. In: *Frankfurter
     Rundschau* (15.10.2003), 19; Sandra Hoffmann: »Der Weg, den die Sprache nimmt«. In:
     Literaturblatt für Baden und Württemberg (2004), H. 1, 16–17; Tobias Lehmkuhl: »Ein ge-
     borener Essayist«. In: *Am Erker. Zeitschrift für Literatur* 2003, H. 46, 101–102; Samuel Mo-
     ser: »Eine tägliche Poetik. Aufsätze zum Hören, Lesen und Schreiben von Marcel Beyer«.
     In: *Neue Zürcher Zeitung* (17.6.2003), 37; Daniel Sundermann: »Kurz und knapp: ›Nonfic-
     tion‹«. In: *Die Welt* (5.7.2003); zu *Nonfiction* auch die wissenschaftliche Publikation von
     Wilde 2012 (Anm. 2).

kasten (2012)[4], *Sie nannten es Sprache* (2016)[5] und *Das blindgeweinte Jahrhundert* (2017)[6] zählen. An ihrem Beispiel sollen erstens Probleme der Gattungszuordnung der dort versammelten Texte diskutiert, zweitens Schreibweisen und ihre möglichen Vorbilder identifiziert und drittens wichtige Themenfelder bestimmt und genauer vermessen werden. Nicht zuletzt sollen dabei Entwicklungen dieses Werksegments nachgezeichnet werden, die sich im Laufe der Jahre beobachten lassen.

Probleme der Gattungszuordnung am Beispiel von *Nonfiction* und *Putins Briefkasten*

»Je näher man ein Wort ansieht, desto ferner sieht es zurück«, lautet ein viel zitiertes Bonmot von Karl Kraus, das eine merkwürdige Spracherfahrung artikuliert. Eine ganz ähnliche Erfahrung lässt sich mit Beyers essayistischem Werk machen: Je genauer man es sich anschaut, desto undeutlicher werden seine Konturen, bis man schließlich zur Frage gelangt, ob es sich bei den betreffenden Texten überhaupt um Essays handelt und was eigentlich genau zu diesem Werkkomplex gehört. Das hat zum einen mit dem grundsätzlichen Problem zu tun, dass der Essay an sich als Gattung schwer zu bestimmen ist[7] und entsprechend die Zuordnung von Texten zu

---

4   Rezensionen zu *Putins Briefkasten. Acht Recherchen* (Berlin 2012; im Folgenden als »PB« direkt im Haupttext nachgewiesen): Roman Bucheli: »Wilde Korrespondenzen«. In: *Neue Zürcher Zeitung* (26.6.2012), 17; Christian Eger: »Grammatik der Landschaft«. In: *Literatur. Magazin. Frankfurter Rundschau*, Frühjahr 2012; N.N.: »Das muss ich sein«. In: *Frankfurter Allgemeine Zeitung* (7.4.2012), 30; N.N.: »Spaziergänge mit Stifter«. In: *Stuttgarter Nachrichten* (12.4.2012); Guido Graf: »Heiße Distanz zur kühlen Gegenwart«. In: *Die Welt* (11.2.2012); Jens Laloire: »Verspielte Essays zaubern Denkbilder übers Dichten«. In: *Weser-Kurier* (27.5.2012); Tobias Lehmkuhl: »Erinnerungen und Magie« In: *Die Zeit* (15.3.2012); Lothar Müller: »Der Hund hinter dem Bild«. In: *Süddeutsche Zeitung* (25.5.2012); Georg M. Oswald: »Das wilde Gefährt«. In: *Frankfurter Allgemeine Sonntagszeitung* (11.3.2012); Claus Philipp: »Den Löwen so lange fixieren, bis er brüllt«. In: *Falter* 11/2012 (14.3.2012), 23; [Andreas Wirthensohn]: »Bücher in Kürze: Wunderkammer«. In: *Wiener Zeitung* (7./8.4.2012).
5   Rezensionen zu *Sie nannten es Sprache* (Berlin 2016; im Folgenden als »SneS« direkt im Haupttext nachgewiesen): Jan Kuhlbrodt: »Die Sprachspur – Archäologische Essayistik«. In: *Signaturen. Forum für autonome Poesie.* http://signaturen-magazin.de/marcel-beyer-sie-nannten-es-sprache.html [letzter Zugriff: 5.7.2017]; Astrid Nischkauer: »Das Gedicht selbst ist ein Ozean und Schreiben heißt: Übersetzen« [Beitrag vom 26.5.2016]. In: FIX-POETRY 2016. https://www.fixpoetry.com/feuilleton/kritiken/marcel-beyer/sie-nannten-es-sprache [letzter Zugriff: 5.7.2017].
6   Rezensionen zu *Das blindgeweinte Jahrhundert – Bild und Ton* (Berlin 2017; im Folgenden als »DbJ« direkt im Haupttext nachgewiesen): Gregor Dotzauer: »Tränen sind ein ganz besonderer Saft«. In: *Der Tagesspiegel* (7.5.2017); Julia Encke: »Hat Adorno geweint? Ein Gespräch mit Marcel Beyer«. In: *Frankfurter Allgemeine Sonntagszeitung* (9.4.2017), 39; Marlen Hobrack: »Tränen lügen oft«. In: *Der Freitag* (4.5.2017); Lothar Müller: »Wo münden Tränenflüsse?« In: *Süddeutsche Zeitung* (15./16./17.4.2017).
7   Zum Problem, dass der Essay sich einer klassifizierenden Gattungsbestimmung entzieht und selbst die in literaturwissenschaftlichen Lexika zu findende Minimaldefinition des Essays als nichtfiktionale Prosaform (s. etwa die Einträge im *Reallexikon der deutschen Literaturwissenschaft* und im *Metzler Lexikon Literatur*: Heinz Schlaffer: »Essay«. In: *Re-*

dieser Gattung nicht immer leicht fällt – zumal wenn es sich, wie im Fall von Beyer, um ein Textkorpus handelt, das im Hinblick auf die behandelten Themen und die jeweilige Machart extrem heterogen ist. Nur manche der für die Essaybände ausgewählten Texte entsprechen dem Prototyp eines klassischen Essays, andere dagegen sind eher narrativ oder z. B. beschreibend.[8] Hinzu kommt, dass nicht alle Essays, die in diesem Zeitraum erschienen sind, dort auch aufgenommen wurden, wie ein Blick in Personalbibliographien zu Marcel Beyer zeigt.[9]

Zum anderen aber trägt das Problem der (fehlenden) Selbstbezeichnung zu Unsicherheiten bei der Bestimmung dieses Werksegments bei: Keiner der vier Bände verwendet im Titel oder Untertitel das Wort ›Essay‹ – eine Auffälligkeit, über die noch zu sprechen sein wird. Und schließlich kommt hinzu, dass die vier genannten Bände unterschiedlich konzipiert sind: Bei *Nonfiction* und *Sie nannten es Sprache* handelt es sich um herkömmliche Sammelbände aus bereits veröffentlichten Texten, die trotz erkennbarer Kompositionsprinzipien bei der Anordnung untereinander eher unverbunden und heterogen sind, während *Putins Briefkasten* und *Das blindgeweinte Jahrhundert* entweder aufgrund ihrer Entstehungsgeschichte oder aufgrund von Überarbeitungsprozessen eine strengere Gesamtkomposition aufweisen und eher ›aus einem Guss‹ sind.

Ich will diese Probleme zunächst an dem 2003 erschienenen Band *Nonfiction* diskutieren, der zusammen mit *Putins Briefkasten* von 2012, den man, wie verschiedene Rezensenten es dann auch getan haben,[10] als Folgeband von *Nonfiction* betrachten kann, wohl als erstes zu nennen ist, wenn es um Beyers essayistisches Werk geht. *Nonfiction* wird nun in der Neuauflage von Killys *Literaturlexikon* ausdrücklich als

---

allexikon der deutschen Literaturwissenschaft. Bd. 1. Hg. v. Klaus Weimar. Berlin u. a. 1997, 522–525; Irmgard Schweikle und Kai Kauffmann: »Essay«. In: *Metzler Lexikon Literatur. Begriffe und Definitionen.* Hg. v. Dieter Burdorf u. a. 3., völlig neu bearb. Aufl. Stuttgart u. a. 2007, 210–211) nicht haltbar ist; vgl. in jüngerer Zeit die pointierten Ausführungen von Peter V. Zima: *Essay/Essayismus. Zum theoretischen Potenzial des Essays: Von Montaigne bis zur Postmoderne.* Würzburg 2012, 4–18. Zima weist u. a. darauf hin, dass in Essays »Fiktionalität und Nichtfiktionalität, referentielle und nichtreferentielle Aussagen häufig ineinander[greifen]« (Zima 2012, 5) und literaturwissenschaftliche Bestimmungsversuche nicht selten daran kranken, dass sie den Essay allein im Rahmen des literarischen Gattungssystems verorten, obwohl er in Philosophie und Wissenschaft ebenfalls eine wichtige Rolle spielt (vgl. Zima 2012, 7).

8 Vgl. dazu die folgenden Beispiele im Abschnitt zu Beyers Schreibweisen und ihren Vorbildern. Zima (Anm. 7) weist allerdings darauf hin, dass der Essay »sowohl die Form der Erzählung oder Beschreibung als auch die der abstrakten Argumentation annehmen« (Zima 2012, IX) und dabei »fiktive oder nichtfiktive Ereignisse und Handlungen darstellen« (Zima 2012, 7) könne. Ich halte diesen Hinweis, nicht zuletzt übrigens im Hinblick auf Beyers Essaybände, für sehr bedenkenswert.

9 Einen solchen Vergleich erlauben die Personalbibliographien von Michael Braun: »Marcel Beyer«. In: *Kritisches Lexikon zur deutschsprachigen Gegenwartsliteratur.* http://www.munzinger.de/document/16000000045 [letzter Zugriff: 13.12.2016] und von Marc-Boris Rode: »Bibliographie Marcel Beyer (1986–2000)«. In: Ders. (Hg.): *Auskünfte von und über Marcel Beyer.* Bamberg 2000, 164–180, dazu ausführlicher weiter unten.

10 Vgl. etwa Georg Oswald in der *Frankfurter Allgemeinen Sonntagszeitung* (11.3.2012), Zitat folgt weiter unten.

»Essayband«[11] bezeichnet und im *Kritischen Lexikon zur deutschsprachigen Gegen-*
wartsliteratur unter der Primärliteratur Marcel Beyers tatsächlich mit dem Zusatz
»Essays« aufgeführt, so wie dort eben z. B. *Flughunde* oder *Kaltenburg* mit dem Zusatz »Roman«, oder die Bände *Falsches Futter, Erdkunde* und *Graphit* mit dem Zusatz
»Gedichte«. Anders jedoch als bei diesen Bänden ist bei *Nonfiction* aber weder auf
dem Cover noch in der Titelei eine solche Gattungsbezeichnung zu finden, und auch
der Klappentext kommt vollständig ohne das Wort ›Essay‹ aus; dort heißt es:

> Unter dem Titel »Nonfiction« versammelt Marcel Beyer die Auseinandersetzungen mit
> den eigenen Erfahrungen beim Hören, Lesen und Schreiben – mit den poetologischen
> Vorgaben und lebensgeschichtlichen Hintergründen der Arbeit mit Sprache. »Nonfic-
> tion« führt in Kindheit und Jugend zurück und erzählt von ersten »Medienerfahrungen«
> im Umgang mit dem Telefon oder beim Besuch einer Operette und »Nonfiction« be-
> richtet vom Umgang mit der Musik bei Aufenthalten im Maghreb, in Casablanca, in
> Marrakesch oder Tanger. »Nonfiction« erkundet den Ansatz der eigenen Literatur in
> Roman und Gedicht.

Natürlich müssen Texte nicht die Bezeichnung ›Essay‹ tragen, um als Essays identifiziert werden zu können, aber es ist doch einigermaßen irritierend, dass diese
Bezeichnung hier sorgfältig vermieden wird und (wenn ich nichts übersehen habe)
auch im gesamten Band nicht vorkommt.[12] Dass Beyer selbst und mit ihm der Verlag im Hinblick auf die hier versammelten Texte nicht von Essays spricht, sondern
als Titel und damit zugleich als Oberbegriff den englischen Ausdruck ›Nonfiction‹
wählt, ist bemerkenswert, zumal wenn man sich die in dem Band zusammengestellten Texte dann genauer anschaut und sieht, wie zentral ein reflektierter, nicht leicht-
fertiger, sondern eben sehr aufmerksamer Umgang mit Sprache für diesen Band als
Thema ist. Die Vermeidung eines »schlampigen Umgang[s] [...] mit Sprache« (PB
202), wie Beyer dies in *Putins Briefkasten* einmal ausdrücklich nennt, ist einer der
roten Fäden, der die in *Nonfiction* versammelten Texte durchwirkt, und zwar zusammen mit der Frage, wie sich Literatur und Wirklichkeit, Literatur und Geschichte,
Literatur und Politik zueinander verhalten, und Reflexionen über Schreiben und
Sprechen, Hören und Sehen, die nicht allein auf Literatur bezogen sind, sondern
unseren Umgang und unsere Erfahrungen mit Medien aller Art betreffen: Es geht in
Nonfiction um Fotos und Fernsehbilder, um Kunst und Reproduktionen von Kunst,
um Stimmen, Radiostimmen und das Telefon, um Gesang und Musik.

Um also herauszufinden, warum Beyer den Ausdruck ›Essay‹ vermeidet, soll im
Folgenden genauer in den Blick genommen werden, welche Texte der Band *Nonfic-*
tion eigentlich versammelt. Präsentiert werden fünfundzwanzig Einzeltexte, von denen der früheste 1996 und der späteste 2003 entstanden ist – also in einem Zeitraum
von sieben Jahren nach Erscheinen von *Flughunde* (1995), in den die Publikation

---

11   Michael U. Braun: »Beyer, Marcel«. In: *Killy Literaturlexikon. Autoren und Werke des*
       deutschsprachigen Kulturraumes. [Online-Ausg.] Hg. v. Wilhelm Kühlmann. Berlin u. a.
       ²2008–2012. Bd. 1: 519–520, hier: 519.
12   Anders übrigens als die Bezeichnung ›Vortrag‹, die in einem der Texte (»Andere Echos«)
       als Selbstbezeichnung erhalten geblieben ist; vgl. Nf 145.

des Romans *Spione* (2000) und des Gedichtbands *Erdkunde* (2002), der Angriff auf das World Trade Center in New York und das Hochwasser an der Elbe fallen; all dies spielt dann auch thematisch in dem Band eine Rolle. Mit Ausnahme zweier Arbeiten (zum einen dem Eingangstext »Wasserstandsbericht«, der als einziger für diesen Band angefertigt wurde, und einer Auftragsarbeit für eine Zeitungsserie über ›große Stimmen des zwanzigsten Jahrhunderts‹, die offenbar nicht veröffentlicht wurde und hier zum ersten Mal erscheint) handelt es sich bei diesen zwischen zwei und sechsunddreißig Seiten langen Texten ausschließlich um Wiederabdrucke – die bibliographischen Nachweise finden sich am Ende des Bandes.

Mithilfe dieser Nachweise lässt sich nachvollziehen, dass es sich offenbar um Gelegenheitsarbeiten, oft sogar Auftragsarbeiten handelt, darunter befinden sich Vorträge, die in Literaturhäusern oder an Universitäten gehalten wurden (u. a. »Licht«, »Andere Echos«), Dankesreden anlässlich der Entgegennahme von Literaturpreisen (»Über eine Haltung des Hörens«, »Man verzweifelt an der Form, nicht am Stoff«), Beiträge für Zeitungen, Literaturzeitschriften und Anthologien (u. a. »Jenseits der alten Photoalben«, »Das Hausbuch«, »Nachtwache«, »Hörgewohnheiten eines Amateurs«, »Was singen heißt«) und schließlich auch ein Beitrag zu einem Programmheft für die Salzburger Festspiele, das eine Inszenierung der Operette *Die Fledermaus* von Johann Strauss begleitet. Nicht selten wurden die Arbeiten mehrfach verwendet, so etwa ein 1998 gehaltener Vortrag an der Universität München, der ein Vierteljahr später unter dem Titel »Spucke – Zur Geschichte eines ungeschriebenen Gedichts« in der *Frankfurter Allgemeinen Zeitung* abgedruckt wird und ein weiteres Jahr später in einer Anthologie erscheint, in der Beiträge von jungen Schriftstellern über das Schreiben versammelt sind (vgl. Nf 319).

Und obwohl diese Form der Mehrfachverwertung eher dafür spricht, dass es im Grunde keinen Unterschied macht, in welchem Zusammenhang die Texte entstanden und später dann publiziert wurden, obwohl man aufgrund ihrer Mehrfachverwertung also fast meinen könnte, dass es sich vielleicht um ein und dieselbe Textsorte handelt, ist dies bei genauerer Betrachtung nicht der Fall. Vielmehr bestehen erkennbare Unterschiede je nach Format, ob es sich also um Reden handelt, die vor einem akademischen Publikum oder vor Laien gehalten wurden, um Auftragsarbeiten für Zeitungen oder ein Programmheft, ob es sich um Beiträge für eine eher wissenschaftlich vorgebildete Leserschaft handelt (wie bei der Zeitschrift *Text + Kritik*) oder eine jugendliche Leserschaft adressiert wird (wie im Fall des Magazins *jetzt* der *Süddeutschen Zeitung*). Zwar finden sich unter den Texten des Bandes viele, in denen Beyer typisch essayistisch vorgeht und sich seinem jeweiligen Gegenstand gewissermaßen tastend und von verschiedenen Seiten annähert;[13] andere Texte jedoch würde ich eher als kleine Erzählungen bezeichnen (dieser Begriff fällt dann auch im Klappentext zu *Putins Briefkasten*), wieder andere scheinen in der Tradition von

---

13   Ein solch ›probierendes‹ Umkreisen eines Themas aus verschiedenen Blickwinkeln wird von den meisten als besonders typisch für Essays gehalten, vgl. etwa Schweikle und Kauffmann 2007 (Anm. 7); Schlaffer 1997 (Anm. 7), 523–524; Christian Schärf: *Geschichte des Essays. Von Montaigne bis Adorno.* Göttingen 1999; Gottfried Gabriel: *Zwischen Logik und Literatur. Erkenntnisformen von Dichtung, Philosophie und Wissenschaft.* Stuttgart 1991, 48; Zima 2012 (Anm. 7), 28.

Walter Benjamins *Berliner Kindheit um Neunzehnhundert* zu stehen oder Ähnlichkeit mit dessen ›Denkbildern‹ aufzuweisen (auch dieser Begriff wird im Klappentext zu *Putins Briefkasten* verwendet); Beispiele dafür folgen im Abschnitt zu Beyers
Schreibweisen und ihren Vorbildern.

Nun könnte man diese Unterschiede als *négligeable* betrachten und mit einem
weichen Begriff von Essay operieren, so wie er im angelsächsischen Raum verwendet
wird.[14] Im Deutschen jedoch haben wir einen deutlich engeren Begriff von Essay,
und zwar völlig ungeachtet der bestehenden Schwierigkeiten, eine eher offene Form
wie den Essay genauer zu bestimmen. Erlaubt es die englische Sprache, auch Schü-
leraufsätze und wissenschaftliche Publikationen als Essays zu bezeichnen, versteht
man darunter im Deutschen auch heute noch eher eine literarische Gattung, die als
solche in einem bestimmten Verhältnis zu anderen literarischen Gattungen steht
und von diesen abzugrenzen ist. In diesem Zusammenhang wird der Essay immer
wieder als nichtfiktionale Prosaform von überschaubarer Länge (im Unterschied zu
Roman und Erzählung) bestimmt, die thematisch nicht festgelegt ist und sich ihrem
Gegenstand zwar mittels von Reflexionen, aber unsystematisch (›experimentell‹, ›assoziativ‹, das Thema aus wechselnden Perspektiven umkreisend) und durch einen
stark subjektiv geprägten Zugriff nähert.[15]

Für Beyer aber – und damit komme ich zur Ausgangsfrage zurück, weshalb er
den Begriff ›Essay‹ wohl vermeidet –, der in einem seiner poetologischen Texte
aus *Putins Briefkasten* das Handwerk des Schriftstellers mit demjenigen des Im-
kers vergleicht und dessen reiche, differenzierte Fachsprache auf seine genaue Beobachtungsgabe zurückführt, ein solch genaues Beobachten der Sprache aber vom
Schriftsteller fordert, für Beyer also, der hier zu dem Schluss kommt: »das Poetische
ist das Präzise« (PB 146), dürfte diese engere Bedeutung des Ausdrucks ›Essay‹ im
Deutschen, der nur für einen Teil der hier versammelten Texte zutrifft, Anlass sein,
auf diesen Ausdruck zu verzichten. Als Oberbegriff präziser erscheint da das englische ›nonfiction‹, weil seine Grenze innerhalb der schriftstellerischen Prosa entlang des Oppositionsbegriffs ›fiction‹ verläuft. Indem der Ausdruck ›Nonfiction‹ im
deutschen Kontext vielleicht noch deutlicher bemerkbar als im Englischen jedoch
als gemeinsames Merkmal dieser Texte ihre Nichtfiktionalität betont, lässt sich der
Titel aber auch zugleich ironisch lesen, wie einige Rezensenten es auch getan haben:
Denn *so* eindeutig und klar ist es dann tatsächlich wiederum nicht, dass diese Texte
nichtfiktional sind. Im programmatischen Abschlusstext von *Putins Briefkasten* (PB
197–217) und schon früher in dem Programmheft zur *Fledermaus* reflektiert Beyer
dieses ›Ich‹, das die Texte beider Essaybände (und auch der beiden folgenden Bände)
konstant durchzieht:

14   Vgl. Schlaffer 1997 (Anm. 7), 523–524.
15   Vgl. Schweikle/Kauffmann 2007 (Anm. 7), Schlaffer 1997 (Anm. 7), Schärf 1999 (Anm.
      13), Christian Schärf: »Essay«. In: *Handbuch der literarischen Gattungen.* Hg. v. Dieter Lam-
      ping. Stuttgart 2009, 224–233, Wolfgang Braungart und Kai Kauffmann (Hg.): *Essayismus
      um 1900.* Heidelberg 2006, Gabriel 1991 (Anm. 13), Klaus Weissenberger: »Theorien der
      Kunstprosa«. In: *Handbuch Gattungstheorie.* Hg. v. Rüdiger Zymner. Stuttgart u. a. 2010,
      317–320, Rüdiger Zymner: »Kunstprosa, Hybridformen«. In: *Handbuch Literaturwissen-
      schaft. Sonderausgabe.* Hg. v. Thomas Anz. Bd. 1: Gegenstände und Grundbegriffe. Stuttgart
      u. a. 2013, 74–77; kritisch dazu Zima 2012 (Anm. 7).

> Wenn ich schreibe, beobachte ich an mir eine Veränderung, die mich in letzter Zeit im-
> mer häufiger beunruhigt: Ich schreibe in der ersten Person, ich sage etwas über mich,
> über diesen Menschen, der ich bin, der hier am Tisch sitzt und schreibt – und während
> ich Gedanken und Sätze forme, verwandelt sich dieses ›ich‹, wird es unter der Hand, im
> Verlauf der Sätze nicht zu einer anderen Person, aber zu einer Figur. Beim Schreiben ver-
> ändert sich meine Stimme: Was ich schreibe, ist mit einer anderen Stimme gesprochen
> als das, was ich sage. Ich nehme den Ton einer imaginären Figur an, ob ich will oder
> nicht. Und ich will nicht immer. [...] Die Figur, deren Ton ich annehme, schaut anders auf
> die Welt als ich. Dennoch wünsche ich mir zunehmend, ich könnte einmal auch beim
> Schreiben in der ersten Person meine Sprechstimme behalten oder von der Figur, die da
> ›ich‹ sagt, zu ihr zurückfinden. (Nf 301)

Halten wir fest: Nicht nur, dass schon bei dem ersten vermeintlichen Essayband
bei genauerer Betrachtung fraglich wird, ob es sich überhaupt um einen Essayband
handelt, sondern es gerät auch die Lösung dieses Problems, nämlich die versammelten Texte unter dem Begriff ›Nonfiction‹ zu subsumieren, ins Rutschen. Handelt
es sich denn überhaupt um nichtfiktionale Prosatexte? Tatsächlich ist für Beyer die
Unterscheidung von ›fiktional‹ und ›nichtfiktional‹ ein ganz zentrales Thema, dem
er sich übrigens nicht nur in seinen Essays immer wieder widmet, sondern auch in
seinen fiktionalen Texten, so etwa im Roman *Spione*, wenn er dort die vermeintliche
Objektivität von fotografischen Abbildungen infrage stellt und sich mit der Konstruktion von Vergangenheit beschäftigt. In einem Beitrag in *Sie nannten es Sprache*
denkt Beyer über das lyrische Ich in Jürgen Beckers Gedichten nach und weist in
diesem Zusammenhang nicht nur darauf hin, dass das »bloße Erscheinen des Wortes
›ich‹ im Text [...] kein Garant für Authentizität« (SneS 27) sei, sondern er bemerkt
noch »[n]ebenbei: Auch Gedichte fallen selbstverständlich in die Kategorie ›Fiktion‹,
nur ist mir zunehmend unklar, warum – in Gedichten findet sich doch Erfundenes
so häufig oder selten wie etwa in der Arbeit eines seriösen Historikers«. (SneS 21)
    Mit der Frage, ob es sich bei Beyers Essays überhaupt um nichtfiktionale Texte
handelt, sind aber erhebliche Probleme der Gegenstandsbestimmung dieses Werksegments verbunden, die beispielhaft noch deutlicher werden, wenn man einen Blick
in jene Personalbibliographie wirft, die anlässlich von Beyers Poetik-Professur an
der Universität Bamberg im Jahr 2000 erstellt wurde (die Jahre 1986 bis 2000 erfas-
send) und die dort aufgeführten Titel mit den Titeln aus *Nonfiction* abgleicht:[16] In
der Bibliographie wird zwischen selbständigen und unselbständigen Publikationen
Beyers unterschieden und zusätzlich eine dritte Rubrik eingeführt, in der »Essays,
Vorträge und Poetologisches« aufgeführt werden – man könnte also meinen, dass
diese dritte Rubrik einen ähnlichen Zuschnitt hat wie *Nonfiction* und insofern ein
erheblicher Teil der Texte übereinstimmen müsste. Das ist aber nicht der Fall. Diese
Beobachtung veranschaulicht beispielhaft drei Herausforderungen im Umgang mit
Beyers Essays: *Erstens* macht der erheblich größere Umfang der unter dieser dritten
Kategorie aufgeführten Literatur deutlich, dass wir es, sofern wir das Werksegment
nicht auf Essays im engeren Sinne beschränken wollen, mit einer erheblichen Aus-

---

16   Vgl. Rode 2000 (Anm. 9).

weitung des Gegenstandes zu tun haben; zu den von Beyer zusammengestellten vier (Auswahl-)Bänden kämen dann viele unselbständige Publikationen hinzu, ganz zu schweigen von weiteren selbständigen Publikationen wie der 2015 bei Conte erschienenen Rede an die Saarländer Abiturienten *Im Situation Room: Der entscheidende Augenblick* oder den unter dem Titel *XX* im Wallstein-Verlag publizierten Göttinger Lichtenberg-Poetikvorlesungen (2015). *Zweitens* nimmt Beyer Texte in der Sammlung *Nonfiction* auf, die in der Bibliographie nicht in der dritten Rubrik geführt werden, sondern in einer der beiden anderen, vermutlich, weil sie vom Bibliographen eher als fiktionale Texte eingestuft wurden, was angesichts des in *Nonfiction* reflektierten Status des Ichs in diesen Texten durchaus nicht unplausibel ist. Damit verschwimmt aber die Grenze zu einem anderen Werksegment, nämlich zur Erzählliteratur. Gerade dieses Verschwimmen wird bei genauerem Hinsehen von Beyer immer wieder reflektiert, wenn er etwa in *Spione* deutlich macht, dass Fiktionalität nicht nur Romane, sondern jede Beschäftigung mit Vergangenheit kennzeichnet, oder wenn er in seinen Essays den Status des vermeintlich authentischen ›Ichs‹ reflektiert. *Drittens* macht der Abgleich deutlich, dass selbst diese ungewöhnlich umfangreiche Werkbibliographie offenbar Lücken aufweist, denn in *Nonfiction* tauchen auch Texte auf, die dort fehlen. Zu allem Überfluss ist also überhaupt nicht sicher, dass wir zumindest halbwegs erfasst haben, was wir noch an Texten in Betracht ziehen müssen, wenn wir über Marcel Beyers essayistisches Werk sprechen wollen, das wir nun auch vielleicht anders bezeichnen müssten. Alternativ könnte man natürlich mit einem strengeren Begriff von Essay operieren, dann allerdings müssten Teile der von Beyer als Buch veröffentlichten und unter dem Begriff ›Nonfiction‹ vereinten Texte ausgegliedert werden, was aus meiner Sicht kaum sinnvoll wäre. Ganz abgesehen davon, dass für jeden Text neu diskutiert werden müsste, ob er denn nun als Essay zu betrachten ist oder nicht – und man bestimmen müsste, welchen Begriff von Essay man eigentlich genau zugrunde legen möchte.

Der Fall wird noch vertrackter, wenn man sich den Band *Putins Briefkasten* anschaut, über den es in einer Rezension von Georg Oswald in der *Frankfurter Allgemeinen Sonntagszeitung* heißt:

> *Putins Briefkasten* lässt sich als Fortschreibung einer früheren Textsammlung Marcel Beyers lesen, *Nonfiction*, aus dem Jahr 2003. Dieser Titel war damals programmatisch zu lesen. Neben Lyrik und Prosa erschien nun ein drittes Textfeld, das mit »Essay« zu eng gefasst wäre, obwohl es mit dieser Gattung am meisten gemein hat. [...] Während *Nonfiction* jedoch, trotz der Gattungsbestimmung im Titel, noch mehr den Charakter einer Sammlung von Gelegenheitsarbeiten hatte, ist *Putins Briefkasten* ein Werk ganz eigener Art.[17]

Zunächst einmal spricht einiges dafür, diesen Band, der den journalistisch anmutenden Untertitel »Acht Recherchen« trägt, als Fortschreibung von *Nonfiction* zu betrachten, unter anderem auch, weil die sechzehn zugrundeliegenden Texte, auf die der Band zurückgreift, sich nahtlos an die Texte von *Nonfiction* anschließen:

---

17   Oswald 2012 (Anm. 4).

Sie entstanden, so die Angabe im Anhang, zwischen Oktober 2003 und Oktober 2011 – und wieder handelt es sich um Vorträge verschiedener Art und Beiträge, die in Zeitungen, Literaturzeitschriften und Anthologien publiziert wurden. Ganz eigener Art ist dieser Band aber, weil er im Unterschied zu *Nonfiction* nicht einfach bereits publizierte Texte in verschiedenen Sektionen gruppiert, sondern diese Texte hier als Material verwendet und weiterverarbeitet werden: Beyer greift in seinen acht Recherchen nur »abschnittweise«, wie es im Nachweis heißt, auf die angegebenen Texte zurück, sie werden von ihm neu zusammenmontiert, mitunter (aber nicht immer) auch ergänzt. Entsprechend gibt es keine sechzehn Einzeltitel mehr, sondern nur noch acht römisch durchnummerierte Kapitel, die ihrerseits in verschiedene, durch Asteriske getrennte Abschnitte gegliedert sind. War der Begriff ›Essay‹ schon im Hinblick auf *Nonfiction* problematisch, aber wenigstens noch für einige seiner Texte zutreffend, ist es hier, bei diesen Textcollagen, aus meiner Sicht kaum noch plausibel, von Essays zu sprechen. Mit all diesen Herausforderungen wird sich die Forschung auseinandersetzen müssen, wenn sie sich im Detail mit Marcel Beyers ›Essays‹ befasst – wie wir dieses Werksegment nun wirklich nur vorläufig nennen können.

Identifizierung von Schreibweisen und ihren Vorbildern am Beispiel von *Nonfiction*

Ich will das Problem der Gattungszuordnung beispielhaft an einem Text aus *Nonfiction* illustrieren, der den Titel »Haben Sie in Ihrem Leben jemals dies erlebt« trägt und ursprünglich 1997 in dem Jugendmagazin *jetzt* der *Süddeutschen Zeitung* publiziert wurde, und dabei der Frage nachgehen, mit welchen anderen Schreibweisen außer der essayistischen wir es in Beyers Essaybänden eigentlich noch zu tun haben:

Haben Sie in Ihrem Leben jemals dies erlebt, haben Sie jemals den Schädelhintergrund eines Berbers erblickt, am Rande des Jemaa Fna, hat Ihnen jemals jemand erlaubt, hat Sie jemals ein Mensch für einen Moment mit seinem Blick dazu aufgefordert, ihm so tief in die geweiteten Pupillen zu schauen, daß Sie seinen Schädelhintergrund sähen, aufgefordert mit einem Blick, hat Ihnen jemals jemand mit seinem Blick zu verstehen gegeben (nicht: angeboten), er werde (nicht: er wolle) Ihnen, für einen Moment nur, Einblick gewähren in sein Inneres, er zwinge Sie, für den Bruchteil einer Sekunde nur, den Anblick seines Schädelhintergrundes zu ertragen, und dann ist sein Blick bereits woanders, dann fixieren seine Augen bereits eines der anderen Augenpaare im Publikum, das im Halbkreis steht, während der Berber weitersingt und weiterspielt auf der Sentir, und in seiner Stimme, in den Klängen, die seine schmalen Finger aus den Gedärmen einer Ziege heraus- (-schlagen, -prügeln, -quälen?), während in seinem Rücken die Packtiere, Scooter und Taxis verzweifelt versuchen, einander aus dem Weg zu hupen, spüren Sie immer noch, weiterhin, auf Lebenszeit, was es heißt, wenn jemand (einen Moment schutzlos, aus jedem Schutz heraustretend der Blick und die Stimme, um gleich darauf zu erkennen zu geben, daß er wohl in der Lage sei, Ihnen gegenüber, der ihn nicht kennt, nie zuvor gesehen hat, aber möglicherweise wiedersehen wird,

in der gleichen Situation, mit den gleichen Folgen, jeglichen Schutz aufzugeben, daß
er aber nach diesem Moment ganz genau wisse, wie er diesen Schutz wieder herbei-
zuführen, aufzubauen habe, um nun schutzlos den Blick eines anderen Fremden zu
suchen, in der Gewißheit, wissend, daß für Sie dieser Moment auf immer gegenwärtig
sein wird, sobald Sie die Stimme dieses Berbers hören, oder eines anderen Berbers,
oder irgendeines ebenso Fremden, eine nur im Vorbeifahren aus einem Ladenlokal,
bei Nacht, noch offen, im Nachtrauch, wahrgenommene Singstimme) Ihren Blick dazu
zwingt, sich auf den Hintergrund seines Schädels zu richten? Falls also nicht, falls Ihnen
in Ihrem Leben bisher nicht so geschehen ist, erübrigt sich zwischen uns jedes weitere
Wort. (Nf 308–309)

Ich würde bei diesem fast nur aus einem einzigen, anscheinend an Thomas Bernhard geschulten Bandwurm(frage)satz bestehenden Text nicht von einem Essay im
engeren Sinne sprechen. Zwar wird hier aus einer zweifellos subjektiven Perspektive
irgendwie ein ›Kulturphänomen‹ beschrieben, was für den Essay ja durchaus als
typisch angesehen wird.[18] Für einen Essay im weiter oben skizzierten Sinn fehlt aber
der reflexive Zug, es fehlt das Nachdenken über ein Phänomen und das typisch tastende, verschiedene Perspektiven einnehmende Vorgehen, wie wir es prototypisch
etwa bei Michel de Montaigne oder auch Virginia Woolf finden. Vielmehr scheint
hier eine ›individuelle‹ Erfahrung geschildert oder beschrieben zu werden – man
könnte auch sagen: Es wird von einer solchen Erfahrung *erzählt*.[19] Angesichts
dessen, was hier geschildert wird, und der Frage, wie glaubwürdig es ist, dürfen
wir aber nicht einmal sicher sein, ob es sich tatsächlich und eindeutig um einen
nichtfiktionalen Text handelt; ob der Erzähler also überhaupt den Anspruch erhebt,
hier von einem realen Ereignis zu sprechen, auf das referiert würde (wenngleich er
vielleicht eine reale subjektive Wahrnehmung – »es war, als hätte...« – schildert; für
die er aber ausdrücklich den Anspruch der nicht nur subjektiven Gültigkeit erhebt,
in diesem nachdrücklichen Bestehen auf der Faktizität des Geschilderten besteht ja
augenscheinlich eine Pointe des Textes).
   Neben solchen narrativen Texten, für die sich kaum entscheiden lässt, ob sie fiktional oder nichtfiktional sind, gibt es in *Nonfiction* eine weitere Gruppe von nicht
typisch essayistischen Texten: Es sind solche, mit denen sich Beyer in die Tradition
von Walter Benjamins *Berliner Kindheit um Neunzehnhundert* stellt. Beyer schildert zunächst in zwei kleineren Beiträgen des Bandes eine befremdliche Erfahrung
mit Sprache: wenn einem Wörter in neuen Zusammenhängen plötzlich mit ganz
anderer Bedeutung begegnen. In diesem Fall geht es um die Wörter »Alpaka« und
»Hausbuch«, die Beyer in Ostdeutschland mit einer völlig anderen Bedeutung als
der ihm bisher vertrauten begegnen: ›Alpaka‹ meint hier keine Lama-Art, sondern
bezeichnet ein Metall; unter ›Hausbüchern‹ versteht man nicht etwa eine Form der
erbaulichen Literatur, sie dienten im Überwachungsstaat DDR vielmehr dem Nachweis von Besuchern eines Miethauses. Diese Schilderungen eines (allerdings nicht

---

18   Vgl. Schlaffer 1997 (Anm. 7), 522.
19   Zu den fließenden Übergängen von Berichten und Erzählen und der Tatsache, dass Erzähl-
      literatur keineswegs nur aus Erzählen im strukturellen Sinne besteht, vgl. Dietrich Weber:
      Erzählliteratur. Schriftwerk, Kunstwerk, Erzählwerk. Göttingen 1998, 58–63 und 79–84.

akustischen, sondern semantischen) sprachlichen Missverstehens und seiner Auf-
klärung erinnern stark an Benjamins falsch verstandene Wörter in *Berliner Kindheit*:
›Mummerehlen‹ statt ›Muhme Rehlen‹ etwa (»Die Mummerehlen«) oder ›Blume-
zoof‹ statt ›Blumes-Hof‹ (»Blumeshof 12«). Dass hier nicht nur eine zufällige moti-
visch-thematische Parallele besteht, sondern die *Berliner Kindheit* zweifelsfrei eines
der wichtigen Vorbilder für Beyers Schreibweise ist, bestätigt sich schließlich bei
der Lektüre des Textes »Am Ende der Handvermittlung«, in dem Beyer sich auf den
Text »Das Telephon« aus Benjamins Erinnerungswerk bezieht. In *Berliner Kindheit*
beginnt der Text folgendermaßen:

> Es mag am Bau der Apparate oder der Erinnerung liegen – gewiß ist, daß im Nachhall
> die Geräusche der ersten Telephongespräche mir sehr anders in den Ohren liegen als
> die heutigen. Es waren Nachtgeräusche. Keine Muse vermeldet sie. Die Nacht, aus der
> sie kamen, war die gleiche, die jeder wahren Neugeburt vorhergeht. Und eine neu-
> geborene war die Stimme, die in den Apparaten schlummerte. Auf Tag und Stunde war
> das Telephon mein Zwillingsbruder. Und so durfte ich erleben, wie es die Erniedrigung
> der Frühzeit in seiner stolzen Laufbahn überwand. Denn als Kronleuchter, Ofenschirm
> und Zimmerpalme, Konsole, Gueridon und Erkerbrüstung, die damals in den Vorderzim-
> mern prangten, schon längst verdorben und gestorben waren, hielt, einem sagenhaften
> Helden gleich, der in der Bergschlucht ausgesetzt gewesen, den dunklen Korridor im
> Rücken lassend, der Apparat den königlichen Einzug in die gelichteten und helleren, nun
> von einem jüngeren Geschlecht bewohnten Räume. Ihm wurde er der Trost der Einsam-
> keit. Den Hoffnungslosen, die diese schlechte Welt verlassen wollten, blinkte er mit dem
> Licht der letzten Hoffnung. Mit den Verlassenen teilte er ihr Bett.[20]

Bei Beyer heißt es nun:

> Mein erster Apparat war grau, kein Bakelit mehr, glaube ich, er muß aus Plastik gewesen
> sein. Wenige schwarze Apparate waren da noch in Gebrauch, nur auf Besuch zu sehen,
> und nur bei Leuten, wo der Hörer selten abgehoben wurde. Mitunter fand sich dort
> der Apparat versteckt, im hintersten Winkel des Korridors, im Dunkeln meist. Als wäre
> er ein Trauerkasten, Stimmengrab, was er vielleicht auch ist, nur im äußersten Fall zu
> gebrauchen, zur Anrufung, oder als hätte er allein den Zweck, an jene zu gemahnen, die
> ihn nicht mehr benutzen, die nicht mehr sprechen können. Oder er war, im Hellen, ganz
> wie nebenbei platziert, auf einer Kommode nicht weit der Tür, kaum kenntlich unter
> einer Stoffhaube mit unverdächtigem Dekor, als wäre er ein Gegenstand ohne weitere
> Bedeutung, auf einer Häkeldecke arrangiert neben der Kleiderbürste, dem Adreßbuch
> und einer Ziervase, in die doch keine Blume paßt. […] In frühen Telefonbeschreibungen
> hat das Fernsprechen, hat allein schon das dazu nötige Gerät eine gewisse Undurch-
> schaubarkeit, als könnte man, auch wenn man es ganz selbstverständlich, oft benutzt,
> doch nie ergründen, wie die Verständigung und der Empfang zustande kommen. Da
> wird vom Nachhall früher Telefonate als einem Nachtgeräusch gesprochen, da geht es

---

20   Walter Benjamin: »Berliner Kindheit um Neunzehnhundert«. In: Ders.: *Gesammelte Schrif-*
ten IV.1. Hg. v. Tillman Rexroth. Frankfurt/M. 1991, 235–304, hier: 242–243.

um Geburt und das, was ihr vorausgegangen sein muß, die Nacht als jenes Dunkel, jene
Zeit, in die man sich zurückzieht, um zu zeugen. (Nf 107)

Beyer nimmt hier nicht nur thematisch Bezug auf eine frühe »Telefonbeschreibung«,
sondern er spielt unverkennbar und sehr konkret auf Benjamins Vorlage an, wenn
er vom »Nachhall früher Telefonate als einem Nachtgeräusch« spricht und damit
fast wörtlich eine Wendung Benjamins aufnimmt; den ›Sprecher‹ (Schreiber) dieser
berühmten Worte braucht er gar nicht mehr zu nennen.

Ganz ausdrücklich dann stellt Beyer in dem Band *Putins Briefkasten* eine Verbindung zu Benjamin her, in dem er im programmatischen Schlusskapitel auf die
Berliner Kindheit um Neunzehnhundert explizit zu sprechen kommt. Beyer zitiert
dort eine Äußerung Benjamins aus der *Berliner Chronik*, in der es bezeichnenderweise um das Wort ›ich‹ geht: »Wenn ich ein besseres Deutsch schreibe als die
meisten Schriftsteller meiner Generation, so verdanke ich das zum guten Teil der
zwanzigjährigen Beobachtung einer einzigen kleinen Regel. Sie lautet: das Wort
›ich‹ nie zu gebrauchen, außer in den Briefen«. (PB 200) Beyer kommentiert dies
folgendermaßen:

> Auf die Regel, »das Wort ›ich‹ nie zu gebrauchen«, läßt sich Walter Benjamins besseres
> Deutsch, wie ihm selber aufgegangen sein wird, nicht zurückführen. Wie sonst hätte
> die *Berliner Kindheit*, dieses »ich-Buch«, Benjamins sprachlich dichtestes, dunkelstes,
> funkelndstes Werk werden können, eines der wichtigsten deutschsprachigen Bücher
> des vergangenen Jahrhunderts. (PB 203)

Es ist keineswegs die Ich-Freiheit, sondern die Ich-Getränktheit dieses Buchs und
seine ›funkelnde‹ Sprache, die es für Beyer bedeutend machen. Und damit ist ein
besonders wichtiges formales Vorbild von Beyers ›essayistischer‹ Schreibweise identifiziert.

Zentrale Themenfelder am Beispiel von *Sie nannten es Sprache* und *Das blindgeweinte Jahrhundert*

Einige der für Beyers Essaybände zentralen Themen wurden bereits erwähnt: Die
Frage der Fiktionalität und des Status des ›Ich‹ in literarischen wie nichtliterari-
schen Texten beschäftigt Beyer in seinen Essays immer wieder, nicht zuletzt, weil
sich anhand dieses konkreten Problems das Verhältnis von Schreiben und Wirklichkeit, von Literatur und Geschichte hervorragend reflektieren lässt. Ein weiteres
wichtiges Themenfeld sind unser Umgang und unsere Erfahrungen mit Medien aller
Art. Beyer denkt immer wieder über die mediale Vermitteltheit unseres Zugangs
zur Welt und zu unserer Vergangenheit nach. Sprache und Schrift als spezifische
Medien des Schriftstellers werden dabei in ihrem Verhältnis zu anderen medialen
Formen reflektiert – nicht zufällig sind Fotos und Fernsehen, Schrift und menschliche Stimme, Radio und Telefon, Gesang und Musik bestimmende Themen schon
des ersten Essaybandes. Damit nutzt Beyer den Essay für Reflexionen über ein
Thema, das ihn auch in seinen Romanen *Flughunde* und *Spione* stark beschäftigt

und das zu einem geradezu klassischen Gegenstand des Essays geworden ist: zur Medienreflexion.[21]

Haben die Reflexionen über die verschiedenen Medien schon in den ersten beiden Essaybänden immer auch eine poetologische Färbung, nutzt Beyer die essayistische Form zuletzt in *Sie nannten es Sprache* (2016) und *Das blindgeweinte Jahrhundert* (2017) ganz explizit und ausgiebig für sein Nachdenken über Literatur und über sein eigenes Schreiben. Ähnlich wie bei *Nonfiction* handelt es sich bei *Sie nannten es Sprache* um einen Sammelband aus nachträglich zusammengestellten Einzelbeiträgen, die in den Jahren zwischen 1999 und 2015 als Gelegenheitsarbeiten entstanden und fast alle bereits an anderem Ort erschienen sind. Ungeachtet der Vielfalt an unterschiedlichen Schreibanlässen fokussiert sich der Band jedoch, ganz anders als *Nonfiction*, im Prinzip auf ein einziges Thema: Alle zwölf versammelten Beiträge widmen sich ausschließlich der Literatur, Beyer präsentiert sich hier als Dichter und als Leser von Dichtung. Dabei nimmt er in seinem Nachdenken über Literatur im Allgemeinen und über bestimmte literarische Phänomene im Speziellen sowie bei der Auseinandersetzung mit anderen Schriftstellern immer unzweideutig die (subjektive) Perspektive eines Schriftstellers ein, selbst dann, wenn er als studierter Germanist über ein literaturwissenschaftlich einschlägiges Thema wie die Kommunikationsstrukturen in Gedichten reflektiert (»Ein Kunstgriff, der Wilthener Goldkrone trinkt«).

In dieser Form gibt *Sie nannten es Sprache* Auskunft darüber, welche Autoren Beyer beeinflusst haben und wie er selbst Gedichte liest, er tritt in den Dialog mit geschätzten (lebenden und verstorbenen) Kollegen wie Friederike Mayröcker, Jürgen Becker und Thomas Kling und reflektiert dabei seine eigene Arbeit als Dichter wie auch sein Literaturverständnis. Seine Beiträge verstehen sich gewissermaßen als Gesprächsbeiträge, die von eigenen Erfahrungen – und das sind in diesem Fall eben nicht einfach nur die subjektiven Erfahrungen der Person Marcel Beyer, sondern die spezifischen Erfahrungen des Schriftstellers und Lyrikers Marcel Beyer – ausgehen und vor dem Hintergrund dieser Erfahrungen und in Auseinandersetzung mit Texten anderer Autoren Fragen wie der nach den Kommunikationsstrukturen im Gedicht nachgehen. Weil der Band, wie eine Rezensentin festhält, die Möglichkeit bietet »nachzuvollziehen, wie der Autor Marcel Beyer Gedichte und Texte anderer Autoren und Autorinnen liest«, und Beyer »nebenbei auch sehr viel über sein eigenes Schreiben«, seine Interessen, Vorlieben und bevorzugten Autoren preisgebe, lassen sich die versammelten Aufsätze auch als »Schlüssel oder Werkzeug verwenden, als mögliche Herangehensweise, wie sich seine eigenen Gedichte und Texte lesen lassen«[22].

Es ist kein Zufall, dass dieser in erster Linie der Dichtung gewidmete Essayband (Beyer spricht vor allem über Lyrik und Lyriker) anders als die beiden vorangehenden Essaybände und übrigens auch der Nachfolgeband *Das blindgeweinte Jahrhun-*

---

21   Vgl. Christoph Ernst: *Essayistische Medienreflexion. Die Idee des Essayismus und die Frage nach den Medien.* Bielefeld 2005. Genau diesem Thema widmet sich auch die einzige Publikation zu Beyer als Essayisten (Wilde 2012, Anm. 2), deren Untertitel lautet: »Zur medienkritischen Reflexion der Elbhochwasserdarstellungen 2002 in Marcel Beyers Essay *Wasserstandsbericht*«.

22   Nischkauer 2016 (Anm. 5).

dert in einem auf Lyrik spezialisierten Nischenverlag erscheint. Brueterich Press, 2014 von dem Lyriker Ulf Stolterfoht gegründet, wirbt ironisch mit dem Slogan »Schwierige Lyrik zu einem sehr hohen Preis – dann ist es Brueterich Press!«[23] *Sie nannten es Sprache* ist damit im Kontext von Beyers in den letzten Jahren forcierter Beschäftigung mit poetologischen Fragen zu sehen (mehr als die Hälfte der Beiträge sind zwischen 2013 und 2015 entstanden bzw. gedruckt worden) und steht in seinem Nachdenken über Literatur und speziell Lyrik in engster Verbindung einerseits mit dem Gedichtband *Graphit* (2014) und andererseits mit dem jüngsten Essayband *Das blindgeweinte Jahrhundert* (2017), der aus Beyers Frankfurter Poetikdozentur im Jahr 2016 hervorgegangen ist, sowie der vorangehenden Göttinger Lichtenberg-Poetikdozentur im Jahr 2014, deren Ertrag 2015 unter dem Titel *XX* publiziert wurde.

Beyer beschäftigt sich in *Sie nannten es Sprache* mit Literatur, aber womit nun eigentlich genau? Im Eröffnungsbeitrag über Jürgen Becker knüpft Beyer an Themen an, die aus den anderen Essaybänden bereits gut bekannt sind, wenn er über Literatur im Medienkontext spricht und in dem Zusammenhang über das Verhältnis von Fiktion und Erinnern reflektiert, und ebenso, wenn er im zweiten Beitrag anhand von Beckers Gedichten über das lyrische Ich nachdenkt. Die folgenden drei Beiträge, die gewissermaßen den Kern des Bandes bilden, widmen sich Friederike Mayröcker, in ihnen präsentiert sich Beyer als großer Kenner und Verehrer von Mayröckers Werk, zugleich manifestiert sich in ihnen Beyers Literaturverständnis, das stark von Intertextualität und Dialogizität geprägt ist, wie ich am Beispiel von »Friederike Mayröcker, logos und lacrima« weiter unten zeigen werde.[24] Die folgenden Beiträge bestätigen diese Literaturauffassung, Beyer befasst sich in ihnen mit der Internationalität von Literatur am Beispiel des karibischen und amerikanischen Einflusses auf die europäische Literatur (»Der Dichter und sein Schatten«), mit ihrer Mehrsprachigkeit und Mehrstimmigkeit, mit Übersetzungen und der Rolle von Literaturgeschichte für Dichter (»So much to do still, all of it praise«) oder dem Einfluss von Mündlichkeit etwa auf die Gedichte von Thomas Kling (»Thomas Kling: New York State of Mind«). Nicht zuletzt geht es Beyer, wie der Beitrag zu Kling auch zeigt, um das Sprachmaterial und seine Bearbeitung durch den Dichter, Beyer befasst sich in diesem Zusammenhang etwa mit Namen im Gedicht (»Aurora«).

An »Friederike Mayröcker, logos und lacrima« möchte ich exemplarisch demonstrieren, inwiefern Beyers hier versammelte Beiträge dialogisch konzipiert sind, zugleich handelt es sich um einen wichtigen ›Link‹ zum Folgeband *Das blindgeweinte Jahrhundert*, zu dessen Verständnis er entscheidend beiträgt, indem er die Hintergründe des ›Tränenbuchs‹ aufklärt. Ursprünglich handelt es sich dabei um eine Einführung zu einer Lesung Friederike Mayröckers aus dem gerade erschienenen *cahier*, die am 17. Dezember 2014 im Wiener Literaturhaus Alte Schmiede statt-

---

23   Vgl. die Verlagsseite www.brueterichpress.de [letzter Zugriff: 5.7.2017]. Zur Entstehung des Verlags vgl. Maren Jäger: »Das System BRUETERICH steigt in den Ring. Oder: Über die allmähliche Verfertigung eines Verlags«, in: *literaturkritik.de* Nr. 4, April 2015; http://literaturkritik.de/public/rezension.php?rez_id=20441 [letzter Zugriff: 5.7.2017].

24   Nicht zufällig verweist Beyer mehrfach in diesem Band auch auf Paul Celan und dessen poetologische Rede *Meridian*, vgl. die Beiträge »Oskar Pastior: Angst macht genau« und »Aurora«.

fand. Der in fünf durch römische Ziffern überschriebene Abschnitte gegliederte Text Beyers beginnt mit der autobiographischen Schilderung des Erhalts eines Briefs von Friederike Mayröcker (und er endet schließlich auch damit):

> Eines Tages – es muß 2008 oder Anfang 2009 gewesen sein, und ich war nicht ganz anwesend in meinem Kopf – erhalte ich einen Brief von Friederike Mayröcker, der aus einem einzigen Satz, einer einzigen Frage besteht: »›wollen Sie mit mir über Tränen sprechen?‹ (Jacques Derrida)«. Unmittelbar spüre ich, aus diesem Satz wird einmal ein Buch hervorgehen müssen, zu einem Zeitpunkt, als dieses *Jäckchen (nämlich) des Vogel Greif* noch nicht erschienen ist, in dem ich werde lesen können, daß die Frage zum ersten Mal am 2. Dezember 2005 gestellt wird, in einem Gedicht zu Goyas Karton »Der Sonnenschirm«, um von dort in den Titel des vorletzten Gedichts des Bandes einzufließen, in jenes im März 2009 entstandene Widmungsgedicht für Heinz Schafroth, »77, oder wollen Sie mit mir über Tränen sprechen, Jacques Derrida«, zu einem Zeitpunkt auch, als Friederike Mayröcker noch am Manuskript von *ich bin in der Anstalt. Fusznoten zu einem nichtgeschriebenen Werk* arbeitet, dessen Auslöser, dessen Leitmotiv, dessen als Fußnote 8 in den Text hingesetztes Motto, ja, dessen Sprach-Werkzeug lautet: »›wollen Sie mit mir über Tränen sprechen?‹ (Jacques Derrida)«. (SneS 65)

Beyer, der diesen Brieftext zum Motto seiner Frankfurter Poetikvorlesung und auch des daraus hervorgegangenen Buchs *Das blindgeweinte Jahrhundert* machen wird, vollzieht auf den folgenden Seiten (in Abschnitt II) weiter nach, wie diese Frage schon früher im Werk Mayröckers auftaucht und von dort in Gedichte Ernst Jandls wandert, so dass Beyer zu dem Ergebnis kommt, das »Tränengespräch« setze »spätestens bereits im Frühjahr 1986 ein, in einer Zeit, als ich eben in Friederike Mayröckers Werk zu versinken beginne« (SneS 66).

Es sind dieser Diskurszusammenhang und das intertextuelle Geflecht, in die sich Beyer mit *Das blindgeweinte Jahrhundert* einfügen und die er weiterspinnen wird – und zu denen, wie er in seiner Frankfurter Poetikvorlesung zeigt, u. a. auch Stendhal und Roland Barthes beigetragen haben. Diesen ganzen Zusammenhang aber betrachtet Beyer als ein einziges »Buch«:

> Aber womöglich, überlege ich heute, reicht dieses Buch – ein Buch, das über das Schreiben nachdenkt, indem es vorführt, wie die Träne das Papier als glasklare Tinte benetzt – weit über den Rahmen hinaus, der mit *dieses Jäckchen (nämlich) des Vogel Greif* und *ich bin in der Anstalt* gegeben ist. Womöglich berührt die von Jacques Derridas Tränenfrage freigesetzte Energie nicht nur den Zeitraum zwischen Anfang Dezember 2005 und Ende November 2009, sondern wirkt weit in die Zukunft, und, zu unserem Erstaunen, auch weit in die Vergangenheit hinein. So daß dieses große Buch unter der Überschrift »›wollen Sie mit mir über Tränen sprechen?‹ (Jacques Derrida)« seit Jahrzehnten im Entstehen begriffen wäre, fortlaufend und ohne Unterlaß und mit zunehmender Konsequenz das Tränensprechen auf die Spitze treibend [...]. (SneS 65)

Warum aber über Tränen schreiben? Auf diese Frage, die vielen Rezensenten Rätsel aufgegeben hat, gibt der Beitrag »logos und lacrima« eine Antwort: »Das Tränenvergießen, eigentümlich changierend zwischen Affektäußerung und Kulturtechnik«

(SneS 70), wird hier mit dem Schreiben von Literatur parallelgeführt, das ja ebenfalls zwischen Affektäußerung und Kulturtechnik changiert. Wie Mayröcker »die
Träne und das Schreibwerkzeug zusammenschauend« (SneS 67) erläutert Beyer in
Abschnitt III und IV die poetologische Dimension des Nachdenkens über Tränen,
wenn er z. B. auf Mayröckers *cahier* Bezug nehmend »Tränenmomente« als Schlüssel
bezeichnet, die »mit dem Beginn des Schreibens unabdingbar verknüpft« (SneS 70)
sind, oder literarische Techniken Stendhals beschreibt: »Tränenworte werden ge-
wechselt, die Worte bringen die Tränen, die Tränen wiederum ersticken die Stimme,
welche darum keine Tränenworte mehr hervorzubringen vermag.« (SneS 67) Es
ist die »unaufkündbare Verbindung von Auge und Hand, von Schreibendem und
Schrift« (SneS 71), die Vermischung von ›logos‹ und ›lacrima‹, die Beyer schließlich
nochmals am Beispiel von Mayröckers Arbeiten in den Blick nimmt und dabei mit
der Technik der Alten Meister vergleicht, die in ihren Stillleben einander in der Darstellung von Oberflächen, in der Darstellung des jeweils spezifischen Reflexions-
verhaltens natürlicher Materialien zu übertreffen« trachten, in denen sich aber »bei
genauer Betrachtung der Maler selbst zu erkennen gibt« (SneS 71):

> Zu meinem Erstaunen erkenne ich im leblosen Gegenstand den Maler, wie er den Pinsel
> in der Hand hält, um ein Glas zu malen, das, handelt es sich bei ihm tatsächlich um
> einen Meister, den Maler in seinem Atelier zeigen wird: und ich erlebe ein Moment
> der Verzückung. Ich bin überzeugt, mit der Träne in Friederike Mayröckers Kunst ver-
> hält es sich ganz ähnlich: Kaum hat die Träne das Auge verlassen, spiegelt sich in ihr
> dieses Auge selbst, und mit ihm spiegeln sich das Gesicht des Schreibenden, die den
> Stift haltende Hand oder die Hände auf der Tastatur, das Blatt Papier, die Schrift, der den
> Schreibplatz umgebende Raum und das Fenster, durch das Licht hereinfällt – kurz: das
> gesamte Atelier einschließlich des in die Arbeit versunkenen, weinenden, schreibenden
> ›ich‹. (SneS 71–72)

In diesem poetologischen Sinne stehen Beyers fünf Frankfurter Poetikvorlesungen,
die in *Das blindgeweinte Jahrhundert* auf zehn Abschnitte erweitert wurden und in
denen Beyer es sich zur Aufgabe macht, Auskunft über sein eigenes Schreiben zu
geben, unter dem Motto:

> »wollen Sie mit mir über Tränen sprechen?«:
> Jacques Derrida
>
>
> Friederike Mayröcker

Es ist keineswegs Beyers Ziel, eine (Kultur-)Geschichte des Weinens oder der Tränen
zu schreiben, wie mitunter in Rezensionen zu lesen war.[25] Beyer stellt dies nicht nur
im als Nachwort dienenden Abschnitt »Im schwarzen Licht« klar (DbJ 267–268),
sondern wiederholt dies auch in Interviews zu diesem Band.[26] Wenn Beyer sich in

---

25   So lautet etwa der Untertitel einer Rezension (Hobrack 2017, Anm. 6): »Büchner-Preis-
      Träger Marcel Beyer schreibt eine spezielle Geschichte des Weinens«.
26   Vgl. Encke 2017 (Anm. 6).

Das blindgeweinte Jahrhundert mit mehr oder weniger prominenten (Heintje, Adorno, Kohl, Strauß, Strauss-Kahn), mitunter auch privaten, etwa von der Großmutter vergossenen Tränen (»Tränen im Vorderen Westen«) beschäftigt, die medial in Szene gesetzt und/oder auch nur fiktiv sein können (»Die Waffen von morgen«), spiegeln sich in seinen Beschreibungen dieser Tränen in einer Welt, in der er aufgewachsen ist und heute lebt, die Bedingungen seines Schreibens. Vor diesem Hintergrund gilt für Beyers bisher letzten Essayband in besonderem Maße, was auch für alle seine Vorgänger gilt: Die essayistische Reflexion wird zum Medium der Selbsterkenntnis des Autors.

Mit den Ohren schreiben. Marcel Beyers Opernlibretti

Annette Kappeler

Libretti – Büchlein für die Oper

Das Opernlibretto war lange Zeit eine bedeutende literarische Gattung.[1] Libretti Philippe Quinaults oder Pietro Metastasios galten Zeitgenossen/innen als Musterbeispiele gelungener Dramen,[2] sie wurden immer wieder vertont – Metastasios *Didone abbandonata* mehr als siebenhundert Mal[3]– und mitunter auch als Sprechtheaterstück aufgeführt.[4] Opernlibretti wurden vor, während und nach Aufführungen gelesen und in Sammlungen aufbewahrt.[5] Im 19. Jahrhundert verloren Librettisten/innen an Bedeutung. Opernkomponisten verlangten nun häufig eine Unterordnung der textuellen unter die musikalische Ebene der Oper und gaben ›ihren‹ Textdichtern genaue Vorgaben für die Gestaltung von Libretti. Das Erbe einer solchen Geringschätzung von Operntexten lässt sich bis in den Paratext des Librettos *Arbeit Nahrung Wohnung* von Marcel Beyer verfolgen: Enno Poppe wird hier als (einziger) Autor genannt, die Formulierung »Libretto von Marcel Beyer« findet sich nachgeordnet.[6]

Libretti unterscheiden sich nicht zwangsläufig von anderen Textgattungen, es lassen sich aber einige Besonderheiten als Operntexte konzipierter (oder verwendeter) Texte ausmachen. Historisch ist den meisten Libretti ein relativ freier Umgang mit Verszahl, Verslänge und Versmaß eigen. Die ersten italienischen Opernlibretti benutzen sieben- oder elfsilbige Verse aus der Madrigaldichtung für Rezitative und freie Strophenformen aus der Lieddichtung für Arien.[7] Womöglich bezieht sich Marcel Beyer in seiner Vorliebe für in Vierergruppen angeordnete siebensilbige Ver-

---

1   Claudia Terne: »Opernbücher als Gesellschaftslektüre des 18. Jahrhunderts. Zur Librettosammlung in der Stiftsbibliothek Heiligengrabe«. In: Friederike Rupprecht (Hg.): *Lesezeiten. Die Bibliothek im Kloster Stift zum Heiligengrabe von 1600–1900.* Berlin 2011, 64–67, hier: 64.

2   Ranieri de' Calzabigi schreibt beispielsweise über Metastasios Libretti: »Sono vere, perfette e preziose tragedie da compararsi alle più celebri di tutte le altre nazioni«. [»Es sind wahre perfekte und kostbare Tragödien, die den Vergleich mit den berühmtesten aller anderen Nationen nicht scheuen müssen«.]. Zit. nach Caroline Lüderssen: *Der wiedergewonnene Text. Ästhetische Konzepte des Librettos im italienischen Musiktheater nach 1960.* Tübingen 2012, 207.

3   Albert Gier: *Das Libretto.* Frankfurt/M. u. a. 2000, 133.

4   Terne: »Opernbücher als Gesellschaftslektüre« (wie Anm. 1), 64.

5   Gier: *Das Libretto* (wie Anm. 3), 16.

6   Marcel Beyer: *Arbeit Nahrung Wohnung. Bühnenmusik für vierzehn Herren.* Mit der Partitur abgeglichene Fassung (vom Autor zur Verfügung gestellte pdf-Version des Librettos, 6.4.2008). Demgegenüber wurden in Librettodrucken des 18. Jahrhunderts die Namen von Librettist/innen und Komponist/innen meist gleichwertig nebeneinander genannt – so z. B. im Libretto zu Louis de Cahusacs und Jean-Philippe Rameaus *Zoroastre* (Paris 1749).

7   Gier: *Das Libretto* (wie Anm. 3), 73.

se auf die europäische Operngeschichte. In vielen Operntraditionen haben Libretti eine spezifische lautliche Gestalt, beispielsweise durch eine Häufung oder Vermeidung bestimmter Vokale.[8] Libretti sind außerdem oft wesentlich kürzer als Sprechtheatertexte.[9] Beyers Libretto *Arbeit Nahrung Wohnung* hat etwa 450 Verse und ist damit noch deutlich kürzer als die meisten Libretti des 19. und 20. Jahrhunderts. Vielleicht hat das u. a. mit dem starken Interesse Beyers an der musikalischen Umsetzung seiner Texte zu tun. Nach seiner Motivation, Libretti zu schreiben, gefragt, antwortet er: »Für mich reden die Figuren auf der Theaterbühne zu viel. Bei den Opern reizt mich die Zusammenarbeit mit Komponisten [...] und Texte nach musikalischen Prinzipien aufzubauen«.[10]

Mit den Ohren schreiben

Marcel Beyers Texte gehören zu den klangaffinsten der deutschsprachigen Gegenwartsliteratur. Sie sind von einer Faszination für die menschliche Stimme und deren (Ausdrucks-)Möglichkeiten geprägt und setzen sich mit den Grenzen zwischen Geräusch, Klang und Stimme auseinander, mit dem Hören als aktiver Tätigkeit, die Klang strukturiert.[11] Für Marcel Beyer scheint es selbstverständlich, »mit den Ohren zu schreiben«[12], die Arbeit an Texten beschreibt er als »Klangarbeit«, die Wechselverhältnissen zwischen Sinn und Klang nachspürt (Nf 173). Beyer weist immer wieder darauf hin, dass die Geschichte der Literatur eine des Vorlesens und Vortragens sei und dass man erst seit dem 18. Jahrhundert in einer »Leiselesekultur« lebe.[13]

8   Ebd., 41.
9   Ebd., 20.
10   Max Kirschner: »Warum weinen Machthaber so wenig? Gespräch mit Marcel Beyer«. In: *Westdeutsche Zeitung*, 25.5.2016: http://www.wz.de/lokales/duesseldorf/warum-weinen-machthaber-so-wenig-1.219 3764 [letzter Zugriff: 28.9.2017].
11   Marcel Beyer: *Nonfiction*. Köln 2003, 285 (im Folgenden als »Nf« direkt im Haupttext nachgewiesen).
12   Axel Helbig: »Das Pathos der Sachlichkeit. Gespräch mit Marcel Beyer«. In: Ders.: *Der eigene Ton. Gespräche mit Dichtern.* Leipzig 2007, 241–257, hier: 247.
13   Birger Dölling: »Nirgends haben Sie so viel Geschichtsschrott im Nacken. Marcel Beyer über erträumte Freiheit, europäische Prägung und die Furcht vor dem Kunstlied«. In: *Lose Blätter. Zeitschrift für Literatur* (2006): http://www.lose-blaetter.de/36_lymu.html [letzter Zugriff: 28.9.2017]. Noch im 19. Jahrhundert gab es im deutschsprachigen Raum eine lebendige Deklamationspraxis; vgl. z. B. Christian Gotthold Schocher: *Soll die Rede auf immer ein dunkler Gesang bleiben, oder können ihre Arten, Gänge und Bewegungen nicht anschaulich gemacht, und nach Art der Tonkunst gezeichnet werden?* Leipzig 1791; Thomas Sheridan/Renatus Gotthelf Löbel: *Ueber die DECLAMATION oder den mündlichen Vortrag in Prose und in Versen. Nach dem Englischen des Herrn Thomas Sheridan.* Leipzig 1793; Heinrich Gotthelf Bernhard Franke: *Ueber Declamation.* Göttingen 1789–1794; Heinrich August Kerndörffer: *Handbuch der Declamation.* Leipzig 1815; Gustav Anton Freyherr von Seckendorff: *Vorlesungen über Deklamation und Mimik.* Braunschweig 1815/16; Johann Joachim Eschenburg: *Entwurf einer Theorie und Literatur der schönen Redekünste.* Berlin u. a. 1817. Den Hinweis auf die genannten Deklamationsmanuale verdanke ich Martin Danneck. Deklamations- und Gesangspraktiken waren dabei eng aneinander orientiert. Im Frankreich des 17. und 18. Jahrhunderts galt das Opernrezitativ als von der Theaterdeklamation ›abgehört‹. Noch 1764 heißt es in den anonym erschienenen *Idées sur l'opéra*:

Beyer hat aber nicht nur ein Gespür für schriftlich fixierte Elemente von Klanglichkeit wie die Verteilung von Vokalen und Konsonanten oder (Wort-)Akzenten
und die Setzung von Zäsuren, sondern auch eine klare Vorstellung von erst im Vortrag realisierten Parametern wie Lautstärke und Geschwindigkeit. Über seinen Roman *Flughunde* schreibt er: »Am Anfang war eigentlich der ganze Roman gerufen.
Die letzte Fassung ist besonnen und nicht zu laut gesprochen«[14]. Nichtsdestotrotz
bestimmt der Textvortrag diese Parameter immer wieder neu, erst mit dem Einsetzen des Vortrags erhält der Text Beyer zufolge seine klangliche Gestalt:

> Mit den ersten Worten entscheidet sich, in welcher Tonhöhe meine Stimme ansetzt,
> und damit ist alles entschieden: Alles Folgende hängt davon ab, in welcher Stimmlage
> ich begonnen habe, und je nachdem, ob ich nun mit meiner ein wenig höheren Sprech-
> stimme oder mit meiner ein wenig tieferen Lesestimme eingesetzt habe, wird die Art,
> wie ich etwas sage, und, scheint mir, obwohl die Sätze ja bereits niedergeschrieben sind,
> sogar das, was ich sage, in einer bestimmten Weise geprägt. (Nf 125)

Schreiben und (Vor-)Lesen haben für Beyer etwas mit dem Verhältnis von Schriftlichkeit und Mündlichkeit zu tun. Im Geschriebenen finden sich immer Verweise
auf dessen klangliche Realisierung (Nf 199). Erst durch den Klang eines Textes erschließen sich aber Verbindungslinien, die durch das »unverwandte Anstarren der
Wörter« versperrt bleiben (Nf 140).

Die Klangkompositionen in Beyers Libretti enthalten viele (den meisten Leser/
innen bzw. Hörer/innen) unbekannte Begriffe, die man auf den ersten Blick (das
erste Hinhören) für Neologismen halten könnte. Auf den zweiten Blick (bzw. nach
kurzer Recherche) wird klar, dass sie aus einem historischen, regionalen bzw. neu
entstehenden Wortschatz schöpfen, der zwar nicht (mehr) bekannt ist, aber in ver-
wandten Begriffen nach- bzw. anklingt. Die Begriffe werden nach ihrer Klanglichkeit bzw. nach Bedeutungsfeldern zusammen- und miteinander in Beziehung gesetzt
und eröffnen so neue Perspektiven auf bereits bekannte Begriffe. In Bezug auf die
Lektüre eines Paul Celan-Gedichtes beschreibt Beyer einen Prozess, der der eigenen
Schreibpraxis ähnelt: »Ich möchte Wörter, Namen, Bezeichnungen nebeneinander-
setzen [...], so wie man vielleicht manchmal das Bedürfnis verspürt, weit auseinan-
derliegende Orte auf einer Landkarte zusammenzurücken und zu sehen, ob etwas
geschieht.« (Nf 198) Beyers Libretti beschäftigen sich mit »Sprachmaterial unterschiedlicher Herkunft und Richtung« (Nf 161), sie tragen »[r]egionale Ausdrücke
und Zungenschläge, Jargon [und] temporäre Sprechweisen« (Nf 174) zusammen.
In den verwendeten Begriffen klingen verschiedene Sprachen, Sprachvarietäten,
historische Kontexte mit (Nf 218), Bekanntes und Fremdes treten zueinander in
Beziehung. In Bezug auf Beyers Lyrik bringt Judith von Sternburg diese Praxis mit

---

»le récitatif n'est qu'une déclamation notée et embellie« [»das (Opern-)Rezitativ ist nur ein
notiertes und veredeltes Deklamieren«]. Zit. n. Buford Norman: *Touched by the Graces:
The Libretti of Philippe Quinault in the Context of French Classicism*. Birmingham/Alab.
2001, 25.
14 Helbig: »Pathos der Sachlichkeit« (wie Anm. 12), 251.

der Literatur des Mittelalters in Verbindung, die Wörter sammelt, auflistet und zueinander in Beziehung setzt:

> Beyers Lyrik [ist] anschlussfähig [...] an die große, rätselhaft gewordene und darum abgedrängte Dichtung des Mittelalters, des Barock, an die europäischen Wörtersammler und Anspieler, die sich auskannten in den Geschichten der Heiligen und der Schriftkunst, die sich [...] auch einen Spaß daraus machten, rabelaishaft Listen über ihre Leser auszugießen.[15]

Die Fremdheit der verwendeten Begriffe führt dabei zu einem genaueren ›Hinhören‹. Eine solche De-Familiarisierung durch unbekannte Wörter begreift Beyer als emanzipativen Akt, der einer »Wortschatzhörigkeit« vieler Texte des 20. und 21. Jahrhunderts gegenüberstehe (Nf 157). »Nur die Sätze, die ich noch nicht kenne, bringen mir Zunge und Kehlkopf in Bewegung. Nur nach den Worten, die ich bislang nicht gehört habe, verlangt mein Ohr« (Nf 197) – so beschreibt er Anziehungskraft und Potential neuer oder wiederentdeckter Begriffe.

Das Libretto *Arbeit Nahrung Wohnung* führt gleich zu Beginn eine Vielzahl von mit dem Protagonisten in Verbindung stehenden Orts- und Eigennamen ein: Worte, Sprachen und Namen in verschiedenen (Aussprache- und Sprach-)Varianten werden zueinander in Beziehung gesetzt. Dabei bilden sich neue Klang- und Bedeutungsmöglichkeiten heraus, die die bereits etablierten verschieben. Die aufgerufenen Begriffe stellen u. a. eine Verbindung zu Daniel Defoes *Robinson Crusoe* her, der mit einer ebensolchen Klang-Komposition einsetzt:

> [Robinson Crusoe was] born in the Year 1632, in the City of York, [...] my Father being a Foreigner of *Bremen*, who settled first at *Hull*: He [...] lived afterward at *York*, from whence he had married my Mother, whose Relations were named *Robinson*, a very good Family in that Country, and from whom I was called *Robinson Kreutznaer*; but by the usual Corruption of Words in *England*, we are now called, nay we call our selves, and Write our Name *Crusoe*, and so my Companions always call'd me.[16]

Beyers Libretto nimmt diese Orts- und Eigennamen auf, setzt sie neu zusammen und deckt dabei klangliche und semantische Beziehungen auf. Der Name des Protagonisten wird beispielsweise mit dem klangähnlichen Vogel ›robin‹[17] in Verbindung gesetzt: »Ein Badegast. Der Hals, die Keile./ Robin ist Rotvogel,/ Rotvogel Robinson./

---

15   Judith von Sternburg: »Langanhaltende Erkundung«. In: *Frankfurter Rundschau*, 28.6. 2016: http://www.fr-online.de/literatur/georg-buechner-preis-langanhaltende-erkundung, 1472266,34432020.html [letzter Zugriff: 28.9.2017].

16   Daniel Defoe: *THE LIFE And STRANGE SURPRIZING ADVENTURES OF ROBINSON CRUSOE, Of YORK, MARINER: Who lived eigth and twenty Years all alone in an un-inhabited Island on the Coast of AMERICA, near the Mouth of the Great River of Oroonoque; Having been cast on Shore by Shipwreck, where-in all the Men perished but himself. With an ACCOUNT how he was at last as strangely deliver'd by PYRATES.* London 1719, 1 (Hervorh. im Orig.).

17   »Robin« enspricht nicht dem deutschsprachigen ›Rotvogel‹ oder ›Gimpel‹.

Kreuznach ist Kreutznaer,/ Kreutznaer muß ein Kreutzner sein./ Und York ist Hull,/ Dünkirchen Bremerhaven«.[18]

Das erste Opernprojekt von Marcel Beyer *Interzone* (2004, Berliner Feststpiele, mit Enno Poppe) ergab sich aus einem Interesse von Autor und Komponist für Texte von William S. Burroughs. *Arbeit Nahrung Wohnung* (2008, mit E. Poppe) ist im Auftrag der Landeshauptstadt München entstanden, *IQ* (2012, mit E. Poppe) als Auftragswerk für die Schwetzinger Festspiele. 2014 wurde die Oper *Karl May, Raum der Wahrheit* von Marcel Beyer und Manos Tsangaris in der Semperoper Dresden uraufgeführt. Über die Zusammenarbeit mit Poppe schreibt Beyer: »Ich bin eigentlich gewohnt, meinen Text selbst zu Gehör zu bringen. Nun aber denke ich mich [...] nicht in Figuren, nicht in Darsteller, sondern in fremde Kehlen hinein. Das wirkt natürlich auf das Schreiben zurück«.[19]

Wenn er in Bezug auf die Oper *Karl May* angibt, es »lieg[e] in der Natur des Entstehungsprozesses, dass Textteile für ein Libretto geschrieben, dann gekürzt, erweitert, aufgeteilt, verschoben oder aus dem Stück geschoben werden«[20], beschreibt er eine Arbeitsweise, die auf einer engen Kollaboration zwischen Komponist/in und Librettist/in beruht. Der/die Librettist/in stellt dabei dem/der Komponist/in Textmaterial zur Verfügung, das im gemeinsamen Arbeitsprozess weiterentwickelt wird. Beyer legt Wert darauf, wandlungsfähige Texte zu schreiben,[21] die auf ihre musikalische Umsetzung einwirken, die wiederum auf die Texte zurückwirkt.[22] Viele Textelemente bleiben dabei anfangs flexibel: Im ersten Textentwurf für *Karl May* lässt Beyer sowohl die Reihenfolge der Textpassagen als auch ihre Figurenzuordnung offen.[23] Dabei äußert Poppe zum Teil Wünsche in Bezug auf Textvorlagen, mit denen Beyer kreativ umgeht. In Bezug auf die Zusammenarbeit mit Enno Poppe für ein Lied, für das Beyer sein Gedicht *Wespe, komm* beisteuert,[24] hält er fest:

> Man schafft dem anderen ein Korsett, aber eigentlich eher spielerisch, der greift es auf und bricht es dann doch wieder. Zum Beispiel war da Ennos Bitte: Nicht solche viel-silbigen Wörter. Wenn Sie sich nun das Gedicht anschauen, merken Sie, dass die Silbenzahl der Wörter zum Ende hin zunimmt. Enno hat seinen Wunsch geäußert, ich erfülle ihm den am Anfang, aber am Ende schere ich doch wieder aus.[25]

18   Beyer: *Arbeit Nahrung Wohnung* (wie Anm. 6), 3.
19   Ebd.
20   Marcel Beyer: »Manos Tsangaris als Erzähler«. In: Ulrich Tadday (Hg.): *Manos Tsangaris.* München 2015, 146–159, hier: 154.
21   Ebd., 146–147.
22   Dölling: »Geschichtsschrott im Nacken« (wie Anm. 13).
23   Beyer: »Manos Tsangaris« (wie Anm. 20), 154.
24   Vgl. zum Entstehungsprozess des Gedichts/Liedes auch: Marcel Beyer: »Zu ›Wespe, komm‹«. In: Thomas Geiger (Hg.): *Laute Verse. Gedichte aus der Gegenwart.* München 2009, 23–24.
25   Dölling: »Geschichtsschrott im Nacken« (wie Anm. 13).

Die Libretti für die Opern *Interzone, Arbeit Nahrung Wohnung, IQ* und *Karl May* sind als das Ergebnis einer Auseinandersetzung zwischen (Klang-)Qualitäten von Text und Musik zu verstehen, die einander kontinuierlich transformieren.

Tonhöhe, Geschwindigkeit und rhythmische Proportion erfahren in der musikalischen Umsetzung von Texten eine (mehr oder weniger genaue) Festlegung. Opernpartituren machen häufig exakte Tonhöhen- und Geschwindigkeitsangaben, andererseits lassen sie z. T. Freiräume zur improvisatorischen Gestaltung.[26] Auch Lautstärke und Klangfarbe werden bis zu einem gewissen Grad vorgegeben.[27] Beyers Texte suggerieren gewisse rhythmische Strukturen (z. B. durch Verszahl, -länge und -maß), Lautstärken (z. B. durch Großbuchstaben für Textbetonungen), Klangfarben (z. B. durch die Vokalverteilung in einem Vers/Satz) oder Tonhöhen (z. B. durch Zuweisung eines Textes an eine bestimmte Figur).[28] Die musikalische Umsetzung der Texte aber gestaltet bestimmte klangliche und rhythmische Möglichkeiten (und schließt andere aus).[29]

Arbeit Nahrung Wohnung und *IQ* sind von einer Vorliebe für sieben- und vierzehnsilbige Verse geprägt, die in Vierergruppen angeordnet sind. Verse und Vierzeiler sind meistens nicht mit Satzzeichen abgeschlossen, sondern führen den Lese- oder Vortragsfluss über das Zeilen- oder Strophenende weiter. Viele Vierzeiler sind von Häufungen bestimmter Vokale charakterisiert,[30] andere durch Alliterationen.[31] Leser/innen bzw. Hörer/innen werden immer wieder auf die Klanggestalt der Texte verwiesen, indem Beziehungen zwischen Begriffen durch Klangähnlichkeiten hergestellt werden. Beyer arbeitet dabei u. a. mit Reimen und ›Fast-Reimen‹ und am Wortklang orientierten Reihungen.[32]

Die spezifische Lautlichkeit der Texte wird in der musikalischen Umsetzung häufig aufgenommen, ›dominante‹ Vokale können beispielsweise gedehnt werden. Die Vierzeiler werden durch verschiedene musikalische Parameter rhythmisiert. Text und Musik treten dabei häufig in eine Wechselbeziehung, in der klangliche und rhythmische Elemente einander ergänzen, verstärken, aber auch entgegentreten können.

Die Faszination für die menschliche Stimme und deren Klangmöglichkeiten, für Alltagsgeräusche und die Wahrnehmung deren lautlicher und rhythmischer Er-

---

26   Z. B. in Marcel Beyer/Enno Poppe: *IQ.* Partitur. o. O. o. J., 7. Der ›Hyper-Exaktheit‹ der Notation vieler Kompositionen des 20. und 21. Jahrhunderts steht häufig eine ›komponierte Ungenauigkeit‹ gegenüber: In der Oper *IQ* spielen Musiker/innen als Proband/innen eines IQ-Tests von einer Testerin vorgegebene Tonfolgen nach (ebd., 65–67). Die rhythmische Notation der vor- und nachgespielten Tonfolgen ist sehr differenziert, aber beide variieren leicht voneinander, die nachgespielten Tonfolgen wirken so ›unpräzise‹.
27   Ebd., 152.
28   Beyer: »Manos Tsangaris« (wie Anm. 20), 156.
29   Die Übertragung musikalischer Begriffe auf literarische Qualitäten eines Textes ist dabei nicht immer unproblematisch. ›Rhythmus‹ beispielsweise kann in Bezug auf Texte verschiedene Phänomene bezeichnen, die nicht unbedingt klar bestimmt werden. Siehe z. B. Birger Dölling: »Geschichtsschrott im Nacken« (wie Anm. 14).
30   Beyer/Poppe: *Arbeit Nahrung Wohnung* (wie Anm. 6), 2.
31   Ebd., 3.
32   Beyer/Poppe: *IQ* (wie Anm. 26), 108–109.

scheinung (vgl. Nf 285), die die Texte Beyers ausstrahlen, spiegelt sich in den Kompositionen Enno Poppes und Manos Tsangaris' wider. In *Arbeit Nahrung Wohnung*, *IQ* und *Karl May* werden die Beziehungen zwischen Singen und Sprechen, zwischen Instrumentalklang und Stimme und zwischen Klang und Geräusch erkundet. Es finden Übergänge vom Geräusch zum Instrumentalklang zum Sprechen zum Singen statt, »über das Stammeln, Wimmern, Flüstern, über eine reich gefächerte Skala von Sprechgesang«[33].

Arbeit Nahrung Wohnung

Arbeit Nahrung Wohnung. Bühnenmusik für 14 Herren ist 2007/8 entstanden und setzt sich mit Defoes *Robinson Crusoe* auseinander. Die Partitur sieht 14 Rollen vor, die alle in die Bühnenhandlung einbezogen und mit Männern besetzt sind.[34] Die Robinson-Rolle beinhaltet Sprech- und Gesangsparts, diejenige des Freitag ist im Bariton-Register gesetzt. Daneben kommen vier Sänger (Seeleute) zum Einsatz (Countertenor, Tenor, Bariton, Bass). Einer der vier Keyboarder agiert gleichzeitig als Dirigent, die vier Schlagzeuger verwenden eine Vielzahl von Instrumenten aus verschiedenen lokalen und historischen Musiktraditionen, wie Maracas, Guiros oder Windmaschinen, und Alltagsgegenstände wie Glasflaschen oder Almglocken.

Die Partitur ist in vier Akte geteilt, der erste Akt in vier Szenen: »Film« beschäftigt sich mit Navigation, Nieselregen und Mottenfang; »Badegast« mit Orts- und Eigennamen Robinsons, »Hund« mit Eigenschaften und Tätigkeiten eines Hundes, und »Reibelaune« mit dem Schreiben Robinsons und Alltagsnotwendigkeiten. Dem ersten Akt folgt das Intermezzo »Familienfehler«, in dem Freitag von sozialer Interaktion berichtet. Der zweite Akt hat drei Szenen: In »Drohbriefe« geht es um ›Zivilisationserrungenschaften‹ und Erinnerungen an die Zeit auf der Insel, in »Drei Arbeiten« um Hunger, Krankheit, Kur und Kleidungsherstellung, in »Schweiß« um Kälte und Kleidung. Der dritte Akt umfasst sechs Szenen: »Gnadenmehl« thematisiert Krankheit, Nahrung und Navigation, »Volkssprache« Nahrungsmittel und deren (regionale) Bezeichnungen, »Tropenwalzer« Schrift und Fieberträume, »Bermudablick« ›wertlose‹ Geschenke, »Vergesslichkeit« Nahrungsbeschaffung, Ein- bzw. Zweisamkeit, und »Abend«[35] Feldarbeit und Tiere. Der vierte und letzte Akt hat nur eine Szene mit dem Titel »Megablut«, die ›Zivilisationserrungenschaften‹ und problematische soziale Beziehungen in den Blick nimmt.

Der Begriff »Kunstwörter«, der zu Beginn von *Arbeit Nahrung Wohnung* eingeführt wird,[36] scheint auf den ersten Blick das Vokabular des Librettos zu beschreiben.

---

33   Martin Zenck: »›Die Rettung Wagners durch Karl May‹ oder durch Manos Tsangaris? Über das Musiktheaterstück ›Karl May. Raum der Wahrheit‹«. In: Ulrich Tadday (Hg.): *Manos Tsangaris*. München 2015, 160–183, hier: 176, 178.

34   Marcel Beyer/Enno Poppe: *Arbeit Nahrung Wohnung. Bühnenmusik für 14 Herren. Studienpartitur*. Milano 2008, o. S.

35   Ebd., 11–12.

36   Ebd., 2.

Bei den fremd klingenden Ausdrücken handelt es sich aber nicht um Neologismen, sondern um altertümliche Wörter, Begriffe aus Tier- und Pflanzenkunde, Nautik und Lebensmittelkunde und solche aus regionalen Varianten des Deutschen und Soziolekten wie der Seemannssprache. Die wenigen Neologismen wie »Zichorien-gesang«[37] sind assoziationsreich – die Verbindung von ›Zichorien‹ (als Gemüse und Basis für Ersatzkaffee) und ›Gesang‹ erinnert klanglich an Circes Gesang. Die Nähe zum Heißgetränk wird durch die Erwähnung von »deutschem Tee«[38] unterstrichen, die Nähe zu Circes Insel durch die Thematik der Textvorlage Defoes. Nicht (oder: noch nicht) im Wörterbuch verzeichnete Wörter wie ›Megablut‹ oder ›Puddingarm‹ tauchen häufig in sozialen Netzwerken auf – ›Megablut‹ bezeichnet beispielsweise ein Programm, das Computerspielen hinzugefügt wird, um die visualisierte Blut-menge zu steigern.[39]

Viele der verwendeten nautischen Begriffe wie ›gissen‹[40] sind altertümlich, an-dere wie ›Schattenstift‹[41] bezeichnen historische Phänomene. Begriffe wie ›Bade-gast‹[42] oder ›Backschaft‹[43] dagegen werden in der Seemannssprache noch immer verwendet. Auch Nahrungsmittel bezeichnende Begriffe wie ›Barm‹[44] sind heute nicht mehr gebräuchlich, andere wie ›Cassava‹[45] sind im deutschsprachigen Raum nicht sehr verbreitet. Beyer verwendet auch Regionalismen wie ›begasseln‹[46] oder ›Nettelkönig‹. Begriffe aus Tier- und Pflanzenkunde wie ›Trappen‹ oder ›Florfliege‹ sind nur fachsprachlich gebräuchlich, Begriffe aus der Textilherstellung wie ›Filet-arbeit‹ oder ›Tüllgrund‹ mit den betreffenden Herstellungstechniken aus dem Vo-kabular der meisten Sprecher/innen verschwunden.

Häufig wird dabei ein Netzwerk von Begriffen aus verschiedenen Themenberei-chen hergestellt, in dem sich unbekannte Wörter in das eine oder andere Bedeu-tungsfeld einordnen. In der Szene »Megablut« folgen die Begriffe »Seestücke« und »Schattenstifte« aufeinander, so dass sich eine Verbindung zur Seefahrt ergibt, auch wenn einem letzterer Ausdruck unbekannt ist.[47] Indem der Bezeichnung ›Schatten-stift‹ der Begriff »Matratzenstich« nachgeordnet ist (der Ersterem im Vokalklang gleicht), kann dieser auch mit dem Bereich der Textilherstellung assoziiert werden. Mittels auf semantischer Nähe beruhender Wortreihungen wie ›Barm‹, ›Gest‹ und ›Hefe‹ werden unbekannte Wörter einem Bedeutungsfeld zugeordnet: »GIB MIR DAZU/ EIN BISSCHEN HEFE, GIB/ GEST, SENDE MIR NUR/ EIN WENIG BARM«[48] Durch die Wendung »SENDE MIR NUR/ EIN WENIG BARM«[49] aber

---

37   Beyer/Poppe: *Arbeit Nahrung Wohnung. Studienpartitur* (wie Anm. 34), 131.
38   Ebd., 131.
39   Vgl. z. B.: http://www.nirn.de/forum/index.php/topic,17598.0.html [letzter Zugriff: 28.9. 2017].
40   Beyer: *Arbeit Nahrung Wohnung* (wie Anm. 6), 2.
41   Ebd., 13.
42   Ebd., 3.
43   Ebd., 12.
44   Ebd., 7.
45   Ebd., 9.
46   Ebd., 7.
47   Ebd., 13.
48   Ebd., 7.
49   Ebd.

wird eine Nähe zum klangähnlichen Begriff ›Barmherzigkeit‹ hergestellt, der wahrscheinlich den meisten Leser/innen bzw. Hörer/innen bekannt ist. Der Ausdruck
›Barm‹ changiert so zwischen Küchenvokabular und theologischem Kontext.

Viele der verwendeten Begriffe greifen auf Defoes *Robinson* zurück. Gleich zu Beginn des Librettos wird (wie erwähnt) eine Vielzahl von mit Robinson in Verbindung stehenden Begriffen eingeführt: »Ein Badegast. Der Hals, die Keile./ Robin
ist Rotvogel,/ Rotvogel Robinson./ Kreuznach ist Kreutznaer,/ Kreutznaer muß ein
Kreutzner sein./ Und York ist Hull,/ Dünkirchen Bremerhaven./ Ist ein Romanhaus-
halt«[50]. Der Name von Robinsons Vater »Crusoe« wird bei Defoe vom deutschen
Namen »Kreutznaer« abgeleitet, der in England ›deformiert‹ ausgesprochen werde,
»Robinson« ist der Name der Mutter.[51] Auch der Kosename »Robin« wird bei Defoe
in Verbindung mit Robinsons sprechendem Papagei, der Robinson »Robin Crusoe«
nennt, verwendet.[52] »Bremen«, »Hull« und »York« sind die Wohnorte des Vaters,[53]
»Dunkirk« einer der Schauplätze der Englisch-Spanischen Kriege (1655–1660), in
dem Robinsons Bruder gefallen ist.[54] Im Bewusstsein des deutschsprachigen Opern-
publikums allerdings wird der Ortsname ›Dünkirchen‹ wahrscheinlich stärker mit
der Schlacht von Dünkirchen von 1940 verbunden. Beyers Libretto stellt ein dichtes
Gewebe von Orts- und Eigennamen in verschiedenen (Aus-)Sprachen her, das sich
auf verschiedene Textvorlagen und historische Ereignisse bezieht.

In *Arbeit Nahrung Wohnung* spricht/singt vor allem Robinson in Siebensilbern,
Freitag drückt sich in unregelmäßigeren Versmaßen aus, wobei sein Duktus sich
in der Szene »Volkssprache« an denjenigen Robinsons angleicht.[55] Viele Vierzeiler
sind von Häufungen bestimmter Vokale[56] oder Alliterationen[57] geprägt. Ihre rhyth-
mische Struktur (also die Abfolge von Betonungen und Pausen) ist von Zeilen- und
›Strophensprüngen‹ beherrscht, die aber in der musikalischen Umsetzung häufig
nicht durch Pausen verdeutlicht werden.[58]
   Die Texte werden durch verschiedene musikalische Parameter rhythmisiert.
Einzelne Silben können durch (große) Intervallsprünge,[59] Dynamikänderungen,[60]
Dehnungen,[61] Melismen[62] oder Gestaltungsmittel wie Vibrato[63] betont werden. Die
Beziehung zwischen Textbetonung (des Librettos) und Taktstruktur (der Partitur)
ist dabei keine simple: In »Drohbriefe« ist eine bestimmte Anzahl von Silben pro

---

50   Ebd., 3.
51   Defoe: *Robinson Crusoe* (wie Anm. 16), 1.
52   Ebd., 168.
53   Ebd., 1.
54   Ebd., 2.
55   Beyer: *Arbeit Nahrung Wohnung* (wie Anm. 6), 9.
56   Ebd., 2.
57   Ebd., 3.
58   Z. B. Beyer/Poppe: *IQ* (wie Anm. 26), 35.
59   Ebd., 2.
60   Ebd.
61   Ebd., 9.
62   Ebd., 37.
63   Ebd., 19.

Takt vorgegeben, ohne dass eine genaue Rhythmisierung vorgesehen ist. Die ange-
gebene Taktart richtet sich nicht nach den Silbenzahlen, es können z. B. fünf oder
sechs Silben in 4/4-Takten gesprochen werden, die übliche Textbetonung fällt häufig
nicht auf den Taktanfang.[64] Die Rhythmisierung einzelner Begriffe oder Wortfolgen
kann sich im Laufe der Szenen ändern, häufig werden verschiedene rhythmische
Strukturen am gleichen Wort durchgespielt, z. B. in »Badegast«. »Kreutznaer muß
ein Kreuzner sein« wird vorerst mit (punktierten) Sechzehntelnoten und einer abschließenden Achtelnote rhythmisiert, später mit punktierten Achteln und einer abschließenden Achteltriole.[65]

   Die Variationsbreite an Formen des Sprechens und Singens ist groß, Beyers Texte
werden auf verschiedene Arten umgesetzt: gesprochen ohne Musik,[66] frei rhythmisiert in bestimmten musikalischen Abschnitten,[67] ohne präzise Rhythmisierung auf
bestimmte Takte aufgeteilt[68] und rhythmisiert (aber ohne Tonhöhenangaben);[69] als
›Sprechgesang‹ (»nicht gesungen«[70]), rhythmisiert mit ungefähren Tonhöhenangaben,[71] mit genauen Tonhöhenangaben und ungefährer Rhythmisierung[72] und in
den verschiedensten Gesangsstilen.[73] Der Text kann dabei von einer oder mehreren
Figuren gesprochen oder gesungen werden, deren Stimmen rhythmisch[74] parallel
laufen oder sich voneinander unterscheiden.[75] Sie können ein- oder mehrstimmig[76]
und auch chorisch[77] gesetzt sein.

   Die gesungenen Passagen haben häufig eine komplexe melodische Struktur. Neben großen Intervallen, die häufig Textbetonungen vorgeben, arbeitet Poppe mit
sogenannter ›Mikrotonalität‹ oder ›Mikrointervallik‹[78]. Es wird dabei keine gleichmäßige Teilung der Oktave in zwölf Halbtöne vorgenommen, sondern es werden
kleinere Intervalle verwendet. Dies kann auf verschiedene Arten geschehen, in
»Megablut« beispielsweise verändert sich die Stimmtonhöhe immer wieder.[79]

   Die gesungenen und gesprochenen Texte sind von einer Vielzahl an Instru-
mentalklängen und Geräuschen begleitet, die häufig mit den Themenbereichen des
Librettos (etwa »Nahrungszubereitung«) in Verbindung stehen. In »Megablut« beispielsweise benutzen die Musiker Alltagsobjekte aus den Themenbereichen »Arbeit

---

64   Beyer/Poppe: *Arbeit Nahrung Wohnung. Studienpartitur* (wie Anm. 34), 67–69.
65   Ebd., 12.
66   Ebd., 103
67   Ebd., 2.
68   Ebd., 76.
69   Ebd., 35.
70   Ebd., 151.
71   Ebd., 74.
72   Ebd., 99.
73   Ebd., 124.
74   Ebd., 144.
75   Ebd., 271.
76   Ebd., 131.
77   Ebd., 78.
78   Lukas Haselböck: »Zwischenklänge, Teiltöne, Innenwelten. Mikrotonales und spektrales
     Komponieren«. In: Jörn Peter Hiekel/Christian Utz (Hg.): *Lexikon Neue Musik*. Stuttgart
     u. a. 2016, 103–115, hier: 103.
79   Beyer/Poppe: *Arbeit Nahrung Wohnung. Studienpartitur* (wie Anm. 34), z. B. 205.

Nahrung Wohnung«[80], um Geräusche mit verschiedener Klangqualität und rhythmischer Struktur hervorzubringen.[81]

IQ

Die Oper *IQ* wurde 2012 uraufgeführt und setzt sich mit Testverfahren zur Bestimmung menschlicher Intelligenz auseinander Die Partitur nimmt eine Aufteilung in »Personen« und »Musiker« vor, obwohl alle Beteiligten auf der Bühne agieren.[82] Es sind sechs »Personen« aufgeführt: Der Part der Testerin, die auch Sprechpassagen übernimmt, ist im Altregister gesetzt, derjenige der Testleiterin ist mit einer Sopranistin besetzt, die Rolle der Probandin wird von einer Mezzosopranistin übernommen, diejenige des Probanden von einem Bariton. Ein Assistent spielt Keyboard, der andere Schlagzeug. Das Instrumentalensemble besteht aus zwei Klarinetten (auch Bass- und Kontrabassklarinette), zwei Saxofonen (Alt und Bariton), einem Horn (auch Tenorwagnertuba), einer Trompete, einem Schlagzeug, einem Akkordeon, zwei Geigen, einer Bratsche, einem Cello und einem Kontrabass. Während ein Schlagzeug auf der Bühne positioniert ist, wird das andere im Orchestergraben aufgebaut. Das Orchestergraben-Schlagzeug benötigt neben einigen Standard-Schlaginstrumenten u. a. auch Almglocken, eine Ratsche, einen Waldteufel und einige Alltagsgegenstände wie eine Holzkiste und einen Tontopf. Das auf der Bühne positionierte Schlagzeug benötigt einen Tisch mit Kontaktmikrophonen und Alltagsgegenstände wie Gerümpel, Styroporkisten und Plastikfolie.[83] Außerdem werden elektronische Geräusche erzeugt. Zusätzlich spielen alle Beteiligten außer der Testleiterin und dem/der Akkordeonisten/in auf billigen Gitarren.

Die Oper ist in acht Akte oder ›Testbatterien‹ eingeteilt. Der Aufbau der einzelnen Akte folgt der europäischen Operntradition: Auf instrumentale Einleitungen (die einander z. T. stark ähneln, sich aber von Akt zu Akt verdichten) folgen ›Rezitative‹, in denen der Testablauf häufig erklärt und ›Arien‹, in denen die Testpraxis häufig reflektiert wird. Auch eine solche Aufteilung in ›die Handlung vorantreibende‹ Rezitative und ›reflexive‹ Arien folgt einer europäischen Operntradition. Die Akte münden in ein ›Finale‹, in dem der eigentliche Test durchgeführt wird. Beginn und Ende der einzelnen Tests werden durch Stempel- und Papierstapel-Geräusche markiert,[84] das Ende der Testreihen durch ein Schreddergeräusch.[85] Die Akte beginnen häufig relativ leise und steigern sich dynamisch, die Zahl der Testpersonen nimmt anfangs von Akt zu Akt zu.

Im ersten Akt sollen Proband/innen farbige Holzformen einem Schema zuordnen. Während der zweiten Testbatterie falten sie Papier in eine vorgegebene Anzahl von Feldern. Im dritten Akt werden den Testpersonen mit bunten Plastikbuchsta-

80   Ebd., o. S.
81   Ebd.
82   Hierzu und zum Folgenden: Beyer/Poppe: *IQ* (wie Anm. 26), o. S.
83   Die genaue Auswahl der Gegenstände bleibt den Ausführenden überlassen.
84   Beyer/Poppe: *IQ* (wie Anm. 26), 3.
85   Ebd., 4 und 137.

ben gesetzte Farbwörter gezeigt, die diese vorlesen. Die vierte Testreihe lässt die Proband/innen-Gruppe Ziffern zu Gleichungen aneinanderreihen. Im fünften Akt sollen Tonfolgen nachgespielt werden. Der sechste Test besteht darin, semantische Ähnlichkeiten in einer (absurden) Liste von Wörtern zu erkennen. Die Testerin ist zunächst verwirrt und niedergeschlagen, tröstet sich aber mit der eigenen Akribie. Im siebten Akt wird eine Probandin getestet, es geht wiederum um semantische Ähnlichkeiten. Im achten Akt werden Daten verarbeitet und Testergebnisse generiert, währenddessen spielen drei Musiker/innen an einem Tisch mit Testmaterial Karten. Am Ende freut sich die Probandin über ihre hohe IQ-Zahl, der Proband ist frustriert, das Gitarrenensemble spielt und singt ein ›verstimmtes‹ Schlussstück.[86]

Die Test-Aufgaben sind an Kinderspielen und (IQ-)Tests orientiert. Der ›Ton-Nachspieltest‹ erinnert an das Spiel *Senso*, ein elektronisches Spielzeug mit bunten Tasten, auf denen man gehörte Tonfolgen nachspielt. Einige der namentlich genannten Testverfahren wurden für Schulkinder entwickelt: Der Binet-Simon-Test war Anfang des 20. Jahrhunderts dazu gedacht, Kinder im schulpflichtigen Alter auf ihre Eignung für eine Regelschule zu testen (und die ›ungeeigneten‹ in Sonderschulen unterzubringen),[87] der Hawik IV-Test ist einer der am häufigsten verwendeten IQ-Tests für Kinder.[88] Der Knuspel-Test evaluiert Lesefertigkeiten von Kindern im Grundschulalter und soll dabei eine ›kindgerechte‹ Testatmosphäre herstellen.[89]
    Die Proband/innen fügen sich den Testregeln anfangs, nehmen aber nach und nach eine immer aktivere (und rebellischere) Rolle im Testgeschehen ein. Sie spielen zuerst kleine Soli,[90] bringen dann Melismen auf Antwort-Farbwörtern an und verpassen darüber einzelne Aufgaben.[91] Im fünften Akt kommt es zu einer ausgedehnten Soloeinlage des Trompeters, die den Testablauf unterbricht.[92] Der Proband übernimmt im sechsten Akt eine ›Arie‹, während in den ersten Akten exponierte Gesangspassagen mit der Testerin und der Testleiterin besetzt waren.[93] Seine widerständige Art wird im siebten Akt von der Testleiterin kommentiert: »Betragen ziemlich schlecht«[94], »mit steigender Tendenz«[95]. Im letzten Akt sitzen die Musiker/innen an einem Tisch und spielen Karten, andere beschäftigen sich in Kleingruppen,[96] der Dirigent verschwindet – dem Ensemble kommt die leitende Instanz

86   Ebd., 271–273.
87   Jan Leslie Holtz: *Applied Clinical Neuropsychology. An Introduction.* New York 2011, 180–181.
88   Nicola Döring/Jürgen Bortz: *Forschungsmethoden und Evaluation in den Sozial- und Humanwissenschaften.* Berlin u. a. 2016, 456.
89   Elmar Braehler/Heinz Holling/Detlev Leutner u. a.: *Brickenkamp Handbuch psychologischer und pädagogischer Tests.* Göttingen 2002, 383.
90   Beyer/Poppe: *IQ* (wie Anm. 26), 19.
91   Ebd., 29.
92   Ebd., 69.
93   Ebd., 105.
94   Ebd., 134.
95   Ebd., 135.
96   Ebd., 238.

abhanden.[97] Ein Gitarrenensemble, in dem das Testpersonal keine herausgehobene Stellung hat, beschließt die Oper.

Das Solo des Probanden im sechsten Akt wiederholt einzelne Vokale auf gleichen bzw. absteigenden Tönen (z. B. »lau-au-ausche«[98]) und erinnert damit an eine bekannte Szene aus Purcells *King Arthur* – das Aufsteigen des »Cold Genius« aus der Unterwelt – in der die Tonwiederholungen dessen Frieren und Zittern illustrieren.[99] Das Solo des Probanden ist mit zwei Kontrabassklarinetten[100] und später auch einer Wagnertuba[101] instrumentiert. Die Wagnertuba wurde 1870 für den Opernzyklus *Ring des Nibelungen* entwickelt, in dem sie u. a. in der ›Wallhallmusik‹ erklingt.[102] Tiefe Instrumente und tief gesetzte Musik begleiten in Opern häufig Unterweltsszenen.[103] Die Partitur zu *IQ* arbeitet mit verschiedenen Anklängen an ›Unterweltsmusik‹ der Operntradition. Die Folge von Testreihen wird als ein Herabsteigen in eine düstere, kalte Welt der Intelligenzmessung imaginiert, die aber durch die Widerständigkeit der Proband/innen und deren künstlerische Ausdrucksfähigkeit konterkariert wird.

Auch im Libretto zu *IQ* verwendet Beyer häufig siebensilbige (bzw. vierzehnsilbige) Verse,[104] die in Vierergruppen angeordnet sind. Wie in *Arbeit Nahrung Wohnung* werden die Vierzeiler durch musikalische Parameter wie Tondauer, (große) Intervallsprünge, Dynamikänderungen oder Gestaltungsmittel wie Vibrato rhythmisiert. Die musikalischen Betonungen müssen dabei nicht alltäglichen Textbetonungen folgen. An einigen Stellen kommen relativ einfache rhythmische Schemata wie punktierte Noten zum Einsatz (beispielsweise »Ich *schaue* mir den *Test*schrank *an*«[105]), die meisten Passagen folgen aber komplexeren rhythmischen Figuren. Im vierten Akt setzt Poppe beispielsweise eine Mischung aus Achtelnoten (jambisch oder trochäisch), Triolen und Quintolen ein: »*Kein* Tester [Vierteltriole], *der* nicht *gegen seine* [Achtel] *Schwächen* kämpfen muss [Achtelquintole].« »Ich *weiß*, die *KNUSPEL-Map*pe zieht sie *ein*fach [Achtel] *ma*gisch an [Vierteltriole].«[106]

Während die Mechanik des Testablaufs durch gleichmäßige Achtelnoten illustriert wird, sind Begriffe wie ›Schwäche‹ oder ›magisch‹ durch ihre rhythmische Struktur (und ihre Sprechgeschwindigkeit) hervorgehoben. Einzelne Silben können durch Intervallsprünge betont werden – am Anfang des ersten Aktes beispielsweise

---

97   Ebd., 238.
98   Ebd., 105.
99   Marc Shell: *Talking the Walk and Walking the Talk. A Rhetoric of Rhythm.* New York 2015, 54–55.
100 Beyer/Poppe: *IQ* (wie Anm. 26), 106.
101 Ebd., 107.
102 Emily Freeman Brown: *A Dictionary for the Modern Conductor.* London 2015, 365. Das Instrument wurde im 20. Jahrhundert u. a. in den Filmen *Air Force One* und *Matrix* eingesetzt. ›Wallhall‹ ist in der nordischen Mythologie der Ruheort in der Schlacht gefallener tapferer Soldaten.
103 Siehe z. B. [Louis de Cahusac]/Jean Philippe Rameau: *ZOROASTRE. TRAGEDIE.* Paris 1749, 143–144.
104 Beyer/Poppe: *IQ* (wie Anm. 26), 18.
105 Ebd., 34 (Hervorh. A. K.).
106 Ebd., 35–36 (Hervorh. A. K.).

folgt auf eine absteigende Terz immer wieder eine aufsteigende None, die eine Beto-
nung der auf dieser erklingenden Silbe zur Folge hat: »Blauer *Quader*«, »gelbe *Schei-
be*«, »himmel*blaues* Dreikantprisma« usw.[107] Häufig werden Textbetonungen durch
Dynamikangaben verdeutlicht, so folgt dem Nonensprung jeweils ein Decrescendo.
Die Rhythmik der vertonten Texte ist natürlich auch durch die Tondauer bestimmt.
Im zweiten Akt werden bestimmte Silben stark gedehnt, wodurch sich eine Abfolge
von relativ schnell gesprochenen und lang ausgehaltenen Silben ergibt: »*Einhundert-
achtundzwanzig* ge*teilt* durch zweiunddreißig ergibt *vier*«[108]. Eine lange Tondauer
kann auch hergestellt werden, indem auf einer Silbe mehrere Töne gesungen werden.
Solche Melismen begleiten in der Musik des 17. und 18. Jahrhunderts häufig besonders bedeutungsträchtige Wörter und werden von Enno Poppe u. a. im vierten
Akt von *IQ* eingesetzt: »Mir *ist* durchaus be*wußt: Nie*mand könnte von sich *sagen*,/
daß *er* in seinem *Team* eine derart a*kri*bische,/ eine derart begnadete, ich über*treibe*
nicht,/ eine *Top- Edel- Vollbluttesterin* wie *meine* hat.«[109] Auf ›akribisch‹ wird ein
langes Melisma angebracht, das mit seinen Vierteltonintervallen und differenzierten
Rhythmen die Akribie der Testleiterin (bzw. der Testerin) unterstreicht, und auch
einen selbstironischen Kommentar zur hyperexakten Notation der Neuen Musik
darstellt. Texte werden selbstverständlich auch durch die Setzung von Pausen rhythmisiert (wie in der gerade zitierten Passage).[110] Durch die Kombination all dieser
Gestaltungsmittel entsteht ein komplexes Gefüge von Lautstärke, Geschwindigkeit,
Tonhöhe und Rhythmus. Die musikalische Gestaltung ist dabei an Rhythmizität und
Lautlichkeit des Textes orientiert, gibt diese aber nicht eins zu eins wieder.

Wie in *Arbeit Nahrung Wohnung* wird der Text in verschiedener Weise in Beziehung zur Musik gesetzt. Es finden sich in *IQ* sowohl gesprochene Texte,[111] als
auch rhythmisierte Sprechtexte ohne Tonhöhenangabe,[112] rhythmisierte Texte mit
ungefähren Tonhöhenangaben[113] und gesungene Texte in verschiedensten Stilen.
Diese sind mit Begriffen aus der europäischen Opern- und Operettentradition wie
»parlando«,[114] »soubrettenhaft«,[115] und »mit Operetten-Vibrato«[116] bezeichnet. Daneben werden auch Begriffe aus anderen Gesangstraditionen wie »Jazz-vocals«,[117]
»volksliedhaft«[118] und »Popstimme«[119] eingesetzt. Die Gesangspassagen sind ein-
oder mehrstimmig gesetzt und einer/m oder mehreren Sprecher/innen zugeordnet. *IQ* benützt bei mehrstimmigen Passagen mitunter eine Technik aus der Opera

---

107 Ebd., 2 (Hervorh. A. K.).
108 Ebd., 9.
109 Ebd., 37 (Hervorh. A. K.).
110 Ebd., 19.
111 Ebd., 104.
112 Ebd., 35.
113 Ebd., 157.
114 Ebd., 9.
115 Ebd., 189.
116 Ebd., 193.
117 Ebd., 152.
118 Ebd.
119 Ebd., 154.

buffa, die verschiedenen Stimmen unterschiedliche Texte unterlegt.[120] Diese haben verschiedene Aussagen, teilen aber klangliche Merkmale. Im siebten Akt singt die Probandin beispielsweise »Hier mangelt es mir offenbar an Geschick«, während die Testleiterin ihr zu verstehen gibt: »besinnen Sie sich einfach auf die Testlogik«[121]. Durch die Vielzahl an Sprech- und Gesangsformen entsteht eine große Variationsbreite an Klangfarben, die Übergänge zwischen verschiedenen Musiktheaterformen, zwischen Singen und Sprechen und zwischen Stimme, Instrumentalklang und Geräusch verwischt.

IQ endet mit einem relativ einfach gesetzten Gitarren- und Gesangsensemble, das aber »irgendwie verstimmt« und »unscharf intoniert« klingt:[122] »Wir müssen auf das Ungedachte schauen/ und mit ein wenig Übung die Gedanken/ auf einen fernliegenden Punkt hinlenken,/ um die gewohnten Bahnen zu verlassen.«[123] Die Gitarren der Musiker/innen sind jeweils um einen Zwölfteltton gegeneinander verstimmt und werden für die letzte Szene nicht nachgestimmt.[124]

Die Kombination aus mikrotonalen Verschiebungen und einfachem tonalem Satz wirkt offenbar verstörend: Im Feuilleton der *Neuen Zürcher Zeitung* beispielsweise wird angemerkt, die verstimmten Gitarren hätten zu »merklicher Verstimmung« des Publikums geführt,[125] auf *opernnetz.de* ist von einer »nicht enden wollenden Hörerfahrung«[126] die Rede. Was lässt die Zuschauer/innen (bzw. die Musikkritiker/innen), die einen ganzen Opernabend lang Beyers poetischen und manchmal hermetischen Texten und Poppes hochkomplexen Rhythmen, melodischen und harmonischen Strukturen gelauscht haben, an einer einfachen Melodie und Textaussage verzweifeln? Der Kunstgriff der Zwölfteltonverschiebungen scheint jedenfalls sein Ziel zu erreichen, grundlegende Hörerfahrungen des Publikums zu verunsichern. Der Schlusschor von *IQ* kann als programmatisch für Beyers Libretti und Poppes Opernpartituren gelesen werden – er verunsichert durch die Verwendung bekannter Formen und Motive und leichter Verschiebungen ihrer rhythmischen und klanglichen Qualität antrainierte Wahrnehmungsmuster und öffnet damit (im Idealfall) den Blick auf hinter diesen liegende Zusammenhänge.

---

120 Z. B. in Mozarts *Così fan tutte*; vgl. Wolfgang Amadeus Mozart/[Lorenzo da Ponte]: *Così fan tutte*. Paris 1840, 258.

121 Beyer/Poppe: *IQ* (wie Anm. 26), 204–206.

122 Otto Paul Burkhardt: »Ich will vermessen sein«. In: *Neue Zeitschrift für Musik* 173/4 (2012), 74–75, hier: 74.

123 Beyer/Poppe: *IQ* (wie Anm. 26), 271–273.

124 Ebd., o. S.

125 N. N.: »Ich will vermessen sein«. In: *Neue Zürcher Zeitung*, 30.4.2012: https://www.nzz.ch/feuilleton/buehne/ich-will-vermessen-sein-1.16677440 [letzter Zugriff: 2.11.2017].

126 Egon Bezold: »Variationen über Intelligenz«. In: *Opernnetz. Zeitschrift für Musiktheater und Oper* (o. J.): http://www.opernnetz.de/Alt/seiten/rezensionen/sch_iq_bez_120427.htm [letzter Zugriff: 28.9.2017].

Nachsatz: Lesen Sie Libretti!

»Beyers wunderlich gesetzte Worte – Fundgruben etymologischer Schätze, Haken schlagende Eingebungen zu allen Bereichen, die einen Robinson belangen mögen – gehen in Poppes britzelig zerstäubender Musik unter, werden ins Unverständliche hineinvertont«[127], schreibt Christiane Tewinkel im *Tagesspiegel* über eine Aufführung von *Arbeit Nahrung Wohnung*. Auch andere Kritiker/innen bemerken, dass in Aufführungen viele Textpassagen unverständlich blieben.[128]

Wenn eine solche Kritik auch bis zu einem gewissen Grad berechtigt und der Oper seit dem 19. Jahrhundert mitunter das Ideal der Textverständlichkeit abhanden kommt, muss auf der anderen Seite gefragt werden, inwieweit in Opernaufführungen jedes Wort ›verständlich‹ sein muss. Wenn ein Libretto wie *Arbeit Nahrung Wohnung* so grundlegend auf der klanglichen und rhythmischen Struktur von Text beruht, dann ist es entscheidender, ob die klanglichen und rhythmischen Wechselwirkungen zwischen Musik und Text wahrgenommen werden.

Wenn also die Textverständlichkeit sicher durch kompositorische, gesangs- und bühnentechnische Mittel verbessert werden könnte, so bleibt doch der Wunsch, in Opernaufführungen jede Silbe verstehen zu wollen, ein nie erreichtes Ideal. Vielleicht sollten sich Musiktheater-Schaffende und Musiktheater-Publikum vielmehr auf den historischen Umgang mit Opernlibretti besinnen und nicht nur den vollständigen Text in Programmheften abdrucken, sondern diesen auch *lesen* – vor, während und nach der Opernaufführung. So könnten sie der Klanglichkeit der Texte nachspüren und ihre musikalische Umsetzung nachklingen lassen. Libretti sind nicht nur Teil eines Bühnenwerkes, sondern auch Texte, die es wert sind, gelesen zu werden.

---

127 Christiane Tewinkel: »Bärtiges Blau. Enno Poppe, Marcel Beyer im Magazin der Staatsoper«. In: *Der Tagesspiegel*, 30.4.2008: http://www.tagesspiegel.de/kultur/baertiges-blau/1223280.html [letzter Zugriff: 28.9.2017].
128 Vgl. etwa Burkhardt: »Ich will vermessen sein« (wie Anm. 122) oder Laszlo Molnar: »Lieber wieder auf die Insel«. In: *klassikinfo.de* (2008): http://www.klassikinfo.de/Biennale-08-Poppe.464.0.html [letzter Zugriff: 28.9.2017].

Werkstattgespräch

»Was kann die Literatur, was andere Künste nicht können?« Marcel Beyer im Gespräch mit Christian Klein

per Email zwischen März und August 2017

Lieber Christian,
jetzt bin ich von der Leipziger Buchmesse zurück und habe das erste Exemplar von *Das blindgeweinte Jahrhundert* mit nach Hause gebracht. Seit einiger Zeit frage ich mich, was das eigentlich für Texte sind, die ich seit meinem letzten Roman mit Vorliebe schreibe, und zugleich, warum es mich in den Jahren seit *Kaltenburg*, der 2008, also vor nun auch schon neun Jahren, erschien, immer nur wieder punktweise reizt, etwas zu schreiben, das wir Roman nennen. Das heißt, genauer, beim Schreiben selbst frage ich mich das nicht, aber nach der Veröffentlichung werden mir diese beiden Fragen immer wieder gestellt – vielleicht handelt es sich also am Ende auch nur um eine einzige? Ich schreibe Essays, so die Hilfsbezeichnung, aber doch Essays, die auf fiktionale Momente nicht nur nicht verzichten, sondern deren Dreh- und Angelpunkte Kippmomente zwischen Realitätswahrnehmung und Fiktion sind. Sind es also vielmehr Erzählungen? Aber ein Kapitel wie »Flamme und Asche«, in dem ich unzweifelhaft eine kurze Erzählung sehe, die ich in *Das blindgeweinte Jahrhundert* als einzigen durch und durch fiktionalen Text aufgenommen habe, beruht in allem, was darin ›erzählt‹ wird, auf ›Fakten‹, auf Reportagen über den Sturz von Dominique Strauss-Kahn an jenem für ihn verhängnisvollen 14. Mai 2011, auf der Auswertung von GPS-Signalen seiner Mobiltelefone, auf Videoüberwachungsbildern und so weiter. Ja, es war gerade diese Überfülle an ›harten Fakten‹, die im Zusammenhang mit dem Vergewaltigungsvorwurf an die Öffentlichkeit gelangten, die mich dazu brachte, schreibend darüber nachzudenken, ob jener ganz reale, mit enormen realen Folgen verbundene Vormittag in New York mit fiktionalen Momenten durchsetzt war, ob womöglich die Geschehnisse nur vor dem Hintergrund ablaufen konnten, dass hier jemand in einer ›Fiktion‹ lebt, also in seiner Selbstüberschätzung als mächtiger Mann jeglicher Fähigkeit beraubt ist, den eigenen Sturz auch nur zu imaginieren.

Solche Fragen habe ich nun bei den ersten Lesungen noch vor Erscheinen des Buches zu umreißen versucht, um meinen Antrieb beim Schreiben zu erklären. Und glaub mir, noch jedesmal kam nachher jemand aus dem Publikum auf mich zu und fragte mit Blick auf *Das blindgeweinte Jahrhundert* sehr interessiert: »Und wann genau erscheint nun ihr neuer Roman?«

Was mache ich da, da ich mir ja selbst nicht über die Textform klar bin und es auch für ein zu großes Schlupfloch hielte, nun zu Begriffen wie ›Faction‹ oder ›Dokufiktion‹ Zuflucht zu nehmen?

Lieber Marcel,
selten waren ja die Fragen nach den Grenzen zwischen Fakt und Fiktion, nach den Graubereichen und Mischformen so virulent wie heute. Wir reden doch deswegen so viel vom ›Postfaktischen‹, weil jene ›Kippmomente‹ zwischen Realität und Fiktion, die Du als Ausgangspunkte Deiner Texte beschreibst, zunehmend in solchen

Lebensbereichen Präsenz gewinnen, von denen man bisher meinte, dass für sie eher klare Grenzsetzungen konstitutiv seien (wie etwa in der Politik) und dass dort zumindest die Akzeptanz der Sinnhaftigkeit einer Unterscheidung von Realität und Fiktion eine wichtige kommunikative Voraussetzung sei.

In der Literatur verhält es sich freilich anders, denn die Literatur spielt doch schon immer mit und changiert zwischen Fakt und Fiktion, verarbeitet Realitätsfragmente in fiktionalen Geschichten. Der Unterschied ist aber ja, dass die Literatur einen ganz spezifischen Kommunikationsmodus pflegt, denn die Autoren präsentieren den Lesern Geschichten, die nur im Rahmen der Lektüre ihre Realität behaupten. So ›real‹ das Geschehen im Moment des Lesens auch sein mag, in dem Moment, in dem man das Buch zuklappt, taucht man aus seiner temporären und subjektiven ›Parallelrealität‹ auf und begibt sich in das, was ›intersubjektiv‹ und ›dauerhaft‹ als Wirklichkeit akzeptiert wird (wenn auch anscheinend zunehmend weniger ›intersubjektiv‹ und weniger ›dauerhaft‹). Den Reiz der Literatur macht aber ja gerade aus, dass es sich um eine markierte und zeitlich begrenzte Kommunikation im Raum des Möglichen handelt – die Literatur scheint hier ein ganz spezifisches Erleben zu ermöglichen.

Daran musste ich denken, als Du die immer wiederkehrenden Fragen nach Deinem nächsten »Roman« erwähnt hast. Denn in ihnen artikuliert sich doch – lässt man einmal die Tatsache beiseite, dass der Roman im Kulturbetrieb ja nach wie vor als ›Königsform‹ gilt – auch ein besonderes Bedürfnis, eine Sehnsucht der Leser nach dem ganz Eigenen des Romans, oder? Was könnte das sein? Und vielleicht korrespondiert mit dieser Sehnsucht auf Leserseite irgendwie das, was Du als ›Reiz‹ zum Romanschreiben bezeichnet hast auf Autorenseite? Und trifft denn nicht das, was Du als Spezifikum Deiner Texte seit *Kaltenburg* beschreibst, dieses Spiel von Fakten und Fiktion auch auf Deine Romane zu? Oder würdest Du sagen, dass es da – jenseits der Textlänge – einen kategorischen Unterschied gibt?

Lieber Christian,
als hättest Du etwas geahnt, bringst Du das ›Postfaktische‹ ins Spiel – am Samstag habe ich auf der Messe in Leipzig nicht nur mein Buch zum erstenmal ›faktisch‹ in der Hand gehalten, ich habe auch an einem Fernsehgespräch über die »Literatur im postfaktischen Zeitalter« teilgenommen. Wie noch jedesmal hat mich daran fasziniert, dass Medien durchaus Faktisches und Postfaktisches, Wahrheit und Lüge, oder, wie man früher einmal sagte: Schein und Sein thematisieren können, aber trotz aller Anstrengung und ›Aufrichtigkeit‹ nichts weiter ermöglichen, als das Faktische zu beschwören, es anzurufen – um an das ›Sein‹ zu appellieren, musst du, so die Eigengesetzlichkeit von Medien, in die Sphäre des ›Scheins‹ eintauchen. Du bist im Fernsehen: Du bist eine Fernsehfigur.

Nachher war ich dann, wie immer, wenn man versucht, sich auf ein Gespräch einzulassen, anstatt bloß Statements in die Kamera zu ballern, einigermaßen bekümmert, weil ich, als es hieß, ›postfaktisch‹ sei nichts weiter als ein Euphemismus für ›Lüge‹, zwar ein Unbehagen empfand, ohne jedoch in der Lage zu sein, dieses Unbehagen so rasch zu formulieren, oder: zu umkreisen, einzukreisen. Denn das Herumreiten auf dem Antagonismus von Wahrheit und Lüge bringt ja nur die Sehnsucht nach dem ewigen Kindergottesdienst zum Ausdruck: Der Pfarrer verkündet die Wahrheit, warnt uns vor der Lüge, dann fassen wir uns an den Händen, singen noch mal »Danke für meine Arbeitsstelle«, und danach geht es frisch und mit klarem Blick in die kommende Woche, die uns mit viel Schein vom Sein ablenken will – blablabla. Das ist sooo Siebziger – verbrenn' deinen Fernseher und du wirst in der Wahrheit leben. Dennoch musst du den Fernseher ja aber laufen lassen, damit du es auch mitbekommst, wenn die Wahrheit gesendet wird. Ein klares Plädoyer für den Zweitfernseher, würde ich sagen. Oder: alles Kappes.

Fernsehen, als Medium, lebt davon, das Medium Fernsehen selbst zu negieren, oder: als blinden Fleck zu inszenieren. »Wie Medien berichten«, berichtet ein Medium, das sich damit, ein Routine-, ein Reflexsignal, außerhalb der Mediensphäre verortet. Denn sonst könnte es ja nicht für sich in Anspruch nehmen, auf der Seite des ›Faktischen‹ zu senden. Na, und in dieser Sphäre befanden wir uns also, als wir zugleich auf der Buchmesse und im Fernsehen waren am Samstag. Lustig, aber auch anstrengend. Zumindest hoffe ich, dass wir authentisch rübergekommen sind.

Das war jetzt ein langer Anfang – aber mich, den Fernsehjunkie, der keinen Fernseher besitzt, interessiert das wahnsinnig (merke ich, zu meiner Verwunderung: ist doch längst erledigter Achtziger-Kram), zumal dieser Antagonismus samt der ihn vermeintlich aushebelnden rhetorischen Signale eine genuin literarische Angelegenheit ist, heute knapp und brutal in der aus zwei Kolumnen bestehenden Bestsellerliste gespiegelt: links ›Belletristik‹, rechts ›Sachbuch‹. Doch während es immer mehr Sachbücher, also nicht-fiktionale Werke, auf die Belletristikliste schaffen, warte ich immer noch gebannt darauf, dass einmal ein Buch mit der Gattungsangabe ›Roman‹ die Sachbuchbestsellerliste stürmt.

›Postfaktisch‹ allerdings bedeutet ja etwas anderes als ›Lüge‹: Ich lüge, um mit Hilfe einer falschen Behauptung meinen Kopf aus der Schlinge zu ziehen (»frühestens im September von der Lügensoftware erfahren«), im ›Postfaktischen‹ dagegen steckt die Richtung, die Absicht, Wirklichkeitsannahmen zu schaffen, die wiederum das Handeln beeinflussen (»man muss endlich etwas dagegen tun«). Und hier hast Du selbstverständlich recht, die Literatur, und insbesondere der Roman, da er als ›Roman‹ auch etikettiert ist, als Werk der Fiktion, signalisiert nicht nur ausdrücklich, dass sie zwar womöglich ›falsche Tatsachen‹ präsentiert, darum aber keineswegs zu falschen Wirklichkeitsannahmen anregen will. Stärker noch als die lektürelenkende Etikettierung wirkt der Pakt, den Leser und Autor schließen, oder: den der Leser mit dem Buch schließt. Insofern kann ich mich natürlich freuen, wenn jemand nach der Lesung fragt, wann mein »neuer Roman« denn nun erscheine – offenbar ist es dann meinem Text ›gelungen‹, diesen Pakt mit dem Leser zu schließen, obwohl *Das blindgeweinte Jahrhundert* ganz entschieden zwischen den Sphären angesiedelt ist, wechselt, oder: vermittelt.

Ja, darauf vertraue ich. Vertraue darauf so weit, dass ich meinen der nicht-fiktionalen Sphäre zuzuordnenden Büchern Gattungsangaben, Untertitel wie »Acht Recherchen« und nun, bei *Das blindgeweinte Jahrhundert*, »Bild und Ton« gebe (die zwei medialen Sphären, von denen im Text ausführlich die Rede ist, ohne dass sie selbst einen Platz darin hätten – in Form von Abbildungen zum Beispiel), oder gar ein Buch *Nonfiction* nenne, was ja, so ausdrücklich zum Haupttitel gemacht, schon wieder Misstrauen wecken dürfte.

Kategorialer Unterschied beim Arbeiten mit Fakten (sagen wir: mit Material, das zweifellos einer außerliterarischen Sphäre zuzuordnen ist – Ereignisse und Gestalten, die nur in zweiter Linie im Feuilleton, in erster Linie aber im Politik-, im Wirtschafts- oder im Gesellschaftsressort der Zeitung auftauchen) und Fiktion: Nein, stimmt, den sehe ich, glaube ich, nicht, je nachdem, ob ich an einem Roman oder an einem Essay schreibe. Aber den Pakt zwischen Leser und Text betrachte ich, wie Du auch sagst, eben als so fest und gewissermaßen über meinen Kopf hinweg geschlossen, dass ich mich beim Romanschreiben in einem geschützten Bereich sehe, in einem Bereich, über den jenseits der Lektüre, im sozialen Umgang, schnell und unmissverständlich Einigkeit zu erzielen ist: Aha, stimmt, es handelt sich ja um einen Roman.

Vor dem Hintergrund dieser Arbeit in einem geschützten Bereich funktioniert dann das Spiel des Verwischens der Grenzen anders. Die Spielregeln sind andere, wo die Glaubwürdigkeitsregeln andere sind. Der Roman – seine Figuren etc. – müssen nach ›Romanregeln‹ (Eigengesetzlichkeit der Medien) schlüssig sein, nicht aber ›wahr‹. Hier wäre dann, Stichwort Kindergottesdienst, schon mal eine kleine Bücherverbrennung fällig, wie zuletzt auf den Niederkasseler Rheinwiesen im schönen Düsseldorf, Oktober 1965.

Wenn aus der Romanlektüre heraus, fiktionale Momente zu Wirklichkeitsannahmen führen, vertraue ich darauf, ›die Sache im Griff zu haben‹, also sehr genau zu wissen, was ich da sprachlich unternehme (Satzbau, Arbeit mit dem Konjunktiv), um in einem Zusammenhang zahlloser Fiktionalitätssignale auf ein Detail zuzusteuern, mit dem der Text der Lesersehnsucht nach einem Anker jenseits der Fiktionalität entgegenkommt. Der Effekt war bislang stets amüsant, aber nicht gefährlich: Ein Tontechniker (Medienmensch!) spricht im Hygiene-Museum von jenem geheimen Schallarchiv, das 1992 dort im Keller entdeckt worden sei. Wobei er, oder: seine Imagination, interessanterweise ausblendet, dass in *Flughunde* keineswegs von einem Schallarchiv unter dem Hygiene-Museum die Rede ist, sondern lediglich von einem unterirdischen Gang, der das Museum mit dem Schallarchiv unter dem städtischen Waisenhaus verbindet. Hinzu kommt: Ein städtisches Waisenhaus gab es 1992 in Dresden überhaupt nicht, ich habe seinerzeit einfach eine Verbindung vom Hygiene-Museum zur nahegelegenen Waisenhausstraße gezogen, die ich auf meinem wohl im Sommer 1991 beim ersten Besuch in der Stadt mitgenommenen Stadtplan gefunden hatte. Und rate, warum ich damals in Dresden war, mit wem ich in Dresden war: Fernsehen!

Lachen musste ich auch, als eine Mitarbeiterin der Ornithologischen Sammlung hier in Dresden, die erst kürzlich ihre Stelle angetreten hatte, beruhigt war, da ich ihr von *Kaltenburg* erzählte, weil sie endlich einen verwirrenden Anruf einordnen konnte: Jemand hatte wissen wollen, ob sich denn Ludwig Kaltenburgs Balgsammlung tatsächlich unter den vogelkundlichen Beständen des hiesigen Museums befinde – offenbar ohne darauf hinzuweisen, dass er diese ›Behauptung‹ einem Roman entnommen hatte.

Parallelrealität Roman: Vielleicht stellt ja, kommt mir jetzt in den Sinn, für Westdeutsche der ihnen ohnehin nur aus Büchern und aus dem Fernsehen bekannte Osten Deutschlands genau eine solche Parallelrealität dar, eine Romanwelt, in der – weiß man's? – die merkwürdigsten Dinge möglich sind, aus der man sich aber zum

Glück wieder zurückziehen kann, einfach indem man das Buch zuklappt oder den Fernseher ausschaltet.

Das könnte dann allerdings eine Welt sein, nach der man sich – Medienopfer und der Reizüberflutung schutzlos ausgesetzt – sehnt: Dieser Osten, der, das zeigt ja der fade, seit gefühlten Jahrhunderten wiederholte, die Fakten rundweg ignorierende Spruch vom ›Tal der Ahnungslosen‹ (nirgendwo wurde so intensiv Deutschlandfunk gehört wie hier), dieser Osten also, der nicht nur das Kernland der Reformation (Wort und Wahrheit!) darstellt, sondern passenderweise auch noch von Medien und ihrer Eigengesetzlichkeit völlig unberührt geblieben ist, wie man immer dann erleben kann, wenn irgendwelche Pegidaleute authentisch in die Fernsehkamera brüllen (völlig unbekümmert darum, ob sie ein gutes Bild abgeben), oder, im Grunde noch besser, den Fernseh- und Rundfunkleuten ihre Werkzeuge aus der Hand schlagen.

Lieber Marcel,
weil Du das Fernsehen ins Spiel bringst, drängt sich natürlich eine Frage zur Relevanz der Medien auf, denn sie spielen in Deinen Texten ja oft eine wesentliche Rolle, wobei das Fernsehen und der Film aber nicht so entscheidend zu sein scheinen. Oder täuscht der Eindruck, dass es neben Tonaufnahmen vor allem immer wieder Photos sind, die in Deinen Texten zentral sind? Was ist es denn eigentlich, das Dich an der Photographie so fasziniert? Bist Du denn auch persönlich ein passionierter Photograph?

Lieber Christian,
nein, ich bin alles andere als ein passionierter Photograph. Früher habe ich auf Reisen manchmal solch eine Wegwerfkamera mitgenommen, wie man sie im Drogeriemarkt kaufen konnte – vierundzwanzig Bilder, und zum Entwickeln wurde das Gehäuse aufgeknackt und entsorgt. Im Sommer 1991 zum Beispiel, beim ersten Besuch in Dresden als Anhang eines WDR-Teams, das hier eine Szene für den Film *Faustschnauze* drehen wollte. Da waren wir im Hygiene-Museum, hatten Zugang zur Sammlung im Keller, und weil für die Fernsehaufnahmen alles gut ausgeleuchtet wurde, konnte ich mit der kleinen Kiste draufhalten und Bilder machen, die mir dann bei der Szene in *Flughunde*, in der Hermann Karnau sich im Hygiene-Museum verläuft, als Gedächtnisstütze dienten.

Meist jedoch sind die Bilder, die ich knipse, entweder verwackelt oder unterbelichtet, und so gut wie nie erkenne ich nachher, was genau ich eigentlich habe photographieren wollen. Insofern verlasse ich mich meist auf Erinnerungsbilder, auch wenn ich weiß, dass die Erinnerung nicht abbildet, sondern nach eigenen Gesetzmäßigkeiten und Bedürfnissen eigene Bilder schafft. Oder ich nehme mir eben Photos anderer Photographen vor, bei denen ich ebenso wenig weiß, was genau der Photograph hat einfangen wollen – in der Betrachtung wird dann die Imagination in Gang gesetzt, oder: ausgelöst, und ich nehme irgendein – vermeintlich – unbedeutendes Detail in den Fokus. Dieses Schreiben nach oder mit Photographien bedeutet ja, sich einbilden zu können, man beschreibe einen Anblick das erste Mal, beschreibe ihn als Erster – das ist ein ganz anderes Arbeiten, als wenn man von einem Text ausgeht, etwa einem Zeitungsartikel, der einem als recherchiertes Material vorliegt. Man stellt nicht Sprache neben Sprache, sondern Sprache neben Bild, und so vollzieht man eine Blickbewegung – als sei die Figur, oder eben dieses ominöse ›Ich‹, das durch den Text führt, selbst Beobachter der Szenerie. In Fukushima hatte ich dann aber doch eine kleine Kamera dabei – wohl vorausschauend eingepackt, weil sie half, ein wenig Distanz zwischen mich und die Szenerie zu bringen.

Sonst überlasse ich das Photographieren den Photographen. Ich bin so auf Sprache, aufs Schreiben fixiert, dass Bilder nur danebengehen können. Um so interessanter, anregender ist es, zu beobachten, wie Photographen, Kameraleute, Maler, Musiker, also Profis auf ihrem jeweiligen Gebiet, mit ihrem je eigenen Medium, mit ihrem je eigenen Werkzeug umgehen. Das schärft den Blick wiederum auf die eigene Arbeit, das eigene Medium, die Schrift. In einer bestimmten Lebensphase, mit dreizehn, vierzehn Jahren probiert man ja alles Mögliche aus: Malen, Photographieren, Schreiben, Musikmachen. Mir ging es damals so, dass genau dies eine, das Schreiben, übrig blieb, während es mir in anderen Bereichen an Fleiß, an Disziplin und so weiter mangelte. Exzessives Arbeiten und Herumprobieren – und natürlich das dazugehörige ›Selbststudium‹ in Form ausgiebiger Lektüre – erschien mir, was das Schreiben anging, als verlockend, war mit fortwährenden Entdeckungen verbunden. In der Photo-AG in der Schule dagegen hatte ich irgendwann die Nase voll davon, dass die Entwicklerflüssigkeit verkam oder was auch immer – für das Schreiben brauchte es keinerlei technische Hilfsmittel, am Ende ja nicht einmal Stift und Papier, weil man auch im Kopf schreiben kann.

Die unablässige Schärfung des Blicks für das eigene Medium, die ständig präsente Frage: Was kann die Literatur, was andere Künste nicht können, wäre aber wohl kaum eine so selbstverständliche Begleiterscheinung des Schreibens geworden (und sie äußert sich ja auch wieder selbst im Schreiben – von Essays), wenn das Aufwachsen im Rheinland in den siebziger Jahren nicht bedeutet hätte, dass man ebenso unablässig von Kunst und Musik und, wie man sie damals noch nannte, den Massenmedien umgeben gewesen wäre. Im Köln-Düsseldorfer Raum war man, ob man es wollte oder nicht, von so vielen interessanten Dingen umgeben, man stieß, wohin man auch schaute und horchte, überall auf Kunst, die ihrerseits fragte, was Kunst überhaupt sei. Beim WDR gab es das Studio Akustische Kunst, John Cage machte Hörspiele, Ernst Jandl und Friederike Mayröcker drehten einen Film im Auftrag des WDR-Fernsehens, es wurde heftig über die Arbeiten von Joseph Beuys diskutiert, in den Museumsshops konnte man Schallplatten von bildenden Künstlern kaufen, die Musikszene war eng mit der Kunstszene verzahnt – wenn man in diesem Umfeld auf die Idee kam, ausgerechnet Gedichte zu schreiben, war man Nutznießer einer großen Freiheit, und zugleich war man aufgefordert, sich gute Argumente für das Schreiben von Gedichten zu erarbeiten. Denn von Gedichten, das versteht sich von selbst, sprach im Grunde kein Mensch. Das konnte man leicht überprüfen, etwa indem man bei einer Ausstellungseröffnung Gedichte vorlas – und das Vernissagenpublikum einfach weiterquatschte. Vielleicht hängt es auch damit zusammen, kommt mir nun in den Sinn, dass jemand wie Thomas Kling früh die Zusammenarbeit mit Musikern suchte: Er, der in der Kunstwelt zu Hause war, wusste eben, wie man erst einmal die Aufmerksamkeit weckt, und sei es durch Lautstärke, um dann mit ungeheurem Gespür für Dynamik weitermachen zu können, ohne dass man das Publikum wieder verliert.

Fernsehen und Film: Doch, sie sind sehr wichtig für mich – zunächst einmal einfach, weil man mit ihrer Hilfe über Literatur nachdenken kann. Einmal abgesehen davon, dass ich in den letzten Jahren gerne ab und zu Fernsehfiguren durch meine Texte huschen lasse, von denen man ja gar nicht zu sagen wüsste, ob sie nun Fakt oder Fake sind, also wen man da eigentlich beobachtet, einen realen Menschen oder eine fiktionale Figur, interessiert mich – wie alle Schriftsteller seit Erfindung des Films – die Frage, wie man Szenen fasst, wie man einen Erzählkosmos entwerfen kann, dessen Dramaturgie jenseits der Dramaturgie anderer Textsorten liegt. Satz und Satz und Satz – eins folgt aus dem anderen, damit bewegt man sich parallel zum Diskursiven. Satz, Satz, Fragezeichen, Satz, Schwarzbild samt Geräusch, Satz, Texttafel, Satz – damit verschafft man, im übertragenen Sinne natürlich, dem einzelnen optischen Eindruck größeren Raum. Wenn eine Abfolge solcher optischer Eindrücke im literarischen Text dann unvermittelt in eine Abfolge von Satz und Satz und Satz mündet, kann das sehr befreiend wirken. Und zusätzlich lustig: All dies lernt man natürlich nicht, indem man einfach Filme anschaut, sondern man lernt es wieder, indem man Texte liest, die in der diskursiven Sphäre angesiedelt sind – von den russischen Literatur- und Filmwissenschaftlern, die vor hundert Jahren zunächst die These »Text ist Text, ganz gleich ob Literatur, Bild oder Film, schlicht, weil sie alle über Struktur verfügen« entwickelt haben, um von dort aus die je eigenen Verfahrens- und Wirkungsweisen in den Künsten herauszuarbeiten. Einer meiner Lieblingsschriftsteller ist ja Viktor Schklowski – wie er erzählt, wie er Szene und Reflexion nebeneinanderstellt, wie er Erinnerung und Wahrnehmungsstrecke kombiniert, ist bis heute atemberaubend. Die Literaturkritik nennt das dann ›assoziativ‹, als sei dem Autor halt gestern dies, morgen das eingefallen. Dabei wird vielmehr ein Netz gesponnen, und dies auf Grundlage einer Kulturtechnik, die nicht anders ablaufen kann als ›am Faden‹, von A nach B, von links nach rechts, und so immer weiter: Lesen.

Lieber Marcel,
noch einmal zurück zur Fernsehfigur Trump: Je mehr ich darüber nachdenke, desto unpräziser finde ich den Begriff ›postfaktisch‹, der ja darauf abzielt, dass die Zeiten der Trennung zwischen Fakt und Fiktion vorbei seien (unabhängig davon, ob man nun meint, sie seien es oder nicht). Denn gerade die Unterscheidung wird von den Protagonisten der ›postfaktischen Bewegung‹ ja gar nicht in Frage gestellt – im Gegenteil. »Fake« ist eines der Lieblingsworte von Trump, der immer besonders nachhaltig darauf pocht, dass es Unwahrheiten gibt (die die anderen verbreiten) und die Wahrheit (die er gepachtet hat). Und auch dass er so häufige Bekräftigungen wie »It's true« oder »Believe me« verwendet scheint mir auf eine andere Spur zu führen: Hier geht es nicht um die Auflösung der Grenze, sondern zunächst um die Etablierung einer ›anderen‹ Wirklichkeit (»alternative Fakten«), die sich in der Konsequenz dann als ›echte‹ Wirklichkeit durchsetzen soll – als ›real Reality‹ sozusagen (Trumps Twitter-Account läuft ja programmatisch unter »realDonaldTrump«). Das Ganze wäre dann vielleicht eher ›neufaktisch‹ als ›postfaktisch‹ zu nennen. Und dass gerade die

Fernsehfigur Trump um die Relevanz der Deutungshoheit über die ›Wirklichkeit‹ weiß und die Mittel zur Durchsetzung der eigenen Sicht kennt, sollte eigentlich nicht überraschen.

Du hast ja selbst beschrieben, wie schnell sich Fiktionen verselbstständigen, wenn sie andocken können an den ›Wirklichkeitsrezeptoren‹ der Leser oder Zuhörer – selbst dann, wenn sie im Rahmen eines Romans präsentiert werden. Der Pakt hat anscheinend keine Macht über die Erinnerung – je mehr die Gattungsangabe (und Verstehensanweisung) ›Roman‹ verblasst, desto bunter wird das Eigenleben des Schallarchivs oder der Balgsammlung. Das Auflösen der Trennung zwischen Erfindung und Wirklichkeit scheint zu verunsichern – auch die Frage der Zuhörer Deiner Lesung aus *Das blindgeweinte Jahrhundert* nach »dem Roman« artikuliert ja eigentlich den Wunsch nach einer klaren Zuordnung. Könnte es sein, dass Dich gerade diese Möglichkeit zur Verunsicherung reizt und sie ein Grund dafür ist, dass Du nicht nur viele Deiner Essays im ›Dazwischen‹ ansiedelst, sondern auch Deine Romane, die ja auf den ersten Blick ›eine klare Sache‹ sind, changieren?

Lieber Christian,
ich erinnere mich, wie ich vor einigen Jahren in Zürich in einem Café saß und die Unterhaltung zweier Schüler am Nebentisch hörte: »Kann ja sein, dass seine Meinung richtig war, aber ich fand meine Meinung einfach besser.« Ja, stimmt, es geht nicht um post-faktisch, sondern um alt-faktisch, wie in alt-right – und dieses Alternativ-Faktische hieß ja vor wenigen Jahren noch »unbequeme Meinung«. Das einzig Witzige daran: Offenbar entkommen selbst diejenigen, die sich mit großem Ehrgeiz in untergegangene Epochen zurücksehnen, nicht dem modernen Zwang zur permanenten Innovation, was ihre Begriffsprägungen angeht. Oder, wie Donald Trump sagen würde: »Reality is just not fair!«

Ah, siehst Du, das wäre mir jetzt nicht in den Sinn gekommen, erklärt aber viel: Eine Lektüre liegt zurück und während die Erinnerung, es habe sich um etwas Geschriebenes gehandelt, durchaus lebendig ist, schwindet die Erinnerung daran, in welchem ›Glaubwürdigkeitsübereinstimmungs‹-Rahmen die Lektüre stattgefunden hat. Der Pakt zwischen Leser und Text löst sich mit der Zeit. Das erklärt mir auch, warum ich immer mal wieder darauf stoße, Adolf Hitler habe an seinem Lebensende nur noch Schokolade essen wollen – auch von Menschen als ›kuriöses historisches Detail‹ angeführt, die vielleicht *Flughunde* gar nicht kennen oder sich nicht (mehr) darüber klar sind, dass es sich hierbei um eine literarische Überspitzung handelt, die erstmals 1995 in einem Roman zu lesen war.

Das Aufweichen der Trennung zwischen Erfindung und Wirklichkeit: Hier gehe ich beim Romanschreiben sicherlich anders vor als beim Schreiben von Essays oder, mehr noch, von Vorträgen. Oder anders: Ich nehme eine andere Haltung ein. Denn beim Vortrag kommt, noch stärker als beim Essay, die Person des Verfassers ins Spiel, also die ganz konkrete Person. Beim Lesen eines Romans, und das ist ja selbst wieder faszinierend, vergisst man irgendwann den Autor, er ist zwar Urheber, aber nicht mehr Teil des Spiels. Selbst eine Autorenstimme im Text nimmt ja eher den Charakter einer Figur an, nur eben einer Figur, die keine Gestalt hat. Beim Lesen eines Essays bleibt der Verfassername präsent und damit die Person »hinter« diesem

Text. Wenn ich einen Vortrag halte, bin ich anwesend, und ich kann die Zuhörer in ihrer Rezeption – behutsam – lenken, über den Text im engen Sinne hinaus: Wie ich mit meiner Stimme umgehe, in welchen Momenten ich vom Manuskript aufschaue, wo ich Pausen setze und so weiter. Zugleich erfahre ich unmittelbar Resonanz: akustische Bewegung im Raum, dort lacht jemand, jetzt ist es zehn Minuten absolut still gewesen etc. Den Zuhörern kann, auf beruhigende Weise klar sein, dass nicht sie verunsichert SIND (durch den Text), sondern dass ich (der Vortragende), aktiv, sie verunsichere – und ich glaube, schon dadurch steigt die Frustrationsschwelle, lässt man sich als Zuhörer auch williger ins Ungewisse fallen. Eine Kombination von Achter- und Geisterbahn. Statt ›Roman‹ auf dem Umschlag steht der Vortragende vorne – und der weiß schon, wie man die Achterbahn abschaltet, sollte einem schlecht werden.

Allerdings, allerdings – mitunter finde ich mich in Situationen, in denen ich selbst ein wenig erschrecke: Gehe ich selbstverständlich von einer Humorbegabung aus, die ich aber gar nicht voraussetzen kann? Vor zwei Jahren bei einem Nachwuchsschriftstellerworkshopwochenende sollten in einer Vorstellungsrunde alle kurz sagen, welche Erwartungen sie an die folgenden Tage hätten. Klar, das ist nicht einfach, vielleicht auch nicht angenehm zum Ausdruck zu bringen in Gegenwart jener, die das eigene Manuskript im Einzelgespräch einer ›Prüfung‹ unterziehen werden – aber irgendwann machte mich die Unbestimmtheit der Aussagen doch unruhig, alles ausgestanzte Antworten aus dem Selbstmotivierungsseminar. Als ich, ziemlich am Schluss, an die Reihe kam, sagte ich nur: »Ich erwarte, dass hier in den kommenden zwei Tagen keine Tränen fließen.« Weiß ich, was mich da geritten hat. Vierzig Augenpaare voller Entsetzen waren auf mich gerichtet. Also übernahm ich es, zu erklären, was in dieser Situation niemand sonst in der Runde erklären wollte (sich zu erklären traute?) – oder konnte: Ich wollte nämlich nichts weiter, als auf unsere gegenwärtige Situation selbst rekurrieren, indem ich einen Standardspruch Heidi Klums aus *Germany's Next Topmodel* variierte, um so der ein wenig angespannten, künstlichen, absurden Situation einen Rahmen zu geben, der damit im selben Augenblick aufbrechen würde. Ich bin mir sicher, wenige Jahre zuvor hatte mindestens die Hälfte der Seminarteilnehmer regelmäßig vor dem Fernseher gehangen, wenn diese Mustershow psychischer Gewalt ausgestrahlt wurde, und zwar durchaus in dem Bewusstsein, dass es sich um eine Inszenierung, eben um eine Fernsehsendung handelte – aber anstatt nun über Heidi Klum lachen zu können, saß sie plötzlich mit am Tisch: in Gestalt eines fast fünfzigjährigen Schriftstellers.

Da fragte ich mich: Spiel – gibt es das überhaupt noch? Spiel mit Sprachebenen und -milieus, Spiel mit Verweisen, Spiel mit Figuren. Und: Was für eine Art von Texten, von Erzählungen und Romanauszügen hatte ich in der Vorbereitung gelesen, sollten ihre Autoren die Fähigkeit zu spielen verloren oder nie erlangt haben?

Lieber Marcel,
ich hoffe sehr, dass Du die Texte, die Dir gut gefallen haben, dann auch wegen der erkennbaren ›Personality‹ und ›Authentizität‹ gelobt hast ... Als Du Heidi Klum erwähntest, musste ich gleich an eine andere ›große Deutsche‹ aus dem Unterhaltungsgewerbe denken, die bekanntermaßen seit Längerem durch Deine Texte geistert,

Veronica Ferres, über die Du geschrieben hast, dass Du sie spannend fändest, weil in ihrem Fall die im Film verkörperten Figuren und die in der Öffentlichkeit dargestellte Persona verschmölzen. Woran sich für mich natürlich gleich die Frage anschließt, ob Du da Anknüpfungspunkte im Hinblick auf Deine eigene Arbeit und Dein eigenes Leben siehst – nur im Hinblick auf die Verquickung von Fiktion und Wirklichkeit natürlich. Man könnte doch auch sagen, dass sich der Autor in bestimmte Erzähler oder lyrische Sprecher hineinversetzt. Wie viel nimmt man davon in ›das eigene‹ Leben mit, wenn der Text abgeschlossen ist?

In der Literaturwissenschaft spricht man ja gern vom ›impliziten Leser‹, also einer Art mitgedachtem Leser, den der Autor beim Schreiben seines Textes als Rezipienten im Sinn hat. Da kommen dann Wissens- und Erfahrungszusammenhänge ins Spiel, die der Autor bei seinen Lesern voraussetzt. Und wenn die beim realen Leser/Zuhörer dann fehlen, zündet der Witz nicht, die Anspielung läuft ins Leere ... Wie bei den Workshopteilnehmern, die zudem eben ziemlich aufgeregt waren und deshalb das Kommunikationsangebot ›auflockernder Scherz‹ nicht realisieren konnten. Kannst Du mit diesem Konzept etwas anfangen? Welche Rolle spielt der potenzielle Leser für Dich bei der Abfassung Deiner Texte – was sollte er mitbringen (außer Humor)? Und gibt es im Hinblick auf die Vorstellung vom potenziellen Leser eines Erzähltextes und dem eines Gedichts Unterschiede?

Überhaupt finde ich ja, dass Deine Texte oft sehr humorvoll sind – die absurdkomischen Anstrengungen zur Sicherung von Hitlers Schokoladennachschub wären ja nur ein kleines Beispiel –, was irgendwie kaum eine Rolle spielt oder je thematisiert wird (wurde das irgendwann mal in einer Rezension erwähnt?). Welche Rolle spielt Humor für Dich und welche Funktion hat er in Deinen Texten? Leider habe ich am Ende der Konzeption dieses Bandes selbst wieder gemerkt, wie schnell der Beyer'sche Humor aus dem Blickfeld rutscht. Meine innere Heidi Klum hatte kein Photo für mich.

Lieber Christian,
und wieder: Als hättest Du es geahnt – ich bin gerade dabei, mich an einen Text heranzuarbeiten, in dem Veronica Ferres der Dreh- und Angelpunkt sein soll, und zwar so, dass nicht klar wird, ob sie nun den blinden Fleck oder die Hauptfigur darstellt.

Für mich sind ja ›meine‹ Figuren nicht Verlängerung meiner selbst, sondern Gegenüber, zumindest, und hier hätten wir dann doch einen grundlegenden Unterschied gefunden, beim Schreiben erzählender Prosa, während in Essays das lesende und herumlaufende und beobachtende und Verbindungen knüpfende ›Ich‹ vielleicht eine leicht ins Hysterische gedrehte Version ihres Autors ist. Ihres Autors, wenn er schreibt, ihres Autors im Schreibzustand und damit eine künstliche Figur, denn wenn ich schreibe, ›lebe‹ ich ja jenseits des Sozialen, verbringe meinen Tag, indem ich meine Aufmerksamkeit entschieden nicht auf Menschen, sondern auf ein diffuses Etwas richte, das im besten Fall am Abend ›Text‹ heißt. Wichtig ist dabei offenbar das motorische Moment: Ohne in meiner Konzentration oder in meiner Sphäre gestört zu werden, kann ich Mails beantworten, kann parallel zum Aufenthalt in der Textwelt, auch schnelle, sich manchmal über den ganzen Arbeitstag ausbreitende Mail-Dialoge führen – wohingegen mir das Telefonieren mit den Jahren immer schwieriger geworden ist. Telefon = der Tag ist gelaufen. Also hat es vielleicht damit zu tun, dass meine Finger ja weiter über die Tastatur rasen, während zum Sprechen mit einem echten menschlichen Gegenüber der Artikulationsapparat auf Betriebstemperatur hochlaufen müsste? Zurück zum ›Ich‹ in Essays als künstliche Figur: In solchen Texten befindet es sich ja zum einen draußen in der Welt, zum anderen, schreibend, in einer Sphäre jenseits des sozialen Umgangs. Zweimal ich, also: der Autor, gewissermaßen. Denn dann, abends, nach dem Schreibtag, bin ich ein soziales Wesen. Oder auf Reisen, auf Messen und so weiter. Und damit verabschieden sich auch die Figuren in die Nacht. In sehr intensiven Arbeitsphasen, wenn die Figuren mehr Raum einfordern, reduziere ich halt den sozialen Umgang. Ob ich dann, nach Abschluss der Arbeit an einem Roman, etwas von den Figuren behalte, mit in die »Welt nach dem Roman« trage? Hm, das kann ich schwer beurteilen. Vielleicht könnten darauf am ehesten andere eine Antwort geben.

Vielleicht bin ich, schreibend, selbst ein Schauspieler, oder: ein Darsteller. Nicht, dass ich etwas oder jemanden darstellte, sondern indem ich ein – imaginäres – Filmset betrete, auf dem ich mich zugleich ganz in der Rolle bewege und mir darüber klar bin, wie viele andere, mit anderen Aufgaben betraute Personen (= Sprache, literarische Traditionen, Gattungskonventionen) auf diesem Set (= Romanwelt) anwesend sind.

Der Leser, der über Humor verfügt, der also in der Lage ist, eine andere Perspektive als die eigene zu imaginieren: Ja, von ihm gehe ich aus – jemand, der nur sich selbst sehen kann, und der kein Interesse hat, richtiger: nicht das Bedürfnis verspürt, Welt und Sprache mit anderen Augen zu sehen (und sei es, um sich seiner selbst gewiss zu werden), wird doch ohnehin nicht auf die Idee kommen, sich der fiktionalen Literatur zuzuwenden. (Dies macht ja, nebenbei, Bewegungen wie die AfD mit ihrem »Mut zur Wahrheit« so trist und anstrengend: vielfältige Konzertlandschaft, na klar, aber wenn's um Sprache geht, gibt es nur »richtig« und »falsch«, und damit schleicht sich sofort auch der eine oder andere schwerfällige Grammatikschnitzer ins Parteiprogramm, autsch.)

Beim Schreiben habe ich ganz unterschiedliche Leser vor Augen, je nachdem, in welchen Weltbereich ich hineinreiche. Wenn mich Tontechniker nach ihrer *Flughunde*-Lektüre ansprechen, freue ich mich. Wenn ein Dresdner Zoologe meint, in *Kaltenburg* erkenne er die Atmosphäre hier im Zoologischen Museum (das ja, Sprache, kein Museum ist, sondern eine Forschungseinrichtung) wieder, die ich selbst nicht erfahren habe, dann freue ich mich. Wobei es im einen wie im anderen Fall zwar durchaus auch, wie der Laie nun anbringen würde, um Akkuratesse in der Sache geht (das berühmt-berüchtigte ›Recherchieren‹), viel mehr aber bei genauerem Hinsehen um – ja, um was? Am Ende doch wohl um den Blick, um ein Gespür. Denn noch kein Tontechniker hat sich darüber beklagt, dass Hermann Karnau in *Flughunde* im April 1945 jeden Abend heimlich ein Aufnahmegerät unter dem Bett der Kinder von Magda und Joseph Goebbels in Betrieb nimmt – wie macht er das eigentlich? An zehn Abenden hintereinander fertigt er je eine Aufnahme von ungefähr zwei Minuten Einschlafgespräch der Kinder an: Kommt er also jeden Abend mit einer ›leeren‹ Schallfolie ins Zimmer, tauscht sie gegen die ›volle‹ aus, schaltet die Maschine an in der Sekunde, da er das Zimmer wieder verlässt? Es ist nicht nur höchst unwahrscheinlich, dass sechs neugierige Kinder ihm nicht dabei zuschauen, die Sache erscheint auch praktisch unmöglich. In den Szenen aber, in denen diese Aufnahmen angefertigt werden, ist der Leser – und eben auch der lesende Tontechniker – völlig auf anderes konzentriert, nämlich auf den Austausch zwischen Karnau und den Kindern, dann der Kinder untereinander, dass ich, der Autor, wie ein professioneller Magier agiere. Wie Karnau die Kinder von dem ablenkt, was er da gerade tut, lenke ich den Leser ab von dem, was ich da gerade tue. Und habe dies, ehrlich gesagt, selbst erst bemerkt, als mir Ulli Lust erzählte, welches Kopfzerbrechen ihr die Umstände der abendlichen Tonaufzeichnungen bereitet haben, als sie die Graphic Novel *Flughunde* vorbereitete, also: sich ausmalte. Sie hätte nicht gewusst, wie sie das vor ihrem inneren Auge zu einer schlüssigen Bewegungsfolge machen sollte – also gibt es die Vorbereitung der abendlichen Aufnahmen in der Graphic Novel auch nicht zu sehen.

Unterschiedliche Leser: Ich erlaube mir beim Schreiben, mal dem einen, mal dem anderen zu winken, so beiläufig, dass mit dem Winken nicht gemeinte Leser es gar nicht merken müssen. Was nicht heißt, dass ich auf Momente verzichten wollte, die für vermutlich viele Leser Fremdheitssignale darstellen – und damit zunächst einmal eben genau dies. Schlichte Erinnerungen daran, dass Welt und Sprache vielfältig sind. Keine Ahnung, warum manche Menschen sich davon einschüchtern lassen, oder, so mitunter mein Verdacht: nur zu gerne die Haltung des Eingeschüchterten einnehmen. Ich empfinde es im Gegenteil als befreiend, wenn ich in einem Text auf Momente stoße, derer ich semantisch ›nicht Herr werden‹ kann. Ja, ich finde es, wenn mir beim Lesen etwas ›Fremdes‹, nicht in den vom Text bis dahin aufgebauten Sinnzusammenhang ›Passendes‹ entgegentritt: lustig.

Lieber Marcel,
das Stichwort »Fremdheitssignale« finde ich interessant, den Anspruch, die Leser zu irritieren, ihnen keine ›einfachen‹ Antworten zu präsentieren, ja, sie ihnen vielleicht sogar absichtlich vorzuenthalten. Da deutet sich für mich eigentlich ein sehr idealistisches Verständnis von Literatur, von Deiner Arbeit als Autor an. Gerade heute, wo man ja den Eindruck haben kann, dass viele die Komplexität der Welt eher als persönliche Zumutung empfinden, ist dieser Anspruch ja mehr denn je zeitgemäß-unzeitgemäß. Würdest Du sagen, dass das ein roter Faden sein könnte, der sich durch Deine literarischen Texte und Deine (teils ja sehr persönlichen) Reden zieht: es Vereinfachungen und Vereinfachern nicht zu leicht zu machen? Und ist der Humor – denn den wollen wir ja nicht schon wieder aus den Augen verlieren – dann eine weitere Variante, einen doppelten Boden einzuziehen, durchaus auch in dem Sinne, das einem das Lachen im Halse stecken bleibt?

Lieber Christian,
die Welt als persönliche Zumutung und der Humor: Ja, ich sehe das ganz ähnlich wie Du – ›Welt‹ scheint für Menschen zunehmend nur unter dem Gesichtspunkt überhaupt zur Existenz zu gelangen, dass sie entweder als Selbstbestätigung oder als Kränkung aufgefasst werden kann. Da bleibt dann für Humor natürlich kein Raum,

nicht einmal eine Ritze. Denn diese Ritze würde, ist der Humor erst einmal eingesickert, das aufs Selbstbild reduzierte Gesamtbild nahezu zwangsläufig sprengen. Nicht das Lachen im Gesicht, der Humor in der Falte würde gefrieren, denn wir leben schließlich in eiskalten Zeiten. Manchmal ist es, als gäbe es nur noch die zwei Pole: bitterer Ernst und Albernheit. Und es fällt mir schwer, mir selbst zu erklären, wie ich zum Beispiel »Nachwendekindern« erklären wollte, wie man aus diesem höllischen, ja auch höllisch anstrengenden Antagonismus herauskommen könnte. Bin mir, zwischen Ernsthaftigkeit und Albernheit hin und her springend, ja auch selbst manchmal ein wenig unheimlich.

So vor drei Wochen in Japan, nach einem ›Ausflug‹ (siehst Du: schon der Ausdruck, der mir unmittelbar in den Sinn kommt, signalisiert die Unfugsucht – Exkursion wäre richtig) in die erst wenige Tage zuvor nach sechs Jahren wieder freigegebenen Sperrgebiete um Fukushima. In einer Gruppe – wir waren zu zehnt – fuhren und liefen wir anderthalb Tage im Nichts herum. Teils buchstäbliches Nichts: eine weite Ebene unmittelbar an der Küste, in der eine Stadt gestanden hatte, deren Holzhäuser die Flutwelle erst abgetragen, sodann mit aufs Meer hinaus genommen hatte. Fünf, sechs Steinhäuser mit solidem Fundament standen noch, darunter eine Schule. Leere, außer unserem kleinen Konvoi aus drei Autos nur ein langsam herumkurvender Polizeiwagen, und in dem Moment, als ich meinte: Hier, in dieser nach jahrhundertelanger Besiedlung mit einem Schlag entstandenen menschenfernen Wildnis müssten sich doch die Tiere – die von einer Strahlenbelastung nichts wissen – heute wohl fühlen. Im selben Moment zeigte jemand aus dem Fenster: da, ein Wildschwein. Ich stieg aus, das Wildschwein schlürfte im rötlichen Sonnenuntergang Wasser aus einer Lache, betrachtete mich (hatte womöglich noch nie im Leben einen Menschen gesehen), und ich machte schnell ein Photo vom Wildschwein und dem – solarbetriebenen! – Strahlenmessgerät am Wegrand. So verwackelt allerdings das Bild im schwindenden Licht, dass sich der Strahlenwert kaum ablesen lässt.

An anderer Stelle, ein anderes Nichts: eine Kleinstadt, die nach dem Reaktorunglück binnen kürzester Zeit evakuiert worden war – überall konnte man in die Häuser schauen, die Zimmer durchwühlt, offenbar hatten die Bewohner in rasender Geschwindigkeit Dokumente zusammengesucht, bevor sie verschwanden. Für immer, vermutlich, denn kaum jemand, erzählte man uns, hat vor, hierher zurückzukehren. Dann überkam uns, am ersten Convenience Store jenseits der Sperrzonengrenze (wo die Kraftwerkarbeiter und Katastrophenhelfer nun sechs Jahre lang eingekehrt sind) beim Mittagessen (Riesenauswahl an Mikrowellengerichten) die große Albernheit. Oder vielleicht erst einmal nur mich, nämlich als ich im Kühlregal ein Erdbeer-Sandwich entdeckte. Nach Aberhunderten von Photos, die nicht zum Lachen sind, die nicht »zum Schmunzeln einladen«, die nicht »die Widersprüchlichkeit unseres Lebens aufs Korn nehmen« oder was für blöde Marketingsprüche man sonst so abspulen könnte, musste nun auf dem Parkplatz eine kleine, alberne Bilderserie mit diesem Erdbeer-Sandwich geknipst werden.

Zurück in Tokyo hämmerte es in meinem Kopf: Habt Ihr denn keine Ahnung, wie es zweihundert Kilometer nördlich aussieht? Wenige Stunden später war ich dann aber schon wieder froh, in den vergnügungssüchtigen, blinkenden, lärmenden Unsinn eintauchen zu können. Nach der Rückkehr erst las ich, die Wildschweine werden seit zwei, drei Monaten konsequent bejagt, also seitdem die Zonen überhaupt wieder betreten werden dürfen, und mit dem Abschuss der Tiere will man natürlich den früheren Bewohnern die Furcht vor der Rückkehr nehmen – die Strahlenangst kann sich an nichts Sichtbarem festmachen, erst in der mit ihren Frischlingen ums Haus streichenden Bache gewinnt sie Gestalt. Das Riesenproblem nun: Zwar hat man ›Massengräber‹ für verstrahlte Wildschweine bereitgestellt, doch die Gemeinden jenseits der strahlenbelasteten Zonen, auf deren Gelände sie liegen, wehren sich zunehmend gegen den nicht nachlassenden »Nachschub« an fleischgewordenem Atommüll.

Rasen wir mal rasch fünfundzwanzig Jahre zurück: Als ich *Flughunde* schrieb, von Tag zu Tag tiefer in die düstere Materie des Nationalsozialismus stieg, während ich, 1992, in Berlin saß, das noch weit davon entfernt war, zur Hedo-Hauptstadt der rheinischen Republik zu werden, also selbst in ziemliche Düsternis getaucht war, gab es (oder: brauchte es) zwischendurch Momente, in denen ich angesichts des entsetzlichen Aberwitzes, auf den ich in den Materialien immer wieder stieß, dem Aberwitz das ›Aber‹ streichen musste. Etwa, wo ich von den bis weit in den April 1945 in Berlin eintreffenden Rot-Kreuz-Flügen aus der Schweiz las, die nicht etwa zur Versorgung der Bevölkerung, sondern der Reichskanzlei eintrafen. An solchen Punkten musste ich dann die Schraube nur ein wenig andrehen, musste nichts weiter tun, als zwei Tatsachen miteinander zu verbinden, um, nun in der Fiktion, wieder zum Aberwitz zu gelangen: Wenn der Köchin Adolf Hitlers, wenn auch seinen Sekretärinnen aufgefallen war, wie sie, die Zeitzeuginnen, nachher berichteten, dass »der Chef« in seinen letzten Lebenstagen nur noch Kuchen zu sich nehmen wollte, dann ergab sich in Kombination mit den Flügen aus der Schweiz (und die Schweiz, das sind, wie wir von Alfred Hitchcock wissen, nun einmal: Berge und Schokolade) fast zwangsläufig, dass im Roman Köchin und Sekretärinnen und das gesamte Umfeld im Bunker unter der Reichskanzlei in Besorgnis geraten, als »der Chef« selbst den Kuchen verschmäht und nichts mehr außer Schokolade essen möchte. Wobei mir natürlich Farbe und Konsistenz gut passten: Schellackplatten! Und sich über die Süßware ein Faden in den zweiten Erzählstrang ziehen ließ, in die Welt aus Kinderperspektive. Fast von selbst versteht sich, dass nun genau diese Schokoladen-Orgie der Kinder im Romanverlauf vor der ›Schokoladenverzweiflung des Führers‹ stattfinden muss. Womit der Roman, ohne dass der Autor einen Kommentar einbauen müsste, die absonderliche Verniedlichung Adolf Hitlers als ›trotziges Kind, in dem halt leider ein Dämon steckt‹, wie sie nach 1945 so begierig betrieben wurde, kommentiert.

Dies herauszustellen war allerdings 1995, als der Roman erschien, unmöglich. Verständlicherweise. Schon der Umstand, dass ich eine Figur mit dezidiertem Medienblick zur Hauptfigur gemacht hatte, galt ja manchem als Beweis meiner Dämonie. Dass Moral und Medien in Deutschland nicht erst seit dem die Massenmedien konsequent nutzenden Nationalsozialismus, sondern eigentlich seit der Erfindung des Drucks mit beweglichen Lettern eine heikle Angelegenheit sind, ist mir dann erst viel später klar geworden. Hierzulande muss man, da man um Massenmedien ja leider nicht herumkommt, mit aller Macht versuchen, so viel Moral wie eben möglich in diesen Massenmedien unterzubringen – mag das Licht am Ende des Tunnels heute auch eine LED-Leuchte sein, ist es doch wenigstens ein Licht am Ende des Tunnels. Was aber, wenn man den Tunnel ziemlich prima findet, das Licht an seinem Ende dagegen unendlich öde? So wird sich Christian Kracht, als Schweizer von Welt, in Deutschland auch in vierzig Jahren noch anhören dürfen, nun habe er, trotz mehrfacher Ermahnung, ja leider schon wieder keinen Kindergottesdienst (siehe oben) geschrieben. Zur Strafe wird er dann jedesmal eine Woche ausgeschlossen – vom Kindergottesdienst.

Abgesehen davon ist die Humor-Abstinenz in der Rezeption von *Flughunde* natürlich verständlich. Wenn man weiß, worauf dieses Buch ›hinausläuft‹, ist einem nicht nach Lachen zumute. Seinerzeit, also im Sommer 1995, und kürzlich noch einmal, im Dezember letzten Jahres, gab es sogar Veranstaltungen, an deren Ende die Zuhörer nicht einmal applaudierten, nachdem ich den Schluss des Romans gelesen hatte. Denn was gäbe es da zu klatschen? Das Klatschen selbst wäre nur eine reflexhafte Geste, wie man sie eben als Talkshowpublikum unter Anleitung des Einheizers eingeübt hat. Medienbewusstsein und Angerührtsein fanden hier zusammen, schlossen einander nicht aus – intensiver könnte ich mir das Ende einer Lesung nicht vorstellen.

Fünf Jahre später, als *Spione* erschien, hatte sich die Literaturwelt, hatte sich die ›Stimmung im Land‹ völlig gewandelt. Wir lebten im kurzen Zeitalter der Witzigkeit. Ein häufiger Kritikpunkt an *Spione*: dem Roman fehle der Humor. Dieser Vorwurf kam, wie mir auffiel, insbesondere ›von links‹ – man wollte sich doch nicht mehr wie bis 1989 ideologisch-verbohrten Bierernst vorwerfen lassen, man wollte endlich auch mal feiern wie die Leute, die schon immer wussten, wie man es sich gutgehen lässt. Das Leben ist ein Straßenfest. Doch eines Tages steht plötzlich Pegida vor einem – und die einzige Waffe, über die man verfügt, ist ein bunter Luftballon.

Auch 1995 war ich in Frankfurt Gast eines Abendessens, zu dem Rudolf Scharping regelmäßig während der Buchmesse lud. Der Reihe nach stellten sich alle vor, unterhielten sich, bis Rudolf Scharping sich bei mir erkundigte, welche Vorstellung denn ich, als knapp Dreißigjähriger und damit jüngster Gast hätte, wie man die jüngere Generation an Literatur und die Grundideen unserer Gesellschaft heranführen könnte. Irgendwie muss ich da das Wort ›Computer‹ erwähnt haben (im Rückblick ist mir das alles schleierhaft – von ›Internet‹ oder gar von ›sozialen Medien‹ kann ja 1995 noch keine Rede gewesen sein), um auf das Problem zu lenken, dass die Ultrarechte bei den Massenmedien immer voranschreitet, die Linke dagegen immer hinterher hinkt. Große Empörung im Raum: Wir wollen hier über Kunst und Literatur sprechen, nicht über Computer. Also wurde beschlossen, man könne durchaus mal vorfühlen, ob nicht eine Reihe von Goethe-Instituten die Romanverfilmungen eines verdienten Schriftstellers, der schon mit Willy Brandt am Abendbrottisch gesessen hatte, präsentieren möchte.

Das Fremdheitsmoment und jenes Lachen, das einem im Halse stecken bleibt. Das verstrahlte Wildschwein, wie es im Caspar David Friedrich-Sonnenuntergang an der Wasserlache steht und mich anschaut, so wie ich es anschaue: Geht man zum Angriff über? Ergreift man die Flucht? Angesichts dieser inneren Zerreißprobe entschied sich das Wildschwein, mit ein paar Sätzen zur Seite zu preschen – zum nächsten Wasserloch. Dort blieb es dann stehen, selbstversunken, und feierte sein kleines Straßenfest, in einer Welt, in der nicht die Kernschmelze, sondern das Auftauchen unbekannter zweibeiniger Wesen mit einer Kamera in der Hand die Störung darstellt.

Anhang

Stichworte zur Biographie Marcel Beyers

23. November 1965 Marcel Beyer wird in Tailfingen (Württemberg) geboren, er wächst in Kiel und Neuss auf.

1987–1991 Studium der Allgemeinen Literaturwissenschaft, Germanistik und Anglistik in Siegen, wissenschaftliche Hilfskraft bei Karl Riha, mit dem er gemeinsam Anthologien und Reihen publiziert (*Vergessene Autoren der Moderne*), Magister Artium mit einer Arbeit über Friederike Mayröcker.

1987–1992 gemeinsam mit Norbert Hummelt literarisch-musikalische Performances (»Sprechkonzerte«)

April 1988 Einrichtung des Friederike Mayröcker-Archivs der Stadt- und Landesbibliothek Wien

1991 Teilnahme am Ingeborg-Bachmann-Wettbewerb in Klagenfurt, Beyer bekommt den Ernst-Willner-Preis zugesprochen.

1991 Rolf-Dieter-Brinkmann-Stipendium der Stadt Köln für junge Autoren

1992 Förderpreis des Landes Nordrhein-Westfalen

1992–1998 freier Musikkritiker für die Zeitschrift *Spex*

1993–1995 Mitglied des Graduiertenkollegs an der Universität Siegen

1995 Deutscher Kritikerpreis

September bis November 1995 Aufenthaltsstipendium auf Schloss Wiepersdorf in Brandenburg

Januar 1996 Writer in Residence am Londoner University College

1996 Umzug von Köln nach Dresden

1996 Johannes-Bobrowski-Medaille zum Berliner Literaturpreis

November/Dezember 1996 Aufenthalt in Kamerun (Westafrika), Mitarbeit im Rahmen eines vom Goethe-Institut initiierten HipHop-Projekts

April/Mai 1998 ›Writer in Residence‹ an der University of Warwick

1999 Förderpreis zum Lessing-Preis des Freistaates Sachsen

Sommersemester 1999 Gastdozent am Deutschen Literaturinstitut Leipzig

Juni/Juli 2000 Inhaber der Poetik-Professur an der Universität Bamberg

2001 Heinrich-Böll-Preis

Oktober/November 2001 Aufenthaltsstipendium in Kobe, währenddessen auch längerer Arbeitsaufenthalt in Tokyo

März/April 2002 Fellowship Raketenstation Hombroich

Juni 2002 Wiener Vorlesungen zur Literatur, Alte Schmiede

2002/03 Dezember bis Februar Inhaber der »Paderborner Gastdozentur für Schriftstellerinnen und Schriftsteller«

2003 Friedrich-Hölderlin-Preis der Universität und der Universitätsstadt Tübingen

2004 »Spycher: Literaturpreis Leuk«

2006 Erich Fried-Preis der Internationalen Erich Fried Gesellschaft für Sprache und Literatur in Wien

April/Mai 2008 ›Writer in Residence‹ am Max-Planck-Institut für Wissenschaftsgeschichte in Berlin

2008 Joseph-Breitbach-Preis

November 2008 Liliencron-Dozentur in Kiel

Oktober 2009 bis Januar 2010 »Poetikdozentur: junge Autoren« der Hochschule RheinMain, Wiesbaden

November 2009 Poetikdozentur an der Universität Zürich

Februar 2010 bis Januar 2011 Stipendium der Deutschen Akademie Rom Villa Massimo
Februar bis April 2011 ›DAAD-Chair in Contemporary Poetics‹ an der New York University
Juli 2011 Mainzer Poetikdozentur der Akademie der Wissenschaften und der Literatur an der Johannes Gutenberg-Universität Mainz
September 2012 bis August 2013 Stadtschreiber von Bergen-Enkheim
2013 Ernst Jandl-Poetikdozentur an der Universität Wien
2014 Lichtenberg-Poetikdozentur Göttingen
2014 Oskar Pastior-Preis
2014 Heinrich von Kleist-Preis
2015 Bremer Literaturpreis
Juli/August 2015 Fellow der Kolleg-Forschergruppe BildEvidenz an der Freien Universität Berlin
Oktober/November 2015 TransLit-Poetikdozentur an der Universität zu Köln
Januar/Februar 2016 Frankfurter Poetik-Vorlesungen an der Johann Wolfgang Goethe-Universität in Frankfurt am Main
April 2016 Kurator der Veranstaltungsreihe »Sprache und Wissen« am Haus der Kulturen der Welt in Berlin
2016 Düsseldorfer Literaturpreis
2016 Georg-Büchner-Preis
2017 Goldener Schlüssel von Smederevo (Preis des Poesiefestivals in Smederevo, Serbien)

Bibliographie der selbstständigen Publikationen Marcel Beyers

Obsession. Prosa. Bonn (Okeanos Presse) 1987.

Kleine Zahnpasta. Gedichte 1987–1989. Paris (dead language press) 1989 [100 Ex.].

Buchstabe Geist Buchstabe. 12 hilflose Einbrüche ins Textgeschehen. Köln (Copyzierte Angelegenheit) 1990 [10 Ex.].

Das Menschenfleisch. Roman. Frankfurt/M. (Suhrkamp) 1991.

Walkmännin. Gedichte 1988/1989. Neu-Isenburg (Patio) 1991 [200 Ex].

Brauwolke. Gedichte. Papier: John Gerard, Papiergüsse: Klaus Zylla. Berlin (Uwe Warnke) 1994 [20 Ex.].

Flughunde. Roman. Frankfurt/M. (Suhrkamp) 1995.

HNO-Theater/Im Unterhemd. Zwei Gedichte. Berlin (Uwe Warnke) 1995 [100 Ex.].

Falsches Futter. Gedichte. Frankfurt/M. (Suhrkamp) 1997.

Schilf. Gedicht. Banholt (In de Bonnefant) 1998 [36 Ex.].

Spione. Roman. Köln (Dumont) 2000.

Zur See. Prosa. Radierungen: Andreas Zahlaus. Berlin (Uwe Warnke) 2001 [20 Ex.].

Erdkunde. Gedichte. Köln (Dumont) 2002.

Nonfiction. Köln (Dumont) 2003.

Vergeßt mich. Erzählung. Köln (Dumont) 2006.

AURORA. Essay. München (Lyrik Kabinett) 2006.

Kaltenburg. Roman. Frankfurt/M. (Suhrkamp) 2008.

Putins Briefkasten. Acht Recherchen. Berlin (Suhrkamp) 2012.

Graphit. Gedichte. Berlin (Suhrkamp) 2014.

XX. Lichtenberg-Poetikvorlesungen. Göttingen (Wallstein) 2015.

Im Situation Room. Der entscheidende Augenblick. Rede an die Abiturienten des Jahrgangs 2015. St. Ingbert (Conte) 2015.

Muskatblut, Muskatblüt. Heidelberg (Wunderhorn) 2016.

Es kommt ein A. Rede an die Sprache. Detmold (Wege durch das Land) 2016.

Sie nannten es Sprache. Berlin (Bruetterich Press) 2016.

Das blindgeweinte Jahrhundert. Bild und Ton. Berlin (Suhrkamp) 2017.

Kleine Bilder in dunklen, schmutzigen Farben. Bregenz (Kunsthaus Bregenz) 2017.

Autorinnen und Autoren

Dr. Julia Abel ist Literaturwissenschaftlerin an der Bergischen Universität Wuppertal.

Dr. Frieder von Ammon ist Professor für Neuere deutsche Literatur an der Universität Leipzig.

Dr. Dr. h.c. Aleida Assmann ist Professorin i.R. für Anglistik und Allgemeine Literaturwissenschaft an der Universität Konstanz.

Dr. Matthias Aumüller ist Privatdozent für Neuere deutsche Literaturgeschichte und Allgemeine Literaturwissenschaft an der Bergischen Universität Wuppertal und SNF-Senior Researcher an der Universität Fribourg/Schweiz.

Michael Braun ist Herausgeber, Moderator und Literaturkritiker (u. a. für die *Neue Zürcher Zeitung* und den Deutschlandfunk) in Heidelberg und Träger des Alfred-Kerr-Preises für Literaturkritik 2018.

Dr. Jörg Döring ist Professor für Neuere deutsche Philologie, Medien- und Kulturwissenschaft an der Universität Siegen.

Dr. Eva Erdmann ist Wissenschaftliche Angestellte in der Literaturwissenschaft in den Sprachen Französisch und Spanisch am Romanischen Seminar der Albert-Ludwigs-Universität Freiburg.

Dr. Achim Geisenhanslüke ist Professor für Allgemeine und Vergleichende Literaturwissenschaft an der Goethe-Universität Frankfurt

Dr. Christoph Jürgensen ist Privatdozent und Akademischer Oberrat auf Zeit für Allgemeine Literaturwissenschaft und Neuere deutsche Literaturgeschichte an der Bergischen Universität Wuppertal.

Dr. Annette Kappeler ist Konzertbratschistin und Leiterin des Studiengangs Musikpädagogik an der Kalaidos Musikhochschule in Zürich.

Dr. Christian Klein ist Akademischer Rat auf Zeit und Privatdozent für Neuere deutsche Literaturgeschichte und Allgemeine Literaturwissenschaft an der Bergischen Universität Wuppertal.

Dr. Matías Martínez ist Professor für Neuere deutsche Literaturgeschichte an der Bergischen Universität Wuppertal.

Dr. Monika Schmitz-Emans ist Professorin für Allgemeine und Vergleichende Literaturwissenschaft an der Ruhr-Universität Bochum.

Dr. Antonius Weixler ist Wissenschaftlicher Angestellter im Fach Neuere deutsche Literaturgeschichte an der Bergischen Universität Wuppertal.

Personenregister